FamRZ-Buch **24**

GIESEKING

Die

FamRZ-Bücher

werden herausgegeben von

Prof. Dr. Dr. h.c. Peter Gottwald
Dr. Ingrid Groß
Dr. Meo-Micaela Hahne
Prof. Dr. Dr. h.c. mult. Dieter Henrich
Prof. Dr. Dr. h.c. Dieter Schwab
Prof. Dr. Thomas Wagenitz

VERLAG ERNST UND WERNER GIESEKING, BIELEFELD

Unterhaltsrechtsänderungsgesetz (UÄndG)

– Gesetz zur Änderung des Unterhaltsrechts –

von

Helmut Borth
Präsident des Amtsgerichts Stuttgart

2007

VERLAG ERNST UND WERNER GIESEKING, BIELEFELD

Bibliografische Information Der Deutschen Nationalbibliothek

Die Deutsche Nationalbibliothek verzeichnet diese Publikation in der Deutschen Nationalbibliografie; detaillierte bibliografische Daten sind im Internet über http://dnb.d-nb.de abrufbar.

2007

© Verlag Ernst und Werner Gieseking GmbH, Bielefeld

Dieses Werk ist urheberrechtlich geschützt. Jede Verwertung, insbesondere die auch nur auszugsweise Vervielfältigung auf fotomechanischem oder elektronischem Wege, die Einstellung in Datenbanken oder die Aufnahme in On-line-Dienste, ist nur insoweit zulässig, als sie das Urheberrechtsgesetz ausdrücklich gestattet, ansonsten nur und ausschließlich mit vorheriger Zustimmung des Verlages.

Alle Rechte bleiben vorbehalten.

Lektorat: Dr. iur. Jobst Conring

Gesamtherstellung: Decker Druck GmbH & Co. KG, Neuss

ISBN 978-3-7694-1010-5

Vorwort

Die Reform des Unterhaltsrechts ist ein wichtiger Schritt zu einer modernen Familienpolitik. So beginnt die Presseerklärung des Bundesministeriums der Justiz aus Anlass der Verabschiedung des Gesetzes zur Änderung des Unterhaltsrechts (UÄndG 2007) am 9.11.2007 durch den Deutschen Bundestag. Nachdem der Bundesrat auf seiner Sitzung am 30.11.2007 keine Änderungsanträge gestellt hat[1], steht der Verkündung des Gesetzes im Bundesgesetzblatt und dessen Inkrafttreten zum 1.1.2008 nichts mehr im Wege. Der Weg zu dem nunmehr verabschiedeten Gesetz war allerdings steinig und hat in dessen Gefüge Spuren hinterlassen, die dessen Anwendung nicht einfach machen und in struktureller Hinsicht Fragen aufwirft.

Anfänglich wurden die im Regierungsentwurf vom 7.4.2006[2] verkündeten Ziele des Reformvorhabens einer stärkeren Betonung der Eigenverantwortung eines Ehegatten mit der Folge einer früheren Wiederaufnahme einer Erwerbstätigkeit nach Scheidung der Ehe, der Stärkung des Kindeswohls durch die vorrangige Erfüllung des Kindesunterhalts sowie einer Vereinfachung des Unterhaltsrechts durch eine Neubestimmung des Mindestunterhalts in der Fachöffentlichkeit kaum in Frage gestellt. Bedingt durch unterschiedliche gesellschaftspolitische Vorstellungen innerhalb der Regierungskoalition von CDU und SPD traten mit fortschreitender Dauer immer größere Meinungsverschiedenheiten auf, die das geplante Inkrafttreten zum 1.4.2007 verzögerten. Der von der Regierungskoalition im März 2007 gefundene Kompromiss zur Gestaltung des Betreuungsunterhalts des geschiedenen Ehegatten und der nicht verheirateten Mütter einerseits sowie der Rangfrage zwischen beiden Unterhaltsberechtigten andererseits wurde durch die Entscheidung des BVerfG vom 28.2.2007[3], die – welcher Zufall – am selben Tag und zur selben Stunde bekannt wurde, als der Rechtsausschuss den Kompromiss beschließen wollte, wegen Verfassungswidrigkeit der bisher geltenden Regelung des § 1615l Abs. 2 S. 2, 3 BGB gesprengt. Die Forderung des BVerfG zur Gleichstellung beider Tatbestände machte eine grundlegende Neuorien-

---

[1] BR-Drucks. 760/07 (Beschluss).
[2] BR-Drucks. 253/06 = BT-Drucks. 16/1830.
[3] BVerfG FamRZ 2007, 965 = NJW 2007, 1735.

tierung erforderlich. Auch war umstritten, in welcher Weise sich die Entscheidung des BVerfG auf die Gestaltung des Rangs der nicht verheirateten Mütter auswirkt. Schließlich geriet im Rechtsausschuss das Konzept des Regierungsentwurfs zur Definition des Mindestunterhalts in die Kritik, nachdem die am steuerlichen Existenzminimum bemessenen Mindestunterhaltsbeträge deutlich hinter den bisher geltenden Beträgen zurückblieben und musste so kurzfristig umgestaltet werden.

Das unter diesen Umständen zustande gekommene neue Unterhaltsrecht wirft in systematischer wie praktischer Hinsicht schwierige Fragen auf. Ziel des vorliegenden Werkes ist es, die Neuregelung in ihrem systematischen Zusammenhang darzustellen und in das bestehende Gefüge des Unterhalts einzufügen. Insbesondere die Neustrukturierung der Tatbestände zum Betreuungsunterhalt nach den §§ 1570 und 1615l BGB führt zu zahlreichen Fragen, so vor allem in Bezug auf den Umfang der Gleichstellung beider Ansprüche. Auch zu den weiteren Problemen werden Lösungen vorgeschlagen, sei es zur Frage der Zulässigkeit eines neuen, in der täglichen Praxis kaum verzichtbaren Altersphasenmodells, zum Zeitpunkt der Aufnahme einer Erwerbstätigkeit bei einer Kinderbetreuung oder der Zuordnung einkommensteuerlich wirksamer Entlastungen aus der Erst- und Zweitfamilie sowie zur Bestimmung des Bedarfs und der Verteilung des verbleibenden Einkommens des Unterhaltspflichtigen bei mehreren gleichrangigen Unterhaltsberechtigten, aber auch zur Frage der Bestimmung des Kindesunterhalts auf der Grundlage des neu bemessenen Mindestunterhalts. Schließlich wird bei den Übergangsbestimmungen in besonderem Maße auf den Schutz des Vertrauens in eine bestehende Unterhaltsregelung sowie auf die Möglichkeiten zu deren Abänderung eingegangen.

Das Werk wendet sich an alle im Familienrecht Tätigen, insbesondere an Rechtsanwälte, Richter, Notare, Rechtspfleger, Steuerberater, Sozial- und Jugendämter. Mein besonderer Dank gilt Herrn Dr. Conring vom Gieseking Verlag, der vor allem in der Schlussphase wesentlich dazu beigetragen hat, dass dieses Werk rechtzeitig zum Zeitpunkt des Inkrafttretens der Reform den Anwendern zur Verfügung gestellt werden konnte.

Stuttgart, im Dezember 2007 *Helmut Borth*

Inhaltsübersicht

Inhaltsverzeichnis IX
Literaturverzeichnis XXV
Abkürzungsverzeichnis XXVII

A. Notwendigkeit einer Reform des Unterhaltsrechts 1
B. Das Unterhaltsrecht nach dem 1. EheRG und dessen weitere Entwicklung 12
C. Stärkung des Grundsatzes der Eigenverantwortung 23
D. Neufassung des Betreuungsunterhalts nach § 1570 BGB 27
E. Eigenverantwortung und angemessene Erwerbstätigkeit nach § 1574 Abs. 1, 2 BGB 83
F. Nichtanrechnung von Einkünften aus unzumutbarer Tätigkeit gemäß § 1577 Abs. 2 BGB 101
G. Herabsetzung und zeitliche Begrenzung des Unterhalts wegen Unbilligkeit nach § 1578b BGB 105
H. Neufassung der Härteklausel des § 1579 BGB 135
I. Änderung des § 1585b BGB – Unterhalt für die Vergangenheit beim nachehelichen Unterhalt 166
J. Notarielle Form von Vereinbarungen zum nachehelichen Unterhalt, § 1585c BGB 168
K. Aufhebung von § 1586a Abs. 1 S. 2 BGB 175
L. Unterhalt bei Gütergemeinschaft – Neufassung des § 1604 BGB 176
M. Neuregelung des Rangfolgesystems, § 1609 BGB 177
N. Änderung des § 1612 BGB 220
O. Regelung eines Mindestunterhalts minderjähriger Kinder nach § 1612a BGB 227
P. Neuordnung des Kindergeldausgleichs nach § 1612b BGB 237
Q. Neuregelung des Unterhaltsanspruchs nicht verheirateter Eltern nach § 1615l BGB 254
R. Änderungen des Lebenspartnerschaftsgesetzes 274
S. Übergangsbestimmungen 276
T. Änderung der Zivilprozessordnung und anderer Bestimmungen .. 301

Anhang: Synopse und Übergangsvorschrift 307

Stichwortverzeichnis 323

Inhaltsverzeichnis

Literaturverzeichnis XXV
Abkürzungsverzeichnis XXVII

A. Notwendigkeit einer Reform des Unterhaltsrechts 1
   I.   Regelungsbereich der Reform. 1
   II.   Begründung des Reformvorhabens im Regierungsentwurf. 1
   III. Ziele der Reform 3
   IV. Wesentliche Änderungen. 4
        1. Überblick 4
        2. Geänderte Rangfolge. 4
           a) Begründung des Regierungsentwurfs. 4
           b) Bewertung 6
        3. Besserstellung kinderbetreuender, nicht miteinander
           verheirateter Eltern 7
        4. Gesetzliche Definition des Mindestunterhalts minder-
           jähriger Kinder und vereinfachte Kindergeldverrechnung 9
        5. Stärkung der Eigenverantwortung nach der Ehe 10
        6. Vereinfachung des Unterhaltsrechts 10
   V.   Weitere bedeutsame Änderungen. 10
   VI. Finanzielle Auswirkungen 11
   VII. Übergangsregelungen. 11

**B. Das Unterhaltsrecht nach dem 1. EheRG und dessen weitere
Entwicklung** 12
   I.   Überblick 12
        1. Grundlagen des 1. EheRG 12
           a) Grundsatz der Eigenverantwortlichkeit 12
           b) Ehebezogene Unterhaltsbedürftigkeit, Rechtsnatur
              des Anspruchs 13
        2. Überblick über die einzelnen Tatbestände 13
           a) Keine Generalklausel 13
           b) Selbständige Unterhaltstatbestände 14
           c) Ausnahme-Regel-Prinzip; verfassungsrechtliche
              Grenzen 15
        3. Rechtsprechung des BVerfG zum 1. EheRG. 15
        4. Rechtspolitische Diskussion bis zur Einführung des
           UÄndG 1986 16

    II. Regelungen zum Unterhaltsänderungsgesetz 1986. 17
        1. Gesetzesgrundlagen 17
        2. Anwendungsbereich...18
        3. Grundlagen des Gesetzgebungsverfahrens........................18
        4. Ehebedingte Erwerbslosigkeit, Kindesbetreuung. 20
    III. Weitere Rechtsentwicklung 20
        1. Einführung in den neuen Bundesländern 20
        2. Vermutung unterhaltsrechtlicher Bedarfserfüllung
           von Sozialleistungen 21
        3. Kindschaftsrechtsreformgesetz, Kindesunterhaltsgesetz 21

C. Stärkung des Grundsatzes der Eigenverantwortung....................23
    I.   Ausgangslage..23
    II. Grundsatz der Eigenverantwortung und Überspannung der
        nachehelichen Solidarität...23
    III. Umsetzung der Stärkung der Eigenverantwortung im UÄndG
        2007...24
    IV. Bewertung der Änderung des § 1569 BGB...............................26

D. Neufassung des Betreuungsunterhalts nach § 1570 BGB............27
    I.   Grundlagen des § 1570 BGB nach Fassung des 1. EheRG.......27
        1. Regelungsbereich..27
        2. Betreuungsunterhalt bei künstlicher Befruchtung...............29
        3. Pflege und Erziehung 30
        4. Das Verhältnis der Betreuung eines Kindes zur
           Erwerbsobliegenheit nach bisheriger Interpretation
           des § 1570 BGB 31
           a) Grundsatz 31
           b) Besonderes Betreuungsbedürfnis 32
           c) Richtlinien in der Praxis..32
        5. Erwerbsobliegenheit nach Anzahl der zu betreuenden
           Kinder nach bisheriger Rechtsprechung 33
           a) Erwerbsobliegenheit bei einem Kind 33
           b) Erwerbsobliegenheit bei zwei Kindern..........................35
           c) Erwerbsobliegenheit bei drei oder mehr Kindern...........36
        6. Darlegungs- und Beweislast...36
        7. Obliegenheit zur Teilerwerbstätigkeit nach bisheriger
           Interpretation des § 1570 BGB 37
        8. Abweichung von den Richtlinien 38
        9. Persönliche Verhältnisse des betreuenden Elternteils............39
    II. Eigenverantwortung und Betreuungsunterhalt nach
        § 1570 BGB n.F..39
        1. Ansatz des RegE 39

2. Neustrukturierung durch den Rechtsausschuss des Deutschen Bundestages..........40
3. Elterliches Erziehungskonzept und Art. 6 Abs. 1 GG..........43
   a) Beendigung mit Auflösung der Ehe..........43
   b) Auswirkungen öffentlich-rechtlicher Regelungen..........44
4. Mindestdauer des Betreuungsunterhalts von drei Jahren nach der Geburt des Kindes..........45
   a) Systematische Einordnung des § 1570 Abs. 1 S. 1 BGB..45
   b) Erwerbstätigkeit vor Vollendung des dritten Lebensjahres..........45
5. Der Begriff der Billigkeit nach § 1570 Abs. 1 S. 2 BGB.....46
6. Belange des Kindes und Erwerbsobliegenheit..........47
   a) Systematische Bedeutung der Belange des Kindes..........47
   b) Inhaltliche Bedeutung der Belange der Kinder, Abgrenzungen..........48
   c) Vorrang der Belange des Kindes..........50
7. Der Begriff der bestehenden Möglichkeiten der Betreuung..........50
   a) Zweck der Regelung des Abs. 1 S. 3 und Zumutbarkeit der Erwerbstätigkeit..........50
   b) Inanspruchnahme öffentlicher und privater Einrichtungen..........52
   c) Rechtzeitig einsetzende Bemühungen zur Fremdbetreuung..........53
   d) Wegfall der Erwerbsobliegenheit bei besonders günstigen Einkommensverhältnissen..........53
8. Erwerbsobliegenheit im Mangelfall..........54
9. Der Betreuungsunerhalt aus nachehelicher Solidarität..........55
   a) Systematische Einordnung des § 1570 Abs. 2 BGB..........55
   b) Anwendungsbereich..........55
   c) Dauer des Anspruchs..........57
   d) Verhältnis des § 1570 Abs. 2 BGB zu § 1578b BGB und Zuordnung in § 1609 BGB..........58
10. Unterhalt bei Betreuung mehrerer Kinder im Alter über drei Jahren..........58
III. Auflösung des Altersphasenmodells..........59
   1. Grundlagen..........59
   2. Fehlender Ansatz für die Fortführung eines Altersphasenmodells..........59
   3. Grundstrukturen eines neu justierten Altersphasenmodells..60
IV. Fragen zur Darlegungs- und Beweislast..........63
   1. Grundlagen..........63

Inhaltsverzeichnis

2. Beweislast im Abänderungsverfahren 64
V. Ausdehnung des § 1570 Abs. 1 BGB auf den Trennungsunterhalt nach § 1361 Abs. 1 BGB 65
VI. Betreuungsunterhalt und überobligationsmäßige Tätigkeit 65
   1. Bisherige Rechtsprechung des BGH 65
   2. Übertragung auf § 1570 Abs. 1 S. 1 BGB 66
VII. Konkreter Betreuungsaufwand und Betreuungsbonus 67
   1. Zuordnung der Kosten zum betreuenden Elternteil, Abgrenzungen 67
   2. Wahl einer kostengünstigen Betreuung durch nahe Verwandte 68
      a) Rücksichtnahme auf die Belange des Unterhaltspflichtigen 68
      b) Gleichwertigkeit von Bar- und Naturalunterhalt trotz Erwerbstätigkeit 69
   3. Voraussetzungen zur Anerkennung eines (allgemeinen) Betreuungsbonus 69
VIII. Zeitliche Begrenzung des Betreuungsunterhalts nach § 1570 BGB? 70
   1. Problemlage 70
   2. Rechtsprechung des BGH 71
   3. Differenzierende Betrachtung 71
IX. Privilegierte Stellung des Betreuungsunterhalts 72
X. Beibehaltung des Prinzips der Einsatzzeitpunkte 73
XI. Wiederaufleben und wechselnde Höhe des Betreuungsunterhalts 74
XII. Gesteigerte Erwerbsobliegenheit und Inhaltskontrolle von Eheverträgen 75
XIII. Betreuung durch beide Elternteile – Wechselmodell 75
XIV. Konkurrenz von Betreuungsunterhalt nach § 1570 BGB und § 1615l BGB 76
   1. Problemlage 76
   2. Anteilige Haftung von Ehemann und nicht mit der Mutter verheiratetem Vater 77
   3. Änderung der Unterhaltslast bei Konkurrenz von Unterhaltsansprüchen nach §§ 1569 ff. BGB und § 1615l BGB ..78
   4. Höhe des Unterhaltsanspruchs, Berechnungsbeispiel 79
XV. Aufhebung der Ehe und Betreuungsunterhalt 80
   1. Voraussetzungen des Unterhaltsanspruchs eines vormaligen Ehegatten 80
   2. Sonderfall Unterhalt wegen Pflege und Betreuung eines gemeinsamen Kindes 81

Inhaltsverzeichnis

E. **Eigenverantwortung und angemessene Erwerbstätigkeit nach § 1574 Abs. 1, 2 BGB** 83
  I. Einführung 83
  II. Begriff der angemessenen Erwerbstätigkeit nach dem
    1. EheRG 83
    1. Ausgangslage 83
    2. Grundlagen der bisherigen Regelung 83
    3. Strengerer Maßstab beim nachehelichen Unterhalt 84
    4. Kriterien für die Beurteilung der Angemessenheit einer Erwerbstätigkeit 85
  III. Neufassung des § 1574 Abs. 1, 2 BGB 85
    1. Änderung des Abs. 1 85
    2. Änderung des Abs. 2 86
    3. Der Begriff der „angemessenen Erwerbstätigkeit" als Sperre zur Aufnahme einer Erwerbstätigkeit? 87
      a) Verhältnis § 1569 BGB zu § 1574 Abs. 1, 2 BGB 87
      b) Begriff der angemessenen Erwerbstätigkeit 87
    4. Die einzelnen Tatbestandselemente 88
      a) Ausbildung 88
      b) Fähigkeiten 89
      c) Lebensalter 90
      d) Gesundheitszustand 91
      e) Frühere Erwerbstätigkeit 91
      f) Günstige wirtschaftliche Verhältnisse als weiteres Kriterium 92
    5. Einengung der Erwerbstätigkeit durch die ehelichen Lebensverhältnisse 92
      a) Systematische Einordnung der ehelichen Lebensverhältnisse 92
      b) Begriff der ehelichen Lebensverhältnisse 93
      c) Konkrete Billigkeitsprüfung 94
      d) Darlegungs- und Beweislast 95
    6. Verschärfung der Erwerbsobliegenheit bei beschränkter Leistungsfähigkeit 95
    7. Obliegenheit zur Aufnahme einer Ausbildung 96
      a) Regelungszweck des § 1574 Abs. 3 BGB 96
      b) Verbesserung von Chancen auf dem Arbeitsmarkt 97
    8. Subjektive und objektive Voraussetzungen der Erwerbsobliegenheit nach § 1574 Abs. 1, 2 BGB 97
      a) Subjektiver Maßstab der Anforderungen 97
      b) Objektive Beschäftigungschance 98
    9. Folgen der Verletzung einer Obliegenheit nach §§ 1574 Abs. 1, 3 BGB 99

        a) Einkommensfiktion 99
        b) Abänderungsklage bei Änderung der fiktiv ange-
           nommenen Einkünfte..99

F. **Nichtanrechnung von Einkünften aus unzumutbarer Tätigkeit gemäß § 1577 Abs. 2 BGB** 101
   I. Zweck der Änderung des § 1577 Abs. 2 S. 1 BGB 101
   II. Praktische Bedeutung 102
   III. Anwendungsgrundsätze des § 1577 Abs. 2 BGB 102

G. **Herabsetzung und zeitliche Begrenzung des Unterhalts wegen Unbilligkeit nach § 1578b BGB** 105
   I. Anwendungsbereich..105
   II. Systematischer Ansatz des RegE..107
   III. Tatbestandsaufbau des § 1578b BGB 107
      1. Zusammenfassung von Herabsetzung und zeitlicher Begrenzung des Unterhalts..107
      2. Herabsetzung des Anspruchs nach Abs. 1 108
        a) Struktur des Tatbestands...108
        b) Angemessener Lebensbedarf als Ersatzmaßstab............109
        c) Wahrung der Belange eines anvertrauten gemein-
           schaftlichen Kindes...110
        d) Ehebezogene Nachteile als Billigkeitsmaßstab..............111
        e) Sonstige Billigkeitsgründe...112
        f) Keine Berücksichtigung eines Trennungsverschuldens..114
        g) Berücksichtigung von Vermögen des Unterhalts-
           bedürftigen 114
        h) Nacheheliche Solidarität als Billigkeitsgrund...............114
        i) Ausgleich ehebezogener Nachteile 115
        j) Dauer der Ehe 115
      3. Zeitliche Begrenzung des Anspruchs 118
      4. Vorschläge zur Begrenzung des Unterhalts bei Ver-
         bindung beider Regelungen...118
   IV. Auswirkungen des § 1578b BGB auf die einzelnen Unter-
      haltstatbestände 119
      1. Betreuungsunterhalt nach § 1570 BGB.............................119
      2. Unterhalt wegen Alters nach § 1571 BGB 120
      3. Unterhalt wegen Erkrankung oder Gebrechen nach § 1572 BGB...121
      4. Unterhalt wegen Erwerbslosigkeit 122
      5. Aufstockungsunterhalt..123
      6. Abgrenzung des Aufstockungsunterhalts vom Be-
         treuungsunterhalt 124

Inhaltsverzeichnis

    7. Ausbildungsunterhalt nach § 1575 BGB, positive Billigkeitsklausel nach § 1576 BGB. 125
V. Begrenzung nach § 1578b BGB und Unterhalt wegen einer angemessenen Kranken- und Pflegeversicherung sowie Altersvorsorge 126
VI. Darlegungs- und Beweislast 127
    1. Begrenzung des Anspruchs – Darlegungs- und Beweislast des Unterhaltspflichtigen 127
    2. Darlegungslast des Unterhaltsberechtigten 128
VII. Verhältnis von § 1578b BGB zu § 1579 BGB 129
    1. Ausgangslage 129
    2. Verhältnis des § 1578b BGB zu § 1579 Nr. 1 BGB 130
VIII. Prozessuale Fragen 131
    1. Keine Ermessensentscheidung zu § 1578b BGB; prozessuale Präklusion 131
    2. Abänderungsklage nach § 323 ZPO 132
    3. Antragstellung 133
    4. Rechtsmittelverfahren. 133
    5. Kostenfragen 134

H. Neufassung der Härteklausel des § 1579 BGB 135
I. Beibehaltung der Grundstruktur des § 1579 BGB 135
II. Änderungen des § 1579 BGB 135
    1. Überblick 135
    2. Neufassung der Überschrift 136
    3. Änderung des Härtegrundes der Ehe von kurzer Dauer 136
    4. Der neue Härtegrund der verfestigten Lebensgemeinschaft 137
III. Der Härtegrund der Ehe von kurzer Dauer nach Nr. 1 139
    1. Anwendungsbereich 139
    2. Zeitlicher Rahmen; Rechtsprechung des BGH 139
    3. Bestimmung der Dauer der Ehe 140
    4. Ausnahmen auf Grund besonderer Umstände. 141
    5. Keine Anwendung beim Trennungsunterhalt 142
    6. Einzelfälle aus der Rechtsprechung 142
    7. Konkurrenz zu § 1579 Nr. 8 BGB, weitere Konkurrenzen 143
    8. Anwendungsfragen zur Neufassung der Nr. 1 144
        a) Bestimmung der Ehezeit 144
        b) Billigkeitsabwägung und Höhe des Unterhalts 144
        c) Wahrung der Belange eines Kindes und Härteklausel nach Nr. 1 145

d) Härtegrund und gesteigerte Erwerbsobliegenheit – Begrenzung des Unterhalts auf das dritte Lebensjahr des Kindes? 146
9. Anrechnen eigener Einkünfte sowie Vermögens 147
10. Kürzung des Unterhalts über den notwendigen Eigenbedarf hinaus bei eigenen Einkünften und Vermögen 149
11. Berücksichtigung des Unterhaltsanspruchs nach § 1615l BGB 150
12. Privilegierung bei einem anvertrauten Kind 150
IV. Probleme der Anwendung des Härtegrundes der verfestigten Lebensgemeinschaft (Nr. 2) 151
1. Überblick über die Rechtsprechung zu § 1579 Nr. 7 BGB a.F. 151
a) Anwendungsbereich – Funktion als Auffangtatbestand..151
b) Fester sozialer Zusammenschluss............................... 152
c) Verhältnis der Fallgruppen zueinander 159
d) Keine Konkubinatsklausel 159
2. Reichweite des Begriffs der verfestigten Lebensgemeinschaft 160
3. Unterhaltsrechtliche Leistungsfähigkeit des Lebenspartners 161
V. Verbleibende Fälle des § 1579 Nr. 8 BGB 162

I. Änderung des § 1585b BGB – Unterhalt für die Vergangenheit beim nachehelichen Unterhalt 166
I. Zweck der Änderung des § 1585b Abs. 2 BGB 166
II. Anwendungsfragen zu § 323 Abs. 3 S. 2 ZPO 166

J. Notarielle Form von Vereinbarungen zum nachehelichen Unterhalt, § 1585c BGB 168
I. Bisheriger Rechtszustand 168
II. Begründung und Umfang der Neufassung des § 1585c BGB ..169
III. Ersetzung der notariellen Form und weiterer Regelungen nach § 127a BGB 171
1. Voraussetzungen bei § 127a BGB 171
2. Weitere Formbestimmungen 172
IV. Grundsätzliche Formfreiheit nach rechtskräftiger Scheidung der Ehe, Ausnahmen 172
V. Zeitlicher Regelungsbereich des § 1585c S. 2 BGB 173
1. Wirksamkeit von Vereinbarungen vor dem 1.1.2008 173
2. Beweislast, Änderung einer Altvereinbarung 174

K. Aufhebung von § 1586a Abs. 1 S. 2 BGB 175

Inhaltsverzeichnis

L. Unterhalt bei Gütergemeinschaft – Neufassung des
§ 1604 BGB...176

M. Neuregelung des Rangfolgesystems, § 1609 BGB....................177
    I. Grundlegende Neuordnung des Rangfolgesystems................177
    II. Ausgangslage nach den bisherigen Bestimmungen................177
    III. Rechtspolitische Begründung der Änderung der Rangfolge....179
    IV. Die neuen Regelungsgrundsätze..180
        1. Absoluter Vorrang des Kindesunterhalts.........................180
        2. Besondere Gewichtung des Unterhalts der Eltern wegen
           Betreuung eines Kindes..180
        3. Die Gleichstellung des Unterhalts bei langer Ehe-
           dauer mit dem Betreuungsunterhalt.................................181
        4. Die weiteren Rangfolgeregelungen...................................183
    V. Fehlende Rangfolge bei Unterhaltsansprüchen nach
        dem LPartG...184
    VI. Kritik am neuen Rangfolgesystem..184
        1. Einführung..184
        2. Aushöhlung des steuerlichen Realsplittings.....................185
        3. Verwerfungen im Rangfolgeprinzip.................................186
           a) Abweichung vom Prinzip der Erfüllung des Unter-
              halts im Rangfolgesystem...186
           b) Bestimmung der Einsatzbeträge...................................187
        4. Anwendungsfragen zum Begriff der Ehe von langer Dauer
           in § 1609 Nr. 2 BGB...188
    VII. Minderjährige Kinder und volljährige privilegierte Kinder
        als Berechtigte der ersten Rangstufe......................................190
        1. Begriff des minderjährigen Kindes..................................190
        2. Volljährige privilegierte Kinder i.S.d.
           § 1603 Abs. 2 Satz 2 BGB..191
        3. Tatbestandliche Abgrenzung...191
        4. Einzusetzende Einkünfte und Vermögen.........................193
    VIII. Bestimmung der Einsatzbeträge beim Kindesunterhalt und
        Bedarfskontrollbetrag..194
        1. Grundlage der Bedarfsbestimmung.................................194
        2. Funktion des Bedarfskontrollbetrages..............................195
        3. Die Funktion des Bedarfskontrollbetrages nach der
           neuen Rangstufenregelung...196
    IX. Anwendungsfragen 197
        1. Mangelfallberechnung bei mehreren Unterhaltsberech-
           tigten der ersten Rangstufe...197
        2. Kein Einsatz des staatlichen Kindergeldes im Mangelfall
           beim Unterhalt nach der zweiten Rangstufe?...................199

- a) Darstellung der Auswirkungen 199
- b) Mangelfallberechnung bei volljährigem privilegierten Kind 200
- 3. Zuordnung des Splittingvorteils aus der neuen Ehe zum Kindesunterhalt 201
  - a) Grundlagen der Rechtsprechung des BVerfG 201
  - b) Methode der Ermittlung des steuerlichen Vorteils 202
  - c) Zuordnung zum Kindesunterhalt im Mangelfall 204
- 4. Vorteile aus dem Realsplitting und außergewöhnlichen Belastungen nach § 33a Abs. 1 EStG 205
- 5. Zulässigkeit eines Rangverzichts 206
- 6. Rechtsprechung des BGH zur Barunterhaltspflicht in den sogenannten Hausmannfällen 206
- 7. Unzulässigkeit einer Billigkeitskorrektur nach § 1579 Nr. 8 BGB 210
- 8. Zuordnung des Unterhalts nach § 1576 BGB bei Betreuung eines Pflegekinds 210
- 9. Auswirkungen nachehelich geborener Kinder und nachehelich entstandener Unterhaltsansprüche in der zweiten Rangstufe 211
  - a) Grundlagen 211
  - b) Rechenbeispiel 213
  - c) Weitere Beispiele 216
  - d) Bestimmung der Selbstbehalte nach §§ 1581 S. 1, 1615l Abs. 3 i.V.m. 1603 Abs. 1 BGB 218
- 10. Wiederaufleben eines nachrangigen Unterhaltsanspruchs nach Wegfall eines Anspruchs nach §§ 1570, 1615l BGB ..218
- 11. Berücksichtigung vertraglicher Unterhaltsansprüche 219

N. Änderung des § 1612 BGB 220
- I. Anwendungsbereich und Regelungszweck des § 1612 BGB in der bisherigen Fassung 220
  - 1. Form der Unterhaltsleistung 220
  - 2. Bestimmungsrecht für minderjährige und volljährige Kinder 220
  - 3. Verfahrensfragen 221
- II. Umfang der Neuregelung des § 1612 BGB 221
  - 1. Änderung der Wirksamkeitsprüfung der Unterhaltsbestimmung 221
  - 2. Änderung des Verfahrens 222
- III. Voraussetzungen einer wirksamen Unterhaltsbestimmung 223
  - 1. Rücksichtnahme auf die Belange des Kindes 223
  - 2. Sonstige Fragen zur Unterhaltsbestimmung 224

　　　　a) Weitere Unwirksamkeitsgründe 224
　　　　b) Restanspruch 225

O. **Regelung eines Mindestunterhalts minderjähriger Kinder
nach § 1612a BGB**..227
　I.　Vollständige Neukonzeption des § 1612a BGB 227
　　　1. Ausgangslage..227
　　　2. Neuer Maßstab – Anknüpfung an das steuerliche
　　　　 Existenzminimum 228
　II.　Struktur des § 1612a Abs. 1 BGB 229
　　　1. Regelung eines Individualunterhalts sowohl statisch
　　　　 als auch dynamisch 229
　　　2. Begriff des Mindestunterhalts nach § 1612a Abs. 1 BGB ..230
　　　3. Bestimmung des Mindestunterhalts nach § 1612a
　　　　 Abs. 1 S. 2, 3 BGB 230
　III.　Mindestunterhalt der vierten Altersstufe 232
　IV.　Funktion des Mindestunterhalts als Beweislastregel 233
　V.　Sicherung des Mindestunterhalts bei Einkommen des nicht
　　　barunterhaltspflichtigen Elternteils...234
　VI.　Titulierung und Tenorierung des Unterhalts 235

P. **Neuordnung des Kindergeldausgleichs nach § 1612b BGB** 237
　I.　Ausgangslage 237
　II.　Grundlagen des staatlichen Kindergeldes..............................237
　　　1. Anspruchsberechtigte 237
　　　2. Verdrängung durch andere Leistungen...........................239
　III.　Notwendigkeit einer Reform 239
　IV.　Neuer Ansatz – Deckung des Barbedarfs durch Kindergeld ...239
　V.　Einzelregelungen des § 1612b BGB.......................................240
　　　1. Grundprinzip des Kindergeldausgleichs nach Abs. 1 240
　　　2. Volljähriges Kind außerhalb des Haushalts.....................241
　VI.　Vorteile der Rechtsanwendung durch Neuregelung 241
　　　1. Verzicht auf Regelung zur Kindergeldverrechnung
　　　　 im Mangelfall...241
　　　2. Erhöhung der Verteilungsmasse für die zweite Rangstufe
　　　　 im Mangelfall nach § 1609 Nr. 1, 2 BGB 243
　　　3. Bedarfsdeckende Wirkung auch bei volljährigen Kindern..243
　　　　a) Grundlagen..243
　　　　b) Anteilsberechnung bei Barunterhalt beider Elternteile..244
　VII.　Bedarfsdeckung des Kindergeldes und Vorwegabzug des
　　　Kindesunterhalts bei Bestimmung des Unterhalts nach
　　　§§ 1361, 1578 Abs. 1 S. 1, 1615l Abs. 1, 2 BGB 245

VIII. Anteilsberechnung bei Zusammentreffen von volljährigen privilegierten und minderjährigen Kindern sowie Bedarfsdeckung nach § 1612b Abs. 1 BGB 247
  1. Grundlagen 247
  2. Bestimmung des Bedarfs 248
  3. Bestimmung der Anteile jedes Elternteils 249
IX. Auswirkungen bei Zusammentreffen minderjähriger und volljähriger privilegierter Kinder im Mangelfall 251
X. Unbeachtlichkeit des Zählkindvorteils 251
XI. Kindergeldersatzleistungen nach § 1612c BGB 252
XII. Behandlung des Kindergelds bei einem im Ausland lebenden Unterhaltspflichtigen 252

Q. Neuregelung des Unterhaltsanspruchs nicht verheirateter Eltern nach § 1615l BGB 254
I. Normzweck des § 1615l BGB bis 31.12.2007 254
II. Inhalt und Begründung der Neuregelung. 255
  1. Fassung des RegE und Änderung durch den Rechtsausschuss 255
  2. Änderung der Rangstufe. 256
III. Der Unterhalt der Mutter nach § 1615l Abs. 2 BGB 257
  1. Anspruchsinhalt nach Abs. 2 S. 1, 2 257
    a) Unterhalt wegen Schwangerschaft oder Erkrankung 257
    b) Unterhalt wegen Betreuung. 257
  2. Zeitliche Dauer des Unterhaltsanspruchs nach § 1615l Abs. 2 S. 3, 4 BGB 258
    a) Regelung nach dem KindRG und KindUG 258
    b) Neue Struktur des § 1615l Abs. 2 S. 3 BGB. 259
    c) Weitere Gründe der Verlängerung des Anspruchs 260
    d) Altersphasenmodell auch zu § 1615l Abs. 2 S. 3 BGB ... 261
  3. Wiederaufleben eines nach bisherigem Recht begrenzten Anspruchs 261
  4. Prozessuale Fragen 262
  5. Wiederaufleben eines nach § 1609 Nr. 2 BGB verdrängten Unterhaltsanspruchs 262
IV. Weitere Fragen zu § 1615l BGB 263
  1. Keine kausale Verknüpfung zur Bedürftigkeit 263
  2. Rechtskräftige Feststellung der Vaterschaft 263
  3. Bedürftigkeit 264
  4. Bedarf der Mutter 266
  5. Leistungsfähigkeit des Unterhaltspflichtigen 267
  6. Einstweiliger Rechtsschutz zugunsten der Mutter 268
  7. Steuerliche Entlastung 268

Inhaltsverzeichnis

    8. Probleme aus der Gleichstellung des § 1615l BGB
        mit § 1570 BGB 269
        a) Problemlage 269
        b) Ausgleichung des Unterhaltsanspruchs bei Bedarf,
           Bedürftigkeit und Leistungsfähigkeit 270
        c) Anspruch auf Mehr- oder Sonderbedarf 271
        d) Anwendung der Härteklauseln nach §§ 1579,
           1611 BGB 271
        e) Vereinbarungen nach § 1585c BGB und
           § 1614 BGB 272

R. Änderungen des Lebenspartnerschaftsgesetzes 274
  I. Überblick 274
  II. Die einzelnen Bestimmungen 274
    1. Gleichstellung der Rangordnung von eingetra-
       genen Lebenspartnern und Ehegatten 274
    2. Verpflichtung zum Lebenspartnerschaftsunterhalt nach
       § 5 LPartG 274
    3. Unterhalt bei Getrenntleben nach § 12 LPartG 275
    4. Nachpartnerschaftlicher Unterhalt 275

S. Übergangsbestimmungen 276
  I. Grundlagen 276
  II. Regelungsbereich der Übergangsbestimmungen 276
    1. Grundsatz 276
    2. Überblick zu § 36 EGZPO 277
       a) § 36 Nr. 1 EGZPO 277
       b) § 36 Nr. 2 EGZPO 278
       c) § 36 Nr. 3 EGZPO 278
       d) § 36 Nr. 4 EGZPO 278
       e) § 36 Nr. 5 EGZPO 279
       f) § 36 Nr. 6 EGZPO 279
       g) § 36 Nr. 7 EGZPO 279
  III. Anwendung des neuen Rechts auf bestehende Unterhalts-
      regelungen 279
    1. Voraussetzungen 279
    2. Begriff der wesentlichen Änderung nach Nr. 1 280
    3. Anwendungsfälle 280
    4. Weitere prozessuale Voraussetzungen 282
       a) Wesentliche Änderung 282
       b) Umfang der fortbestehenden Bindung an das abzuän-
          dernde Urteil 283

        c) Umfang der fortbestehenden Bindung bei Prozessvergleichen..284
        d) Umfang der betroffenen Unterhaltsfestsetzung 285
    5. Keine Präklusion nach §§ 323 Abs. 2, 767 Abs. 2 ZPO....285
    6. Berücksichtigung des Vertrauens nach Zumutbarkeitsgesichtspunkten..285
        a) Unklarer Prüfungsmaßstab 285
        b) Verstoß gegen das verfassungsrechtlich unzulässige Rückwirkungsverbot? 287
        c) Fehlende Vertrauensschutzregelung bei Unterhaltsfestsetzung nach Inkrafttreten des neuen Rechts 288
    7. Einzelne Abwägungskriterien des Vertrauensschutzes 289
        a) Kriterien zugunsten des Unterhaltsberechtigten 289
        b) Eingeschränkter Vertrauensschutz des Unterhaltsberechtigten 291
        c) Gesamtabwägung aller Zumutbarkeitsgesichtspunkte ..291
IV. Anpassung dynamischer Unterhaltstitel und Vereinbarungen..292
    1. Zweck der Regelung des § 36 Nr. 3 EGZPO 292
    2. Methode der Berechnung des neuen Prozentsatzes 293
        a) Vier Fallgruppen 293
        b) Vergleich der Regelbeträge mit dem Mindestunterhalt..293
        c) Gesetzlicher Regelfall nach Satz 4 Buchstabe a 293
        d) Berechnung bei Hinzurechnen des Kindergelds nach § 1612b Abs. 2 BGB a.F. 295
        e) Berechnung bei Anrechnung des vollen Kindergeldes...296
        f) Berechnung ohne Anrechnung des Kindergelds 297
        g) Verbleibende Abänderungsverfahren 297
V. Erhöhung des Mindestunterhalts nach Nr. 4 298
VI. Berücksichtigung des neuen Rechts im Revisionsverfahren 298
VII. Wiedereröffnung einer mündlichen Verhandlung nach § 36 Nr. 6 EGZPO 298
VIII. Beschränkung der Rückwirkung des neuen Rechts nach § 36 Nr. 7 EGZPO 299

T. **Änderung der Zivilprozessordnung und anderer Bestimmungen** 301
  I. Überblick..301
  II. Änderung des Vereinfachten Verfahrens nach §§ 645 ff. ZPO 301
    1. Grundlagen 301
    2. Neufassung des § 645 Abs. 1 ZPO......................................301
    3. Weitere Änderungen des Vereinfachten Verfahrens 302

4. Weitere Problembereiche zum Übergang auf das neue Recht 302
   a) Veränderung des materiellen Rechts 302
   b) Prozessuale Fragen 303
5. Fortgeltung der Bestimmungen zum Vereinfachen Verfahren 304
III. Änderung weiterer Bestimmungen..305
   1. Bezifferung dynamischer Unterhaltstitel zur Zwangsvollstreckung im Ausland gemäß § 790 ZPO.........................305
   2. Rangfolge zwischen pfändenden Unterhaltsgläubigern 305
   3. Änderung des Gerichtskostengesetzes und der Kostenordnung 305
   4. Auslandskostenverordnung 306
   5. Änderung von Art. 229 § 2 EGBGB...................................306
IV. Inkrafttreten des UÄndG 2007 306

Anhang: Synopse und Übergangsvorschrift 307

Stichwortverzeichnis 323

Literaturverzeichnis

Familienrechtsreformkommentar, bearbeitet von Dieter Bäumel u.a., 1998, (zitiert: FamRefK/Bearbeiter).

Gernhuber/Coester-Waltjen, Lehrbuch des Familienrechts, 5. Aufl. 2006.

Göppinger/Wax (Hrsg.), Unterhaltsrecht, 8. Aufl. 2003 (zitiert: Göppinger/Wax/Bearbeiter).

Johannsen/Henrich (Hrsg.), Eherecht: Scheidung, Trennung, Folgen, 4. Aufl. 2003 (zitiert: Johannsen/Henrich/Bearbeiter).

Luthin (Hrsg.), Handbuch des Unterhaltsrechts, 10. Aufl. 2004 (zitiert: Luthin/Bearbeiter).

Münchener Kommentar zum Bürgerlichen Gesetzbuch, hrsg. von K. Rebmann, R. Rixecker und F. Säcker, Band 7, 4. Aufl. 2000 (zitiert: Bearbeiter in Münchener Kommentar).

Münchener Kommentar zur Zivilprozessordnung, hrsg. von Gerhard Lüke und Peter Wax, 2. Aufl. 2000 (zitiert: Bearbeiter in Münchener Kommentar).

Musielak (Hrsg.), Zivilprozessordnung, Kommentar, 5. Aufl. 2007 (zitiert: Musielak/Bearbeiter).

Palandt (Begr.), Bürgerliches Gesetzbuch, Kommentar, 66. Aufl. 2007 (zitiert: Palandt/Bearbeiter).

Reichsgerichtsrätekommentar, Band 4, Teile 2 und 3, 12. Aufl. 1999 (zitiert: RGRK/Bearbeiter).

Schwab (Hrsg.), Handbuch des Scheidungsrechts, 5. Aufl., München 2004 (zitiert: Schwab/Bearbeiter).

Soergel (Begr.), Bürgerliches Gesetzbuch, Kommentar, Band 7, 12. Auflage, Stuttgart 1989 (zitiert: Soergel/Bearbeiter).

Staudinger (Begr.), Kommentar zum Bürgerlichen Gesetzbuch, §§ 1601-1615o BGB, Neubearbeitung 2000 (zitiert: Staudinger/Bearbeiter).

Thomas/Putzo (Hrsg.), Zivilprozessordnung, Kommentar, 27. Auflage 2005 (zitiert: Thomas/Putzo/Bearbeiter).

Wendl/Staudigl (Begr.), Das Unterhaltsrecht in der familienrichterlichen Praxis, 6. Aufl. 2004 (zitiert: Wendl/Staudigl/Bearbeiter).

Zöller (Begr.), Zivilprozessordnung, Kommentar, 26. Aufl. 2007 (zitiert: Zöller/Bearbeiter).

Abkürzungsverzeichnis

a.A.	anderer Ansicht
a.a.O.	am angegebenen Ort
Abs.	Absatz
a.F.	alte Fassung
Alt.	Alternative
Anm.	Anmerkung
Art.	Artikel
AsylVfG	Asylverfahrensgesetz
BAföG	Bundesausbildungsförderungsgesetz
BBesG	Bundesbesoldungsgesetz
BEEG	Gesetz zur Einführung des Elterngeldes
BErzGG	Bundeserziehungsgeldgesetz
BeurkG	Beurkundungsgesetz
BFH	Bundesfinanzhof
BGB	Bürgerliches Gesetzbuch
BGBl.	Bundesgesetzblatt
BGH	Bundesgerichtshof
BKGG	Bundeskindergeldgesetz
BR-Drucks.	Bundesratsdrucksache
BStBl.	Bundessteuerblatt
BT-Drucks.	Bundestagsdrucksache
BVerfG	Bundesverfassungsgericht
1. EheRG	Erstes Gesetz zur Reform des Ehe- und Familienrechts vom 14.6.1976
DAVorm	Der Amtsvormund
EGBGB	Einführungsgesetz zum Bürgerlichen Gesetzbuch
EGZPO	Einführungsgesetz zur Zivilprozessordnung
EStG	Einkommensteuergesetz
f./ff.	folgende/fortfolgende
FamRB	Der Familienrechtsberater

Abkürzungsverzeichnis

FamRZ	Zeitschrift für das gesamte Familienrecht
FGG	Gesetz über die Angelegenheiten der freiwilligen Gerichtsbarkeit
Fn.	Fußnote
FPR	Familie, Partnerschaft, Recht
GG	Grundgesetz
GKG	Gerichtskostengesetz
h.M.	herrschende Meinung
i.d.F.	in der Fassung
i.d.R.	in der Regel
i.S.d.	im Sinne des
KG	Kammergericht
KindRG	Kindschaftsrechtsreformgesetz vom 16.12.1997
KindUG	Kindesunterhaltsgesetz vom 6.4.1998
KostO	Kostenordnung
LPartG	Gesetz über die Eingetragene Lebenspartnerschaft
MuSchG	Mutterschutzgesetz
m.w.N.	mit weiteren Nachweisen
n.F.	neue Fassung
NJW	Neue Juristische Wochenschrift
NJW-RR	Neue Juristische Wochenschrift Rechtsprechungsreport Zivilrecht
Nr.	Nummer
OLG	Oberlandesgericht
RegE	Regierungsentwurf
RPflG	Rechtspflegergesetz
RVO	Reichsversicherungsordnung
Rz.	Randziffer
S.	Satz/Seite/Siehe
SGB I	Sozialgesetzbuch Erstes Buch

Abkürzungsverzeichnis XXIX

SGB II	Sozialgesetzbuch Zweites Buch
SGB III	Sozialgesetzbuch Drittes Buch
SGB VI	Sozialgesetzbuch Sechstes Buch
SGB VIII	Sozialgesetzbuch Achtes Buch
SGB XII	Sozialgesetzbuch Zwölftes Buch
UÄndG 1986	Gesetz zur Änderung unterhaltsrechtlicher, verfahrensrechtlicher und anderer Vorschriften vom 20.2.1986
UÄndG 2007	Gesetz zur Änderung des Unterhaltsrechts i.d.F. RegE (BT-Drucks. 16/1830) einschl. Änderungen durch Rechtsausschuss des Deutschen Bundestages (BT-Drucks. 16/6980) – verabschiedet vom Deutschen Bundestag am 9.11.2007 (BR-Drucks. 760/07) und Bundesrat am 30.11.2007 (BR-Drucks. 760/07 [Beschluss])
UVG	Unterhaltsvorschussgesetz
VAHRG	Gesetz zur Regelung von Härten im Versorgungsausgleich
vgl.	vergleiche
VO	Verordnung
Vorbem.	Vorbemerkung
ZPO	Zivilprozessordnung

A. Notwendigkeit einer Reform des Unterhaltsrechts

I. Regelungsbereich der Reform

Das Unterhaltsrechtsänderungsgesetz (UÄndG 2007) erfasst den Unterhalt zwischen Ehegatten, der seine bestehende Struktur durch das 1. EheRG vom 15.6.1976 erhalten hat, den Unterhalt von Verwandten, insbesondere den Unterhalt minderjähriger und volljähriger privilegierter Kinder, die Unterhaltspflicht zwischen Eltern eines Kindes, die nicht miteinander verheiratet sind, und schließlich die Unterhaltspflicht zwischen Lebenspartnern im Sinne des Lebenspartnerschaftsgesetzes.

II. Begründung des Reformvorhabens im Regierungsentwurf

Der Gesetzentwurf der Bundesregierung[1] (RegE), der Grundlage für das UÄndG 2007 war, geht auf die seit Inkrafttreten des 1. EheRG eingetretenen **gesellschaftlichen Veränderungen** und die damit verbundenen gewandelten Wertvorstellungen ein, um die Akzeptanz des Unterhaltsrechts bei den betroffenen Bürgerinnen und Bürgern dauerhaft zu sichern. Er stützt sich hierbei in erster Linie auf empirische Feststellungen und führt hierzu aus, dass bei der steigenden Anzahl an Ehescheidungen überwiegend eine verhältnismäßig kurze Ehedauer vorliege und zudem fünfzig Prozent der geschiedenen Ehen kinderlos seien. Ferner habe sich die Rollenverteilung in der Ehe zunehmend verändert, da immer häufiger beide Partner auch bei Ehen mit Kindern ihre berufliche Tätigkeit beibehalten oder nach einer erziehungsbedingten Unterbrechung wieder aufnehmen. Darüber hinaus hätten sich neue Familienstrukturen herausgebildet. So steige ständig die Anzahl der Kinder, die in einer nichtehelichen Lebensgemeinschaft aufwachsen oder von einem allein erziehenden Elternteil betreut und erzogen werden. Inzwischen gebe es über zwei Millionen nicht verheiratet zusammenlebende Partner, von denen etwa ein Drittel Kinder haben. In Folge der steigenden Anzahl an Ehen von kurzer Dauer gebe es auch immer häufiger Zweitfamilien mit Kindern. Durch die deutlich gestiegene Anzahl an Zweitfamilien mit Kindern steige auch

---

1 S. BT-Drucks. 16/1830, später im Rechtsausschuss des Deutschen Bundestages in Teilen abgeändert und ergänzt, BT-Drucks. 16/6980.

die Anzahl an unterhaltsbedürftigen Elternteilen und minderjährigen Kindern, so dass das für den Lebensbedarf zur Verfügung stehende Einkommen des Unterhaltspflichtigen häufig nicht ausreiche, um alle Unterhaltsbedürftigen zu versorgen. Die in der gerichtlichen Praxis entwickelte Mangelfallberechnung nach §§ 1609, 1582 BGB a.F. sei vielfach nicht mehr nachvollziehbar und zudem durch die komplexe Bestimmung des Mindestbedarfs des Kindes erschwert. Hieraus ergebe sich eine Gerechtigkeitslücke, die aus der nicht mehr zu rechtfertigenden Privilegierung des ersten Ehegatten nach § 1582 BGB a.F. folge und zudem dem Kindeswohl widerspreche.

Ferner folge aus den beschriebenen Veränderungen in der **Gesellschaft ein Wertewandel**. So sei empirisch festgestellt worden, dass ein Hauptmotiv für die Scheidung vor allem bei Frauen der Wunsch nach größerer Unabhängigkeit sei.[2] Das unterhaltsrechtliche Prinzip der Eigenverantwortung finde deshalb immer größere Akzeptanz. Anerkannt sei in der Gesellschaft auch, dass die Kinder im Falle einer Trennung oder Scheidung das „schwächste Glied in der Kette" seien und eines besonderen Schutzes bedürfen, da sie – anders als Erwachsene – nicht selbst für ihren Unterhalt sorgen könnten. Auch in anderen familienrechtlichen Bestimmungen stehe das Kindeswohl im Vordergrund; hieraus sei auch die Schutzbedürftigkeit nicht verheirateter Mütter und Väter stärker zu gewichten als früher. Dies ergebe sich bereits aus der Anzahl von 1,77 Millionen Alleinerziehenden in Deutschland. Alles dies mache eine Anpassung des bestehenden Unterhaltsrechts notwendig, das der Deutsche Bundestag in der Entschließung vom 6.7.2000[3] anlässlich der Neuregelung der Anrechnung des Kindergeldes (§ 1612b BGB a.F.) durch das Gesetz zur Ächtung der Gewalt in der Erziehung vom 2.11.2000[4] angeregt habe, so vor allem in Bezug auf den Mindestbedarf minderjähriger Kinder, die Vereinfachung der Unterhaltsbestimmungen sowie eine bessere Abstimmung mit dem Steuer- und Sozialrecht, schließlich eine Neuregelung der unterhaltsrechtlichen Rangverhältnisse. Dem entspreche auch die Forderung des BVerfG[5] nach mehr Normenklarheit bei der Bestimmung des Existenzminimums im Zusammenhang mit der Prüfung des § 1612b Abs. 5 BGB a.F. und dessen Verfassungsmäßigkeit.[6]

---

2 Vgl. *Andreß/Borgloh/Güllner/Wilking*, Wenn aus Liebe rote Zahlen werden – über die wirtschaftlichen Folgen von Trennung und Scheidung, 2003, S. 203, 209 ff.
3 BT-Drucks. 14/3781 S. 3.
4 BGBl. I S. 1479.
5 BVerfGE 108, 52 ff. = FamRZ 2003, 1370, 1374 f.
6 S. auch Verhandlungen des 64. Deutschen Juristentages, Band I, 2002, Gutachten A 30, A 117; Arbeitskreis 1 des 15. Deutschen Familiengerichtstages 2003, Brühler Schriften zum Familienrecht, Band 13, 2004, S. 75.

III. Ziele der Reform

Die dargelegten gesellschaftlichen Veränderungen verlangen nach der Begründung des RegE[7] in einigen wesentlichen Bereichen eine Änderung der Maßstäbe und damit eine Anpassung des Rechts, auf deren Grundlage die Gerichte den Einzelfall zu entscheiden haben. Der RegE lässt sich danach von drei Zielen leiten.

- Die **Stärkung des Kindeswohls**, die vor allem durch eine Änderung des unterhaltsrechtlichen Rangfolgesystems nach den §§ 1582, 1609 BGB a.F. zugunsten von minderjährigen unverheirateten Kindern und privilegierten volljährigen Kindern i.S.d. § 1603 Abs. 2 S. 2 BGB erreicht werden soll, aber auch durch eine Stärkung des Unterhalts nach § 1615l Abs. 2 S. 3 BGB und die Bestimmung des Mindestunterhalts minderjähriger Kinder in Anlehnung an den steuerlichen Freibetrag für das sächliche Existenzminimum eines Kindes (in Höhe von jährlich 3.648 €, monatlich 304 €; aufgrund der Beratungen des Rechtsausschusses des Deutschen Bundestages angehoben auf das Niveau der bisherigen Regelbeträge zuzüglich 77 €, also 322 €, bis der Mindestunterhalt nach § 1612a Abs. 1 BGB diesen Betrag erreicht).[8]

- die stärkere Betonung des **Grundsatzes der Eigenverantwortung** nach rechtskräftiger Scheidung[9], die insbesondere durch eine konkretere Ausgestaltung der Obliegenheit zur Erwerbstätigkeit nach § 1574 Abs. 1, 2 BGB und die Einführung einer generell für sämtliche nachehelichen Unterhaltstatbestände geltende Begrenzungsregelung nach § 1578b BGB erreicht werden soll;

- die **Vereinfachung des Unterhaltsrechts** durch eine gesetzliche Definition des Mindestunterhalts minderjähriger Kinder nach § 1612a BGB, die Neuregelung der Verrechnung des Kindergeldes und eine vereinfachte Regelung des Rangfolgesystems im Mangelfall.

- Schließlich soll in Altfällen eine behutsame Anpassung an die neuen Bestimmungen erfolgen.

Unangetastet lässt der RegE das bestehende Prinzip des Unterhaltsrechts, das in vielen Bereichen auf konkretisierungsbedürftigen Ansätzen und Generalklauseln beruht. Der den Gerichten damit eingeräumte Spielraum zur Einbindung und Erfassung von Billigkeits- und Zumutbarkeitsgesichtspunkten im Einzelfall bleibt danach erhalten. Ausdrücklich ver-

---

7 BT-Drucks. 16/1830 S. 12.
8 BT-Drucks. 16/6980 S. 23.
9 Der RegE spricht von Stärkung der Eigenverantwortung, BT-Drucks. 16/1830 S. 16.

weist der RegE insbesondere auf die der Rechtsvereinheitlichung und dem Rechtsfrieden dienende Funktion der Leitlinien der Oberlandesgerichte.

IV. Wesentliche Änderungen

1. Überblick

Nach der Begründung des RegE[10] soll das **Wohl des Kindes** im Vordergrund der Reform stehen. Dies soll erreicht werden durch

(1) die Änderung der Rangfolge im Mangelfall, die im bisher geltenden Recht in den §§ 1609 Abs. 1, 2 i.V.m. § 1582 BGB a.F. geregelt ist,

(2) die Verbesserung der Rechtsstellung kinderbetreuender, nicht miteinander verheirateter Eltern, deren Rang nach § 1615l Abs. 3 S. 3 BGB a.F. hinter der Ehefrau und den minderjährigen Kindern des Vaters steht, und

(3) die gesetzliche Definition des Mindestunterhalts.

Diese Regelungen wurden aufgrund der Forderung des BVerfG[11], die der Sicherung des Kindeswohls dienenden Unterhaltstatbestände des § 1570 BGB und des § 1615l Abs. 2 S. 3 BGB inhaltsgleich auszugestalten, im Gesetzgebungsverfahren durch den Rechtsausschuss gestärkt, indem § 1615l Abs. 2 S. 3 BGB n.F. den Betreuungsunterhalt nach Vollendung des dritten Lebensjahres des Kindes nach Billigkeitsgesichtspunkten ausweitet.

2. Geänderte Rangfolge

a) Begründung des Regierungsentwurfs

Ein zentraler Punkt der Reform ist die Neuregelung des bestehenden Rangfolgesystems nach §§ 1582, 1609 BGB a.F. Der RegE reagiert damit auf die Tatsache, dass bei der Bestimmung des Unterhaltsanspruchs in der Praxis das für den Unterhalt zur Verfügung stehende Einkommen in der überwiegenden Anzahl der Unterhaltsfälle nicht ausreicht, um den Bedarf aller Unterhaltsberechtigten i.S.d. §§ 1361, 1578, 1615l Abs. 3 S. 1 i.V.m. § 1610 Abs. 1 BGB zu decken, und deshalb im Rahmen der Prüfung der Leistungsfähigkeit i.S.d. §§ 1581 S. 1, 2, 1603 Abs. 1, 2 BGB eine Mangelfallberechnung vorzunehmen ist, die dazu führt, dass einerseits den minderjährigen und privilegierten volljährigen Kindern regel-

---

10 BT-Drucks. 16/1830 S. 13.
11 Entscheidung v. 28.2.2007, FamRZ 2007, 965 = NJW 2007, 1735.

mäßig nicht einmal der Regelbetrag i.S.d. § 1612a Abs. 1 BGB a.F. i.V.m. der Regelbetragverordnung verbleibt und andererseits ein nachrangiger betreuender Elternteil aus einer Zweitehe (§ 1582 Abs. 1 S. 2 BGB a.F.) oder aus einer nichtehelichen Verbindung (§ 1615l Abs. 3 S. 3 BGB a.F.) mit seinem Unterhaltsanspruch ausfällt. Aufgrund dieses Befundes löst der RegE den in § 1609 Abs. 2 S. 1 BGB a.F. bestimmten Gleichrang zwischen minderjährigen sowie privilegierten volljährigen Kindern einerseits und Ehegatten andererseits auf und räumt minderjährigen sowie volljährigen privilegierten Kindern einen Vorrang vor allen anderen Unterhaltsberechtigten ein. Er begründet dies mit dem Hinweis, dass diese Kinder nicht in der Lage seien, selbst für ihren Unterhalt zu sorgen, während es den anderen Unterhaltsberechtigten zuzumuten sei, im Mangelfall grundsätzlich selbst für den eigenen Unterhalt aufzukommen. Es sei deshalb den Kindern auch nicht zuzumuten, die zu verteilenden Mittel mit anderen Unterhaltsberechtigten zu teilen und auf eine ergänzende Sozialhilfe angewiesen zu sein.

Ferner hält der RegE **nicht jeden Unterhaltsberechtigten in gleicher Weise für schutzbedürftig**. In Folge der Hervorhebung des Kindeswohls räumt deshalb der RegE einem Elternteil, der ein minderjähriges Kind betreut, unabhängig davon, ob er verheiratet ist oder nicht, künftig den zweiten Rang ein. Dies führt dazu, dass in dieser Rangstufe der ein minderjähriges Kind betreuende Ehegatte unabhängig davon, ob er mit dem Unterhaltspflichtigen zusammenlebt (§§ 1360, 1360a BGB), in Trennung lebt (§ 1361 Abs. 1 BGB) oder geschieden ist (§ 1570 BGB), auf einer Stufe mit einem Elternteil steht, der mit dem Unterhaltspflichtigen nicht verheiratet ist. In gleicher Weise schutzbedürftig ist ferner der Ehegatte, der mit dem Unterhaltspflichtigen **in langer Ehe zusammenlebt oder -gelebt** hat. Dies rechtfertigt der RegE[12] aus der sich bei langer Ehedauer ergebenden nachehelichen Solidarität, die nach Art. 6 GG geschützt ist. Im Rechtsausschuss des Deutschen Bundestages wurde § 1609 Nr. 2 BGB in der Fassung des RegE präzisiert und ergänzt, indem bei der Definition einer Ehe von langer Dauer auch Nachteile i.S. des § 1587b Abs. 1 S. 2, 3 BGB berücksichtigt werden, die durch die Wirkungen der Ehe eingetreten sind.[13] Im dritten Rang steht der geschiedene Ehegatte, der nur verhältnismäßig kurz verheiratet war und keine gemeinsamen Kinder betreut; dieser kann nach der Begründung des RegE weniger Solidarität erwarten. Ansonsten bleibt die in § 1609 Abs. 1, 2 BGB a.F. geregelte Rangfolge unverändert. In dieses Rangsystem werden auch eingetragene Lebenspartnerschaften eingefügt, die aufgrund des Gesetzes zur

---

12 BT-Drucks. 16/1830 S. 13.
13 BT-Drucks. 16/6980 S. 20 f.

Überarbeitung des Lebenspartnerschaftsrechts vom 15.12.2004[14] Ehegatten gleichgestellt werden.

b) Bewertung

8   Die **Privilegierung des Kindesunterhalts** ist auf den ersten Blick sinnvoll und überzeugend. Sie bewirkt für den unterhaltsberechtigten Erwachsenen, dass er von Gesetzes wegen angehalten wird, selbst für seinen Unterhalt aufzukommen, was auch der gesetzgeberischen Wertung in § 10 SGB II und § 11 SGB XII entspricht. In rechtstechnischer Hinsicht hebt diese Bestimmung ferner den komplexen Rechengang im Mangelfall auf.[15] In Bezug auf die steuerliche Entlastung des Unterhaltspflichtigen im Fall der Trennung oder Scheidung nach §§ 10 Abs. 1 Nr. 1, 33a Abs. 1 EStG (Realsplitting sowie außergewöhnliche Belastung in besonderen Fällen) führt der absolute Vorrang des Kindesunterhalts dazu, dass insbesondere bei mehreren unterhaltsbedürftigen Kindern die steuerliche Entlastung des Unterhaltspflichtigen faktisch entfällt. Ob dies im Verhältnis zu den Fällen, in denen der Unterhaltspflichtige über ein höheres Einkommen verfügt und nicht im selben Maße zur Sicherung des Existenzminimums auf die steuerliche Entlastung angewiesen ist, der in Art. 3 Abs. 2 GG enthaltenen Wertung entspricht, erscheint sehr zweifelhaft. Gerade in Bezug auf die zwischen einem betreuenden Elternteil und den minderjährigen Kindern bestehende **Bedarfsgemeinschaft** ist es rechtspolitisch nicht überzeugend, eine Differenzierung zwischen der ersten und zweiten Rangfolge vorzunehmen. Im Übrigen relativiert sich das Argument einer vereinfachten Berechnung des Unterhalts durch das neue Rangfolgesystem im Falle der Wiederheirat des Unterhaltspflichtigen, weil in diesem Fall der Splittingvorteil gemäß § 26 EStG aus der neuen Ehe zwar den minderjährigen und volljährigen privilegierten Kindern i.S.d. § 1603 Abs. 2 S. 2 BGB zugute kommt, nicht aber dem geschiedenen Ehegatten.[16]

9   Kritisch zu bewerten ist für die Rechtsanwendung auch der **Begriff der Ehe von langer Dauer** i.S.d. § 1609 Nr. 2 BGB. Die Auslegung dieses Begriffes, der bereits in § 1582 BGB a.F. enthalten ist[17], soll nach der Begründung des RegE[18] flexibel gehandhabt werden; auf eine zeitliche Vorgabe wird bewusst verzichtet. Im Hinblick auf die eingangs angespro-

---

14 BGBl. I S. 3396.
15 S. hierzu BGH FamRZ 2003, 1471, 1472 = NJW 2003, 3122; FamRZ 2002, 536; zur Methode s. *Schwab/Borth*, Teil IV Rz. 1118 ff.
16 BVerfG FamRZ 2003, 1821 = NJW 2003, 3466; BGH FamRZ 2005, 1817.
17 BGH FamRZ 1986, 790, 792; FamRZ 1987, 916 – jedenfalls nach Ablauf von 15 Jahren.
18 BT-Drucks. 16/1830 S. 24.

chenen verfassungsrechtlichen Risiken ist bemerkenswert, dass der RegE zur Interpretation dieses Begriffes auch die Art der konkurrierenden Unterhaltsansprüche heranzieht, also nicht nur auf die typischen Umstände dieses Tatbestandsmerkmals wie absolute zeitliche Dauer der Ehe, eingetretene wirtschaftliche Abhängigkeit eines Ehegatten vom anderen aufgrund persönlicher Dispositionen im Interesse der Ehe abstellt. So soll eine Ehe von langer Dauer auch dann gegeben sein, wenn der Anspruch nach § 1360 BGB mit dem Anspruch der Mutter nach § 1615l BGB zusammentrifft. Der Begriff der Ehe von langer Dauer umschreibt deshalb **nicht das eigentlich Gewollte.** In der Begründung[19] wird ausdrücklich auf den Zweck der Regelung hingewiesen, Vertrauensschutz zu gewähren, der sich unter Umständen nicht in erster Linie aus der Dauer der Ehe, sondern aus anderen Umständen wie eingegangener persönlicher und wirtschaftlicher Abhängigkeiten und Verflechtungen im Rahmen der Gestaltung der ehelichen Beziehungen ergeben kann. Bereits *Schwab*[20] hat hierzu kritisch angemerkt, dass – unabhängig von der Schwierigkeit zur Bestimmung, wann eine Ehe von langer Dauer ist – die Entwurfsbegründung auf ein anderes Verständnis hindeutet, das mit dem Bezug auf die reine Ehedauer nur unvollständig erfasst wird. Dem **Gebot der Normenklarheit** wurde aufgrund der Beratungen im Rechtsausschuss insoweit Rechnung getragen, als bei der Feststellung einer *„Ehe von langer Dauer"* die Rollenverteilung in der Ehe und die mit ihr verbundenen Nachteile des geschiedenen Ehegatten i.S.d. § 1578b Abs. 1 S. 2, 3 BGB zu berücksichtigen sind (eingehend Rz. 243 ff., 251). Die Auslegung des Begriffes der *„Ehe von langer Dauer"* reduziert sich danach nicht auf die Ehedauer selbst, sondern ermöglicht insbesondere den Schutz desjenigen Ehegatten, der im **Vertrauen auf den Bestand der Ehe** die eigenen beruflichen und wirtschaftlichen Interessen zugunsten der Familie zurückgestellt hat, was dem Gesichtspunkt des Nachteilsausgleiches entspricht.

3. Besserstellung kinderbetreuender, nicht miteinander verheirateter Eltern

Nach der bisherigen Rechtslage ist ein verheirateter betreuender Elternteil zur Aufnahme einer (teilweisen) beruflichen Tätigkeit erst verpflichtet, wenn das **Kind das achte Lebensjahr erreicht** hat.[21] Der Unterhaltsanspruch der Mutter nach § 1615l Abs. 1, 2 BGB, die mit dem Vater ihres Kindes nicht verheiratet ist, endet nach der gesetzlichen Re-

10

---

19 RegE, BT-Drucks. 16/1830 S. 24.
20 FamRZ 2005, 1417, 1424.
21 Zuletzt BGH FamRZ 2006, 846; FamRZ 2006, 1010.

gelung mit Vollendung des dritten Lebensjahres eines Kindes, so dass danach eine Erwerbstätigkeit erwartet wird, soweit dies nicht grob unbillig ist (§ 1615l Abs. 2 S. 3 BGB a.F.).[22] Diese Begrenzung steht im Zusammenhang mit dem gesetzlichen Anspruch von alleinerziehenden Elternteilen auf einen Kindergartenplatz ab dem dritten Lebensjahr. Der RegE[23] sah in dieser Differenzierung grundsätzlich keinen Verstoß gegen Art. 3 GG sowie Art. 6 GG, da der Unterhaltsanspruch nach § 1570 BGB auf der fortwirkenden nachehelichen Solidarität und der notwendigen Betreuung des Kindes beruhe; er wollte aber dennoch diese „Schere" **von beiden Seiten** weiter schließen, in dem einerseits die Billigkeitsschwelle in § 1615l Abs. 2 S. 3 BGB a.F. durch Streichung des Wortes *„grob"* abgesenkt und andererseits beim geschiedenen Elternteil durch die Stärkung des Grundsatzes der Eigenverantwortung nach § 1569 BGB und die Einführung des Satzes 2 in § 1570 BGB dessen Erwerbsobliegenheit verschärft wird. § 1615l Abs. 2 S. 3 BGB musste jedoch aufgrund der Entscheidung des BVerfG vom 28.2.2007[24] neu gefasst werden, das die unterschiedlichen Regelungen des Betreuungsunterhalts nach § 1615l Abs. 2 S. 3 BGB und § 1570 BGB in Bezug auf ihre Dauer als Verstoß gegen Art. 6 Abs. 5 GG erklärte; diese Bestimmung enthält das Verbot, nichteheliche Kinder anders zu behandeln als eheliche Kinder. Das BVerfG hat hierbei zur Beseitigung des verfassungswidrigen Zustandes dem Gesetzgeber mehrere Möglichkeiten offen gelassen und eine Änderung des § 1615l BGB, eine Änderung des § 1570 BGB oder auch eine Neuregelung beider Tatbestände in Betracht gezogen. Hierauf wurden aufgrund der Beratungen im Rechtsausschuss des Deutschen Bundestages[25] beide Unterhaltstatbestände in Bezug auf die grundlegende Dauer der Betreuung minderjähriger Kinder und die Voraussetzungen zur Verlängerung der Betreuung nahezu inhaltsgleich ausgestaltet. Danach wird der Betreuungsunterhalt jeweils **für mindestens drei Jahre** geschuldet und kann sich nach Billigkeitsgründen verlängern; hierbei sind die Belange des Kindes und die bestehenden Möglichkeiten der Kindesbetreuung zu berücksichtigen, wobei § 1615l Abs. 2 S. 5 BGB um das Wort „insbesondere" ergänzt wird, um neben kindbezogenen Umständen auch **elternbezogene Gründe** in Bezug auf die zeitliche Dauer des Betreuungsunterhalts zu erfassen. In Bezug auf § 1615l Abs. 2 S. 3 BGB hat damit die Ge-

---

22 Zur verfassungskonformen Auslegung dieser Regelung s. BGH FamRZ 2006 (mit Anm. *Schilling*) = NJW 2006, 2687.
23 BT-Drucks. 16/1830 S. 13.
24 FamRZ 2007, 965 = NJW 2007, 1735; zu den Auswirkungen auf die Unterhaltsreform s. *Wellenhofer*, FamRZ 2007, 1282.
25 S. BT-Drucks. 16/6980 S. 16 f.

währung des Betreuungsunterhalts über das dritte Lebensjahr hinaus seinen Ausnahmecharakter verloren.

4. Gesetzliche Definition des Mindestunterhalts minderjähriger Kinder und vereinfachte Kindergeldverrechnung

Der Kindesunterhalt erfährt durch den RegE in zwei wesentlichen Bereichen zur Anspruchsbestimmung eine grundlegende Neuordnung, die insbesondere dem Postulat des BVerfG[26] zu mehr Normenklarheit gerecht wird. Zum einen beruht dies auf der **gesetzlichen Definition des Mindestunterhalts** nach § 1612a Abs. 1 BGB. Dies erfolgt durch eine Anknüpfung an das einkommensteuerrechtlich vorgegebene sächliche Existenzminimum i.S.d. § 32 Abs. 6 EStG (jährlich 3.648 €), monatlich 304 €. Neben der Harmonisierung des Unterhalts-, Steuer- und Sozialrechts wird insbesondere die unklare Rechtslage in § 1612a Abs. 1 BGB a.F. (Regelbetrag) und § 1612b Abs. 5 BGB a.F. (Kindergeldverrechnung) zur Bestimmung des Mindestunterhalts aufgehoben. Ferner macht diese Anknüpfung an den steuerlichen Kinderfreibetrag die Festsetzung von Regelbeträgen und die Differenzierung nach dem Wohnsitz in den neuen oder alten Bundesländern entbehrlich. Beibehalten werden die drei Altersgruppen. Die **Neuregelung der Kindergeldverrechnung** erfolgt durch eine dem Zweck des Kindergeldes entsprechende Zuweisung zur Verrechnung mit dem Bedarf des Kindes. Sie macht damit auch die bisherige Regelung des § 1612b Abs. 5 BGB a.F. überflüssig. In Bezug auf die Bedarfsdefinition des § 1610 Abs. 1 BGB legt § 1612a Abs. 1 BGB einen Mindestunterhalt fest. Damit wird auch eine Neufassung der Düsseldorfer Tabelle und in Folge sämtlicher Leitlinien der Oberlandesgerichte notwendig (lagen bei Drucklegung noch nicht vor).

Da die nach dem steuerlichen Existenzminimum bemessenen Mindestunterhaltsbeträge (s. Rz. 321) in sämtlichen Altersstufen deutlich hinter den bisher als Existenzminimum bezeichneten Beträgen in Höhe von 135 % der Regelbeträge liegen, hat der Rechtsausschuss des Deutschen Bundestages in der Übergangsbestimmung des § 36 Nr. 4 EGZPO den Mindestunterhalt solange auf die Beträge 279 €, 322 € und 365 € angehoben, bis das steuerliche Existenzminimum diese erreicht, um zu vermeiden, dass durch die Unterhaltsreform sich die Unterhaltsbeträge im Verhältnis zu den Regelungen des § 1612a Abs. 1 BGB a.F. i.V.m. § 1612b Abs. 5 BGB a.F. verschlechtern.[27] Die zuvor genannten Beträge ergeben sich aus den seit 1.7.2007 geltenden Regelbeträgen zuzüglich des hälftigen Kindergelds.

---

26 BVerfGE 108, 52 ff. = FamRZ 2003, 1370, 1376 = NJW 2003, 2733.
27 BT-Drucks. 16/6980 S. 6, 23.

5. Stärkung der Eigenverantwortung nach der Ehe

12   Der RegE will aufgrund der geänderten gesellschaftlichen Verhältnisse und der gewandelten Wertvorstellungen den bereits bisher in § 1569 BGB a.F. verankerten Grundsatz der Eigenverantwortung stärken. Unter Bezugnahme auf die sich aus Art. 6 GG abgeleitete fortwirkende nacheheliche Solidarität belässt es der RegE bei den hierauf gestützten Unterhaltstatbeständen, nach denen im Falle einer Bedürftigkeit i.S.d. § 1577 Abs. 1 BGB auch nach Scheidung eine Unterhaltspflicht weiter bestehen kann. Um den Charakter der **nachehelichen Unterhaltstatbestände als Ausnahmetatbestand** hervorzuheben, wird der Grundsatz der Eigenverantwortung in § 1569 BGB stärker akzentuiert und die generell bestehende Obliegenheit zur Ausübung einer Erwerbstätigkeit verschärft. Ferner weitet das UÄndG 2007 die durch das UÄndG 1986 zu den Unterhaltsansprüchen nach § 1573 Abs. 1 BGB (Unterhalt bis zur Erlangung einer angemessenen Erwerbstätigkeit) und § 1573 Abs. 2 BGB (Aufstockungsunterhalt) in § 1573 Abs. 5 i.V.m. § 1578 Abs. 1 S. 2 BGB a.F. eingeführte Begrenzung dieser Ansprüche dem Grunde und der Höhe nach (in einer neuen Bestimmung) auf alle nachehelichen Unterhaltstatbestände aus und reduziert insoweit den Unterhaltsanspruch auf den Grundsatz des **ehebedingten Nachteilsausgleichs**.

6. Vereinfachung des Unterhaltsrechts

13   Der RegE sieht in der gesetzlichen Definition des Mindestunterhalts eines minderjährigen Kindes (§ 1612a BGB), der damit verbundenen Aufhebung der Regelbetragverordnung und dem Verzicht auf deren Anpassung im Abstand von zwei Jahren, der Neuordnung des Rangfolgesystems, die die bestehende schwierige Mangelfallberechnung beseitigt, sowie der Fassung der Begrenzungsregelung in einer Norm eine Vereinfachung des materiellen Rechts, was zu einer erleichterten Rechtsanwendung führt und auch für die Betroffenen eine nachvollziehbare Regelung darstellt.

V. Weitere bedeutsame Änderungen

14   Ferner nimmt der RegE die Reform zum Anlass, weitere, vor allem sich aus der höchstrichterlichen Rechtsprechung ergebende Anpassungen vorzunehmen. In erster Linie betrifft dies die Härteklausel des § 1579 BGB. Hierzu wird der **Härtegrund der kurzen Ehedauer** nach Nr. 1 an die Rechtsprechung des BVerfG[28] angepasst. Ferner wird ein **neuer Här-**

---

28 BVerfGE 80, 286 = FamRZ 1989, 941 = NJW 1989, 207.

tegrund (in Nr. 2) eingeführt, wenn der Berechtigte in einer **verfestigten Lebensgemeinschaft** lebt. Insoweit wird die Rechtsprechung des BGH zu § 1579 Nr. 7 BGB a.F. übernommen, deren Übernahme in einen selbständigen Härtegrund keine inhaltliche Veränderung bedeutet. Darüber hinaus wird wegen der Einführung einer **Formbedürftigkeit von Vereinbarungen** zum Unterhalt durch eine entsprechende Ergänzung in § 1585c BGB die bereits im Güterrecht (§§ 1378 Abs. 3 S. 2, 1408 Abs. 1 BGB) und im Versorgungsausgleich (§§ 1408 Abs. 2, 1587o Abs. 2 BGB) bestehende Formbestimmung in das Unterhaltsrecht übernommen.

VI. Finanzielle Auswirkungen

Der RegE weist im Hinblick auf die Hervorhebung des Grundsatzes der Eigenverantwortung und des geänderten Rangfolgesystems darauf hin, dass der Zweitfamilie künftig höhere finanzielle Mittel zur Verfügung stehen werden. In Bezug auf den Vorrang minderjähriger Kinder wird ausgeführt, dass diese seltener als bisher öffentliche Hilfe in Anspruch nehmen werden. Gleichzeitig wird aber erkannt, dass insoweit in vielen Fällen lediglich eine Umschichtung der für Unterhaltszwecke zur Verfügung stehenden Mittel eintreten wird, weil in entsprechendem Umfang der nachrangig betreuende Elternteil seinen Bedarf nicht decken kann. Verschiebungen treten auch dadurch ein, dass die Höhe des Kindesunterhalts an das steuerlich definierte Existenzminimum angehängt wird (Kinderfreibetrag nach § 32 Abs. 6 EStG). Diese werden durch die Übergangsbestimmung des § 36 Nr. 4 EGZPO, der aufgrund der Beratungen des Rechtsausschusses eingeführt wurde, ausgeglichen (s. Rz. 11).

15

VII. Übergangsregelungen

Art. 3 Abs. 2 des RegE (§ 36 EGZPO), der sowohl die materiell-rechtlichen als auch verfahrensrechtlichen Übergangsvorschriften enthält, bestimmt, dass das neue Recht ab dessen Inkrafttreten grundsätzlich auch bei bereits **zuvor entstandenen Unterhaltsverhältnissen** eingreift. Gestützt wird dies auf das Ziel der Rechtssicherheit und Rechtseinheit, ferner auf das Gebot der Gerechtigkeit, soweit die bisherige bestehende Unterhaltsregelung zu unbilligen Ergebnissen geführt hat.

16

B. Das Unterhaltsrecht nach dem 1. EheRG und dessen weitere Entwicklung

I. Überblick

1. Grundlagen des 1. EheRG

a) Grundsatz der Eigenverantwortlichkeit

17   Nach der Grundentscheidung des Gesetzgebers des 1. EheRG steht nur demjenigen Ehegatten ein Unterhaltsanspruch zu, der nach der Scheidung nicht in der Lage ist, selbst für seinen Unterhalt zu sorgen. Aus dem in den §§ 1569, 1577 Abs. 1 BGB niedergelegten **Grundsatz der Eigenverantwortlichkeit** folgt u. a. die Obliegenheit zur Aufnahme einer Erwerbstätigkeit (§§ 1573 Abs. 1, 1574 Abs. 2 BGB), aber auch zum Einsatz des eigenen Vermögens unabhängig von dessen Herkunft (§ 1577 Abs. 3 BGB). Der Unterhaltsbedürftige kann damit nicht aufgrund jeder schicksalsbedingten Bedürfnislage Unterhalt verlangen (§§ 1573 Abs. 4, 1577 Abs. 4 BGB). Dieser Grundsatz wird durch den weiteren Grundsatz der nach der **Scheidung fortwirkenden wirtschaftlichen Verantwortung**[1] der Ehegatten füreinander verdrängt. Rechtspolitisch ist dieser gedankliche Ansatz aufgrund der Tatsache gerechtfertigt, dass die Ehegatten mit ihrer Eheschließung regelmäßig ihre bisherige selbständige Lebensgestaltung aufgeben und ihren weiteren Lebensweg im persönlichen und wirtschaftlichen Bereich weitgehend aufeinander ausrichten. Zwar steht mit der Scheidung der Ehe fest, dass der gemeinsame Lebensplan gescheitert ist. Die während der Ehe vorgenommene gemeinsame Lebensgestaltung wirkt sich jedoch vielfach auf das gesamte weitere Leben aus. Eine sich hieraus ergebende Bedürfnislage kann eine **unterhaltsrechtliche Einstandspflicht des wirtschaftlich besser gestellten Ehegatten** erfordern. Regelmäßig wird eine solche Bedürfnislage bei der während der Ehe den Haushalt führenden Ehefrau auftreten, die aufgrund einer nicht ausgeübten Erwerbstätigkeit Nachteile in ihrem beruflichen Fortkommen hat hinnehmen müssen.

---

1 BVerfGE 53, 257 ff. = FamRZ 1980, 326, 333 = NJW 1980, 692, 694 – fortwirkende personale Verantwortung; *Schwab*, Handbuch des Scheidungsrechts, 1. Aufl. 1977, Rz. 236 – nachwirkende eheliche Solidarität.

b) Ehebezogene Unterhaltsbedürftigkeit, Rechtsnatur des Anspruchs

Allerdings soll nicht jede **schicksalsbedingte Bedürftigkeit** stets und auf Dauer eine Unterhaltspflicht auslösen, sondern nur, wenn diese **in Verbindung mit der Ehe selbst** steht.[2] Durch diese Umschreibung soll einerseits verdeutlicht werden, dass nicht jede Bedürfnislage von der nachwirkenden ehelichen Solidarität erfasst wird; andererseits soll aber auch nicht lediglich eine ehebedingte Bedürftigkeit im Sinne einer unmittelbaren Kausalität zu einem Unterhaltsanspruch führen, also ein Anspruch etwa nur dann bestehen, wenn der Ehegatte ohne die Ehe nicht ebenfalls bedürftig wäre. Nach seiner Rechtsnatur beruht der nacheheliche Unterhalt auf der früheren Ehe und deren Nachwirkungen, ist also ein **familienrechtlicher Anspruch**, hat also nicht die Funktion eines Schadensausgleichs oder einer Genugtuung bzw. Bestrafung. Verschuldensabhängige Elemente bestehen teilweise im Rahmen der Härteklausel des § 1579 BGB. Die Regelungen des Unterhaltsrechts verdrängen regelmäßig die Bestimmungen des allgemeinen Schuldrechts (so vor allem § 242 BGB durch § 1579 BGB).

18

2. Überblick über die einzelnen Tatbestände

a) Keine Generalklausel

Der nacheheliche Unterhalt wird nicht in einer Generalklausel geregelt. Vielmehr sieht das Gesetz einzelne Tatbestände vor, die bestimmten Bedürfnislagen eines Ehegatten zugeordnet sind. In jedem Fall besteht ein Anspruch nur insoweit, als der bedürftige Ehegatte für seinen Unterhalt nicht selbst aufkommen kann.

19

- § 1570 BGB erkennt einen Unterhaltsanspruch an, solange und soweit ein Ehegatte wegen den gemeinschaftlichen Kindern an der Aufnahme einer Erwerbstätigkeit gehindert ist.
- § 1571 BGB sieht einen Anspruch vor, wenn dem Ehegatten wegen seines Lebensalters zu bestimmten Einsatzzeitpunkten eine Erwerbstätigkeit nicht zugemutet werden kann.
- § 1572 BGB trifft eine entsprechende Regelung für den Fall der Krankheit eines Ehegatten.
- § 1573 BGB gewährt einen Unterhaltsanspruch wegen unzureichender Wiedereingliederung ins Erwerbsleben, sofern nicht ein Anspruch

---

2 BT-Drucks. 7/650 S. 120 ff.

nach §§ 1570 bis 1572 BGB besteht; ferner soll durch den Aufstockungsunterhalt nach Abs. 2 eine Lebensstandardgarantie gesichert werden.

- § 1575 BGB sieht einen Ausbildungsunterhalt vor, wenn ein Ehegatte wegen der Ehe eine Ausbildung nicht aufgenommen oder abgebrochen hat.
- § 1576 BGB stellt eine positive Billigkeitsklausel dar, um eine im Zusammenhang mit der Ehe entstandene Bedürfnislage zu erfassen, sofern die §§ 1570 bis 1575 BGB nicht eingreifen.

Die einzelnen Tatbestände sind untereinander in der Weise verbunden, dass sie entweder zum Zeitpunkt der Ehescheidung oder zu einem in den einzelnen Tatbeständen geregelten **Einsatzzeitpunkt** bestehen. Ein dauerhafter Unterhalt besteht demnach nur dann, wenn eine lückenlose Anspruchskette ab rechtskräftiger Scheidung vorliegt; lediglich § 1576 BGB bildet insoweit eine Ausnahme, der im Sinne einer positiven Billigkeitsklausel eingreifen soll, wenn die Anspruchskette unterbrochen wird.

b) Selbständige Unterhaltstatbestände

20   Die Regelungen der §§ 1569 ff. BGB nehmen damit aus dem umfassenden Begriff der Bedürftigkeit, wie er etwa beim Unterhalt für Verwandte in § 1602 BGB geregelt ist, den Sonderfall einer Bedürftigkeit heraus und erheben **typische**, eine Bedürftigkeit auslösende **Sachverhalte zu selbständigen Unterhaltstatbeständen**. Die weitergehende Bedürftigkeitsprüfung, ob und in welchem Umfang der Berechtigte sich aufgrund eigener Einkünfte und Vermögen selbst unterhalten kann, bleibt zwar ebenfalls Voraussetzung für das Bestehen eines Unterhaltsanspruchs (§ 1577 Abs. 1, 3 BGB), sie ist jedoch nicht Bestandteil der einzelnen Unterhaltstatbestände. Die Feststellung des Unterhaltsanspruchs eines geschiedenen Ehegatten erfolgt demnach in folgenden Stufen:

(1) Kann sich der Unterhalt begehrende Ehegatte aus seinen Einkünften und seinem Vermögen selbst unterhalten, § 1577 Abs. 1 bis 4 BGB?
(2) Liegt eine der Voraussetzungen der §§ 1570 bis 1576 BGB vor?
(3) Ist der Verpflichtete infolge eingeschränkter oder fehlender Leistungsfähigkeit wirtschaftlich in der Lage, Unterhalt zu erbringen, § 1581 BGB?
(4) Ist die Inanspruchnahme des anderen Ehegatten aus den in § 1579 BGB genannten Gründen grob unbillig?

Die Bestimmungen zum nachehelichen Unterhalt sind danach von **einer vielfältigen Interessenabwägung** geprägt, so vom Schutz des wirtschaftlich schwächeren Ehegatten, der Ursache für dessen Bedürftigkeit, der Fähigkeit des Bedürftigen, durch Einsatz der Arbeitskraft und des Vermögens sich selbst zu unterhalten, und schließlich der Interessenlage des Leistungspflichtigen, auch nach der Scheidung in der Lebensgestaltung finanziell nicht zu stark eingeschränkt zu werden.

c) Ausnahme-Regel-Prinzip; verfassungsrechtliche Grenzen

Die in §§ 1570 bis 1576 BGB enthaltenen Unterhaltstatbestände stellen sich nach der **gesetzlichen Systematik** als numerisch aufgeführte Ausnahmeregelungen von dem allgemeinen Grundsatz dar, dass jeder Ehegatte nach der Scheidung für seinen Unterhalt selbst aufzukommen hat. Allerdings ist das „Netz" der Ausnahmetatbestände so eng geknüpft, dass bei Ehen, in denen sich die Ehefrau der Führung des Haushalts gewidmet hat, jedenfalls unmittelbar nach der Scheidung regelmäßig einer der Unterhaltstatbestände eingreift.

21

3. Rechtsprechung des BVerfG zum 1. EheRG

Das BVerfG hat in der Entscheidung vom 14.7.1981[3] diese Grundentscheidungen des Gesetzgebers mit dem Grundgesetz für vereinbar erklärt und – wie beim Ehescheidungsrecht und Versorgungsausgleich – es für zulässig gehalten, die Unterhaltsansprüche unabhängig von einem Trennungs- und Zerrüttungsverschulden zu gestalten. Hierbei hat es insbesondere die Erwägungen des Gesetzgebers für zulässig gehalten, die Suche nach der Schuld habe nicht die wirklichen Ursachen des Scheiterns der Ehe zu Tage gelegt, so dass mehr zufällig herausgestellte Verhaltensweisen und Geschehnisse zur Grundlage der gerichtlichen Entscheidungen gemacht worden seien. Ferner seien die Ehegatten durch den Streit um die Schuld noch mehr einander entfremdet worden. Ebenso wenig sei die Aufhebung der Verknüpfung von Ehescheidungsschuld und Unterhaltsanspruch zu beanstanden, weil die bisher bestehende Verknüpfung den haushaltsführenden Ehegatten – regelmäßig die Ehefrau – benachteilige. Die Scheidung habe auf die wirtschaftlichen Verhältnisse des berufstätigen Ehegatten keinen Einfluss, während der haushaltsführende, nicht berufstätige Ehegatte in vielen Fällen nicht in der Lage sei, sich durch Wiedereingliederung in das Erwerbsleben wirtschaftlich selbst zu sichern. Dies lasse sich mit der Gleichwertigkeit von Hausfrauen- und beruflicher Tätigkeit nicht in Einklang bringen. Das Fehlverhalten des haushalts-

22

---

3 BVerfGE 57, 361 = FamRZ 1981, 745 = NJW 1981, 1771.

führenden Ehegatten dürfe deshalb nicht zum Entzug der wirtschaftlichen Grundlage führen.⁴

23   Allerdings hat das BVerfG (a.a.O.) die Grenzen eines verschuldensunabhängigen Unterhaltsrechts, wie sie sich aus der bis zum 31.3.1986 bestehenden Regelung des § 1579 BGB ergaben, enger gezogen als der Gesetzgeber. Es hat zwar die in § 1579 Abs. 1 BGB a.F. enthaltenen Regelungen anerkannt und hervorgehoben, dass die Grenze des Zumutbaren eines verschuldensunabhängigen Unterhaltsrecht überschritten wäre, wo eine einseitige Unterhaltsverpflichtung weiter zu erfüllen wäre, obwohl sich der Unterhaltsbegehrende in einer ganz besonders schwerwiegenden Weise ganz bewusst von jeglichen ehelichen Bindungen gelöst hat, weil ansonsten die Beschränkung der Dispositionsfreiheit des Vergleichs in wirtschaftlicher Hinsicht vor Art. 2 Abs. 1 GG nicht mehr bestehen könne. Soweit aber die Härteklausel – etwa bei der Betreuung eines gemeinschaftlichen Kindes – durch § 1579 Abs. 2 BGB a.F. suspendiert werde, müsse eine dem Grundsatz der Verhältnismäßigkeit gerecht werdende gesamte Regelung getroffen werden. Dem ist der Gesetzgeber durch das UÄndG vom 20.2.1986 nachgekommen.

Ansonsten hat das BVerfG die Regelungen zum nachehelichen Unterhalt nicht beanstandet und sowohl die Aufstockung nachehelichen Unterhalts nach § 1573 Abs. 2 BGB als auch die Anwendung des neuen Rechts auf Ehen, die vor dem 1.7.1977 geschlossen wurden (Art. 12 Nr. 3 I des 1. EheRG)⁵ gebilligt. Ferner hat das BVerfG den unterhaltsrechtlichen Vorrang nach § 1582 BGB a.F., soweit es hierzu Stellung zu nehmen hatte, nicht beanstandet.⁶

4. Rechtspolitische Diskussion bis zur Einführung des UÄndG 1986

24   Die **rechtspolitische Diskussion** zum Unterhaltsrecht des 1. EheRG war zunächst von der Frage geprägt, in welchem Umfang im Unterhaltsrecht ein **eheliches Fehlverhalten** berücksichtigt werden sollte. Einerseits wurde die Auffassung vertreten, die gesetzliche Regelung sei zu eng, ein eheliches Fehlverhalten dürfe nicht nur in Ausnahmefällen erfasst werden.⁷ Andererseits wurde die Rechtsprechung des BVerfG und des BGH

---

4   BT-Drucks. 7/650 S. 100, 120 ff.
5   BVerfG a.a.O.
6   BVerfGE 66, 84 = FamRZ 1984, 346 = NJW 1984, 1523.
7   *Dieckmann,* FamRZ 1984, 946 ff.; *Diederichsen,* Justizministerium Baden-Württemberg – Hat sich das 1. EheRG bewährt?, Sonderdruck des Justizministeriums Baden-Württemberg, S. 43 ff.

kritisiert, sie berücksichtige eheliches Fehlverhalten zu stark.[8] Literatur und obergerichtliche Rechtsprechung sind der vermittelnden Linie des BGH weitgehend gefolgt; insbesondere nach Inkrafttreten des UÄndG 1986 ist die rechtspolitische Diskussion in dieser Frage weitgehend verstummt.

Erhebliche Kritik wurde am Unterhaltsrecht geübt, soweit das **Arbeitsmarktrisiko des bedürftigen Ehegatten** (durch die Regelung des § 1573 Abs. 1 BGB) dem anderen Ehegatten aufgebürdet wurde.[9] Ähnliche Kritik wurde auch gegenüber dem Aufstockungsunterhalt vorgebracht.[10] Das UÄndG 1986 hat diese Kritik teilweise aufgenommen; nach § 1573 Abs. 5 BGB a.F. ist sowohl hinsichtlich des Unterhalts bis zur Erlangung einer angemessenen Erwerbstätigkeit gemäß § 1573 Abs. 1 BGB wie auch des Aufstockungsunterhalts nach § 1573 Abs. 2 BGB eine zeitliche Begrenzung des Unterhalts möglich, ferner nach § 1578 Abs. 1 S. 2 BGB a.F. der Höhe nach, soweit die Ehe nicht von langer Dauer war.

II. Regelungen zum Unterhaltsänderungsgesetz 1986

1. Gesetzesgrundlagen

Am 1.4.1986 ist das Gesetz zur Änderung unterhaltsrechtlicher, verfahrensrechtlicher und anderer Vorschriften (UÄndG) vom 20.2.1986[11] in Kraft getreten. Die materiell-rechtlichen Regelungen enthalten neben den vom BVerfG geforderten Korrekturen zu § 1568 Abs. 2 BGB a.F.[12] und § 1579 Abs. 2 BGB a.F.[13] auch eine Änderung der §§ 1573, 1578 BGB die den **Umfang der nachehelichen unterhaltsrechtlichen Mitverantwortung** der Ehegatten neu festlegen. Ein Kernstück der Neuregelung ist § 1573 Abs. 5 BGB a.F., der eine **zeitliche Begrenzung** der Unterhaltsansprüche nach § 1573 Abs. 1 und 2 BGB vorsieht und seinem Regelungsinhalt nach eine **Ausnahmevorschrift** darstellt.[14] Praktische Bedeutung hat § 1573 Abs. 5 BGB a.F. vor allem bei kinderlosen Ehen von nicht

25

---

8 *Limbach*, Die Rechtsprechung des BGH in Unterhaltssachen, Brühler Schriften zum Familienrecht Band 2, 1982, S. 36; Arbeitskreis 10 des 4. Deutschen Familiengerichtstages, Brühler Schriften zu Familienrecht, Band 2, 1982, S. 82.
9 *Diederichsen*, a.a.O., S. 39; *Willutzki*, Lebenslange Unterhaltslast – ein unabwendbares Schicksal?, Brühler Schriften zum Familienrecht, Band 3, 1984, S. 15 ff.
10 *Diederichsen*, a.a.O., S. 42 f.; *Willutzki*, a.a.O., S. 27 f.
11 BGBl. I S. 301.
12 BVerfGE 55, 134 = FamRZ 1981, 15 ff. = NJW 1981, 108 ff.
13 BVerfGE 57, 361 = FamRZ 1981, 745 ff. = NJW 1981, 1771 ff.
14 S. auch BT-Drucks. 10/4514 S. 21.

allzu langer Dauer. Im Übrigen stimmt diese Regelung weitgehend mit der alle Unterhaltstatbestände betreffenden Bestimmung des § 1578 Abs. 1 S. 2 BGB a.F. überein, der eine Begrenzung des Unterhaltsanspruchs der Höhe nach regelt.

2. Anwendungsbereich

26   Nach § 1573 Abs. 1 BGB hat ein geschiedener Ehegatte, von dem eine Erwerbstätigkeit an sich erwartet werden kann, gegen den anderen einen Unterhaltsanspruch, solange und soweit er nach der Scheidung oder einen nach § 1573 Abs. 3, 4 BGB gleichgestellten Zeitpunkt keine angemessene Erwerbstätigkeit zu finden vermag. § 1573 Abs. 2 BGB billigt dem geschiedenen Ehegatten, der eine angemessene Erwerbstätigkeit ausübt, mit den Einkünften jedoch nicht den an den ehelichen Lebensverhältnissen ausgerichteten vollen Unterhalt erreicht, einen Aufstockungsunterhalt zu. Sinn dieser Bestimmung ist, den ehelichen Lebensstandard auch nach der Scheidung zu erhalten. Nur auf diese beiden Anspruchsgrundlagen ist § 1573 Abs. 5 BGB a.F. anzuwenden, während die vergleichbare Regelung des § 1578 Abs. 1 S. 2 BGB a.F. demgegenüber bei sämtlichen nachehelichen Unterhaltsansprüchen gilt. **Besondere rechtspolitische Bedeutung** gewinnt die Begrenzungsmöglichkeit des Unterhalts vor allem nach der Änderung der Rechtsprechung des BGH zur Anwendung der sogenannten **Differenz- bzw. Anrechnungsmethode** bei Aufnahme einer Erwerbstätigkeit des haushaltsführenden Ehegatten.[15] Durch die weitgehende Verdrängung der Anrechnungsmethode zugunsten der den haushaltsführenden Ehegatten besser stellenden Differenz- bzw. Additionsmethode verlängert sich die Unterhaltslast; sie kann im Einzelfall zu einer lebenslangen Unterhaltspflicht führen, falls nicht die Voraussetzungen des § 1573 Abs. 5 BGB a.F. vorliegen.

3. Grundlagen des Gesetzgebungsverfahrens

27   Die Regelung des § 1573 Abs. 5 BGB a.F. sieht vor, dass die Unterhaltsansprüche nach § 1573 BGB **ausnahmslos zeitlich begrenzt** werden können, soweit insbesondere unter **Berücksichtigung der Dauer der Ehe sowie der Gestaltung von Haushaltsführung und Erwerbstätigkeit** ein zeitlich unbegrenzter Unterhaltsanspruch unbillig wäre. Die sonstigen Unterhaltsansprüche nach §§ 1569 ff. BGB werden von dieser Regelung nicht erfasst. In der Begründung zur Beschlussempfehlung und Bericht des Rechtsausschusses des Deutschen Bundestags wurde der **Aus-**

---

15 S. BGH FamRZ 2001, 986 ff. = NJW 2001, 2254; FamRZ 2006, 1006.

nahmecharakter dieser Regelung besonders hervorgehoben. Der RegE begründet die Änderung des § 1573 BGB damit, es sei nicht in jedem Fall gerecht, das **Risiko eines zeitlich unbegrenzten Anspruchs** auf Unterhalt wegen Arbeitslosigkeit oder Aufstockung dem Unterhaltsverpflichteten aufzubürden. Die Neuregelung ermögliche es demgegenüber, den Unterhalt wegen Arbeitslosigkeit zeitlich zu begrenzen, wobei keine automatische Bindung der Dauer der Unterhaltspflicht an die Dauer der Ehe vorgesehen werde. Von wesentlicher Bedeutung für die nach der Neuregelung vorzunehmende Billigkeitsabwägung sei es, dass in die Dauer der Ehe, der insofern besonderes Gewicht zukomme, auch diejenigen Zeiten einzubeziehen seien, in denen der berechtigte Ehegatte nach Scheidung der Ehe wegen der Betreuung gemeinschaftlicher Kinder einen Unterhaltsanspruch gehabt habe. Als weiteren Grund zur zeitlichen Einschränkung des Unterhaltsanspruchs wird angeführt, dass die **Arbeitslosigkeit eines Ehegatten nicht ehebedingt** sein müsse. Habe der Berechtigte, der während der Ehe gearbeitet habe, seinen Arbeitsplatz ausschließlich aus konjunkturellen Gründen verloren, so spreche dies für eine zeitliche Begrenzung. Dies gelte aber nicht, wenn der Berechtigte seinen Arbeitsplatz aufgegeben habe, um sich ganz der Familie zu widmen. **In Fällen der Kindesbetreuung** scheide dagegen eine zeitliche Begrenzung grundsätzlich aus. Eine Ausnahme sei lediglich möglich, wenn der Unterhalt begehrende Ehegatte die Kinder gegen den Willen des anderen oder entgegen einer gerichtlichen Sorgerechtsregelung betreut habe.

Zur **Begrenzung des Aufstockungsunterhalts** führt der RegE[16] aus, dass dieser grundsätzlich unter denselben Voraussetzungen, wie zuvor dargelegt, zeitlich eingeschränkt werden könne. Insoweit sei zu prüfen, ob die Differenz zwischen dem Einkommen der Ehegatten ehebedingt sei. Die Notwendigkeit zur Begrenzung des Aufstockungsunterhalts ergebe sich aus der Tatsache, dass diese Regelung in der gerichtlichen Praxis eine nicht vorhersehbare Bedeutung erfahren habe. Da überwiegend auch geringfügige Einkommensdifferenzen ausgeglichen würden, bestehe zwischen den geschiedenen Ehegatten eine wirtschaftliche Abhängigkeit, die der Sache nach nicht geboten sei. Die **Begrenzung des Arbeitsmarktrisikos** wurde damit begründet, bei Schaffung des 1. EheRG habe man davon ausgehen können, dass ein geschiedener Ehegatte, der weder durch Kindesbetreuung noch durch Krankheit oder Alter an der Aufnahme einer beruflichen Tätigkeit gehindert war, in absehbarer Zeit in der Lage sein werde, eine neue Arbeitsstelle zu finden. Die Regelung des § 1573 Abs. 1 BGB habe deshalb im Wesentlichen einen Übergangsunterhalt gewähren sollen. Diese Vorstellung sei aber durch die anhaltend schlechte Arbeits-

---

16 BT-Drucks. 10/4514 S. 21.

marktlage nicht realisierbar. Das bisherige Unterhaltsrecht habe deshalb das Arbeitsplatzrisiko privatisiert.

4. Ehebedingte Erwerbslosigkeit, Kindesbetreuung

29   Die in § 1573 Abs. 5 BGB a.F. enthaltenen Billigkeitskriterien stellen klar, dass eine **ehebedingte Erwerbslosigkeit** nach der Scheidung weiterhin dem Prinzip der nachwirkenden wirtschaftlichen Mitverantwortung unterliegt und eine zeitliche Begrenzung ausscheidet.[17] Nach der Gesetzesbegründung soll insbesondere eine Begrenzung in Fällen der Betreuung eines gemeinschaftlichen Kindes nicht möglich sein. Dieser Grundsatz ist in § 1573 Abs. 5 S. 1 Halbs. 2 BGB enthalten, der dem Schutz des Ehegatten dient, der die gemeinschaftlichen Kinder betreut. Die Formulierung »in der Regel« bezieht sich nach der Begründung des Gesetzes nicht auf ein Fehlverhalten des Berechtigten; die sich hieraus ergebenden Rechtsfolgen sind danach in § 1579 BGB abschließend geregelt. Der Grundsatz der ehebedingten Bedürftigkeit bewirkt danach, dass eine zeitliche Begrenzung des Unterhalts umso weniger in Betracht kommt, je mehr die **Bedürftigkeit des Berechtigten auf ehebedingten Nachteilen** beruht.[18] In den Entscheidungen des Jahres 2007 hat der BGH das **Prinzip des Nachteilsausgleichs** besonders hervorgehoben und einerseits eine Begrenzung des Anspruchs auch bei einer langen Ehedauer vorgenommen, wenn in der Erwerbsbiographie des bedürftigen Ehegatten kein ehebedingter Nachteil eingetreten ist, also die frühere berufliche Stellung wieder ohne Einkommenseinbußen aufgenommen werden konnte, andererseits aber auch im Falle einer kurzen Ehedauer eine Begrenzung abgelehnt, wenn durch die Übernahme von Aufgaben in der Ehe (Haushaltsführung, Kindererziehung) ein berufsbezogener Nachteil festzustellen ist, so wenn der bedürftige Ehegatte ohne Verletzung einer Obliegenheit in die frühere berufliche Stellung nicht mehr zurückkehren kann.

III. Weitere Rechtsentwicklung

1. Einführung in den neuen Bundesländern

30   Durch den Einigungsvertrag vom 31.8.1990 (BGBl. II S. 889) wurde das geltende Unterhaltsrecht auf dem Gebiet der neuen Bundesländer (Beitrittsgebiet) eingeführt und damit insoweit die gesamtdeutsche

---

17 BT-Drucks. 10/4514 S. 21.
18 BGH FamRZ 1986, 886, 888 = NJW 1986, 2832; neuerdings BGH FamRZ 2007, 200, 203; FamRZ 2007, 793, 798 f.

Rechtseinheit herbeigeführt (Art. 234 EGBGB). Nach Art. 234 § 5 EGBGB gilt jedoch für Ehegatten, deren Ehen vor dem 3.10.1990 wirksam geschieden wurden, das Unterhaltsrecht der DDR weiter.

2. Vermutung unterhaltsrechtlicher Bedarfserfüllung von Sozialleistungen

Am 16.1.1991 trat das Gesetz zur unterhaltsrechtlichen Berechnung von Aufwendungen für Körper- und Gesundheitsschäden vom 15.1.1991 in Kraft (BGBl. I S. 46), mit dem die Regelungen der §§ 1578a, 1610a BGB in das BGB eingeführt wurden.

31

3. Kindschaftsrechtsreformgesetz, Kindesunterhaltsgesetz

Mit der zum 1.7.1998 in mehreren Gesetzen umgesetzten Kindschaftsreform sollte in erster Linie eine Gleichstellung ehelicher Kinder und Kinder nicht verheirateter Eltern bezweckt werden. Dies erfolgte in vier getrennt voneinander verabschiedeten Gesetzesregelungen, nämlich dem Kindschaftsrechtsreformgesetz vom 16.12.1997[19], dem Beistandschaftsgesetz vom 4.12.1997[20], dem Erbrechtsgleichstellungsgesetz vom 16.12.1997[21] und dem Kindesunterhaltsgesetz vom 6.4.1998[22]. Ferner wurde das **Eheschließungsrecht** im EheschlRG vom 4.5.1998[23] neu geordnet und in das BGB eingegliedert. Die Neuregelungen bewirken die **Gleichstellung ehelicher und nichtehelicher Kinder** im materiellen Recht und Verfahrensrecht; das gilt insbesondere im Abstammungsrecht, im Unterhaltsrecht in Form eines einheitlich geregelten Individualanspruchs auf dynamisierten Unterhalt, im Sorge- und Umgangsrecht und in der Zuordnung aller Verfahren betreffend nichteheliche Kinder zum Familiengericht. Ferner beinhalten die zum 1.7.1998 wirksam gewordenen Rechtsänderungen weitere Regelungen zum Unterhalt, so z. B. die gesetzliche Regelung der sogenannten Stufenmahnung nach § 1613 Abs. 1 BGB, die Einführung eines gerichtlichen Auskunfts- und Beleganspruchs zu den Einkommens- und Vermögensverhältnissen gemäß § 643 ZPO,[24] die Ausweitung des Verfahrens auf Erlass einer einstweiligen Anordnung in isolierten Unterhaltsverfahren nach § 644 ZPO und die Einführung

32

---

19 BGBl. I S. 2941.
20 BGBl. I S. 2846.
21 BGBl. I S. 2968.
22 BGBl. I S. 666.
23 BGBl. I S. 833.
24 Eingehend *Musielak/Borth*, § 643 ZPO Rz. 1 ff.

33 Die durch das Kindesunterhaltsgesetz eingeführte Regelung des § 1612b Abs. 5 BGB a.F. zur Verrechnung des Kindergeldes wurde durch Art. 1 des **Gesetzes zur Ächtung von Gewalt in der Erziehung und zur Änderung des Kindesunterhalts** vom 2.11.2000[25] geändert. Danach wurde der zwischen den Eltern bestehende Ausgleichsanspruch zum Kindergeld dahin geändert, dass der barunterhaltspflichtige Elternteil seinen hälftigen Kindergeldanteil einzusetzen hat und keine Anrechnung erfolgt, bis mindestens 135 % des Regelbetrages abzüglich des hälftigen Kindergeldes an Barunterhalt geleistet wird. Das BVerfG hält diese Regelung für verfassungsgemäß.[26] Der Unterhalt von **Müttern und Vätern aus Anlass der Geburt eines Kindes nach § 1615l BGB** wurde durch Art. 6 des Schwangeren- und Familienhilfegesetzes vom 21.8.1995[27] ab 1.10.1995 neu gestaltet und durch das KindUG (Art. 1 Nr. 16) erneut geändert.

---

25 BGBl. I S. 1479.
26 BVerfGE 108, 52 ff. = FamRZ 2003, 1370, 1376 = NJW 2003, 2733.
27 BGBl. I S. 1050.

C. Stärkung des Grundsatzes der Eigenverantwortung

I. Ausgangslage

Das durch das 1. EheRG neu gefasste Unterhaltsrecht wird – wie oben in Abschnitt B (Rz. 17 ff.) eingehend dargelegt – durch zwei entgegengesetzte Grundsätze bestimmt. Einerseits wird in § 1569 BGB der Grundsatz der Eigenverantwortung ausdrücklich hervorgehoben, der vor allem in den §§ 1573 Abs. 1, 1577 Abs. 1 bis 4 BGB eine nähere Konkretisierung erfährt. Andererseits sind die Tatbestände der §§ 1570 bis 1576 BGB von der nach der Scheidung fortwirkenden wirtschaftlichen Verantwortung (nacheheliche Solidarität) der Ehegatten füreinander bestimmt. Letztere wird insbesondere durch das in den §§ 1570 bis 1573 BGB enthaltene **Prinzip der Einsatzzeitpunkte** tatbestandsmäßig zwar insoweit begrenzt, als die Unterbrechung der Anspruchskette zum Wegfall eines nachehelichen Unterhalts führt. Allerdings treten – neben dem Unterhaltsanspruch nach § 1570 BGB – in der täglichen Praxis vor allem der Unterhalt bis zur Erlangung einer angemessenen Erwerbstätigkeit nach § 1573 Abs. 1 BGB und der Aufstockungsunterhalt nach § 1573 Abs. 2 BGB sehr häufig auf.

II. Grundsatz der Eigenverantwortung und Überspannung der nachehelichen Solidarität

Die Rechtfertigung der nachehelichen Unterhaltstatbestände aus dem Grundsatz der nachehelichen Solidarität folgt nicht ausschließlich aus einer **ehebedingten Unterhaltsbedürftigkeit**, die insbesondere im Betreuungsunterhalt nach § 1570 Abs. 1 S. 1 BGB zum Ausdruck kommt[1] (als Folge der Übernahme von Aufgaben, die sich aus den Wirkungen der ehelichen Lebensgemeinschaft ergeben, dessen Regelungszweck aber vorrangig dem Schutz des Kindes dient), aber auch durch andere Sachverhalte entstehen kann, wenn ein Ehegatte aufgrund einer einverständlichen Gestaltung der ehelichen Lebensgemeinschaft auf sein berufliches Fortkommen verzichtet und sich hieraus eine dauerhafte Unterhaltsbedürftigkeit ergibt. Vielmehr sehen insbesondere die §§ 1571 und 1572 BGB auch dann einen Unterhalt vor, wenn sich die Bedürftigkeit nicht aus den Wir-

---

1 Weitergehend *Schwab*, FamRZ 1997, 521, 523.

kungen der ehelichen Lebensgemeinschaft ergibt, diese aber im **zeitlichen Zusammenhang mit der Scheidung** oder einem sonstigen Anknüpfungspunkt stehen. In diesen Fällen stützt sich der Anspruch auf den Grundsatz der Mitverantwortung der Ehegatten füreinander. Soweit ersichtlich, wurden die unterschiedlich zu gewichtenden Regelungszwecke nur vereinzelt kritisiert.[2] Das UÄndG 2007 ändert an den Grundlagen der Unterhaltstatbestände ebenfalls nichts, grenzt die Unterhaltstatbestände aber mittelbar durch die Regelung des § 1578b BGB ein, indem der Gesichtspunkt des **Ausgleichs eines ehebedingten Nachteils** besonders gewichtet wird, ferner in der Rangfolgeregelung nach § 1609 Nr. 2 und Nr. 3 BGB, die jedoch hinsichtlich ihrer Regelungsgrundsätze nicht ausschließlich auf den Gesichtspunkt einer ehebedingten Unterhaltsbedürftigkeit (im Sinne einer Kausalität) aufbaut.

III. Umsetzung der Stärkung der Eigenverantwortung im UÄndG 2007

36
Gesetzestechnisch setzt das UÄndG 2007 das Ziel der Stärkung der Eigenverantwortung durch die tatbestandliche Änderung der §§ 1569, 1570 und 1574 BGB um. In § 1569 BGB wird der dort bereits enthaltene Grundsatz der Eigenverantwortung durch eine prägnantere Fassung der amtlichen Überschrift und den neu gefassten Normtext stärker akzentuiert. Das in den §§ 1569 ff. BGB enthaltene Regel-Ausnahme-Prinzip, das der RegE in § 1569 BGB in den neuformulierten Sätzen eins und zwei getrennt aufführt, soll durch die **Beschränkung des Unterhalts** auf die **Tatbestände der §§ 1570 ff. BGB** hervorheben, dass der nacheheliche Unterhalt die Ausnahme ist. Diese geänderte Fassung soll insbesondere dazu führen, dass die nachehelichen Unterhaltstatbestände „im Lichte" des neuen § 1569 BGB enger ausgelegt werden. Hierdurch soll dem Grundsatz der Eigenverantwortung eine **neue Rechtsqualität** verliehen und deshalb in weit stärkerem Maße als bisher als Auslegungsgrundsatz für die einzelnen Unterhaltstatbestände herangezogen werden. In Bezug auf den Betreuungsunterhalt nach § 1570 BGB soll deshalb das durch die Rechtsprechung des BGH[3] entwickelte und in den Leitlinien der Oberlandesgerichte festgelegte **Altersphasenmodell korrigiert** werden. Entsprechend bestimmt der neu eingeführte § 1570 Abs. 1 S. 3 BGB im Rahmen der Prüfung zur Aufnahme einer Erwerbstätigkeit, bestehende Möglichkeiten einer Kinderbetreuung zu berücksichtigen. Schließlich wird § 1574 Abs. 1, 2 BGB an die Stärkung der Eigenverantwortung angepasst. Der in

---

2 Vgl. etwa *Schwab*, FamRZ 1997, 521, 523 f.; *Willutzki*, FamRZ 1997, 777, 778.
3 Zuletzt BGH FamRZ 2006, 1010, 1012; FamRZ 1996, 1067; s. ferner BGHZ 89, 108, 111 = FamRZ 1984, 149 = NJW 1984, 292; BGHZ 109, 72, 75 = FamRZ 1990, 260 = NJW 1990, 1172.

Abs. 1 enthaltene Begriff der Ausübung einer angemessenen Erwerbstätigkeit engt seinem Wortlaut nach den Grundsatz der Eigenverantwortung ein, obwohl bereits nach bestehender Rechtslage das Gebot der Eigenverantwortung vorrangig ist.[4] Die Neufassung hebt aber stärker den **Charakter als Obliegenheit** hervor und unterstreicht dies insbesondere durch das neue Tatbestandsmerkmal der *„früher ausgeübten beruflichen Tätigkeit"*, die stets eine angemessene Erwerbstätigkeit unabhängig davon darstellt, ob der bedürftige Ehegatte während der ehelichen Lebensgemeinschaft in besonders guten wirtschaftlichen und sozialen Verhältnissen gelebt hat und die früher ausgeübte Tätigkeit nach deren sozialen Stellung nicht dem Niveau in der ehelichen Lebensgemeinschaft entspricht. Schließlich soll der Grundsatz der Eigenverantwortung auch durch die **generelle Begrenzungsmöglichkeit sämtlicher nachehelicher Unterhaltstatbestände**, die in der neuen Regelung des § 1578b BGB vorgesehen ist, verwirklicht werden. Danach ist ein Unterhaltsanspruch umso stärker einzuschränken, je geringer ehebedingte Nachteile durch die Wirkungen der Ehe eingetreten sind.

§ 1569 BGB stellt damit quasi den **Obersatz oder auch programmatische Anweisung** an die folgenden Regelungen dar, soweit in diesen die Aufnahme einer Erwerbstätigkeit überhaupt oder deren Ausweitung im Falle einer bereits aufgenommenen teilweisen Erwerbstätigkeit zu beurteilen ist. In welcher Weise der hierin zum Ausdruck kommende Grundsatz der wirtschaftlichen Eigenverantwortung im Rahmen der Prüfung der einzelnen Tatbestände – etwa in § 1570 Abs. 1 BGB bzw. § 1573 Abs. 1 BGB, aber auch in § 1574 Abs. 1, 2 BGB – Einfluss nehmen soll, wird in der Begründung des RegE nicht konkret angesprochen. Diese Frage ist jeweils im Einzelfall – etwa bei der Prüfung der Aufnahme einer angemessenen Erwerbstätigkeit in § 1574 Abs. 1, 2 BGB – zu beantworten, bei der der Grundsatz der Eigenverantwortung in Konkurrenz zur nachehelichen Solidarität tritt, was in § 1569 S. 2 BGB auch ausdrücklich hervorgehoben wird. Sie richtet sich nach den zu prüfenden tatbestandlichen Voraussetzungen, wie sie in § 1574 Abs. 2 BGB enthalten sind. Entsprechendes gilt im Rahmen der Prüfung des § 1570 BGB. Die Stärkung des Grundsatzes der Eigenverantwortung kann aber nicht im Sinne eines Zweifelsatzes verstanden werden, dass im Falle einer nicht eindeutigen Abwägungslage der verschiedenen tatbestandlichen Voraussetzungen stets zugunsten der wirtschaftlichen Eigenverantwortung entschieden werden müsse. Ferner wirkt sich dieser Grundsatz nicht unmittelbar auf eine Verschärfung der Darlegungs- und Beweislast in Bezug auf die Obliegenheit

37

---

4 BGH FamRZ 1991, 416, 419.

zur Ausübung einer beruflichen Tätigkeit aus; diese ist weiterhin aus §§ 1570-1577 Abs. 1 BGB i.V.m. § 1574 BGB abzuleiten.

IV. Bewertung der Änderung des § 1569 BGB

38 Inhaltlich sind die Änderungen in § 1569 BGB nichts Neues. In sämtlichen Tatbeständen ist der Grundsatz enthalten, dass ein Unterhalt nur besteht, „solange und soweit"[5] eine ehebezogene Unterhaltsbedürftigkeit vorliegt.[6] Entsprechend verlangt § 1577 Abs. 1 BGB vom Unterhaltsbedürftigen den Einsatz von Einkünften und Vermögen zur Deckung des Unterhalts. Zudem löst die vom RegE gewollte **Verschärfung des Grundsatzes der Eigenverantwortung** nicht das weiterhin schwierige Problem der (Wieder-)Erlangung eines Arbeitsplatzes, das sich insbesondere bei längerer Nichtausübung einer beruflichen Tätigkeit ergibt. Entsprechend verlangt der BGH im Rahmen der nach § 1573 Abs. 1 BGB zur bestimmenden Erwerbsobliegenheit neben der **Prüfung der subjektiven Anforderungen** auch die Feststellung, ob **objektiv** überhaupt eine Chance zur Erlangung einer Erwerbstätigkeit besteht[7]. Das Ziel der Reform zur stärkeren Betonung der Eigenverantwortung führt angesichts der tatsächlichen Verhältnisse auf dem Arbeitsmarkt in vielen Regionen der Bundesrepublik Deutschland im Unterhaltsprozess zu einer Verlagerung der Prüfung der Erwerbsobliegenheit nach § 1573 Abs. 1 BGB.

Dennoch ist der genannte Grundsatz in Bezug auf dessen **Signalwirkung** zu begrüßen, weil ein das gemeinsame Kind betreuender Elternteil sich angesichts des gesetzgeberischen Hinweises auf einen dauerhaften Unterhaltsanspruch nicht allzu lange verlassen kann und trotz der Betreuung eines gemeinsamen Kindes sich deshalb alsbald um die (Wieder-)Aufnahme einer beruflichen Tätigkeit bemühen muss, um hierdurch die unterhaltsrechtliche Abhängigkeit vom anderen Ehegatten zu vermeiden. Entscheiden sich Ehegatten in der ehelichen Lebensgemeinschaft für eine längere Betreuungszeit für das gemeinsame Kind und kommt es zur Trennung erst nach den objektiv zu bestimmenden Altersphasen, greift dennoch der Grundsatz der Eigenverantwortung ein und führt zu einer alsbaldigen Erwerbsobliegenheit. Soweit ehebezogene Nachteile durch eine solche Gestaltung der ehelichen Lebensverhältnisse eingetreten sind, wird der Grundsatz der Eigenverantwortung jedoch durch das Prinzip der nachehelichen Solidarität zurückgedrängt.

---

5 S. Wortlaut in §§ 1570, 1572, 1573 Abs. 1 BGB.
6 Nicht ohne weiteres ehebedingte Bedürftigkeit; s. BT-Drucks. 7/650 S. 120 ff.
7 FamRZ 1986, 790, 791.

D. Neufassung des Betreuungsunterhalts nach § 1570 BGB

I. Grundlagen des § 1570 BGB nach Fassung des 1. EheRG

1. Regelungsbereich

Der Unterhaltstatbestand nach § 1570 Abs. 1 S. 1 BGB setzt voraus, dass ein geschiedener Ehegatte ein **gemeinschaftliches Kind** pflegt oder erzieht und von ihm aus diesem Grunde keine oder keine volle Erwerbstätigkeit verlangt werden kann. Die gesetzliche Regelung begrenzt den Anspruch auf die Betreuung eines gemeinschaftlichen Kindes. Hierin drückt sich die aus der ehelichen Lebensgemeinschaft ergebende Bedürftigkeit des betreuenden Ehegatten aus. **Gemeinschaftliche Kinder** i.S.d. § 1570 Abs. 1 S. 1 BGB sind die in der Ehe geborenen Kinder (§§ 1591, 1592 Nr. 1 BGB). Nach dem bis zum 30.6.1998 geltenden Rechtszustand sind Kinder auch dann ehelich, wenn sie nach der Scheidung der Ehe geboren wurden und nach §§ 1591, 1592 BGB a.F. als ehelich galten.[1] Auch nach § 1719 BGB a.F. (bis 30.6.1998 – aufgehoben durch das KindRG) durch nachfolgende Heirat **legitimierte Kinder** gelten als ehelich. Diese Bestimmung ist mit Wirkung ab 1.7.1998 aufgehoben. Nunmehr sind **vorehelich geborene Kinder** gemeinschaftlich i.S.d. § 1570 Abs. 1 S. 1 BGB, wenn nach der Geburt die Eltern einander heiraten (§ 1626a Abs. 1 Nr. 2 BGB). Wird ein Kind nach Anhängigkeit eines Scheidungsantrags (dagegen nicht nach Antrag auf Aufhebung der Ehe gemäß § 1313 BGB) geboren, so ist dieses nicht gemeinschaftlich, wenn gemäß § 1599 Abs. 2 BGB ein anderer Mann mit Zustimmung des Ehemannes und der Mutter die Vaterschaft binnen eines Jahres nach Rechtskraft der Scheidung anerkannt hat; die **kausalitätslockernde Wirkung des Scheidungsantrags** greift aber nicht durch, wenn der Scheidungsantrag zurückgenommen oder abgewiesen wird. In diesem Fall gilt das Kind als gemeinschaftlich. Nach Rechtskraft der Scheidung geborene Kinder sind nicht gemeinschaftlich (§ 1592 Nr. 1 BGB), so dass es in diesem Fall der Anerkennung oder gerichtlichen Feststellung bedarf. Die Beiwohnungsvermutung (bei

---

[1] BGH FamRZ 1985, 51, 52 = NJW 1985, 428; FamRZ 1985, 787 = NJW 1985, 1835; s. aber Aussetzungsmöglichkeit nach § 153 ZPO.

Geburt innerhalb von 300 Tagen nach rechtskräftiger Scheidung) gilt nicht; eine Ausnahme besteht im Falle des § 1593 BGB.[2]

40 Für **scheineheliche Kinder** gilt die **Vaterschaftsvermutung des Ehemannes** der Mutter nach § 1592 Nr. 1 BGB so lange, bis aufgrund einer Anfechtung (zur Anfechtungsbefugnis s. §§ 1600, 1600e BGB) rechtskräftig festgestellt ist, dass der Ehemann nicht der Vater des Kindes ist. Dies folgt aus § 1599 Abs. 1 BGB.[3] Danach kann sich der Ehemann im Rahmen des § 1570 BGB auf seine fehlende Vaterschaft erst dann berufen, wenn dies rechtskräftig festgestellt ist. Der nach § 1570 BGB in Anspruch genommene Ehemann kann sich deshalb auch nicht auf die Härteklausel des § 1579 BGB (Nr. 7) berufen, das Kind stamme nicht von ihm und sei deshalb nicht gemeinschaftlich. Die Härteklausel nach § 1579 BGB kann allerdings dann eingreifen, wenn ein weitergehendes Verhalten der Ehefrau vorliegt, das die Anwendung des § 1579 BGB rechtfertigt, so insbesondere, wenn der Ehemann treuwidrig von einer Anfechtung der Vaterschaft abgehalten wurde[4] oder Umstände aus der außerehelichen Zeugung des Kindes zu einer groben Unbilligkeit führen (z. B. ständiger Ehebruch). Allerdings ist in diesem Fall die Kinderschutzklausel des § 1579 BGB zu berücksichtigen. Wurde das Kind von dem **geschiedenen Ehemann** gezeugt, so ist nicht von einem gemeinsamen Kind auszugehen. Der BGH[5] stützt dies auf den Sinn und Zweck des § 1570 Abs. 1 S. 1 BGB, den er dahin auslegt, dass dieser nach seinem Regelungszweck lediglich auf die Fälle beschränkt ist, in denen das von dem geschiedenen Ehemann gezeugte Kind den rechtlichen Status der Ehelichkeit hat (mit Wirkung ab 1.7.1998 dieser mit der Mutter verheiratet ist oder nach § 1626a Abs. 1 Nr. 2 BGB die Eltern heiraten). Der BGH legt deshalb, weil er bei dieser Sachlage den Grundgedanken der **nachehelichen Solidarität**, der den §§ 1569 ff. BGB zugrunde liegt, nicht erfüllt sieht, weder einen Anspruch aus § 1570 Abs. 1 S. 1 BGB noch aus § 1576 BGB zugrunde, sondern aus § 1615l BGB, der in seiner Ausgestaltung der Regelung des § 1576 BGB nahe kommt.[6] In Abgrenzung zu dem zuvor dargestellten Sachverhalt ist aus dem Gesichtspunkt der nach der Ehe weiterwirkenden Solidarität der Ehegatten füreinander ein Anspruch nach § 1570 Abs. 1 S. 1 BGB zu gewähren, wenn das **Kind noch innerhalb der Ehe gezeugt** wird; dem steht § 1592 Nr. 1 BGB nicht

---

2 S. auch *Gaul*, FamRZ 1997, 1441, 1447, 1453.
3 BT-Drucks. 13/4899 S. 86; nicht dagegen aus § 1600d Abs. 4 BGB – so *Johannsen/Henrich/Büttner*, § 1570 BGB Rz. 4.
4 BGH FamRZ 1985, 51, 52 = NJW 1985, 428; FamRZ 1985, 787 = NJW 1985, 1835; s. *Schwab/Borth*, Teil IV Rz. 477, 478 f.
5 FamRZ 1998, 426 = NJW 1998, 1026.
6 BGH a.a.O.

entgegen, der lediglich die eheliche Vaterschaft feststellt, aber keine Abgrenzung des Begriffs des gemeinschaftlichen Kindes i.S.d. § 1570 Abs. 1 S. 1 BGB beinhaltet.[7] Entsprechend steht der Ehefrau während der Mutterschutzzeit bis zur Geburt ein Anspruch nach § 1576 BGB zu; zuvor besteht grundsätzlich eine Erwerbsobliegenheit, falls nicht § 1572 BGB eingreift. Diese Sachlage ist mit der Regelung des § 1593 BGB vergleichbar, nach dem der verstorbene Ehemann der Vater des Kindes ist, wenn die Ehe durch dessen Tod aufgelöst wurde und innerhalb 300 Tagen nach der Auflösung ein Kind geboren wird. Der Gesichtspunkt der nachehelichen Solidarität ist in diesem Fall durchgreifend, weil aufgrund der vor der Auflösung der Ehe eingetretenen Schwangerschaft der Bezug zur ehelichen Lebensgemeinschaft eng ist und deshalb auch die Anwendung der §§ 1569 ff. BGB rechtfertigt.

Macht die Mutter des Kindes einen Anspruch nach § 1570 BGB geltend, hat sie dessen Voraussetzungen **darzulegen und zu beweisen**, falls sie vom geschiedenen Ehemann bestritten werden. Hierzu gehört auch das Vorliegen eines gemeinschaftlichen Kindes. **Adoptierte Kinder** erlangen nach § 1754 Abs. 1 BGB die Stellung eines gemeinschaftlichen Kindes, bei deren Betreuungsbedürftigkeit § 1570 Abs. 1 S. 1 BGB eingreift.[8] Ist dagegen ein Ehegatte wegen der Pflege oder Betreuung eines nicht gemeinschaftlichen Kindes (**Pflegekind**) an der Aufnahme einer Erwerbstätigkeit gehindert, so liegt kein gemeinschaftliches Kind vor. Gleiches gilt hinsichtlich **vorehelicher Kinder des Ehegatten**.[9] Es kann jedoch ein Anspruch nach § 1576 BGB (positive Billigkeitsklausel) gegeben sein.[10]

41

2. Betreuungsunterhalt bei künstlicher Befruchtung

Wird ein Kinderwunsch der Ehegatten durch eine homologe In-vitro-Fertilisation erfüllt, liegt ebenfalls ein gemeinsames Kind vor, was den Anspruch nach § 1570 BGB auslöst. Der Anspruch nach § 1570 BGB besteht auch dann, wenn die Ehefrau diese gegen den erklärten Willen des Ehemannes durchführt.[11] Da der Abrede über die Familienplanung keine Bindungswirkung zukommt[12], lehnt der BGH auch einen Härtefall i.S.d.

42

---

7 A.A. *Maurer* in Münchener Kommentar, § 1570 BGB Rz. 2.
8 BGH FamRZ 1984, 361 = NJW 1984, 1538.
9 S. auch BT-Drucks. 7/650 S. 123, 223.
10 *Schwab/Borth,* Teil IV Rz. 376.
11 BGH FamRZ 2001, 541.
12 BGHZ 129, 297, 307 = FamRZ 1995, 861; FamRZ 1995, 1272 – freie Widerruflichkeit der Zustimmung zu einer künstlichen Insemination.

§ 1579 BGB ab, da sich auch aus dem abredewidrigen Absetzen empfängnisverhütender Mittel kein Schadensersatzanspruch ergibt.[13]

3. Pflege und Erziehung

43   Die Begriffe der Pflege und Erziehung entsprechen der Regelung des § 1606 Abs. 3 S. 2 BGB und § 1626 Abs. 2 BGB. Sie sind auch dann zu bejahen, wenn sich der Sorgeberechtigte bei der Pflege des unselbständigen Kindes zeitweilig der Hilfe von Verwandten bedient.[14] Im Hinblick auf die Erziehungsfunktion eines Elternteils sind die Voraussetzungen des § 1570 BGB auch dann erfüllt, wenn sich ein Kind vorübergehend in einem Krankenhaus aufhält. Lebt ein Kind aber dauerhaft in einem Internat oder Heim, fehlt es an diesen Voraussetzungen. Erst bei einer **längeren Betreuungsunterbrechung**, die im Vorhinein absehbar ist, kann von dem betreuenden Elternteil nach Zumutbarkeitsgesichtspunkten die Aufnahme bzw. Ausweitung einer Erwerbstätigkeit verlangt werden.[15] Zur Pflege gehört auch die Betreuung eines **volljährigen Kindes**, das wegen **körperlicher oder geistiger Gebrechen** regelmäßig betreut werden muss.[16] Das Erfordernis der Pflege oder Erziehung braucht nicht im **Zeitpunkt der Scheidung** vorzuliegen, sondern kann auch zu einem späteren Zeitpunkt eintreten, auch nach Erreichen der Volljährigkeit des Kindes. Der Anspruch nach § 1570 BGB kann auch von einem Ehegatten zum anderen wechseln. Dies tritt in den Fällen des § 1696 Abs. 1 BGB ein, wenn zuvor dem anderen Elternteil nach § 1671 Abs. 2 Nr. 1 oder 2 BGB die **alleinige elterliche Sorge** oder das **Aufenthaltsbestimmungsrecht** übertragen war. Für das Entstehen des Anspruchs ist deshalb ein **Einsatzzeitpunkt** wie bei § 1571 BGB oder § 1572 BGB nicht erforderlich.

44   Auch bei **gemeinsamer elterlicher Sorge** steht dem tatsächlich betreuenden Elternteil der Anspruch nach § 1570 Abs. 1 S. 1 BGB zu, wenn mit Einwilligung des anderen Elternteils oder aufgrund einer gerichtlichen Entscheidung das Kind sich bei einem Elternteil gewöhnlich aufhält (§ 1687 Abs. 1 S. 2 BGB). Maßgebend ist allein der (notwendige) Umfang der Pflege oder der Erziehung des Kindes, nicht der Regelungsumfang der elterlichen Sorge (entsprechend kommt es nach § 1629 Abs. 2 S. 2 BGB zur Geltendmachung des Unterhalts des minderjährigen Kindes nur auf dessen Obhut an).[17] Bei einem (täglich, wöchentlich, monatlich oder vergleichbaren Zeitraum) **wechselnden Betreuungsmodell** beider Eltern

---

13 BGHZ 97, 372, 379 = FamRZ 1986, 773.
14 BGH FamRZ 1981, 543 = NJW 1981, 1559.
15 S. auch OLG Düsseldorf FamRZ 1987, 1262.
16 *Palandt/Brudermüller*, § 1570 BGB Rz. 12.
17 Offengelassen von BGH FamRZ 1983, 142.

kommt es für das Bestehen eines Unterhaltsanspruchs nach § 1570 Abs. 1 S. 1 BGB darauf an, in welchem Umfang jedem Elternteil wegen der Betreuung und Erziehung des gemeinschaftlichen Kindes eine Erwerbstätigkeit nach den Grundsätzen des § 1574 Abs. 1, 2 BGB zuzumuten ist, wobei grundsätzlich jeder Elternteil berechtigt und verpflichtet sein kann. Welcher Elternteil letztlich den Unterhalt (voll oder teilweise) nach § 1570 BGB zu leisten hat, hängt auch von der jeweiligen Bedürftigkeit i.S.d. § 1577 Abs. 1 BGB und der Leistungsfähigkeit des in Anspruch genommenen Elternteils ab.[18] Soweit ein Elternteil wegen der teilweisen Übernahme von Betreuungs- und Erziehungsaufgaben durch den anderen die Möglichkeit zur Aufnahme einer Erwerbstätigkeit hat, muss er mit den daraus erzielbaren Einkünften seinen Bedarf decken. Daneben kann noch zur Erfüllung des Bedarfs nach den ehelichen Lebensverhältnissen ein Anspruch nach § 1570 BGB (und § 1573 Abs. 2 BGB) bestehen. **Verändern** sich die **Betreuungsverhältnisse**, so kann sich auch der Umfang der Obliegenheit zur Aufnahme einer Erwerbstätigkeit erhöhen oder vermindern. Entsprechend ist der Anspruch nach § 1570 BGB anzupassen. Der Grundsatz, dass es für den Unterhalt nach § 1570 BGB allein auf die Betreuung oder Erziehung eines Kindes ankommt, nicht aber auf das Vorliegen einer Sorgeentscheidung, gilt daher lediglich insoweit, als ein **rechtmäßiges Betreuungsmodell** vorliegen muss. Danach muss entweder bei gemeinsamer Sorge das Kind sich mit (konkludenter) Zustimmung des anderen Elternteils oder aufgrund einer gerichtlichen Entscheidung beim betreuenden Elternteil aufhalten (§ 1687 Abs. 1 S. 2 BGB) bzw. diesem Elternteil die alleinige Sorge oder ein Teil hiervon (Aufenthalt) nach § 1671 Abs. 1, 2 Nr. 1 oder 2 BGB zugesprochen worden sein. Dies kann in Form einer einstweiligen Anordnung nach §§ 620 Nr. 1, 621g ZPO oder einer Sorgeentscheidung (auch nach § 623 Abs. 2 ZPO im Verbund) angeordnet worden sein. Wird allerdings das Kind **gegen den erklärten Willen** oder trotz einer gegenteiligen Sorgeentscheidung dem Sorgeberechtigten vorenthalten, ist eine Begrenzung bzw. Versagung des Unterhalts nach § 1579 BGB in Betracht zu ziehen.[19]

4. Das Verhältnis der Betreuung eines Kindes zur Erwerbsobliegenheit nach bisheriger Interpretation des § 1570 BGB

a) Grundsatz

Betreut ein Elternteil ein gemeinschaftliches Kind, so folgt hieraus nicht, dass diesem in jedem Fall ein Unterhaltsanspruch zuzuerkennen ist.

---

18 S. auch BGH FamRZ 1983, 569; zu den prozessualen Fragen BGH FamRZ 2006, 1015; FamRZ 2007, 707 m. Anm. *Luthin*.
19 Im Ergebnis auch *Maurer* in Münchener Kommentar, § 1570 BGB Rz. 6.

Aus der Fassung des § 1570 BGB (i.d.F. des 1. EheRG) („... *solange und soweit... eine Erwerbstätigkeit nicht erwartet werden kann...*") ergibt sich, dass die gebotene Betreuungstätigkeit (noch) einen solchen Umfang annehmen muss, dass daneben **keine volle oder teilweise Erwerbstätigkeit** zugemutet werden kann. Hierbei ist es für die Annahme eines Anspruchs nach § 1570 Abs. 1 S. 1 BGB ausreichend, dass der betreuende Elternteil nach objektiven Kriterien wegen der Betreuungs- und Erziehungsaufgaben außerstande ist, einer beruflichen Tätigkeit nachzugehen.[20] Nicht erforderlich ist deshalb die Feststellung, dass der betreuende Elternteil ohne die Betreuung berufstätig sein würde. Nicht festzustellen ist auch, ob der betreuende Elternteil aufgrund individueller Umstände (günstige Betreuungsmöglichkeit durch Verwandte oder Bekannte) in der Lage wäre, neben der Betreuung einer beruflichen Tätigkeit nachzugehen, falls nicht aufgrund beengter wirtschaftlicher Verhältnisse von dem betreuenden Elternteil die vorzeitige Aufnahme einer Erwerbstätigkeit verlangt werden kann. Der betreuende Elternteil kann sich deshalb regelmäßig im Rahmen seiner **Darlegungs- und Beweislast** auf die allgemein gültigen Kriterien berufen, nach denen er sich der Betreuung und Erziehung der gemeinsamen Kinder zuwenden kann. Beruft sich der Unterhaltspflichtige auf einen **Ausnahmetatbestand** von der allgemeinen Regel, so obliegt es ihm, die Voraussetzungen der Ausnahme darzulegen und zu beweisen.

b) Besonderes Betreuungsbedürfnis

46 Allgemein gültige Regeln zur Frage, ab welchem Lebensabschnitt eines zu betreuenden Kindes eine Erwerbsobliegenheit beginnt, wurden nach bisherigem Verständnis nicht aufgestellt. Mit fortschreitendem Lebensalter eines Kindes vermindert sich die reine Beaufsichtigung immer mehr; an deren Stelle treten andere Betreuungsaufgaben, die jedoch der Aufnahme einer beruflichen Tätigkeit nicht von vornherein im Wege stehen. Daneben kann sich für ein Kind ein **besonderes Betreuungsbedürfnis** ergeben, so etwa aus gesundheitlichen Gründen, schulischen Schwierigkeiten, Verhaltensstörungen. Solche Umstände sind jeweils im Einzelfall von dem Unterhalt begehrenden Ehegatten im Prozess **darzulegen und gegebenenfalls zu beweisen**.[21]

c) Richtlinien in der Praxis

47 In der gerichtlichen Praxis haben sich Richtlinien entwickelt, die weitgehend eine einheitliche Beurteilung ermöglichen. Allerdings sind diese

---

20 Zu den von der Rechtsprechung entwickelten Abstufungen s. Rz. 46 ff.
21 BGH FamRZ 1985, 50.

Richtlinien nicht bindend; insbesondere sind die Besonderheiten des Einzelfalls zu berücksichtigen. Diese werden sich in erster Linie aus einem besonderen Betreuungsbedürfnis des Kindes ergeben, ferner aus der persönlichen Situation des Unterhalt begehrenden Ehegatten,[22] schließlich aus der wirtschaftlichen (beengten) Situation des unterhaltspflichtigen Ehegatten oder sonstigen Umständen (§ 1579 BGB). Ferner gilt der Grundsatz, dass die mit fortschreitendem Lebensalter des Kindes einhergehende Verselbständigung eine Ausweitung der Erwerbsobliegenheit des betreuenden Elternteils nach sich zieht.

5. Erwerbsobliegenheit nach Anzahl der zu betreuenden Kinder nach bisheriger Rechtsprechung

a) Erwerbsobliegenheit bei einem Kind

Sowohl in der obergerichtlichen als auch der Rechtsprechung des BGH[23] war bisher anerkannt, dass für einen Elternteil eine Erwerbsobliegenheit erst beginnt, wenn das Kind die Schule besucht, weil es während der Schulzeit keiner Betreuung bedarf. Dagegen besteht bei einem Kleinkind keine Erwerbsobliegenheit. Eine solche beginnt auch nicht sofort nach Eintritt des Kindes in die Grundschule. Ob dies jedoch für die gesamte Grundschulzeit gilt, also bis zum Abschluss der vierten Grundschulklasse, wird nicht einheitlich beurteilt. In der früheren Rechtsprechung wurde teilweise angenommen, dass eine Erwerbsobliegenheit erst ab Beendigung der Grundschule besteht.[24] Der BGH[25] hat die Ansicht gebilligt, dass den betreuenden Elternteil bis zur Vollendung des achten Lebensjahres keine Erwerbsobliegenheit treffe.[26] Da Kinder in den ersten beiden Grundschuljahren in der Regel sehr unterschiedliche Unterrichtszeiten haben und regelmäßig einer intensiven Betreuung bedürfen, entfällt jedenfalls vor Beginn der dritten Grundschulklasse eine Erwerbsobliegenheit. Hieran ist auch dann festzuhalten, wenn aufgrund eines besonderen Schulmodells auch in den ersten Grundschuljahren eine **ständige und umfangreiche schulische Betreuung** erfolgt, weil die besondere Be-

48

---

22 BGH FamRZ 1990, 283, 286 = NJW-RR 1990, 323, 325; FamRZ 1989, 487 = NJW 1989, 1083.
23 FamRZ 1982, 25, 27 = NJW 1982, 175.
24 OLG Koblenz FamRZ 1989, 627; OLG Celle FamRZ 1985, 723; OLG Bremen FamRZ 1985, 28 = NJW 1985, 305; s. auch Empfehlung des 3. Deutschen Familiengerichtstages, FamRZ 1980, 1173.
25 FamRZ 1992, 1045; FamRZ 1984, 356 = NJW 1984, 1537; FamRZ 1983, 456, 458 = NJW 1983, 1427.
26 So noch in FamRZ 2006, 1010; FamRZ 2006, 846.

treuungsbedürftigkeit während der Schulferien und bei Krankheitszeiten bestehen bleibt.[27] Bei Kindern zwischen acht und elf Jahren will der BGH keine allgemeine Regel aufstellen, sondern die Voraussetzungen eines Unterhalts nach § 1570 BGB jeweils nach den konkreten Umständen annehmen. Hierbei sollen neben der persönlichen Situation des Unterhalt begehrenden Ehegatten (Alter, Gesundheit, Arbeitsmarktchancen) auch sonstige Verhältnisse wie eine frühere berufliche Tätigkeit, Dauer der Ehe und die wirtschaftliche Lage der Ehegatten maßgebend sein.[28] Die von der obergerichtlichen und höchstrichterlichen Praxis entwickelten Grundsätze sind auch nicht wegen der in Bezug auf den **Unterhaltsanspruch der nichtehelichen Mutter** in § 1615l BGB enthaltenen anderweitigen Vorstellung zur Aufnahme einer Erwerbstätigkeit aufzugeben. Nach dieser Regelung endet der Unterhaltsanspruch **drei Jahre nach der Geburt des Kindes**, falls nicht wegen der besonderen Belange des Kindes auch ein weitergehender Anspruch gegeben ist. In der Gesetzesbegründung wird hierzu ausgeführt, dass ab Vollendung des dritten Lebensjahres das Kind einen Kindergartenplatz in Anspruch nehmen könne[29] und im Übrigen eine Betreuung durch Dritte zumutbar sei. Die Beibehaltung des Altersphasenmodells wurde insbesondere darauf gestützt, dass aufgrund der Wirkungen der ehelichen Lebensgemeinschaft, insbesondere der nachwirkenden Solidarität, eine längere Dauer der Betreuung gemeinsamer Kinder gerechtfertigt sei.

49 Weitgehend anerkannt ist, dass bei Betreuung eines Kindes zwischen dem **11. und 15. Lebensjahr** eine **Teilzeitbeschäftigung** zugemutet werden kann, die aber nicht den Umfang einer Halbtagstätigkeit erreichen muss.[30] Ist ein Kind älter als 16 Jahre, so ist ein Elternteil aufgrund der verbleibenden Betreuungsaufgaben in aller Regel nicht mehr gehindert, einer ganztägigen Tätigkeit nachzugehen.[31] Zur Begründung wird vorgebracht, dass der Jugendliche in diesem Alter für seine Pflege selbst sorgen kann und eine größere Selbständigkeit für dessen Entwicklung sogar förderlich ist. Dem ist grundsätzlich zuzustimmen, wobei aber nicht verkannt werden darf, dass auch Kinder nach diesem Alter insbesondere im seelischen Be-

---

27 Ähnlich AG Besigheim FamRZ 2002, 671.
28 FamRZ 1990, 283, 286 = NJW-RR 1990, 323, 325; FamRZ 1989, 487 = NJW 1989, 1083.
29 BT-Drucks. 13/8511 S. 71.
30 BGH FamRZ 1999, 372 – keine scharfe Abgrenzung; FamRZ 1997, 671, 673.
31 BGH FamRZ 1991, 170 = NJW 1991, 224; FamRZ 1990, 496 = NJW 1990, 2752; BGHZ 109, 72, 75 = FamRZ 1990, 260, 262 = NJW 1990, 1172; FamRZ 1985, 50, 51 m.w.N. = NJW 1985, 429; BGHZ 89, 108, 111 = FamRZ 1984, 149, 150 = NJW 1984, 292, 293.

reich bisweilen einer besonderen Zuwendung bedürfen, aus der sich im Einzelfall eine besondere Betreuungsbedürftigkeit ergeben kann.

b) Erwerbsobliegenheit bei zwei Kindern

Hat ein Ehegatte mehr als ein Kind zu betreuen, ist nicht von vornherein eine Obliegenheit zu einer Erwerbstätigkeit ausgeschlossen, soweit beide das achte Lebensjahr überschritten haben.[32] Allerdings kann ihm aufgrund der gestiegenen Betreuungsaufgaben nur in geringem Umfang eine Erwerbstätigkeit zugemutet werden[33], regelmäßig also deutlich weniger als eine Halbtagstätigkeit. So hat es der BGH hingenommen, dass bei Betreuung von zwei Kindern im Alter von zwölf und dreizehn Jahren lediglich eine **Aushilfsbeschäftigung im sozialversicherungsfreien Bereich** aufgenommen wird, weil bei der Betreuung von zwei Kindern grundsätzlich in geringerem Umfang eine Erwerbstätigkeit zumutbar ist, als wenn nur ein Kind zu betreuen ist.[34] Der BGH hat **keine feste Praxis** entwickelt, ab welchem Zeitpunkt eine Erwerbsobliegenheit beginnt; so hat er keine Erwerbstätigkeit bei der Betreuung von zwei Kindern im Alter von elf bzw. zwölf Jahren verlangt[35], wobei allerdings die Mutter über längere Zeit nicht mehr berufstätig war; andererseits hat der BGH von einer Lehrerin trotz Betreuung von zwei Kindern im Alter von sieben und elf Jahren die Fortsetzung der während der Ehe bereits ausgeübten beruflichen Tätigkeit gefordert.[36] Bei Kindern, von denen das älteste das 14. Lebensjahr nicht überschritten hat, ist eine Erwerbstätigkeit nur bei günstigen Betreuungsverhältnissen oder bei beengten wirtschaftlichen Verhältnissen des Unterhaltspflichtigen in geringem Umfang zuzumuten. Hat das älteste Kind das 14. Lebensjahr überschritten und ist das jüngere Kind älter als acht Jahre, kann eine Erwerbsobliegenheit bestehen.[37] Sind **beide Kinder über fünfzehn Jahre**, aber noch nicht achtzehn Jahre alt, wird in der Regel zwar keine Vollzeittätigkeit, aber eine Halbtagstätigkeit zumutbar sein. Übersteigt ein Kind das achtzehnte Lebensjahr, entfällt für dieses jegliche Betreuungsnotwendigkeit, auch wenn es sich um ein privilegiertes Kind i.S.d. § 1603 Abs. 2 S. 2 BGB handelt, so dass danach eine

---

32 BGH FamRZ 1990, 283, 286 = NJW-RR 1990, 323, 325; FamRZ 1982, 23 = NJW 1982, 232; FamRZ 1981, 541, 543 = NJW 1981, 2462, 2464.
33 BGH FamRZ 1990, 989, 990.
34 BGH FamRZ 1999, 372, 373.
35 FamRZ 1996, 1067, 1068; FamRZ 1990, 989; FamRZ 1984, 662; FamRZ 1982, 148, 150 = NJW 1982, 326, 328.
36 FamRZ 1996, 1067 (verneint bei elf und sieben Jahren); FamRZ 1981, 1159 = NJW 1981, 2804; s. ferner FamRZ 1980, 1099 = NJW 1980, 2811 (acht und vierzehn Jahre); FamRZ 1979, 571 = NJW 1979, 1452 (bejaht bei elf bzw. fünfzehn Jahren).
37 S. aber *Soergel/Häberle*, § 1570 BGB Rz. 12 (ab dem 15. Lebensjahr eines Kindes).

ganztägige Tätigkeit aufzunehmen ist. Generell ist in jedem Einzelfall zu prüfen, ob von dem Ehegatten die durch die Pflege und Betreuung der gemeinsamen Kinder entstehende Mehrbelastung getragen werden kann.[38] Unabhängig von der Annahme einer Erwerbsobliegenheit ist jedoch immer zu prüfen, ob überhaupt eine Chance besteht, eine Erwerbstätigkeit zu finden.

c) Erwerbsobliegenheit bei drei oder mehr Kindern

51   Bei der Betreuung von drei Kindern unter achtzehn Jahren wird im Schrifttum teilweise die Ansicht vertreten, dass eine Erwerbsobliegenheit schlechterdings entfalle.[39] Der BGH hat diese Frage offen gelassen (bei Kindern im Alter von neun, dreizehn und zehn Jahren) und darauf abgehoben, dass die Frage nur auf einer umfassenden Würdigung aller Umstände entschieden werden könne.[40] Auch insoweit gilt, dass eine Erwerbstätigkeit allenfalls in geringem Umfang und bei beschränkten wirtschaftlichen Verhältnissen des Verpflichteten in Betracht kommt. Im Übrigen wird eine Erwerbsobliegenheit bei der Betreuung mehrerer Kinder, auch wenn diese über 15 Jahre alt sind, später einsetzen als bei der Betreuung von nur einem Kind.[41] Insoweit können feste Maßstäbe nicht angenommen werden.

6. Darlegungs- und Beweislast

52   Trotz einer in der Rechtsprechung festzustellenden Verfestigung der dargelegten Grundsätze ist hervorzuheben, dass im Einzelfall eine Abweichung von diesen Grundsätzen erforderlich werden kann. Will ein Ehegatte einen solchen Ausnahmetatbestand geltend machen, so trägt er für diese Voraussetzungen die **Darlegungs- und Beweislast**.[42] Verlangt der Unterhaltspflichtige vom Berechtigten bei Betreuung etwa eines Kindes unter acht Jahren die Aufnahme einer Erwerbstätigkeit, so hat dieser die Voraussetzungen für ein Abweichen von den allgemeinen Grundsätzen darzulegen und zu beweisen. Entsprechendes gilt, wenn der Unterhalt begehrende Elternteil geltend macht, ein sechzehnjähriges Kind müsse weiterhin aus gesundheitlichen Gründen betreut werden, so dass ihm allenfalls eine Teilzeitbeschäftigung möglich sei.

---

38 S. auch BGH FamRZ 1988, 145.
39 *Soergel/Häberle*, § 1570 BGB Rz. 12; *Maurer* in Münchener Kommentar, § 1570 BGB Rz. 14 – nur in seltenen Ausnahmefällen; s. auch OLG Hamm FamRZ 1998, 243.
40 FamRZ 1990, 283, 286 = NJW-RR 1990, 323, 325.
41 FamRZ 1991, 170 = NJW 1991, 224; BGHZ 109, 72, 75 = FamRZ 1990, 260, 262 = NJW 1990, 1172.
42 BGH FamRZ 1985, 50; FamRZ 1983, 456, 458 = NJW 1983, 1427, 1429.

7. Obliegenheit zur Teilerwerbstätigkeit nach bisheriger Interpretation des § 1570 BGB

Soweit bei Betreuung eines oder mehrerer Kinder nach den oben dargelegten Grundsätzen eine Obliegenheit zur Ausübung einer Erwerbstätigkeit besteht, führt dies nicht in jedem Fall zur Annahme einer Halbtagstätigkeit. Insbesondere bei Betreuung eines Kindes, das das zehnte Lebensjahr noch nicht vollendet hat, wird wegen unterschiedlicher Unterrichtszeiten regelmäßig lediglich eine stundenweise Beschäftigung zumutbar sein, so dass bei Einkünften bis zur Grenze des sozialversicherungsfreien Geringverdienstes eine Obliegenheitsverletzung nicht vorliegt. Mit fortschreitendem Alter eines oder mehrerer Kinder geht die Obliegenheit regelmäßig bis zu einer Halbtagstätigkeit. Bei **wirtschaftlich schlechten Verhältnissen**, was insbesondere bei hohen, in der Ehezeit entstandenen Verbindlichkeiten und beengten Einkommensverhältnissen des Unterhaltspflichtigen anzunehmen ist, tritt regelmäßig eine Verschärfung dieser Anforderungen ein. Dies folgt nicht aus § 1570 BGB, sondern aus § 1574 Abs. 2 BGB, der auf die ehelichen Lebensverhältnisse Bezug nimmt und dem der Gedanke zugrunde liegt, dass die wirtschaftlichen Belastungen aus der Ehe von beiden gleichwertig zu tragen sind. Dies kann es im Einzelfall rechtfertigen, von dem betreuenden geschiedenen Ehegatten neben den Betreuungsleistungen eine zusätzliche Erwerbstätigkeit zu verlangen, um den anderen geschiedenen Ehegatten zu entlasten. Ab dem **vollendeten fünfzehnten Lebensjahr** ist bei Betreuung eines Kindes regelmäßig eine **Vollzeitbeschäftigung** zumutbar. Allerdings hat der BGH[43] es offen gelassen, ob dies erst ab dem vollendeten sechzehnten Lebensjahr zu fordern ist. Da sich eine klare Abgrenzung aus Sinn und Zweck des § 1570 BGB nicht entnehmen lässt, kommt es letztlich hierfür auf die jeweilige Einzelfallsituation an, in die neben den Verhältnissen des zu betreuenden Kindes auch die Situation des betreuenden Elternteils einfließt. Soweit ein Kind wegen einer **körperlichen** oder **geistigen Behinderung** über das fünfzehnte Lebensjahr hinaus betreuungsbedürftig ist, kommt je nach Umfang der Betreuungsbedürftigkeit nur eine Teilerwerbstätigkeit in Betracht.[44] Kommt ein geschiedener Ehegatte der bestehenden Erwerbsobliegenheit teilweise oder ganz nicht nach, so ist in entsprechendem Umfang ein Einkommen entsprechend den persönlichen Verhältnissen zu fingieren (§ 1574 Abs. 1, 2 BGB), falls nicht aus anderen Gründen eine Erwerbsobliegenheit entfällt. Übt ein Ehegatte in

53

---

43 FamRZ 1997, 671, 673.
44 Zur Pflege eines volljährigen behinderten Kindes s. *Schwab/Borth*, Teil IV Rz. 160.

größerem Umfang eine Erwerbstätigkeit aus, als dies von ihm verlangt werden kann, so sind die hieraus erzielten Einkünfte **überobligationsmäßig**. In diesem Fall sind die Voraussetzungen des § 1577 Abs. 2 BGB zu prüfen. Hat der Ehegatte diese Tätigkeit bereits während der bestehenden ehelichen Lebensgemeinschaft ausgeübt, ist regelmäßig davon auszugehen, dass diese bereits bisher zumutbar war, falls sie nicht aufgrund einer Notlage der Familie aufgenommen wurde. In diesem Fall sind die hieraus erzielten Einkünfte prägend i.S.d. § 1578 Abs. 1 S. 1 BGB.[45]

8. Abweichung von den Richtlinien

54 Die dargelegten Grundsätze lassen dem betreuenden Elternteil, soweit eine (teilweise) Erwerbsobliegenheit besteht, für eine seinem **Erziehungskonzept entsprechende weitergehende Betreuung** keinen Raum. Trotz der Regelungen des Art. 6 Abs. 2 GG, §§ 1606 Abs. 3 S. 2, 1626 Abs. 2 BGB kann sich der betreuende Elternteil nach herrschender Meinung nicht nach seinem Gutdünken auf eine weitergehende Betreuung berufen. Die Anknüpfung an allgemeine (objektive) Kriterien erscheint vor allem deshalb gerechtfertigt, weil neben dem Wohl des Kindes auch die Interessen des verpflichteten Ehegatten maßgebend sind.[46] Dem steht auch nicht § 1606 Abs. 3 S. 2 BGB entgegen, der keine Aussagen zu dem Unterhalt des betreuenden Elternteils macht und diesen auch nicht von einer Obliegenheit zur Aufnahme einer Erwerbstätigkeit freistellt.[47] Allerdings ist festzuhalten, dass es einen gesicherten Standard zum Umfang der Betreuungsbedürftigkeit eines Kindes nicht gibt und insbesondere die faktischen Verhältnisse von den durch die Rechtsprechung entwickelten Grundsätzen häufig abweichen, d.h. noch nicht getrennt lebende Ehegatten trotz der Betreuung nicht schulpflichtiger Kinder dennoch eine berufliche Tätigkeit ausüben. Regelmäßig lassen sich solche individuellen Verhältnisse über der Prüfung der Frage der Betreuungsbedürftigkeit erfassen. Der Vorteil der insbesondere vom BGH entwickelten Grundsätze ist, dass diese in der Praxis weitgehend als **allgemeingültige Rechtssätze** anerkannt sind und deshalb sowohl für die Beratungspraxis als auch in der gerichtlichen Entscheidung klare Maßstäbe darstellen, die die Rechtsanwendung vereinfachen. Entsprechend hat der BGH in der Entscheidung vom 23.9.1981 (a.a.O.) auch ausgeführt, aus § 1606 Abs. 3 S. 2 BGB folge nicht, dass der betreuende Elternteil hinsichtlich der eigenen Unterhaltsansprüche von der Obliegenheit zur Aufnahme einer Erwerbstätigkeit freigestellt sei.

---

45 BGH FamRZ 2005, 1154, 1156; FamRZ 1998, 1501.
46 OLG Stuttgart FamRZ 1980, 1002 = NJW 1980, 2115.
47 BGH FamRZ 1985, 50, 51 = NJW 1985, 429, 430; FamRZ 1981, 1159 f. = NJW 1981, 2804, 2805.

9. Persönliche Verhältnisse des betreuenden Elternteils

Darüber hinaus kommt es nach Ansicht des BGH bei der Prüfung, ob einem Ehegatten eine Erwerbstätigkeit im Falle des § 1570 BGB zugemutet werden kann, auch auf die persönlichen Umstände des Unterhalt begehrenden Ehegatten an wie z. B. **Alter, Gesundheitszustand, Dauer der Ehe, frühere berufliche Tätigkeit und Berufsausbildung.**[48] Ob diese Umstände in jedem Fall der Prüfung nach § 1570 zuzuordnen sind, erscheint zweifelhaft, weil § 1570 BGB den Betreuungsunterhalt eindeutig auf eine gegenwärtige Betreuung beschränkt („*solange und soweit*") und während einer Betreuungszeit entstandene Hinderungsgründe für die Aufnahme einer beruflichen Tätigkeit von den sonstigen kasuistisch aufgeführten Unterhaltstatbeständen erfasst werden. Praktische Bedeutung kommt dieser Frage jedoch nicht zu, weil ein Ehegatte nach § 1574 Abs. 1 BGB nur eine angemessene Erwerbstätigkeit auszuüben braucht und im Rahmen der Prüfung der Angemessenheit nach § 1574 Abs. 2 BGB solche persönliche Momente einzubeziehen sind.[49] Eine andere Frage ist, ob der Anspruch nach § 1570 Abs. 1 S. 1 BGB nur dann gegeben ist, wenn ausschließlich wegen der Kindesbetreuung eine Erwerbstätigkeit nicht aufgenommen werden kann.[50] Eine solche **monokausale Betrachtungsweise** ist jedoch abzulehnen. Besteht für einen geschiedenen Ehegatten neben der Betreuung eines Kindes eine Obliegenheit zur Aufnahme einer Teilzeitbeschäftigung, gelingt es ihm aber nicht, einen Arbeitsplatz zu finden, so tritt neben dem Teilanspruch aus § 1570 BGB ferner der Anspruch aus § 1573 Abs. 1 BGB[51].

II. Eigenverantwortung und Betreuungsunterhalt nach § 1570 BGB n.F.

1. Ansatz des RegE

In der Begründung des RegE wird ausdrücklich hervorgehoben, dass die nachehelichen Unterhaltstatbestände „im Licht" des neu gefassten § 1569 BGB enger auszulegen seien, mit der Folge, dass das auf der Grundlage der Rechtsprechung des BGH[52] entwickelte und in den Leitlinien der Oberlandesgerichte festgelegte **Altersphasenmodell zu korrigieren** sei. Verstärkt wird dies durch die Einfügung des § 1570 Abs. 1 S. 3

---

48 FamRZ 1982, 148, 150 = NJW 1982, 326, 328; FamRZ 1984, 364.
49 So auch *Göppinger/Wax/Bäumel*, Rz. 961.
50 So *Soergel/Häberle*, § 1570 BGB Rz. 7; *Dieckmann*, FamRZ 1977, 81, 93 ff.
51 Zu dem Sonderfall des § 1573 Abs. 2 BGB s. BGH FamRZ 1987, 572.
52 S. Rz. 48 ff.

BGB, der im Rahmen der Prüfung zur Aufnahme einer Erwerbstätigkeit vorgibt, **bestehende Möglichkeiten der Kindesbetreuung zu berücksichtigen**. Damit erfolgte bereits durch den RegE – trotz anders lautender Ausführungen zu § 1615l Abs. 2 BGB[53] – mittelbar eine Angleichung an diesen Tatbestand, weil ab Erreichen des dritten Lebensjahres grundsätzlich ein Anspruch auf eine Kindesbetreuung besteht, § 24 SGB VIII. In Bezug auf den eingefügten Abs. 1 S. 3 weist der RegE[54] darauf hin, dass sich die Möglichkeiten einer Fremdbetreuung von Kindern – auch bei Berücksichtigung regionaler Unterschiede und teilweise fehlender Angebote – deutlich verbessert haben und deshalb die Ausübung einer Teilzeittätigkeit neben der Kindererziehung häufig anzutreffen sei. Diese Entwicklung müsse bei der Beurteilung, ob neben der Betreuungsaufgabe eine Erwerbstätigkeit zumutbar sei, berücksichtigt werden. Die Neufassung ermögliche ein besseres Eingehen auf die konkreten Verhältnisse des Einzelfalls und führe zur **Auflösung des „tradierten Altersphasenmodells"**. Ausdrücklich hervorgehoben wird in der Begründung, dass bei Kleinkindern die durch S. 3 eingeführte Änderung weniger bedeutsam sei, zumal das Sozialrecht in § 11 Abs. 4 S. 2 bis 4 SGB XII und § 10 Abs. 1 Nr. 3 SGB II eine entsprechende gesetzgeberische Wertung enthalte. Die in S. 3 angeordnete Prüfung bestehender Betreuungsmöglichkeiten ist nach der Begründung des RegE aber bei Kindern im Alter über drei Jahren geboten. Ferner hebt der RegE hervor[55], dass nur bei **„bestehender Möglichkeit"** der Kindesbetreuung die Prüfung der Obliegenheit zur Aufnahme einer Erwerbstätigkeit vorzunehmen ist, also die Möglichkeit einer Fremdbetreuung tatsächlich bestehen und deren Inanspruchnahme zumutbar und verlässlich sein muss. Ferner muss die Fremdbetreuung mit dem Kindeswohl in Einklang stehen. Schließlich sind im Rahmen der Bestimmung des Unterhalts die entstehenden Kosten angemessen zu berücksichtigen.

2. Neustrukturierung durch den Rechtsausschuss des Deutschen Bundestages

57   Der Betreuungsunterhalt nach § 1570 BGB wurde aufgrund der Beratungen des Rechtsauschusses des Deutschen Bundestags neu strukturiert. Bereits vor Bekanntwerden der Entscheidung des BVerfG vom 28.2.2007[56] hatte der Rechtsausschuss auf der Grundlage eines Kompromisses der Bundestagsfraktionen von CDU und SPD die nunmehr in

---

53 BT-Drucks. 16/1830 S. 30 f.
54 BT-Drucks. 16/1830 S. 17.
55 BT-Drucks. 16/1830 S. 17 (zweiter Absatz).
56 FamRZ 2007, 965 = NJW 2007, 1735; zu den Auswirkungen auf die Unterhaltsreform s. *Wellenhofer*, FamRZ 2007, 1282.

§ 1570 Abs. 1 BGB enthaltenen neuen Elemente dieses Tatbestandes vorgesehen, nämlich die Gewährleistung des Betreuungsunterhalts für mindestens drei Jahre nach der Geburt des Kindes sowie die Berücksichtigung der **Belange des Kindes** neben den bereits in § 1570 S. 2 BGB-RegE enthaltenen Möglichkeiten der Kinderbetreuung. Nachdem das BVerfG in der Entscheidung vom 28.2.2007 eine Angleichung der kindbezogenen Betreuungsunterhaltstatbestände der §§ 1570 und 1615l Abs. 2 S. 2, 3 BGB gefordert, gleichzeitig es aber als zulässig angesehen hat, einen geschiedenen Ehegatten wegen des Schutzes der ehelichen Bindung nach Art. 6 Abs. 1 GG unterhaltsrechtlich besser zu stellen als einen unverheirateten Elternteil – so insbesondere, wenn aufgrund der Aufgabenteilung in der Ehe dem betreuenden Elternteil Schwierigkeiten erwachsen, sich wieder in eine Erwerbstätigkeit hineinzufinden[57] –, wurde der Betreuungsunterhalt nach § 1570 BGB neu strukturiert.

Hierzu wird in § 1570 Abs. 1 S. 1 BGB zunächst ein „**Basisunterhalt**" **von drei Jahren** nach der Geburt des Kindes gewährt; innerhalb dieser Zeit kann der betreuende Elternteil frei entscheiden, ob er sich in vollem Umfang der Betreuung und Erziehung des Kindes widmet oder eine Fremdbetreuung des Kindes zur Ausübung einer teilweisen oder vollen Erwerbstätigkeit wählt.[58] Entscheidet sich ein Elternteil für die volle Betreuung ohne Ausübung einer beruflichen Tätigkeit, kann hieraus grundsätzlich keine Verletzung einer Erwerbsobliegenheit angenommen werden.[59] Da nach § 24 Abs. 1 SGB VIII für ein Kind ab dessen dritten Lebensjahr ein Anspruch auf eine Kinderbetreuung besteht, hält es der Rechtsausschuss mit dem Kindeswohl vereinbar, den Betreuungsunterhalt grundsätzlich bis zum dritten Lebensjahr zu begrenzen.[60]

57a

Der Basisunterhalt bis zum dritten Lebensjahr des Kindes **verlängert sich** nach § 1570 Abs. 1 S. 2, 3 BGB **nach kindbezogenen Billigkeitsgründen**. Hervorgehoben wird dies durch die tatbestandliche Benennung der „*Belange des Kindes*" nach Satz 3,[61] aber auch durch die in Satz 2 enthaltenen Worte „*solange und soweit*", aus denen die Abhängigkeit des Betreuungsunterhalts vom Umfang der Betreuung entsprechend dem Lebensalter und dem Entwicklungsstand des minderjährigen Kindes abzuleiten ist. Es besteht danach keine generalisierende Regelung zur Dauer des Betreuungsunterhalts, sondern eine nach den **jeweiligen Umständen des Einzelfalls zu beurteilende Betreuungsdauer**. Dies führt – wie

57b

---

57 FamRZ 2007, 965, 970 [Rz. 58].
58 BT-Drucks. 16/6980 S. 17.
59 Zu den Einzelheiten Rz. 60a.
60 BT-Drucks. 16/6980 S. 17.
61 S. Rz. 66a ff.

beim bisherigen Rechtszustand – zu einer flexiblen Gewährung des Betreuungsunterhalts, der nach Erreichen des dritten Lebensjahres nicht sofort zu einer vollen Erwerbsobliegenheit führt.[62] Ferner wird in Satz 3 ausdrücklich der Bezug zwischen dem Kindeswohl und den zu berücksichtigenden Möglichkeiten der Kindesbetreuung hergestellt. Danach kommt eine Fremdbetreuung nur dann in Betracht, wenn dies mit den Belangen des Kindes zu vereinbaren ist.[63]

57c Neu im Gefüge des Betreuungsunterhalts nach § 1570 BGB ist die in Abs. 2 geschaffene Regelung, den Unterhalt auch für die Zeit nach Erreichen des dritten Lebensjahres des Kindes aus Gründen zu verlängern, die sich aus dem **Prinzip der nachehelichen Solidarität** ergeben. Insoweit nimmt der Rechtsausschuss eine Erwägung des BVerfG in dessen Entscheidung vom 28.2.2007[64] auf, das in einer solchen Ausweitung des Anspruchs nach § 1570 BGB im Verhältnis zu § 1615l Abs. 2 S. 3 BGB keinen Verstoß gegen Art. 6 Abs. 5 GG sieht, weil die aus einer ehelichen Verbindung sich ergebende nacheheliche Verantwortung für den betreuenden Elternteil sich nur mittelbar auf die Lebenssituation des mit diesem Elternteil zusammenlebenden Kindes auswirkt. Die in Abs. 2 geregelte **Verlängerung des Anspruches** nach Abs. 1 rechtfertigt sich nach der Begründung des Rechtsausschusses[65] allein aus den Wirkungen der Ehe und nicht einer kindbezogenen Betreuungsbedürftigkeit. Beispielhaft wird ausgeführt, dass ein geschiedener Ehegatte, der im Interesse der Kindererziehung seine Erwerbstätigkeit dauerhaft aufgegeben oder zurückgestellt hat, ein längerer Betreuungsunterhalt einzuräumen ist als einem Ehegatten, der von vornherein alsbald wieder in den erlernten oder ausgeübten Beruf zurückkehren wollte. Der Sache nach stellt Abs. 2 keinen selbständigen Unterhaltstatbestand dar, sondern ist seiner Art nach „**Annexanspruch**" zum Anspruch nach § 1570 Abs. 1 BGB. In den einzelnen Tatbestandselementen lehnt er sich den in §§ 1578b Abs. 1 S. 2, 3 BGB enthaltenen Begriffen an.

57d Auch der in Abs. 1 S. 1 neu gefasste Betreuungsunterhalt ist **hinsichtlich seiner Höhe auf den betreuungsbedingten Ausfall** einer früher ausgeübten oder möglichen Erwerbstätigkeit zu begrenzen und der weitergehende Unterhaltsanspruch im Sinne des Bedarfs nach § 1578 Abs. 1 S. 1 BGB auf den Aufstockungsunterhalt gemäß § 1573 Abs. 2 BGB zu stützen.[66] Dies lässt sich aus den Worten *„wegen der Pflege oder Er-*

---

62 Zu den Einzelheiten s. Rz. 60 ff.
63 BT-Drucks. 16/6980 S. 18; eingehend Rz. 59c ff.
64 FamRZ 2007, 965 = NJW 2007, 1735; s. auch Rz. 57.
65 BT-Drucks. 16/6980 S. 19.
66 Zu den Rechtsfolgen s. Rz. 165; BGH FamRZ 1990, 496; FamRZ 2001, 986, 991.

ziehung eines gemeinschaftlichen Kindes" ableiten. Allerdings war die bisherige Fassung des § 1570 BGB insoweit eindeutiger, weil der Begriff *„solange und soweit"* die betreuungsbezogene Unterhaltsbedürftigkeit deutlicher ausdrückte. Dass insoweit ein verändertes Verständnis des Betreuungsunterhalts im Rechtsausschuss des Deutschen Bundestages gewollt war, ist nicht ersichtlich.

3. Elterliches Erziehungskonzept und Art. 6 Abs. 1 GG

a) Beendigung mit Auflösung der Ehe

Grundsätzlich entscheiden Eltern, in welcher Weise sie die Form der Erziehung und Betreuung ihrer minderjährigen Kinder für angemessen halten (sog. **elterliches Interpretationsprimat** nach Art. 6 Abs. 2 S. 1 GG).[67] Haben sich die Eltern in der intakten Beziehung auf eine dauerhafte Betreuung bis zur Volljährigkeit entschieden, so wird diese Entscheidung zur Erziehung und Betreuung bereits durch die bisherige Interpretation des § 1570 BGB begrenzt, der eine **Abweichung von den hierzu entwickelten Richtlinien** nicht zulässt. Insbesondere lässt dieser dem betreuenden Elternteil, soweit eine (teilweise) Erwerbsobliegenheit besteht, für eine seinem **Erziehungskonzept entsprechende weitergehende Betreuung** keinen Raum. Trotz der Regelungen des Art. 6 Abs. 2 GG, §§ 1606 Abs. 3 S. 2, 1626 Abs. 2 BGB kann sich der betreuende Elternteil nicht nach seinem Gutdünken auf eine weitergehende Betreuung berufen. Die Anknüpfung an allgemeine (objektive) Kriterien erscheint vor allem deshalb gerechtfertigt, weil neben dem Wohl des Kindes auch die Interessen des verpflichteten Ehegatten maßgebend sind. Dem steht auch nicht § 1606 Abs. 3 S. 2 BGB entgegen, der keine Aussage zu dem Unterhalt des betreuenden Elternteils macht und diesen auch nicht von einer Obliegenheit zur Aufnahme einer Erwerbstätigkeit freistellt.[68] Allerdings ist festzuhalten, dass es einen gesicherten Standard zum Umfang der Betreuungsbedürftigkeit eines Kindes nicht gibt und insbesondere die faktischen Verhältnisse von den durch die Rechtsprechung entwickelten Grundsätzen häufig abweichen, d. h. noch nicht getrennt lebende Ehegatten trotz der Betreuung nicht schulpflichtiger Kinder dennoch eine berufliche Tätigkeit ausüben. Regelmäßig lassen sich solche individuellen Verhältnisse über der Prüfung der Frage der Betreuungsbedürftigkeit erfassen.

58

---

67 BVerfGE 99, 216, 234 = FamRZ 1999, 285 = NJW 1999, 557.
68 BGH FamRZ 1985, 50, 51 = NJW 1985, 429, 430; Rz. 54.

Die **Neufassung des § 1570 BGB** generalisiert in Abs. 1 S. 1 die Betreuungsbedürftigkeit eines Kindes bis zum Erreichen des dritten Lebensjahres, verlängert aber danach den Betreuungsunterhalt, wenn besondere Umstände in der Person des Kindes über das dritte Lebensjahr hinaus bestehen, die dessen Betreuungsbedürftigkeit erfordern. Insoweit bedarf es eines nachzuweisenden ursächlichen Umstandes der Verlängerung der Betreuung.

b) Auswirkungen öffentlich-rechtlicher Regelungen

59   Der RegE[69] nimmt in seiner Begründung mittelbar Bezug auf die vergleichbaren Bestimmungen nach § 10 Abs. 1 Nr. 3 SGB II (Grundsicherung für Arbeitssuchende) und § 11 Abs. 4 S. 2-4 SGB XII, die ab dem dritten Lebensjahr grundsätzlich eine Erwerbstätigkeit voraussetzen und hierbei davon ausgehen, dass dem Bedürftigen ab diesem Zeitpunkt nach § 24 S. 1 SGB VIII ein **einklagbarer öffentlich-rechtlicher Anspruch** auf den Besuch eines Kindergartens zusteht (nach § 24 S. 2 SGB VIII haben die Träger der öffentlichen Jugendhilfe auf die Bereitstellung eines bedarfsgerechten Angebots an Ganztagesplätzen hinzuwirken). Es stellt sich deshalb die Frage, ob § 10 Abs. 1 Nr. 3 SGB II Auswirkungen auf die Wertentscheidungen des § 1570 BGB nimmt. Der RegE führt hierzu lediglich aus, dass vor dem dritten Lebensjahr keine Erwerbstätigkeit verlangt werden kann, jedoch eine Berücksichtigung bei den über dreijährigen Kindern geboten sei. Der Normzweck des § 10 Abs. 1 SGB II liegt in der Zumutbarkeit der Aufnahme einer Erwerbstätigkeit eines Bedürftigen; dies folgt aus der Aufzählung der einzelnen Zumutbarkeitsgründe nach Abs. 1 Nr. 1-5 sowie aus Abs. 2; insbesondere soll der Bedürftige zur Entlastung der öffentlichen Haushalte alsbald von staatlichen Transferleistungen unabhängig werden. Der Betreuungsunterhalt nach § 1570 Abs. 1 BGB bezweckt dagegen in **erster Linie den Schutz des minderjährigen Kindes**; dies wird auch in den Privilegierungstatbeständen nach § 1574 Abs. 2 BGB (in alter und neuer Fassung), § 1573 Abs. 5 BGB a.F. sowie dem vergleichbaren § 1578b Abs. 1, 2 BGB, § 1579 BGB (Einleitungssatz und Nr. 1) und § 1586a BGB erkennbar. In § 10 Abs. 1 SGB II wirkt sich ein **individuelles Erziehungskonzept** aus den zuvor benannten Gründen auf die Frage der bestehenden Obliegenheit zur Ausübung einer Erwerbstätigkeit nicht aus. Die Begründung des RegE deutet darauf hin, dass dies auch im privat-rechtlichen Bereich des Unterhaltsrechts angenommen werden soll. Dennoch nehmen in § 1570 Abs. 1 BGB im Hinblick auf dessen Normzweck die individuellen Umstände der Kindesbe-

---

69 BT-Drucks. 16/1830 S. 17.

treuung weiterhin für die Prüfung der Frage, ab welchem Lebensalter einer Erwerbstätigkeit verlangt werden kann, ein starkes Gewicht ein, weil Anspruchsgrund die Betreuungsbedürftigkeit eines gemeinsamen Kindes ist. Ob die Auslegung des § 10 Abs. 1 Nr. 3 SGB II eine andere Gewichtung verlangt, ist in Bezug auf den Betreuungsunterhalt deshalb unerheblich (s. dessen Wortlaut: *„... die Erziehung des Kindes, das das dritte Lebensjahr vollendet hat, ist **in der Regel nicht gefährdet**, soweit seine Betreuung in einer Tageseinrichtung ..."*).

4. Mindestdauer des Betreuungsunterhalts von drei Jahren nach der Geburt des Kindes

a) Systematische Einordnung des § 1570 Abs. 1 S. 1 BGB

Der im Rechtsausschuss des Deutschen Bundestages neu gefasste Unterhaltstatbestand des § 1570 BGB bestimmt, dass ein geschiedener Ehegatte wegen der Pflege oder Erziehung eines Kindes für mindestens drei Jahre nach der Geburt Unterhalt verlangen kann. Der Betreuungsunterhalt des geschiedenen Ehegatten erfährt insoweit eine Angleichung an § 1615l Abs. 2 S. 3 BGB, was der Forderung des BVerfG in der Entscheidung vom 28.2.2007 entspricht.[70] Ferner wird – abweichend von § 1570 BGB in der Fassung des 1. EheRG – der bisher durch die Tatbestandselemente *„solange und soweit"* bewusst offen gehaltene Tatbestand in **zeitlicher Hinsicht konkretisiert**. Abs. 1 S. 1 stellt insoweit eine zeitliche Schranke dar, vor der in der Regel keine Obliegenheit zur Aufnahme einer Erwerbstätigkeit besteht.[71] Diese zeitliche Festlegung des Betreuungsunterhalts bewirkt einerseits eine Sicherstellung des Betreuungsunterhalts bis zur Vollendung des dritten Lebensjahres des Kindes, schränkt zugleich aber diesen Anspruch insoweit ein, als mit Vollendung des dritten Lebensjahres des Kindes es einer besonderen Prüfung der Voraussetzungen des Anspruches gemäß Abs. 1 S. 2, 3 bedarf. Insoweit weicht die Neuregelung des § 1570 Abs. 1 BGB bewusst von dem Altersphasenmodell des BGH ab.[72] Zugleich engt die Neuregelung die flexible Regelung der bisherigen Fassung (*„solange und soweit"*) deutlich ein.

59a

b) Erwerbstätigkeit vor Vollendung des dritten Lebensjahres

Die Ausübung einer Erwerbstätigkeit vor Vollendung des dritten Lebensjahres ist unter mehreren Gesichtspunkten zu betrachten. Ist ein Ehe-

59b

---

70 S. FamRZ 2007, 965 = NJW 2007, 1735.
71 Zur zeitlichen Begrenzung s. auch Rz. 81.
72 Eingehend Rz. 53.

gatte zum Zeitpunkt der Scheidung nicht erwerbstätig, so besteht jedenfalls nach Abs. 1 S. 1 bis zur Vollendung des dritten Lebensjahres des Kindes keine Erwerbsobliegenheit. Ein betreuender Elternteil kann insoweit frei entscheiden, ob er die Betreuung des Kindes selbst wahrnimmt oder ganz bzw. teilweise einem Dritten überlässt.[73] Hat ein betreuender Elternteil bereits während bestehender ehelicher Lebensgemeinschaft vor Vollendung des dritten Lebensjahres des Kindes eine Erwerbstätigkeit ausgeübt und berufliche Tätigkeit sowie Betreuungs- und Erziehungsaufgaben in Einklang bringen können, so stellt sich die Frage, ob nach der Fassung des Abs. 1 S. 1 die Tätigkeit aufgegeben werden darf, ohne die Verletzung einer Erwerbsobliegenheit anzunehmen. Die – gegebenenfalls auch teilweise – Aufgabe einer Erwerbstätigkeit stellt jedenfalls dann keine Verletzung einer Erwerbsobliegenheit dar, wenn mit der Trennung oder Scheidung dem nunmehr allein erziehenden Elternteil **zusätzliche Belastungen** entstehen, so vor allem, wenn während der bestehenden ehelichen Lebensgemeinschaft die Betreuungsaufgaben von beiden Elternteilen oder durch Großeltern übernommen und hierdurch eine Erwerbstätigkeit erst ermöglicht wurde. In der Regel ist in solchen Fällen jedenfalls eine Reduzierung der Erwerbstätigkeit zulässig. Ansonsten obliegt es dem betreuenden Elternteil nach dem Grundsatz der Eigenverantwortung, der auch durch die berufliche Tätigkeit in der Ehe geprägt wird, eine bereits während bestehender Ehe ausgeübte Erwerbstätigkeit neben der Wahrnehmung von Betreuungsaufgaben beizubehalten. Soweit durch die Fremdbetreuung des Kindes dem betreuenden Elternteil Kosten entstehen, mindern diese dessen unterhaltsrelevantes Einkommen.[74]

Soweit aufgrund der wirtschaftlichen Entwicklung in der Ehe und den betreuungsbedingten finanziellen Belastungen die **Voraussetzungen eines Mangelfalls** vorliegen, kann dies zu einer vor Vollendung des dritten Lebensjahres eintretenden Erwerbsobliegenheit führen.[75] In Bezug auf die **Prägung der ehelichen Lebensverhältnisse** i.S.d. § 1578 Abs. 1 S. 1 BGB stellt sich die Frage, ob bei Ausübung einer Erwerbstätigkeit die erzielten Einkünfte eheprägend sind oder als überobligationsmäßige Einkünfte i.S.d. § 1577 Abs. 2 BGB in die Unterhaltsbestimmung einbezogen werden. Insoweit wird auf die Ausführungen zu Rz. 75 f. verwiesen.

5. Der Begriff der Billigkeit nach § 1570 Abs. 1 S. 2 BGB

59c

Die in Abs. 1 S. 2 enthaltene Billigkeitsbestimmung ermöglicht eine **Verlängerung des** in Abs. 1 S. 1 bestimmten **Basisunterhalts von drei**

---

73 BT-Drucks. 16/6980 S. 17.
74 S. hierzu Rz. 77; zum Betreuungsbonus s. Rz. 80.
75 Eingehend hierzu Rz. 66.

Jahren.⁷⁶ Die maßgebenden Billigkeitsgesichtspunkte ergeben sich aus kindbezogenen Gründen.⁷⁷ Diese leiten sich in erster Linie aus dem in Satz 3 enthaltenen Begriff „*Belange des Kindes*" ab, der seinerseits durch das Kindeswohl i.S.d. § 1671 Abs. 2 Nr. 2 BGB ausgefüllt wird. Ferner sind im Rahmen der Billigkeitsklausel nach Satz 3 die bestehenden Möglichkeiten der Kinderbetreuung zu berücksichtigen. Insoweit ist eine Abwägung zwischen den Belangen des Kindes im Sinne des Kindeswohls und dem in dem Tatbestandsmerkmal „*bestehende Möglichkeiten der Kinderbetreuung*" enthaltenen Grundsatz der Eigenverantwortung zu treffen. Hierbei gehen **im Zweifel die Belange des Kindes** diesem Grundsatz vor, da der Betreuungsunterhalt seine Rechtfertigung aus dem Kindeswohl (Art. 6 Abs. 2 GG) ableitet.

Aufgrund der in Satz 2 enthaltenen Worte „*solange und soweit*" ist die Billigkeitsklausel des Satzes 2 flexibel ausgestaltet und ermöglicht insbesondere einen **phasenweisen Übergang** von der Vollbetreuung eines minderjährigen Kindes in eine Fremdbetreuung, soweit angesichts der persönlichen Reife des heranwachsenden Kindes eine Betreuung noch erforderlich ist. Nach dem Normzweck erfüllt Abs. 1 S. 2 die in der bisherigen Regelung enthaltenen Worte „*solange und soweit*", aus denen der BGH sein Altersphasenmodell entwickelt hat.⁷⁸ Während im RegE⁷⁹ der Übergang von der Vollbetreuung in eine Fremdbetreuung unklar blieb und aufgrund der Aufgabe des „überkommenen Altersphasenmodells" des BGH eher von einer sofortigen Aufnahme einer Erwerbstätigkeit mit Erreichen des dritten Lebensjahres des Kindes ausging, spricht der Rechtsausschuss in seiner Begründung⁸⁰ ausdrücklich die Möglichkeit eines gestuften Übergangs an.

6. Belange des Kindes und Erwerbsobliegenheit

a) Systematische Bedeutung der Belange des Kindes

Aufgrund der Beratungen des Rechtsausschusses wurden die Voraussetzungen, unter denen es einem betreuenden Elternteil obliegt, eine Erwerbstätigkeit aufzunehmen, insoweit präzisiert, als neben den bestehenden Möglichkeiten der Kindesbetreuung insbesondere die Belange des Kindes zu berücksichtigen sind. § 1570 Abs. 1 S. 3 BGB, der § 1570

59d

---

76 S. hierzu auch Rz. 57b.
77 So Begründung BT-Drucks. 16/6980 S. 17 f.
78 S. Rz. 45 ff.
79 S. Rz. 56, 67 ff.
80 BT-Drucks. 16/6980 S. 18 f.

Abs. 1 S. 2 BGB in Bezug auf das Verhältnis von Betreuungstätigkeit und Erwerbsobliegenheit konkretisiert,[81] benennt zunächst *„die Belange des Kindes"* und erst danach die bestehenden Möglichkeiten der Kindesbetreuung. Die Hervorhebung der Belange des Kindes im Rahmen der Prüfung einer Erwerbsobliegenheit des betreuenden Elternteils entspricht dem Normzweck des Betreuungsunterhalts nach § 1570 Abs. 1 S. 1 BGB (und des § 1615l Abs. 2 S. 2, 3 BGB). Er leitet seine Rechtfertigung aus dem Kindeswohl i.S.d. § 1671 Abs. 2 Nr. 2 BGB ab; die ausdrückliche Erwähnung in § 1570 Abs. 1 S. 3 BGB bedeutet deshalb – im Verhältnis zu § 1570 BGB a.F. – kein zusätzliches Tatbestandsmerkmal, sondern präzisiert lediglich die tatbestandsmäßigen Elemente des Betreuungsunterhalts i.S. des § 1570 Abs. 1 S. 1 BGB (und § 1615l Abs. 2 S. 2, 3 BGB).[82] Eine **Differenzierung** erfolgt insoweit lediglich, als § 1615l Abs. 2 S. 5 BGB durch die Hinzufügung des Wortes „insbesondere" auch **elternbezogene Gründe** für eine Verlängerung des Betreuungsunterhalts nach dieser Bestimmung herangezogen werden können (s. Rz. 359, 363). Beim Betreuungsunterhalt geschiedener Eltern werden diese nach § 1570 Abs. 2 BGB erfasst (s. Rz. 66a).

b) Inhaltliche Bedeutung der Belange des Kindes, Abgrenzungen

59e

Der Begriff *„Belange des Kindes"* stellt – wie in § 1578b Abs. 1 S. 1 BGB und § 1579 BGB (Einleitungssatz) – eine besondere Schutzbestimmung zugunsten des betreuungsbedürftigen Kindes dar und schränkt deshalb den Grundsatz der Eigenverantwortung ein, soweit die **jeweils konkret festzustellenden schutzbedürftigen Belange** eines Kindes gegeben sind. Im Rahmen des Betreuungsunterhalts nach § 1570 Abs. 1 BGB (und des § 1615l Abs. 2 S. 2, 3 BGB) sind unter den Belangen des Kindes in erster Linie die **Bedürfnisse eines zu betreuenden Kindes aus dem Bereich der Pflege oder Erziehung** betroffen, nicht dagegen finanzielle Interessen des Kindes, die im Rahmen der §§ 1578b, 1579 BGB bedeutsam sein können (s. hierzu Rz. 139, 200 ff.). Beachtlich sind insoweit aber **nur besondere Umstände**, die über die allgemeine Wahrnehmung der Pflege oder Erziehung hinausgehen. Die Belange des Kindes i.S. des Satzes 3 sind deshalb nicht bereits dann betroffen, wenn der betreuende Elternteil vorbringt, er habe bereits während der bestehenden ehelichen Lebensgemeinschaft ein gemeinsames Kind über das dritte Lebensjahr hinaus betreut, so dass eine Dritt- oder Fremdbetreuung generell ausscheide[83], weil ein individuelles Erziehungskonzept im Falle des Scheiterns

---

81 Eingehend Rz. 60.
82 S. auch Rz. 60.
83 Dieser Gesichtspunkt kann aber nach § 1570 Abs. 2 BGB erheblich sein; s. Rz. 66a.

der Ehe nicht ohne weiteres fortgesetzt werden kann (s. hierzu Rz. 58) und zudem der soziale Kontakt eines heranwachsenden Kindes mit gleichaltrigen Kindern für dessen Persönlichkeitsentwicklung förderlich ist. Solche besonderen Umstände liegen vor, wenn bei dem zu betreuenden Kind durch die Trennung der Eltern **seelische Belastungen** aufgetreten sind, die eine besondere Zuwendung des betreuenden Elternteils erfordern; sie werden im Unterhaltsprozess regelmäßig nur aufgrund eines entsprechenden jugendpsychologischen Sachverständigengutachtens festgestellt werden können. Gleiches gilt, wenn bei einem Kind **Entwicklungsstörungen oder -verzögerungen** bestehen, die eine besondere Förderung des Kindes durch den betreuenden Elternteil erfordern. Auch sonstige, die üblichen Betreuungs- oder Erziehungsaufgaben übersteigenden Tätigkeiten können zu einer stärkeren Inanspruchnahme des betreuenden Elternteils führen. Dies gilt vor allem in Bezug auf die Förderung einer musischen oder sportlichen Begabung des Kindes, die eine Begleitung des betreuenden Elternteils notwendig macht, in besonderem Maße aber bei Vorliegen einer schweren Behinderung des Kindes; in diesem Fall kann einer dauerhafte Betreuung und Pflege geboten sein, soweit das behinderte Kind nicht in einer therapeutischen Einrichtung gepflegt wird.

Ferner ist der Begriff der „*Belange des Kindes*" auch im Hinblick auf § 1570 Abs. 1 S. 1 BGB zu sehen, aus dem abzuleiten ist, dass nach Erreichen des dritten Lebensjahres des Kindes grundsätzlich eine Erwerbstätigkeit des betreuenden Elternteils verlangt werden kann (s. hierzu Rz. 59a ff.). Das Einsetzen einer Erwerbsobliegenheit ab dem dritten Lebensjahr ist im Kontext zu den öffentlich-rechtlichen Bestimmungen des § 10 Abs. 1 Nr. 3 SGB II und des § 11 Abs. 4 S. 2 bis 4 SGB XII zu sehen (s. Rz. 59), die ab dem dritten Lebensjahr eine Fremdbetreuung generell für zumutbar halten. Die Berücksichtigung der Belange des Kindes ermöglicht es jedoch, eine von den allgemeinen Regeln **abweichende persönliche Reife** des heranwachsenden Kindes zu berücksichtigen, die vom betreuenden Elternteil im Einzelfall darzulegen und zu beweisen ist. Insoweit trägt dieser Begriff dazu bei, dass der Übergang von einer Vollbetreuung zu einer vollständigen Drittbetreuung mit einer möglichen Zwischenphase einer teilweisen Betreuung durch den Elternteil flexibel gestaltet werden kann. Liegt bei einem Kind nach vollendetem dritten Lebensjahr eine normale Entwicklungsreife vor, kann diesem regelmäßig jedenfalls eine halbtägige Fremdbetreuung zugemutet werden. Hieraus rechtfertigt es sich, ein **neu ausgerichtetes Altersphasenmodell** zu entwickeln (eingehend Rz. 67 ff.).

59f

c) Vorrang der Belange des Kindes

59g Liegen Umstände vor, die zur Wahrung der Belange des Kindes zu berücksichtigen sind, so führen diese wegen deren Bedeutung für das Kindeswohl regelmäßig dazu, dass je nach den konkreten Umständen in entsprechendem Umfang die Erwerbstätigkeit des betreuenden Elternteils begrenzt wird. Insoweit schränken diese den Grundsatz der Eigenverantwortung ein. Hieraus folgt aber nicht zwingend, dass generell keine Erwerbsobliegenheit besteht. Vielmehr ist anhand der konkreten Umstände zu prüfen, ob und in welchem Umfang eine Erwerbstätigkeit ausgeübt werden kann. Erfordern die Belange des Kindes nur zu bestimmten Tageszeiten eine Betreuungs- oder Erziehungstätigkeit, so kann dennoch eine Teilerwerbstätigkeit, gegebenenfalls im Bereich einer Geringverdienertätigkeit zumutbar sein. Dies ist anhand des konkreten Vortrags des bedürftigen Elternteils im Einzelfall festzustellen.

7. Der Begriff der bestehenden Möglichkeiten der Betreuung

a) Zweck der Regelung des Abs. 1 S. 3 und Zumutbarkeit der Erwerbstätigkeit

60 Der in § 1570 Abs. 1 S. 3 BGB enthaltene Begriff von *„bestehenden Möglichkeiten"* der Kindesbetreuung ist neben den Belangen des Kindes zur Bestimmung des nach Abs. 1 S. 2 verlängerten Betreuungsunterhalts heranzuziehen (s. Rz. 59c). Im Rahmen der Prüfung der Zumutbarkeit der Aufnahme einer Erwerbstätigkeit ordnet S. 3 ausdrücklich an, dass bestehende Betreuungsmöglichkeiten zu *berücksichtigen* sind. Bereits der BGH[84] hat zur bisherigen Rechtslage im Rahmen der Prüfung, ob die Ausübung einer Erwerbstätigkeit vor dem achten Lebensjahr als überobligationsmäßige Erwerbstätigkeit zu behandeln ist (mit der Folge der Berücksichtigung solcher Einkünfte im Wege Anrechnungsmethode)[85], darauf abgestellt, ob wegen des Kindergarten- und Schulbesuchs des Kindes die zeitweise Ausübung einer Erwerbstätigkeit des betreuenden Elternteils zumutbar ist. Die Worte *„zu berücksichtigen"* bedeuten nicht, dass generell bei bestehenden Möglichkeiten der Betreuung, die im Unterhaltsprozess festgestellt werden müssen[86], ein Unterhaltsanspruch im Umfang der danach erzielbaren Einkünfte einer Erwerbstätigkeit entfällt. Gemäß dem Regelungsgrund des Betreuungsunterhalts ist vielmehr eine weitergehende Prüfung vorzunehmen, vor allem

---
84 BGH FamRZ 2006, 846, 847; FamRZ 2005, 1154, 1156.
85 So nach BGH FamRZ 2003, 518; FamRZ 1998, 1501.
86 Zur Darlegungs- und Beweislast s. Rz. 72.

- ob für den betreuenden Elternteil die Ausübung einer Erwerbstätigkeit – insbesondere im Hinblick auf die doppelte Belastung von Kindesbetreuung und beruflicher Tätigkeit – zumutbar ist und
- in Bezug auf die schützenswerten Belange des Kindes, also insbesondere des Kindeswohls (im Sinne des § 1671 Abs. 2 Nr. 2 BGB), trotz einer möglichen Fremdbetreuung die Ausübung einer beruflichen Tätigkeit verlangt werden kann (eingehend Rz. 59d ff.).

Neben der Prüfung, ob konkret eine Betreuungsmöglichkeit besteht, ist für die Annahme einer Erwerbsobliegenheit ferner der Frage nachzugehen, ob die bestehende Möglichkeit dem betreuenden Elternteil tatsächlich **zumutbar** ist. Dies bezieht sich vor allem auf die **finanziellen Verhältnisse des betreuenden Elternteils**, der möglicherweise bei beschränkten Einkünften aufgrund des bestehenden Ausbildungsniveaus, der persönlichen Fähigkeiten oder gesundheitlichen Verhältnisse im Sinne des § 1574 Abs. 2 BGB wirtschaftlich nicht in der Lage ist, eine bestehende teurere Betreuungsmöglichkeit zu nutzen. Ferner kann sich dies aufgrund der räumlichen Entfernung und schlechten Verkehrsverbindungen zwischen Wohnung und Betreuungseinrichtung für einen betreuenden Elternteil ergeben. In besonderem Maße gilt dies, wenn mehrere minderjährige Kinder zu betreuen sind und hierdurch ein erhöhter finanzieller Aufwand entsteht. Neben der finanziellen Belastung können ferner die trotz einer Fremdbetreuung **weiter bestehenden** umfangreichen **Betreuungs- und Erziehungsaufgaben**, die vor allem im Falle der Betreuung mehrerer Kinder auftreten, jedenfalls einer ganztägigen Erwerbstätigkeit entgegenstehen, da die anfallenden Aufgaben im Haushalt, der schulischen Betreuung und der musischen sowie sportlichen Betätigung für den betreuenden Elternteil einen erheblichen Organisations- und Zeitaufwand nach sich ziehen und deshalb eine Doppelbelastung nicht zumutbar ist.

61

Betreut ein Elternteil mehrere minderjährige Kinder (etwa bis zum 12. Lebensjahr), so ist die **Wahrnehmung der Betreuungs- und Erziehungsaufgaben Teil der Tagesarbeit**. Auch wenn die minderjährigen Kinder in einer Betreuungseinrichtung untergebracht werden, verbleiben daneben weitere Aufgaben aus der Erziehung und Betreuung, die nur bedingt nach Beendigung einer vollschichtigen beruflichen Tätigkeit ausgeübt werden können. Dies bezieht sich auf die Sicherstellung einer musischen oder sportlichen Betätigung eines Kindes während des Tagesablaufes, dessen Ausübung durch den erziehenden Elternteil sichergestellt werden muss. Auch ist zu berücksichtigen, dass die Führung eines Haushaltes mit mehreren Kindern einen erhöhten Aufwand bedeutet und deshalb zu fragen ist, ob dem betreuenden Elternteil neben diesen Aufgaben eine ganztägige berufliche Tätigkeit zugemutet werden kann, während

62

der barunterhaltspflichtige Elternteil nur eine berufliche Tätigkeit auszuüben braucht, zumal mit der **Trennung die Mehrbelastung** eines (erwerbstätigen) betreuenden Elternteils nicht wie bei bestehender ehelicher Lebensgemeinschaft vom anderen Ehegatten aufgefangen werden kann, sondern dieser die Erziehungs- und Betreuungsaufgaben allein wahrzunehmen hat, was den Umfang der Erwerbstätigkeit jedenfalls einengt.[87] Besteht ein **besonderes Betreuungsbedürfnis** des Kindes[88] (Problemkind), das Entwicklungsstörungen aufweist oder infolge der Trennung der Eltern einer besonderen Zuwendung durch den betreuenden Elternteil bedarf, so kann dies ebenfalls einer vollschichtigen Erwerbstätigkeit entgegenstehen.

b) Inanspruchnahme öffentlicher und privater Einrichtungen

63 Jedem Kind steht ab dem vollendeten dritten Lebensjahr bis zum Eintritt in die Grundschule ein **einklagbarer öffentlich-rechtlicher Anspruch** (im Sinne eines subjektiven Rechts) auf den Besuch eines Kindergartens nach § 24 S. 1 SGB VIII zu. Dem Träger der öffentlichen Jugendhilfe obliegt es nach § 24 S. 2 SGB VIII, auf die Bereitstellung eines bedarfsgerechten Angebots an Ganztagsbetreuungen hinzuwirken. Diese Bestimmungen haben zum Ziel, dass Eltern die sich aus der Familie ergebenden Aufgaben und Pflichten mit ihrem Erwerbsleben besser vereinbaren können, § 80 Abs. 2 Nr. 4 SGB VIII. Die Regelung des § 1570 Abs. 1 S. 3 BGB nimmt hierauf nicht konkret Bezug (auch der RegE[89] geht hierauf nicht näher ein), sondern belässt es bei der allgemeinen Anordnung, dass **bestehende Betreuungsmöglichkeiten** zu berücksichtigen sind. Der betreuende Elternteil kann sich deshalb nicht darauf berufen, es gebe nicht genügend öffentliche (preisgünstige) Ganztagsbetreuungsplätze. Vielmehr sind auch **private Betreuungseinrichtungen** wie z.B. eines Betriebs (die in der Regel aber nur Betriebsangehörigen offen stehen) sowie private Initiativen in Anspruch zu nehmen, ebenso die Betreuung durch eine Tagesmutter und vergleichbare Einrichtungen. Grundsätzlich zählen hierzu auch **nahe Verwandte des betreuenden Elternteils**, die als freiwillige Leistungen Dritter zu behandeln sind (s. Rz. 66, 78), ferner ein Elternteil des Unterhaltspflichtigen, soweit nicht auf Grund schwieriger persönlicher Verhältnisse zwischen dem Unterhaltsberechtigten und dem Elternteil des Unterhaltspflichtigen eine solche Betreuung unzumutbar, insbesondere für das Kindeswohl schädlich ist.

---

87 S. auch BGH FamRZ 2006, 846, 848.
88 S. BGH FamRZ 2006, 846, 847
89 BT-Drucks. 16/1830 S. 17.

c) Rechtzeitig einsetzende Bemühungen zur Fremdbetreuung

Im Hinblick auf den sicheren Eintritt der Obliegenheit zur Inanspruchnahme einer Betreuungseinrichtung (ab vollendetem dritten Lebensjahr des Kindes) obliegt es dem betreuenden Elternteil, so rechtzeitig sich um eine Betreuungseinrichtung zu bemühen, dass mit Eintritt der Voraussetzungen einer (grundsätzlichen) Fremdbetreuung längere Wartezeiten für einen Hortplatz vermieden werden. Entsprechend sind diese Bemühungen auch zu dokumentieren, um gegebenenfalls im Unterhaltsprozess die rechtzeitig eingesetzten Bemühungen nachweisen zu können.

64

d) Wegfall der Erwerbsobliegenheit bei besonders günstigen Einkommensverhältnissen

§ 1570 Abs. 1 BGB macht die Frage der Aufnahme einer Erwerbstätigkeit nur vom Umfang der Betreuungsbedürftigkeit des (minderjährigen und volljährigen behinderten) Kindes abhängig, so dass grundsätzlich unabhängig von den wirtschaftlichen Verhältnissen des Unterhaltspflichtigen die Voraussetzungen einer Erwerbsobliegenheit zu prüfen sind. Der BGH hat in seiner älteren Rechtsprechung[90] unter Bezug auf § 1574 Abs. 1, 2 BGB ferner eine Prüfung der persönlichen Verhältnisse vorgenommen und darauf abgestellt, ob angesichts des Gesundheitszustandes, der Dauer der Ehe, einer früheren beruflichen Tätigkeit und Berufsausbildung eine Erwerbstätigkeit zugemutet werden kann, ferner bei besonders günstigen wirtschaftlichen Verhältnissen.[91] Bereits nach der bisherigen Rechtslage haben besonders günstige Rechtsverhältnisse nicht dazu geführt, dass diese die Aufnahme jeglicher Erwerbstätigkeit ausschließen, weil diese den Grundsatz der Eigenverantwortung nicht verdrängen.[92] Der Begriff der angemessenen Erwerbstätigkeit i.S.d. § 1574 Abs. 1, 2 BGB a.F. soll zwar verhindern, dass der Unterhaltsberechtigte einen unangemessenen sozialen Abstieg hinnehmen muss, wenn sich die soziale Stellung verfestigt hat.[93] Die stärkere Betonung der Eigenverantwortung nach § 1569 BGB, die in der Herabstufung der ehelichen Lebensverhältnisse nach § 1574 Abs. 2 S. 1 letzter Halbs. BGB zu einer Einwendung[94] eine besondere gesetzliche Berücksichtigung gefunden hat, verdrängt deshalb regelmäßig den durch die **Verfestigung des sozialen Aufstiegs eingetrete-**

65

---

90 FamRZ 1982, 148, 150 = NJW 1982, 326, 328; FamRZ 1984, 364; kritisch *Schwab/Borth*, Teil IV Rz. 171.
91 BGH FamRZ 1983, 144, 145.
92 *Johannsen/Henrich/Büttner*, § 1574 BGB Rz. 8; *Schwab/Borth*, Teil IV Rz. 248.
93 BGH FamRZ 1988, 1145.
94 S. Rz. 102.

nen Vertrauensschutz. Ob im Falle einer langjährigen Ehedauer und sehr guter finanzieller Verhältnisse aufgrund des hierdurch entstandenen besonderen Vertrauensschutzes die Aufnahme einer Erwerbstätigkeit ab Scheidung der Ehe unzumutbar ist, kann im Falle des § 1570 BGB wegen dessen begrenzter Dauer offen bleiben (s. hierzu Rz. 155 ff.). Der Betreuungsunterhalt nach Abs. 1 kann sich jedoch nach § 1570 Abs. 2 BGB verlängern (s. Rz. 57c, 65a ff.).

8. Erwerbsobliegenheit im Mangelfall

66   Ist der unterhaltspflichtige Ehegatte wegen seiner beschränkten Leistungsfähigkeit nur zur Zahlung eines Billigkeitsunterhalts nach § 1581 S. 1 BGB verpflichtet worden, so tritt bereits nach bisheriger Rechtslage eine Verschärfung der Anforderungen an die Aufnahme einer Erwerbstätigkeit ein.[95] Diese stützt sich auf § 1581 S. 1 BGB, dessen Regelungszweck insoweit darin zu sehen ist, dass die wirtschaftlichen Belastungen aus der Ehe (vor allem im Falle erheblicher Verbindlichkeiten aus der ehelichen Lebensgemeinschaft) von beiden Ehegatten gleichmäßig getragen werden, was grundsätzlich auch bei Fortsetzung der ehelichen Lebensgemeinschaft in Betracht kommt (nicht dagegen auf § 1574 Abs. 2 S. 1 Halbs. 2 BGB, da die Neufassung ihrem Zweck nach gerade der Aufnahme einer Erwerbstätigkeit entgegenstehen kann).[96] In diesem Fall muss deshalb der betreuende Elternteil sich jedenfalls **ab Vollendung des dritten Lebensjahres** des zu betreuenden Kindes um die Betreuung des Kindes in einer öffentlichen oder privaten Betreuungseinrichtung (auch nahe Verwandte) bemühen, falls dem nicht besondere Belange des Kindes (schwere Entwicklungsstörungen, gesundheitliche Beeinträchtigungen) entgegenstehen. Auch **vor Erreichen des dritten Lebensjahres des Kindes** kann bei begrenzter oder fehlender Leistungsfähigkeit grundsätzlich die Obliegenheit zur Aufnahme einer Erwerbstätigkeit bestehen, wenn einerseits geeignete Betreuungsmöglichkeiten für ein Kind vor dem dritten Lebensjahr bestehen und andererseits es die schlechten wirtschaftlichen Lebensverhältnisse erfordern, dass zur Sicherstellung des beiderseitigen laufenden Unterhalts und des Unterhalts der Kinder eine Erwerbstätigkeit aufgenommen wird.

---

95 BGH FamRZ 1983, 569 = NJW 1983, 1548.
96 S. Rz. 102, 114.

9. Der Betreuungsunterhalt aus nachehelicher Solidarität

a) Systematische Einordnung des § 1570 Abs. 2 BGB

§ 1570 Abs. 2 BGB gewährt über den kindbezogenen Betreuungsunterhalt nach § 1570 Abs. 1 BGB hinaus einen ergänzenden Anspruch, der aufgrund der Beratungen des Rechtsausschusses des Deutschen Bundestages eingeführt wurde und auf die Wirkungen der nachehelichen Solidarität gestützt wird.[97] Obwohl der verlängerte Anspruch nach Abs. 2 nicht auf einer besonderen Betreuungsbedürftigkeit des gemeinsamen Kindes gestützt werden kann, ist er der Sache nach dem Regelungsbereich des § 1570 BGB zuzuordnen, fällt also unter die **generellen Privilegierungstatbestände des Betreuungsunterhalts** nach §§ 1574, 1578b Abs. 1 S. 2, 1579 (Einleitungssatz), 1586a und 1609 Nr. 2 BGB. Er ist insbesondere auch nicht § 1573 Abs. 1 BGB oder der positiven Billigkeitsklausel des § 1576 BGB zuzuordnen, sondern erfasst seinem **Regelungszweck nach elternbezogene Gründe**, die für eine Verlängerung des Betreuungsunterhalts sprechen. § 1570 Abs. 2 BGB erfüllt damit tatbestandlich dieselbe Funktion wie die Regelung des § 1615l Abs. 2 S. 5 BGB, in dem durch das Wort „insbesondere" klargestellt wird, dass neben den kindbezogenen Belangen auch elternbezogene Gründe die Verlängerung des Betreuungsunterhalts rechtfertigen können. Der Betreuungsunterhalt nach Abs. 2 begrenzt den in § 1569 BGB und § 1578b Abs. 1 BGB besonders betonten Grundsatz der Eigenverantwortlichkeit nach Scheidung der Ehe. In Bezug auf die (Verlängerungs-)Regelung des § 1570 Abs. 1 S. 2, 3 BGB besteht nach Sinn und Zweck ein **Vorrang** des Abs. 1 vor dem Anspruch nach Abs. 2. Solange ein Verlängerungsgrund nach Abs. 1 S. 2, 3 vorliegt, bedarf es keiner Prüfung des Abs. 2, weil die Belange des Kindes konstitutiv für den Betreuungsunterhalt des § 1570 Abs. 1 S. 2 BGB sind. Dies ist auch aus dem Wortlaut des Abs. 2 zu entnehmen („... *verlängert sich darüber hinaus, wenn* ...").

66a

b) Anwendungsbereich

Nach der Gesetzesbegründung[98] beruht der zusätzliche Anspruch auf Gründen, die sich aus den Wirkungen der Ehe rechtfertigen. Erfasst werden soll insbesondere das in der Ehe gewachsene Vertrauen in eine in der Regel konkludent **vereinbarte und praktizierte Rollenverteilung von beruflicher Tätigkeit und Haushaltsführung sowie Kindesbetreu-**

66b

---

97 BT-Drucks. 16/6980 (Beschlussempfehlung und Bericht) S. 19; zur Entstehungsgeschichte und den Grundlagen s. Rz. 57c.
98 BT-Drucks. 16/6980 S. 19.

ung, also elternbezogene Gründe. Hierbei ist insbesondere zu berücksichtigen, dass der bedürftige Ehegatte wegen der Betreuung gemeinsamer Kinder eine berufliche Tätigkeit dauerhaft aufgegeben oder zurückgestellt hat. Geschützt wird danach das Vertrauen des geschiedenen Ehegatten in eine (gegebenenfalls auch konkludent geschlossene) Vereinbarung zur Wahrnehmung der Betreuungsaufgaben für die gemeinsamen Kinder, nicht dagegen das Vertrauen auf eine dauerhafte Sicherstellung des Unterhalts, weil insoweit sich der Unterhaltsanspruch aus § 1573 Abs. 1 BGB i.V.m. § 1574 Abs. 1, 2 BGB ableitet. Dieser Regelungszweck steht in gewissem Widerspruch zu dem § 1570 BGB zugrunde liegenden Regelungskonzept, wonach ein **individuelles Erziehungskonzept** mit rechtskräftiger Scheidung nicht fortgesetzt werden kann.[99] Aus der Gesetzesbegründung ist nicht erkennbar, dass sich der Rechtsausschuss mit diesem Grundsatz auseinandergesetzt hat. Eine Abgrenzung hierzu ist dann möglich, wenn eine eindeutige Festlegung auf die (gemeinsame) Ausgestaltung der Kindesbetreuung festgestellt werden kann. In diesem Fall werden die zuvor genannten Grundsätze von den Abs. 2 zugrunde liegenden Grundsätzen verdrängt.

66c   Ferner kann sich der Anspruch nach dem Wortlaut des Abs. 2 auch aufgrund der **Dauer der Ehe** verlängern. Wie dieses Tatbestandsmerkmal im Rahmen des Betreuungsunterhalts zu verstehen ist, lässt sich aus der Gesetzesbegründung nicht entnehmen.[100] Es wird dort nur allgemein auf die „Regelungstechnik" des § 1578b BGB verwiesen, dessen Abs. 1 S. 3 a.E. ebenfalls den Begriff der Dauer der Ehe enthält. Geschützt wird danach das aufgrund einer langjährigen ehelichen Lebensgemeinschaft gewachsene Vertrauen in den Bestand der Ehe. Da der Anspruch aus Abs. 2 auf der Betreuung eines gemeinschaftlichen Kindes aufbaut und lediglich als **Annex zum Unterhalt nach § 1570 Abs. 1 BGB** zu verstehen ist, muss zur Wahrung der Gesetzessystematik der §§ 1569 ff. BGB in Bezug auf die **Einsatzzeitpunkte** nach den §§ 1571 Nr. 2, 1572 Nr. 2, 1573 Abs. 3 BGB im **Zeitpunkt der Scheidung noch ein gemeinsames Kind betreut** werden. Würde man auf eine tatsächliche Betreuung im Anschluss an eine aus § 1570 Abs. 1 S. 2, 3 BGB folgende Betreuung verzichten und nur darauf abstellen, dass zu irgend einem Zeitpunkt während der Ehe die Betreuung eines gemeinschaftlichen Kindes stattgefunden hat, würde ein an sich erloschener Betreuungstatbestand im Rahmen des § 1570 Abs. 2 BGB „aktiviert" werden; § 1570 Abs. 2 BGB hätte dann den Charakter eines allgemeinen Billigkeitsanspruchs i.S. des § 1576 BGB. In diesem Sinn ist auch die Entscheidung des BVerfG vom

---

99 Eingehend Rz. 58.
100 S. BT-Drucks. 16/6980 S. 19.

28.2.2007[101] zu verstehen, das von einer während der Ehe konkret länger wahrgenommenen Betreuung gemeinschaftlicher Kinder ausgeht und eine Verlängerung der Betreuung aufgrund der individuellen Betreuungsverhältnisse der geschiedenen Eltern nicht als einen Verstoß gegen Art. 6 Abs. 5 GG ansieht, um hierdurch aufgrund der Übernahme von Betreuungsaufgaben ehebedingte Nachteile auszugleichen. Der Begriff der Dauer der Ehe besagt damit lediglich, dass im Falle einer längeren Ehedauer, so vor allem, wenn mehrere Kinder betreut wurden, der Anspruch aus Abs. 2 länger zu gewähren ist wie bei einer kürzeren Ehedauer, bei der das Vertrauen auf den Bestand der Ehe sich noch nicht in vergleichbarere Weise verfestigt hat.

c) Dauer des Anspruches

Der kindbezogene Betreuungsunterhalt ist nach seinem Regelungszweck auf die Dauer der Betreuungsnotwendigkeit begrenzt; insoweit enthält Abs. 1 S. 3 hinreichende Abgrenzungskriterien.[102] Abs. 2 enthält hierzu keine Anhaltspunkte, so dass nur der allgemeine Billigkeitsmaßstab zu dessen Begrenzung heranzuziehen ist. Nach der Entscheidung des BVerfG vom 28.2.2007[103] ist insbesondere die Dauer der Wiederaufnahme einer früheren beruflichen Tätigkeit, also die Wiedereingliederung in den Erwerbsprozess maßgebend, wozu auch die Wahrnehmung einer Fortbildungsmaßnahme gemäß § 1574 Abs. 3 BGB gehören kann. Insoweit gleicht dieser Anspruch § 1573 Abs. 1 BGB (als Unterhalt bis zur Erlangung einer angemessenen Erwerbstätigkeit). Aber auch die konkrete Handhabung der Betreuung bei mehreren gemeinsamen Kindern ist für die Dauer des Anspruchs bedeutsam. Hierbei ist aus Gründen des Vertrauensschutzes vor allem ein **einvernehmliches Betreuungskonzept der Ehegatten** zu berücksichtigen, aufgrund dessen der die Kinder betreuende Elternteil seine Erwerbstätigkeit bewusst aufgegeben und sich in besonderem Maße der Erziehung und Pflege der Kinder gewidmet hat, das den älteren gemeinschaftlichen Kindern über den Rahmen einer möglichen Fremdbetreuung hinaus während der Ehe zugute gekommen ist und ein zum Zeitpunkt der Scheidung jüngeres Kind, das aber älter als drei Jahre ist, so dass eine Fremdbetreuung möglich wäre, wegen der grundsätzlich bestehenden Erwerbsobliegenheit nunmehr eine verlängerte Betreuung nicht mehr erlangen würde.

66d

---

101 FamRZ 2007, 965, 970 = NJW 2007, 1735 [Rz. 58]; s. auch Rz. 57 ff.
102 S. Rz. 59d sowie Rz. 68 ff.
103 FamRZ 2007, 965, 970 = NJW 2007, 1735 [Rz. 58].

d) Verhältnis des § 1570 Abs. 2 BGB zu § 1578b BGB und Zuordnung in § 1609 BGB

66e Der Anspruch nach § 1570 Abs. 2 BGB ist nach seinem Regelungszweck auf den Zeitpunkt begrenzt, bis es dem bedürftigen Ehegatten gelungen ist, seine früher ausgeübte Erwerbstätigkeit wieder aufzunehmen bzw. eine unterlassene Erwerbstätigkeit zu finden. Gelingt ihm dies nicht, bleibt unklar, ob und zu welchem Zeitpunkt der Anspruch nach § 1570 Abs. 2 BGB durch die §§ 1571, 1572 und 1573 Abs. 1 BGB verdrängt wird. Da der Betreuungsunterhalt seinem Charakter nach stets zeitlich begrenzt ist, kann von einem dauerhaften Unterhaltsanspruch nicht ausgegangen werden, so dass nach Billigkeitsgesichtspunkten nur für eine begrenzte Zeit der Anspruch nach Abs. 2 zu gewähren ist. Solange der Anspruch nach § 1570 Abs. 2 BGB besteht, **scheidet eine zeitliche Begrenzung** nach § 1578b Abs. 2 BGB aus, weil ein vom Gesetz gewährter Unterhaltsanspruch nicht zugleich durch eine Billigkeitsregelung ausgeschlossen werden kann.[104] Möglich ist jedoch eine Begrenzung der Höhe nach; insoweit sind die Abwägungsgrundsätze nach § 1578b Abs. 1 BGB zu berücksichtigen.[105]

In Bezug auf die Zuordnung des Anspruchs nach Abs. 2 in das **Rangfolgesystem** ist aufgrund dessen systematischer Stellung ein Betreuungsunterhalt nach § 1609 Nr. 2 BGB anzunehmen. Da bei der unter Abs. 2 fallenden Sachlage regelmäßig auch eine Ehe von langer Dauer i.S.d. § 1609 Nr. 2 BGB vorliegt, ist die Abgrenzung zu den §§ 1571, 1572, 1573 Abs. 1 BGB insoweit folgenlos.

10. Unterhalt bei Betreuung mehrerer Kinder im Alter über drei Jahren

66f Nicht ausdrücklich geregelt ist in § 1570 Abs. 1 BGB die Betreuung mehrerer gemeinschaftlicher Kinder, wenn auch das jüngste Kind das dritte Lebensjahr vollendet hat, die insgesamt bestehenden Betreuungsaufgaben aber jedenfalls einer vollschichtigen Erwerbstätigkeit entgegenstehen. Abs. 1 regelt nach seinem Wortlaut die Belange jedes einzelnen Kindes, geht aber auf den **Gesamtumfang der Belastung durch Erziehungsaufgaben**, die einer Erwerbstätigkeit entgegenstehen können, nicht ein. Solange ein Kind das dritte Lebensjahr nicht vollendet hat, wirkt sich dies in Bezug auf die wahrzunehmenden Betreuungsaufgaben

---

104 Zum Verhältnis von § 1572 BGB zu § 1579 Nr. 7 BGB a.F.: BGH FamRZ 1994, 566; FamRZ 1995, 1405.
105 Eingehend Rz. 149 ff.

für alle Kinder nicht aus. Sind sämtliche Kinder älter als drei Jahre, so können die Betreuungsaufgaben so umfangreich sein, dass nur eine Teilerwerbstätigkeit zumutbar ist. Da auch die Summierung aller Betreuungsaufgaben die Belange jedes einzelnen Kindes betrifft, leitet sich in einem solchen Fall der Anspruch aus § 1570 Abs. 1 S. 2 BGB ab, kann sich also je nach den Umständen des Einzelfalls verlängern.

III. Auflösung des Altersphasenmodells

1. Grundlagen

Der RegE[106] begründet die Einführung des in § 1570 Abs. 1 S. 3 enthaltenen Tatbestandselements „bestehende Möglichkeiten der Kindesbetreuung sind zu berücksichtigen" unter anderem damit, dass in Bezug auf die Aufnahme einer Erwerbstätigkeit neben der Betreuung eines minderjährigen Kindes anstelle der bisherigen, häufig schematischen Betrachtungsweise anhand des *„tradierten Altersphasenmodells"* stärker auf den **konkreten Einzelfall** und die tatsächlich bestehenden verlässlichen Möglichkeiten der Kindesbetreuung abzustellen sei. Die danach geforderte stärkere Beachtung der Verhältnisse des Einzelfalls führt zur Frage, ob damit generell die in den Leitlinien der Obergerichte entwickelten Richtsätze zur Aufnahme einer Erwerbstätigkeit aufzugeben sind.[107]

67

2. Fehlender Ansatz für die Fortführung eines Altersphasenmodells

In Reaktion auf die ständige Rechtsprechung des BGH[108], dass bei Betreuung eines ehelichen Kindes erstmals ab dem achten Lebensjahr eine Erwerbsobliegenheit für eine geringfügige Beschäftigung besteht, sieht der RegE im Hinblick auf die Angleichung des § 1570 Abs. 1 BGB an § 1615l Abs. 2 S. 2, 3 BGB durch die Prüfung bestehender Betreuungsmöglichkeiten eine Vorverlagerung der Erwerbsobliegenheit vor; hierbei wird auf die gesellschaftliche Entwicklung Bezug genommen, nach der auch bei einem jüngeren Kind in vielen Fällen eine Erwerbstätigkeit aufgenommen wird. Der RegE hebt in der Begründung zur Neufassung des § 1570 BGB[109] ausdrücklich hervor, dass zur Prüfung einer Erwerbsobliegenheit die jeweils bestehenden **konkrete Betreuungssituation** zu berücksichtigen ist. Er stützt die Auflösung des in der Rechtspraxis zu

68

---

106 BT-Drucks. 16/1830 S. 16.
107 In diesem Sinne s. *Luthin*, FPR 2004, 567, 570; *Puls*, FamRZ 1998, 865, 870.
108 S. Rz. 48.
109 BT-Drucks. 16/1830 S. 17.

§ 1570 BGB entwickelten Altersphasenmodells nur auf eine allgemeine gesellschaftliche Entwicklung; die Grundlagen dieser gesetzgeberischen Entscheidung beruhen also keinesfalls auf gesicherten empirischen Feststellungen. Auch ist nach der Konzeption des RegE nicht erkennbar, allgemein gültige (objektive) Maßstäbe für ein anders gewichtetes Altersphasenmodell zu finden, weil die Grundlagen der elterlichen Betreuung, insbesondere die damit verfolgten Ziele im RegE nicht konkret untersucht werden, sondern nur allgemein ausgeführt wird, dass das Kindeswohl gewahrt werden müsse.[110] So ist es einerseits für die Entwicklung eines Kindes zu einer eigenverantwortlichen und gemeinschaftsfähigen Persönlichkeit i.S.d. § 22 SGB VIII wichtig, in einem geborgenen Umfeld aufzuwachsen; andererseits wird mit steigendem Lebensalter das soziale Verhalten eines Kindes in der Gemeinschaft mehrerer Kinder aus anderen familiären und sozialen Verhältnissen eher gefördert als durch die ausschließliche Betreuung eines Elternteils.[111] Allerdings ist es bei dem bestehenden Altersphasenmodell keineswegs um die Frage der ausschließlichen Betreuung eines Kindes gegangen, da dieses im vierten Lebensjahr regelmäßig den Kindergarten und im siebten Lebensjahr die Grundschule besucht. Vielmehr sollte der Elternteil wegen der fehlenden Möglichkeiten einer ganztägigen Betreuung in der Betreuungseinrichtung bzw. Grundschule jederzeit für das Kind in der nicht (fremd-)betreuten Tageszeit zur Verfügung stehen. Mit den verbesserten Möglichkeiten einer ganztägigen Betreuung in Kindertagesstätten oder Kindergärten sowie der Grundschule entfällt auch die Notwendigkeit einer ständigen Präsenz des betreuenden Elternteils, soweit nicht ein besonderes Betreuungsbedürfnis besteht (Problemkind).[112]

3. Grundstrukturen eines neu justierten Altersphasenmodells

69   Die aufgrund der Beratungen des Rechtsausschusses des Deutschen Bundestags[113] entwickelte neue Struktur des Betreuungsunterhalts nach § 1570 Abs. 1 BGB führt zwar ebenfalls zu einer Auflösung des vom BGH entwickelten Altersphasenmodells zu § 1570 BGB a.F. (s. Rz. 48 ff.). Dies folgt insbesondere aus der Festlegung, dass nach Abs. 1 S. 1 ein Betreuungsunterhalt für mindestens drei Jahre nach der Geburt des Kindes besteht und damit die bisher festgelegte Altersgrenze von acht Jahren, bis zu der in der Regel keine Erwerbsobliegenheit bestand, hierdurch herabgesetzt wird. Anders als im RegE (s. Rz. 68) wird durch die in Abs. 1 S. 2

---
110 S. BT-Drucks. 16/1830 S. 17.
111 S. hierzu eingehend *Puls*, FamRZ 1998, 865, 870 f.; s. auch *Luthin*, FPR 2004, 567.
112 Z.B. bei Entwicklungsstörungen; s. hierzu auch BGH FamRZ 2006, 846, 847.
113 S. BT-Drucks. 16/6980 S. 18.

enthaltene Verlängerung des Betreuungsunterhalts aus Billigkeitsgründen (s. Rz. 59 c), die vor allem durch die in Abs. 1 S. 3 enthaltenen Tatbestandselemente „Belange des Kindes" und „bestehende Möglichkeiten der Kinderbetreuung sind zu berücksichtigen" präzisiert werden, die Möglichkeit eines **stufenweise Übergangs** von der vollen Selbstbetreuung zur Fremdbetreuung bzw. dem Wegfall der Betreuungsbedürftigkeit des Kindes ausdrücklich anerkannt.[114] Insbesondere durch die in Abs. 1 S. 2 enthaltenen Worte „solange und soweit," die bereits in § 1570 BGB a.F. aufgeführt waren und dieselbe Funktion haben, ist ein stufenweiser Übergang zur Aufnahme einer Erwerbstätigkeit möglich. Damit wird aufgrund der neuen Struktur des Betreuungsunterhalts nach § 1570 Abs. 1 BGB auch der Tendenz des RegE, ab Vollendung des dritten Lebensjahres alsbald eine vollschichtige Erwerbstätigkeit zu verlangen (Schlagwort: von null auf einhundert Prozent), entgegengetreten.

Der Rechtsausschuss des Deutschen Bundestags leitet die Verlängerung des „Basisunterhalts" aus Billigkeitsgründen aus dem Tatbestandsmerkmal „Belange des Kindes" ab, aus dem sich stets der **Vorrang der Eigenbetreuung** durch einen Elternteil vor einer Fremdbetreuung ergibt und damit auch der Grundsatz der Eigenverantwortung zurückstehen muss. Als Beispiel wird in der Begründung eine **besondere Betreuungsbedürftigkeit** des Kindes[115] angenommen, so vor allem, wenn das Kind unter der Trennung der Eltern besonders leidet und deshalb einer persönlichen Betreuung durch einen Elternteil bedarf. Mit einer besonderen Betreuungsbedürftigkeit, die vor allem aus einer seelischen Belastung des Kindes bei Trennungskonflikten der Eltern entsteht und überwiegend nur vorläufig vorliegt, sind aber die kindbezogenen Belange nicht vollständig erfasst. Für den betreuenden Elternteil bestehen auch im Falle einer ganztägigen Fremdbetreuung weiterhin Erziehungs- und Betreuungsaufgaben, die mit der Einschulung wegen der Unterstützung bei Schularbeiten sowie der Organisation musischer oder sportlicher Betätigung sogar vorübergehend anwachsen können. Dies spricht dafür, jedenfalls im Falle der Betreuung mehrerer Kinder bis zur größeren Eigenständigkeit des minderjährigen Kindes, also etwa mit Erreichen des achten Lebensjahres, nur eine Halbtagstätigkeit zu verlangen.

Die mit **fortschreitender Selbständigkeit** des Kindes sich verändernden Betreuungs- und Erziehungsaufgaben rechtfertigen es auch, an dem Grundsatz des BGH festzuhalten, dass bis zum Erreichen des 15. Lebensjahres noch in beachtlichem Umfang Betreuungsaufgaben bleiben, die nicht zumutbar auf die Zeit nach Beendigung einer vollschichtigen Er-

---

114 S. BT-Drucks. 16/6980 S. 17; eingehend Rz. 59c f., 60 ff.
115 BT-Drucks. 16/6980 S. 17 f.

werbstätigkeit verlegt werden können. Allerdings wird es von der Anzahl der zu betreuenden Kinder sowie den konkreten Bedingungen des Arbeitsmarktes abhängen, ob eine Erwerbstätigkeit zwischen fünfzig und hundert Prozent einer vollschichtigen beruflichen Tätigkeit zumutbar ist. Insoweit hat der BGH schon bisher auf die konkreten Umstände des Einzelfalls abgehoben.[116]

71 Der in der Begründung zur Neustrukturierung des Betreuungsunterhalts nach § 1570 Abs. 1 BGB enthaltene Ansatz[117], künftig stärker auf den konkreten Einzelfall und eine tatsächlich bestehende Betreuungsmöglichkeit abzustellen, wird insbesondere einem in der anwaltlichen und gerichtlichen Praxis bestehenden Bedürfnis einer möglichst einheitlichen sowie – vor allem in Bezug auf die anwaltliche Beratung – **verlässlichen und sicheren Rechtsanwendung** nicht gerecht. Ohne den Blick für die Besonderheiten den Einzelfalls zu verlieren, besteht deshalb für die Rechtsanwendung in der täglichen Praxis ein sachlich gerechtfertigtes Interesse an einem neuen, an der Regelung des § 1570 Abs. 1 S. 2, 3 BGB orientierten Altersphasenmodell, das sich nach folgenden Grundstrukturen zu richten hat.

(1) **Betreuung von einem Kind:**
- Bei tatsächlich bestehender Betreuungsmöglichkeit ab dem vollendeten dritten Lebensjahr des Kindes Ausübung einer Teilzeitbeschäftigung, jedenfalls im Umfang geringfügigen Beschäftigung, in der Regel bis zu einer halbtägigen Erwerbstätigkeit.
- Ab dem vollendeten achten Lebensjahr mindestens eine halbtägige Erwerbstätigkeit, in der Regel bis zu 75 % einer Vollbeschäftigung, sofern während der Zeit der beruflichen Tätigkeit eine Betreuungsmöglichkeit vorhanden ist (Verpflegung in der Schule, Hausaufgabenbetreuung).
- Ab dem 15. Lebensjahr die Ausübung einer ganztägigen beruflichen Tätigkeit.

(2) **Betreuung von zwei Kindern:**
- Bei Kindern im Alter zwischen dem dritten und dem achten Lebensjahr bei bestehender Betreuungsmöglichkeit in der Regel Ausübung einer geringfügigen Beschäftigung.
- Bei einem Kind im Alter zwischen drei und acht Jahren und dem zweiten Kind zwischen acht und vierzehn Jahren in der Regel Ausübung

---

116 S. Rz. 47.
117 S. BT-Drucks. 16/6980 S. 18 f.

einer halbtägigen Erwerbstätigkeit, soweit geeignete Betreuungsmöglichkeiten bestehen.

- Bei einem Kind zwischen dem achten und vierzehnten Lebensjahr und dem zweiten Kind über dem vierzehnten Lebensjahr jedenfalls Ausübung einer Erwerbstätigkeit im Umfang von 75 % einer Vollzeitbeschäftigung.

(3) **Betreuung von drei Kindern:**
- Bei bestehender Betreuungsmöglichkeit und Kindern im Alter zwischen drei und zwölf Jahren in der Regel (nur) Ausübung einer geringfügigen Beschäftigung.
- Ansonsten abhängig von den Verhältnissen des Einzelfalls.

IV. Fragen zur Darlegungs- und Beweislast

1. Grundlagen

Das bisherige Altersphasenmodell bot für die anwaltliche Beratung und richterliche Entscheidung den Vorteil einer allgemein gültigen Regelung (mit Rechtssatzcharakter), die innerhalb der jeweiligen Altersphase[118] einen Vortrag zur Frage der Notwendigkeit der Betreuung des gemeinsamen Kindes nicht erforderlich machte. Soweit wegen eines besonderen Betreuungsbedürfnisses hiervon eine Abweichung geltend zu machen war, musste dies der betreuende Elternteil darlegen und beweisen.[119] Die Sicherstellung des Betreuungsunterhalts mindestens bis zum dritten Lebensjahr des Kindes nach Abs. 1 S. 1 **erweitert ab Vollendung des dritten Lebensjahres** eines gemeinsamen Kindes die **Darlegungs- und Beweislast** des Elternteils, der den Betreuungsunterhalt nach § 1570 Abs. 1 S. 2 BGB geltend macht. Da der Unterhalt Begehrende im Prozess die Voraussetzungen des geltend gemachten Anspruchs (zu Grund und Höhe) darzulegen und zu beweisen hat, obliegt es ihm, den Anspruchsinhalt des erweiterten Betreuungsunterhalts nach Vollendung des dritten Lebensjahres darzulegen und zu beweisen, so zum Beispiel, dass es ihm wegen einer fehlenden oder nur begrenzten Betreuungsmöglichkeit nicht möglich ist, neben der Betreuung des Kindes eine volle oder teilweise Erwerbstätigkeit auszuüben. Die Darlegungs- und Beweislast erfordert hierbei nicht nur Ausführungen zu den Bemühungen zur Erlangung einer Betreuungsmöglichkeit, sondern – vergleichbar mit dem Fall einer Erwerbsobliegenheit

---

118 Eingehend Rz. 48 ff.
119 S. z.B. BGH FamRZ 2006, 846, 847; FamRZ 1985, 50; FamRZ 1983, 456, 458; *Wendl/Staudigl/Pauling*, § 4 Rz. 68; *Schwab/Borth*, Teil IV Rz. 162.

i.S.d. § 1573 Abs. 1 BGB – im Bestreitensfall auch den Nachweis der angestellten Bemühungen. Macht der Unterhalt Begehrende geltend, die Ausübung einer vollen oder teilweisen Erwerbstätigkeit sei neben der Betreuungsaufgabe unzumutbar, weil entweder eine hohe Betreuungslast besteht (vor allem bei mehreren Kindern) oder in der Person des Kindes besondere Umstände vorliegen (Lernbehinderung, erhebliche Entwicklungsstörungen, seelische Belastungen aus Trennung und Scheidung), so sind diese Umstände ebenfalls darzulegen und zu beweisen. Soweit die Praxis auf der Grundlage des § 1570 Abs. 1 S. 2, 3 BGB ein neues Altersphasenmodell entwickelt, bestehen dieselben Beweiserleichterungen wie bisher (s. Rz. 52). Da die **Belange des Kindes** und **bestehenden Möglichkeiten ein Tatbestandselement** des § 1570 Abs. 1 BGB darstellen, ist die Prüfung durch den Richter von Rechts wegen vorzunehmen und nicht erst auf substantiierten Vortrag des anderen Elternteils.

2. Beweislast im Abänderungsverfahren

73   Liegt ein Unterhaltstitel (Urteil, Vergleich) vor und will der Unterhaltspflichtige in Abänderung des Altersphasenmodells des BGH eine **früher einsetzende Erwerbsobliegenheit** des Unterhaltsberechtigten nach § 1570 Abs. 1 S. 2 BGB geltend machen, stellt sich ebenfalls die Frage der Darlegungs- und Beweislast. Diese trägt grundsätzlich der Abänderungskläger, der die Voraussetzungen einer wesentlichen Änderung der dem Titel zugrunde liegenden Umstände (Tatsachen) darzulegen und zu beweisen hat.[120] Zur Erleichterung dieser Darlegungs- und Beweislast kann der Abänderungskläger zunächst den Weg der **Abänderungsstufenklage** nach § 254 ZPO wählen, indem er vom Unterhaltsberechtigten verlangt, zu seinen Bemühungen zur Erlangung einer bestehenden Betreuungsmöglichkeit Auskunft zu erteilen und diese gegebenenfalls zu belegen (analog § 1605 Abs. 1 S. 1, 2 BGB oder nach § 242 BGB). Da diese (neuen) Voraussetzungen aber in der Sphäre des Unterhaltsberechtigten liegen und nach dem neuen § 1570 Abs. 1 S. 2, 3 BGB **weitere anspruchsbegründende Tatbestandselemente** darstellen, die grundsätzlich der Unterhalt Begehrende darzulegen hat, ist es zwingend, dem Unterhaltsberechtigten insoweit die Darlegungs- und Beweislast aufzuerlegen[121] und vom Abänderungskläger nur zu verlangen, die Voraussetzungen einer grundsätzlich bestehenden Erwerbsobliegenheit angesichts des Lebensalter des Kindes und der sich aus § 1574 Abs. 1, 2 BGB ergebenden Umstände vorzutragen.

---

120 BGHZ 98, 353 = FamRZ 1987, 259, 260.
121 S. auch BGH FamRZ 1990, 496; *Gottwald* in Münchener Kommentar, § 323 ZPO Rz. 80.

Hinweis zum Übergangsrecht: Tritt die Rechtsänderung während eines laufenden Unterhaltsverfahrens ein (Prozess beginnt im Januar 2007), ist ab Inkrafttreten (1.1.2008) das neue Recht unter Berücksichtigung der Übergangsregelungen (vor allem Billigkeitsprüfung nach Art. 3 Abs. 2 (§ 36 EGZPO) anzuwenden. Das Bestehen eines Titels zur Anwendung der Übergangsbestimmungen ist nicht notwendig.

V. Ausdehnung des § 1570 Abs. 1 BGB auf den Trennungsunterhalt nach § 1361 Abs. 1 BGB

Grundsätzlich wirkt sich die Änderung des § 1570 BGB durch dessen Neustrukturierung in Abs. 1 nur auf den nachehelichen Unterhalt aus, zumal die Begründung des RegE ausdrücklich auf die nacheheliche Eigenverantwortung Bezug nimmt und dieser in der Ergänzung des § 1570 BGB durch Abs. 1 S. 2, 3 einen Baustein zur verstärkten Eigenverantwortung sieht. Der BGH[122] hat zu § 1570 BGB in der bisherigen Fassung in Bezug auf die Anwendung des Altersphasenmodells entschieden, dass sich mit **Verfestigung der Trennung und Einreichung des Scheidungsantrags** die Obliegenheiten angleichen. Zieht man diese Grundsätze auch nach der Neufassung des § 1570 BGB heran, was grundsätzlich geboten ist, greift die Verschärfung der Obliegenheit zur Aufnahme einer Erwerbstätigkeit auch schon bei bestehender langer Trennungszeit ein.[123]

74

VI. Betreuungsunterhalt und überobligationsmäßige Tätigkeit

1. Bisherige Rechtsprechung des BGH

Übt ein Ehegatte tatsächlich (zunächst) **eine überobligationsmäßige Tätigkeit** aus (bei Betreuung eines sechsjährigen Kindes), so wird diese Tätigkeit zur gebotenen Erwerbstätigkeit, wenn bei Erreichen des 8. Lebensjahres der Umfang dieser Tätigkeit über eine Halbtagstätigkeit nicht hinausgeht. Die rückwirkende Abänderung eines Vergleichs kommt erst ab 13.06.2001 in Betracht, weil sich erst ab diesem Zeitpunkt die höchstrichterliche Rechtsprechung geändert hat.[124] Diese Rechtsprechung hat der BGH 2005 geändert und ausgeführt, die freiwillige Ausübung einer Berufstätigkeit könne ein **maßgebliches Indiz für eine Vereinbarkeit von Kindeserziehung und Erwerbsmöglichkeit** im konkreten Einzel-

75

---

122 BGH FamRZ 1990, 283, 286 = NJW-RR 1990, 323; *Schwab/Borth*, Teil IV Rz. 110.
123 Zur Schaffung eines Vertrauenstatbestandes bei langer Unterhaltszahlung s. BGH FamRZ 2006, 769, 770 – Versorgungsausgleich.
124 BGHZ 148, 368 = FamRZ 2001, 1687; FamRZ 2003, 518; s. auch FamRZ 2006, 846 – behindertes Kind.

fall sein.[125] Ein überobligationsmäßig erzieltes Einkommen ist bei der Unterhaltsbemessung deswegen nicht von vornherein unberücksichtigt zu lassen. Über die Anrechnung ist vielmehr nach Treu und Glauben i.S.d. § 242 BGB zu entscheiden. Dies gilt auch bei der **Betreuung eines Problemkindes – Pflegefall**, solange dieses sich in einer Betreuungseinrichtung befindet.[126] Hierbei kann der **konkrete Betreuungsbonus** abgezogen werden, der für die infolge der beruflichen Tätigkeit notwendig gewordenen anderweitigen Betreuung des Kindes aufgewendet werden muss. Der BGH berücksichtigt ein Einkommen i.S.d. § 1577 Abs. 2 BGB im Wesentlichen nach der Differenz-Additionsmethode und stützt dies auf die Surrogatslehre.

Damit ergibt sich folgende Berechnung:

I. Daten

Einkommen Unterhaltspflichtiger nach Süddeutschen Leitlinien abzüglich 5 % und 10 %	1.750 € x 6/7 =	1.500 €
Einkommen Unterhaltsberechtigter		600 €
Konkreter Betreuungsaufwand		100 €
Mehrbelastung durch größere Fahrtstrecke für Kinder (§ 287 ZPO)		50 €
verbleibendes Einkommen:	450 € x 6/7	385 €

II. Berechnung des Bedarfs

Einkommen Unterhaltspflichtiger		1.500 €
Einkommen Unterhaltsberechtigter		385 €
Bedarfsbasis	1.500 € + 385 € =	1.885 €
Bedarf		943 €
abzüglich eigenes Einkommen des Unterhaltsberechtigten		385 €
Anspruch		558 €

Anmerkung: Nicht zulässig ist es nach BGH[127], den Betreuungsbonus mit dem hälftigen Betrag des Einkommens zu pauschalieren.

2. Übertragung auf § 1570 Abs. 1 S. 1 BGB

Auch nach der Einfügung des § 1570 Abs. 1 S. 1 BGB liegt regelmäßig bei Ausübung einer Erwerbstätigkeit und gleichzeitiger Betreuung eines Kindes **unter drei Jahren eine überobligationsmäßige Tätigkeit** vor.[128] Dies ergibt sich auch aus der Begründung des RegE.[129] Übt der betreuende Elternteil bereits vor der Trennung eine Erwerbstätigkeit aus

---

125 BGH FamRZ 2005, 1154, 1156; FamRZ 2000, 350; FamRZ 1986, 790.
126 BGH FamRZ 2006, 846, 847.
127 FamRZ 2000, 350.
128 Ausnahme eventuell im Mangelfall, s. Rz. 66.
129 S. BT-Drucks. 16/1830 S. 17.

oder wird eine solche in der Trennungsphase aufgenommen, so stellt dies in der Regel ein Indiz dafür dar, dass Betreuungs- und Berufstätigkeit miteinander in Einklang gebracht werden können, was vor allem dann anzunehmen ist, wenn das Kind während der beruflichen Tätigkeit in einer Betreuungseinrichtung betreut wird. In diesem Fall ist es regelmäßig gerechtfertigt, die erzielten Einkünfte des betreuenden Elternteils – nach Abzug der Aufwendungen für die Betreuung und eines Betreuungsbonus als bedarfsprägend zu berücksichtigen (s. Rz. 75). Wird **nach dem dritten Lebensjahr** eine Erwerbstätigkeit ausgeübt, ist diese regelmäßig nicht überobligationsmäßig und deshalb nach der Differenz-Additionsmethode bei der Bestimmung des Unterhaltsanspruchs zu berücksichtigen.

VII. Konkreter Betreuungsaufwand und Betreuungsbonus

1. Zuordnung der Kosten zum betreuenden Elternteil, Abgrenzungen

Die im Zusammenhang mit der Betreuung eines Kindes entstehenden Aufwände (finanzieller oder tatsächlicher Art; z.B. durch Pkw-Nutzung) sind nach mehreren Richtungen abzugrenzen. Ist einem berufstätigen Elternteil die Betreuung und Erziehung eines gemeinschaftlichen Kindes anvertraut und muss dieser Elternteil wegen der beruflichen Tätigkeit die ihm obliegenden Betreuungsaufgaben ganz oder teilweise auf einen Dritten übertragen (Kinderhort, Kindergrippe, Tagesmutter), stellen diese Kosten einen **Mehrbedarf des betreuenden Elternteils** dar.[130] Diese mindern deshalb das unterhaltsrelevante Einkommen des betreuenden Elternteils in entsprechender Höhe. Sie sind im Prozess konkret darzulegen und gegebenenfalls zu beweisen.

Soweit in diesen Aufwendungen die **Tagesverköstigung des Kindes** enthalten ist, muss dieser Anteil, wenn ein solcher in nennenswertem Umfang vorliegt, aus dem Mehrbedarf herausgerechnet werden (gegebenenfalls durch Schätzung gemäß § 287 ZPO), weil dieser im Bedarf des Kindes nach § 1610 Abs. 1 BGB enthalten und durch den Tabellenunterhalt i.S.d. §§ 1610, 1612a Abs. 1 BGB gedeckt ist. Die Aufwendungen stellen ferner keinen Mehrbedarf dar, soweit sie nicht aufgrund einer Übertragung der vom betreuenden Elternteil nach § 1606 Abs. 3 S. 2 BGB zu erbringenden Betreuungsleistung ausgelöst werden, sondern auf einer in der Person des Kindes liegenden Bedürftigkeit beruhen (z.B. bei Entwicklungsstörungen, die therapeutisch in einer Ganztagsbetreuung be-

---

130 BGH FamRZ 1982, 770; FamRZ 1979, 210.

handelt werden). In diesem Fall liegt ein Mehrbedarf des Kindes vor[131], der zum Lebensbedarf i.S.d. § 1610 Abs. 1, 2 BGB gehört. Hiervon abzugrenzen sind die **Kosten für den Kindergarten**, deren Zuordnung strittig ist, nach BGH[132] und der obergerichtlichen Rechtsprechung wohl aber überwiegend dem Bedarf des Kindes zugeordnet werden, soweit der geleistete Barunterhalt jedenfalls das Existenzminimum (135 % des Regelbetrags) bzw. den Mindestunterhalt i.S.d. § 1612a Abs. 1 BGB i.V. mit den Beträgen nach § 36 Nr. 4 EGZPO übersteigt.[133]

2. Wahl einer kostengünstigen Betreuung durch nahe Verwandte

a) Rücksichtnahme auf die Belange des Unterhaltspflichtigen

78   Da der Aufwand für die Betreuung das unterhaltsrelevante Einkommen des betreuenden Elternteils mindert und mittelbar zu einer Erhöhung der Unterhaltslast führt, muss der Unterhalt Begehrende gemäß dem aus § 242 BGB abgeleiteten **Grundsatz der gegenseitigen Rücksichtnahme** (s. auch § 1618a BGB) die durch die Fremdbetreuung entstehenden Kosten so gering wie möglich halten, um dem Unterhaltspflichtigen die Unterhaltslast zu erleichtern.[134] Bietet sich der nicht betreuende Elternteil des gemeinsamen Kindes an, das Kind während der berufsbedingten Abwesenheit des betreuenden Elternteils selbst zu betreuen oder einem (Groß-)Elternteil zur Betreuung zu überlassen, kann der betreuende Elternteil die Annahme dieses Angebots nur bei einsichtigen Gründen verweigern (große räumliche Entfernung, Zerstrittenheit mit der Familie des nicht betreuenden Elternteils). Überträgt der betreuende Elternteil die Betreuung auf seine Eltern, so stellt sich die Frage, ob er eine übliche Vergütung gemäß dem Betreuungsumfang als Mehrbedarf von seinem unterhaltsrelevanten Einkommen abziehen darf. Dies ist grundsätzlich zu bejahen, weil insoweit eine **freiwillige Leistung Dritter** vorliegt, die den Unterhaltsschuldner nicht entlasten soll (Ausnahme im Mangelfall).[135] Erbringt ein Elternteil des Unterhaltspflichtigen einen Teil der Betreuungsaufgaben, der dem betreuenden Elternteil (Ehegatten) eine

---

131 S. z.B. OLG Nürnberg FamRZ 2004, 1063; s. auch *Maurer*, FamRZ 2006, 663 f.
132 FamRZ 2007, 882, 886.
133 OLG Stuttgart FamRZ 2004, 1129 f.; FamRZ 1999, 885; s. auch *Maurer*, FamRZ 2006, 663, 664 m.w.N.; OLG Nürnberg FuR 2005, 571; a.A. *Staudinger/Engler/Krüger*, 2000, § 1610 BGB Rz. 68.
134 BGH FamRZ 1983, 576; FamRZ 1977, 38, 40.
135 So BGH FamRZ 1995, 537; FamRZ 1987, 252 f.; eingehend *Schwab/Borth*, Teil IV Rz. 610; s. auch BGH FamRZ 2005, 1154, 1156; FamRZ 2000, 350, 352; FamRZ 1986, 790, 791 – Betreuungsbonus für Stiefkind.

Erwerbstätigkeit ermöglicht, ist entsprechend anzunehmen, dass das eigene Kind entlastet werden soll, so dass ein pauschaler Aufwand nicht vom Einkommen des betreuenden (Elternteils) Ehegatten abgezogen werden kann. Eine Obliegenheit, ältere Geschwister des Kindes zur Betreuung einzusetzen, besteht nicht, weil minderjährige Kinder nicht als geeignete Betreuungsperson i.S.d. § 1570 Abs. 1 S. 3 BGB angesehen werden können.

b) Gleichwertigkeit von Bar- und Naturalunterhalt trotz Erwerbstätigkeit

Auch soweit der betreuende Elternteil durch eine Fremdbetreuung von seinen Betreuungsaufgaben teilweise entlastet wird und aufgrund der Erwerbstätigkeit über eigene Einkünfte verfügt, ändert dies nichts an dem Grundsatz, dass er gegenüber dem Kind seiner Unterhaltspflicht nach § 1606 Abs. 3 S. 2 BGB nachkommt. Es obliegt ihm deshalb auch nicht, teilweise für den Barunterhalt des Kindes aufzukommen, soweit das erzielte Einkommen über dem notwendigen Selbstbehalt des § 1603 Abs. 2 S. 1 BGB liegt (derzeit 770 bzw. 900 €). Denn auch in einem solchen Fall verbleibt es bei dem in § 1606 Abs. 3 S. 2 BGB enthaltenen Grundsatz der **Gleichwertigkeit von Bar- und Naturalunterhalt**.[136]

Die Bestimmung des § 1606 Abs. 3 S. 2 BGB gilt jedoch nur für den Regelfall. Verfügt der betreuende Ehegatte über Einkünfte, die deutlich über dem angemessenen Selbstbehalt i.S.d. § 1603 Abs. 1 BGB liegen und kann der nach § 1606 Abs. 3 S. 1, 2 BGB barunterhaltspflichtige Elternteil den Barunterhalt nicht ohne Gefährdung des eigenen angemessenen Selbstbehalts nach § 1603 Abs. 1 BGB zahlen, ist der betreuende Elternteil nach § 1603 Abs. 2 S. 3 BGB zusätzlich zur Barunterhaltsleistung verpflichtet.[137] Solange aber der Barunterhaltspflichtige über Einkünfte verfügt, die über dem angemessenen Selbstbehalt gemäß § 1603 Abs. 1 BGB liegen, verbleibt es bei dem Grundsatz der Gleichwertigkeit von Barunterhalt und Betreuungsleistungen.

3. Voraussetzungen zur Anerkennung eines (allgemeinen) Betreuungsbonus

Auch wenn ein konkreter Betreuungsaufwand nicht besteht, können die dem betreuenden Elternteil bei Ausübung einer Erwerbstätigkeit im

---

136 BGH FamRZ 1982, 779; FamRZ 1981, 543; *Johannsen/Henrich/Graba*, § 1606 BGB Rz. 7; *Schwab/Borth*, Teil IV Rz. 157; zur vollständigen Übertragung OLG Hamm FamRZ 1991, 1204; KG FamRZ 1989, 778.
137 BGH FamRZ 1998, 286, 288; FamRZ 1991, 182 = NJW 1991, 697.

Zusammenhang mit der Kindesbetreuung entstehenden besonderen Belastungen zur Anerkennung eines (zusätzlichen) anrechenfreien Betrages seines Einkommens führen. Der BGH[138] hat dies unter anderem anerkannt, wenn der neue Ehegatte bzw. Lebenspartner die Kinder aus der aufgelösten Ehe während dessen berufsbedingter Abwesenheit betreut. Ferner billigt er einen Mehraufwand für betreuungsbedingte zusätzliche Fahrzeiten (zeitlicher Aufwand; entstehende Fahrtkosten sind dem konkreten Aufwand zuzurechnen).[139] Entsprechendes gilt, wenn Großeltern die Betreuung des Kindes übernehmen (s. auch vorstehend Rz. 78). Überträgt der betreuende Elternteil die Betreuungsaufgaben auf einen Dritten, ohne selbst berufstätig zu sein, er also nicht durch eine berufliche Tätigkeit an der vollständigen Wahrnehmung seiner nach § 1606 Abs. 3 S. 2 BGB bestehenden Betreuungsverpflichtung gehindert ist, so kann er die durch die Fremdbetreuung entstehenden Kosten weder vom Unterhaltspflichtigen fordern noch diese bei Vorhandensein sonstiger Einkünfte (z.B. aus Miet- oder Kapitaleinnahmen) im Rahmen der Bestimmung der Bedürftigkeit nach § 1577 Abs. 1 BGB von seinem Unterhaltsanspruch abziehen, falls nicht besondere Umstände einer Eigenbetreuung entgegenstehen, weil die Wahrnehmung der Betreuungsaufgaben Grundlage des Unterhaltsanspruchs gemäß § 1570 Abs. 1 BGB ist.

VIII. Zeitliche Begrenzung des Betreuungsunterhalts nach § 1570 BGB?

1. Problemlage

81   Die im Rechtsausschuss des Deutschen Bundestags aufgrund der Vorgaben der Entscheidung des BVerfG[140] vom 28.2.2007 neu gefassten Betreuungsunterhaltstatbestände nach § 1570 Abs. 1 BGB und § 1615l Abs. 2 BGB sind nahezu identisch ausgestaltet. Während die Fassung des § 1615l Abs. 2 S. 3 BGB im RegE[141] noch einen zeitlich begrenzten Anspruch vorsah, der nach Billigkeitsgesichtspunkten verlängert werden konnte, ist in der Neufassung eine konkrete zeitliche Begrenzung nicht mehr vorhanden. § 1570 Abs. 1 S. 1 BGB legt lediglich fest, dass der Betreuungsunterhalt mindestens drei Jahre nach der Geburt des Kindes verlangt werden kann. Es stellt sich deshalb die Frage, ob und gegebenenfalls unter welchen Voraussetzungen eine zeitliche Befristung des Unterhalts nach § 1570 Abs. 1 BGB bei dessen Festsetzung auszusprechen ist.

---

138 FamRZ 2000, 350, 352; FamRZ 1986, 790, 791.
139 BGH FamRZ 2005, 1154, 1156.
140 FamRZ 2007, 965 = NJW 2007, 1735.
141 BT-Drucks. 16/1830 S. 31; s. auch Rz. 352, 357, 365.

2. Rechtsprechung des BGH

Der BGH[142] hat im Regelfall davon abgesehen, den Anspruch zeitlich zu begrenzen und vor allem darauf abgestellt, dass eine vorausschauende Beurteilung der Verhältnisse für einen fernliegenden Zeitraum gerade im Hinblick auf die Entwicklung des minderjährigen Kindes in Bezug auf dessen Betreuungsbedürftigkeit nicht möglich ist. Insoweit tritt das Gebot einer Prognose der künftigen Entwicklung hinter diesem Gesichtspunkt zurück.[143]

82

3. Differenzierende Betrachtung

Zur Beurteilung der gestellten Frage ist zu unterscheiden:

83

- Ist über den Betreuungsunterhalt **vor Vollendung des dritten Lebensjahres** zu entscheiden und dieser zu titulieren, scheidet regelmäßig eine zeitliche Begrenzung des Anspruchs (bis zum Erreichen des dritten Lebensjahres) aus, weil nicht sicher beurteilt werden kann, ob es dem betreuenden Elternteil gelingt, für die Zeit danach unmittelbar eine Betreuungseinrichtung sowie eine angemessene Erwerbstätigkeit zu finden. Ferner kann es aus Gründen, die sich aus dem Begriff der Belange des Kindes (s. Rz. 59d) ergeben und die im Zeitpunkt der Entscheidung noch nicht erkennbar sind, geboten sein, den Unterhalt über das dritte Lebensjahr hinaus zu gewähren. Dies spricht – in Übereinstimmung mit den Gründen der bisherigen Rechtsprechung des BGH[144] – dafür, keine Begrenzung des Anspruchs auszusprechen. Dem steht aus den zuvor genannten Gründen auch nicht entgegen, dass der Unterhalt Begehrende im Falle eines zeitlich befristeten Anspruchs ab dem dritten Lebensjahr erneut klagen könnte. In prozessualer Hinsicht würde die Begrenzung im Übrigen dazu führen, dass der Unterhalt Begehrende in der (erneuten) Leistungsklage die gesamten Anspruchsvoraussetzungen darzulegen und zu beweisen hätte (zur Beweislast im Abänderungsverfahren s. Rz. 73).

- Wird Unterhalt nach § 1570 Abs. 1 S. 2 BGB in der **Phase nach Vollendung des dritten Lebensjahres** zugesprochen, kann in der Regel ebenfalls keine sichere Prognose dazu angestellt werden, zu welchem Zeitpunkt die Unterbringung des Kindes in einer Betreuungseinrichtung möglich ist, falls wegen einer ungeeigneten oder fehlenden Betreuungseinrichtung der Anspruch nach § 1570 BGB zugesprochen

---

142 FamRZ 1997, 873, 875 f.
143 BGH FamRZ 1997, 671.
144 BGH FamRZ 1997, 873, 875 f.; FamRZ 1990, 496.

wurde. Eine Ausnahme besteht jedoch, wenn eine **vertraglich gesicherte** (ganztägige) **Unterbringung** des Kindes in einer Betreuungseinrichtung bereits feststeht und eine **hinreichend gesicherte Prognose** möglich ist.[145] Auch ergibt sich aus dem in § 1570 Abs. 1 S. 3 BGB enthaltenen Tatbestandsmerkmal „Belange des Kindes", dass die Prüfung einer Erwerbsobliegenheit ab dem dritten Lebensjahr des Kindes flexibel zu beurteilen ist (s. auch Rz. 57b, 59f); dies gilt vor allem in Bezug auf die Entwicklung des Kindes hinsichtlich dessen persönlicher Reife. Hieraus folgt, dass aufgrund dieser Unwägbarkeiten auch ein nach Vollendung des dritten Lebensjahres des Kindes festzusetzender Betreuungsunterhalt nach § 1570 Abs. 1 S. 2 BGB zeitlich nicht begrenzt werden kann, weil in der Regel eine sichere Prognose im Sinne von § 258 ZPO i.V.m. § 323 Abs. 1 ZPO, ab welchem Zeitpunkt eine vollständige Drittbetreuung möglich ist und wann die Betreuungsbedürftigkeit des Kindes endet, nicht getroffen werden kann.

- Bestehen die Voraussetzungen eines Härtegrundes nach § 1579 Nr. 1-8 BGB, ist die zeitliche Begrenzung des Anspruchs nach den Grundsätzen des Einleitungssatzes (s. Rz. 204) möglich.[146]

IX. Privilegierte Stellung des Betreuungsunterhalts

84   Der Anspruch nach § 1570 BGB nimmt in der Fassung des 1. EheRG und UÄndG 1986 eine privilegierte Stellung ein. Dies ergibt sich aus den folgenden Regelungen:

(1) Soweit das Gesetz bei der Bestimmung eines Unterhalts auf die Dauer der Ehe abstellt, ist die Zeit der Kindesbetreuung zu berücksichtigen (bisherige Regelungen: §§ 1573 Abs. 5, 1578 Abs. 2 S. 2 BGB; 1579 Nr. 1 BGB; 1582 Abs. 1 S. 2, 2. Alt. BGB a.F.; neue Regelungen §§ 1578b, 1579 Nr. 1 BGB).

(2) Der Einleitungssatz der Härteklausel nach § 1579 BGB suspendiert (teilweise) einen Härtegrund nach § 1579 Nr. 1–8 BGB und kann dazu führen, dass der Unterhaltsanspruch auf den notwendigen Selbstbehalt herabgesetzt oder zeitlich begrenzt wird.[147]

(3) Bei den Einsatzzeitpunkten des Unterhalts wegen Alters (§ 1571 Nr. 2 BGB) und wegen Krankheit (§ 1572 Nr. 2 BGB) wird auf den Zeit-

---

145 S. auch BGH FamRZ 1995, 291, 292 – dort zur insoweit überholten Rechtsprechung zur Inhaltskontrolle bei Eheverträgen.
146 BGH FamRZ 1997, 671, 672; FamRZ 1997, 873, 876.
147 BGH FamRZ 1997, 873, 875; FamRZ 1991, 670 = NJW 1991, 1290.

punkt der **Beendigung der Pflege oder Erziehung** eines gemeinschaftlichen Kindes abgestellt. Hieraus kann sich ein lebenslanger Unterhaltsanspruch ergeben.

(4) Bei der Prüfung der Angemessenheit einer Erwerbstätigkeit nach § 1574 Abs. 1, 2 S. 2 BGB ist die **Dauer der Pflege oder Erziehung** eines gemeinschaftlichen Kindes zu berücksichtigen.

(5) Im Mangelfall genießt der Anspruch aus § 1570 BGB nach § 1609 Nr. 2 BGB im Verhältnis zur Unterhaltslast eines anderen, nicht ein minderjähriges Kind betreuenden Ehegatten Vorrang.

(6) Beschränkte Berufung auf einen Verzicht des nachehelichen Unterhalts durch Ehevertrag nach den vom BGH entwickelten Grundsätzen zur Wirksamkeits- und Ausübungskontrolle; danach gehört der Anspruch nach § 1570 BGB zum Kernbereich der Scheidungsfolgen.[148]

(7) Ein durch Eheschließung weggefallener Unterhaltsanspruch kann nach § 1586a BGB wieder aufleben.

(8) Verstirbt der Unterhaltsverpflichtete, kann der Unterhaltsberechtigte unter den Voraussetzungen des § 47 SGB VI (für Ehen, die nach dem 30.6.1977 aufgelöst wurden) Erziehungsrente bereits vor dem 65. Lebensjahr erhalten.

(9) Schließlich ergeben sich aus der Betreuung von (gemeinschaftlichen) Kindern auch einkommensteuerrechtliche Folgen. So wird einem Alleinerziehenden ein Entlastungsbetrag nach § 24b EStG gewährt.

An diesem Grundsatz wird durch das UÄndG 2007 nichts geändert. Dies zeigt sich in der Anpassung des § 1579 Nr. 1 BGB zur Bestimmung der Voraussetzungen einer kurzen Dauer der Ehe und in der neu gefassten Begrenzungsmöglichkeit des § 1578b Abs. 1, 2 BGB.

X. Beibehaltung des Prinzips der Einsatzzeitpunkte

Nicht geändert wird die Struktur der nachehelichen Unterhaltstatbestände im Hinblick auf das Fortbestehen des Anspruchs aufgrund der Auswirkungen der nachehelichen Solidarität. An der Struktur, dass sich an den Betreuungsunterhalt ein Krankheitsunterhalt nach § 1572 BGB oder ein Unterhalt bis zur Erlangung einer angemessenen Erwerbstätigkeit anschließen (§ 1573 Abs. 1 BGB) und im Grundsatz zu einer lückenlosen Anspruchskette führen kann (§ 1572 BGB), hat die Unterhaltsreform unmittelbar nichts geändert. Dies rechtfertigt sich insbesondere im Hinblick darauf, dass dem Unterhaltsbedürftigen der Grundsatz der nachehelichen

---

148 BGH FamRZ 2004, 601 ff. (m. Anm. *Borth*) = NJW 2004, 930.

Solidarität unabhängig davon erhalten werden muss, in welcher Lebensphase die Auflösung der Ehe erfolgt.

Allerdings wird dieses System einer (nahtlosen) Anspruchskette, bedingt durch die **Ausweitung der Begrenzungsmöglichkeiten** des nachehelichen Unterhalts nach § 1578b Abs. 1 bis 3 BGB sowie das neu strukturierte Rangfolgesystem nach § 1609 BGB, mittelbar deutlich geschwächt (eingehend Rz. 248 ff.). Inwieweit die hierdurch entstehende Entsolidarisierung in Bezug auf die aus der ehelichen Lebensgemeinschaft abgeleitete Verantwortung der Ehegatten füreinander dem Schutz der Ehe nach Art. 6 Abs. 1 GG standhält, ist fraglich (s. Rz. 8 f.). Der aufgrund der Neustrukturierung des Betreuungsunterhalts eingeführte verlängerte Betreuungsunterhalt nach § 1570 Abs. 2 BGB trägt diesen Bedenken jedenfalls teilweise Rechnung.

XI. Wiederaufleben und wechselnde Höhe des Betreuungsunterhalts

86   Da der Betreuungsunterhalt allein von der Übernahme der Betreuung und Erziehung eines gemeinschaftlichen Kindes abhängt, ist dessen Entstehen dem Grunde nach nicht vom Bestehen zum Zeitpunkt der Scheidung oder eines anderen Einsatzzeitpunktes abhängig. Der Unterhaltsanspruch aus § 1570 BGB entsteht unabhängig davon, zu welchem Zeitpunkt dessen Voraussetzungen eintreten, also etwa unmittelbar nach der Scheidung oder zu einem wesentlich späteren Zeitpunkt. Ist ein Ehegatte nach der Scheidung längere Zeit selbst für seinen Unterhalt aufgekommen, wird ihm aber nunmehr die elterliche Sorge für ein gemeinschaftliches Kind übertragen, so dass er seinen Unterhalt nicht mehr selbst bestreiten kann, so kann er nach § 1570 BGB Unterhalt ab der Übernahme der Betreuung und Erziehung des Kindes verlangen.[149] Hierbei kommt es sowohl nach Wortlaut des Gesetzes als auch nach Sinn und Zweck der Bestimmung nicht darauf an, ob die elterliche Sorge auf den wegen der Betreuung und Erziehung des Kindes bedürftigen Ehegatten (bereits) übertragen wurde (nach § 1696 Abs. 1 BGB). Nimmt allerdings ein Ehegatte ein gemeinsames Kind gegen den Willen des anderen (sorgeberechtigten) an sich, ist zu prüfen, ob der Anspruch nach § 1579 BGB zu versagen ist, falls keine Anhaltspunkte für eine Abänderung der elterlichen Sorge ersichtlich sind (zumal das Kind nicht *„anvertraut"* ist).

---

149 Zum Obhutswechsel während des laufenden Unterhaltsprozesses s. *Norpoth*, FamRZ 2007, 514.

Vergleichbar kann sich die Höhe des Anspruchs aufgrund unterschiedlicher Betreuungsmöglichkeiten im Verlaufe der Betreuungsphase des Kindes – auch mit steigendem Lebensalter – erhöhen, so vor allem, wenn sich aufgrund des Wechsels des Kindes vom Kinderhort in die Grundschule die Betreuungsmöglichkeiten verändern und der betreuende Elternteil z.B. an einer zuvor ausgeübten ganztägigen Betreuung gehindert ist.

XII. Gesteigerte Erwerbsobliegenheit und Inhaltskontrolle von Eheverträgen

87 Wird in einem Ehevertrag der nacheheliche Unterhalt, insbesondere auch der Betreuungsunterhalt nach § 1570 BGB, vollständig abbedungen und ergibt die Inhaltskontrolle, dass die Voraussetzungen einer Wirksamkeitskontrolle i.S.d. § 138 BGB vorliegen[150], führt die Unwirksamkeit des Ehevertrages dazu, dass der gesetzliche Anspruch nach § 1570 BGB in vollem Umfang besteht. Sind die Voraussetzungen einer Ausübungskontrolle gegeben, die zu einer Anpassung des Ehevertrages an die gesetzlichen Regelungen im Sinne eines **Nachteilsausgleichs** führen[151], so kann die aus dem Grundsatz der Eigenverantwortung zeitlich früher einsetzende Erwerbsobliegenheit (§ 1570 Abs. 1 S. 2 BGB) dazu führen, dass der Umfang der Vertragsanpassung geringer und bei Vereinbarung eines Phasenmodells im Ehevertrag (z.B. voller Betreuungsunterhalt bis zur Einschulung, danach Herabsetzung auf eine hälftige Erwerbstätigkeit bis zum zwölften Lebensjahr, danach volle Erwerbstätigkeit) gänzlich entfällt. Maßgebend sind die Umstände des Einzelfalls.

XIII. Betreuung durch beide Elternteile – Wechselmodell

88 Betreuen **beide Elternteile im echten Wechselmodell**[152] ein gemeinschaftliches Kind, wird in der Regel eine Vereinbarung zur Dauer und dem Umfang der Betreuung bestehen. Dies kann je nach Sachlage im Einzelfall zu einer Erhöhung der Erwerbsobliegenheit, aber auch zu einer Reduzierung in Bezug auf das Lebensalter, ab dem eine weitergehende Erwerbstätigkeit beginnt, führen, wenn die Eltern die Betreuungs- und Erziehungsaufgabe bewusst länger wahrnehmen.

---

150 S. FamRZ 2006, 1097; FamRZ 2005, 1444, 1447.
151 BGH FamRZ 2005, 1455; FamRZ 2004, 601, 604 = NJW 2004, 930; zur Methode beim Versorgungsausgleich FamRZ 2005, 1149, 1152.
152 S. BGH FamRZ 2007, 707, 708; FamRZ 2006, 1015.

XIV. Konkurrenz von Betreuungsunterhalt nach § 1570 BGB und § 16151 BGB

1. Problemlage

89   Betreut ein getrennt lebender oder geschiedener Ehegatte neben einem aus der Ehe hervorgegangenen gemeinschaftlichen Kind ferner ein minderjähriges Kind aus einer nichtehelichen Partnerschaft, so stellt sich die Frage, in welchem Verhältnis der Anspruch nach § 1570 Abs. 1 BGB (bzw. § 1361 Abs. 1 BGB) zu dem Anspruch der Mutter gegen den nichtehelichen Vater gemäß § 16151 Abs. 1, 2 BGB steht, also ob ein Vorrang eines dieser Ansprüche oder ein Gleichrang besteht. Was zunächst den Anspruch des § 16151 Abs. 1 S. 1 BGB angeht, besteht dieser, wenn die **Bedürftigkeit der Mutter** durch die Schwangerschaft, Entbindung und Versorgung des Neugeborenen eingetreten ist, auch dann, wenn die Mutter aus anderen Gründen wie Krankheit oder der Betreuung eines anderen Kindes eine Erwerbstätigkeit nicht zu finden vermag. Die Bedürftigkeit der Mutter muss also nicht im Sinne einer **Kausalität** durch die Schwangerschaft, Entbindung oder Versorgung des Kindes eingetreten sein. Dies folgt aus dem Zweck des § 16151 BGB, die Mutter vor und nach der Entbindung im Hinblick auf die mit der Betreuung des Kindes verbundenen Belastungen von jeglicher Erwerbspflicht freizustellen.[153] Für das Verhältnis zu § 1570 Abs. 1 BGB folgt hieraus, dass bei Zusammentreffen beider Ansprüche § 16151 Abs. 1 S. 1 BGB nicht hinter den Anspruch nach § 1570 Abs. 1 BGB zurücktritt, weil die Bedürftigkeit allein auf der Betreuung des ehelichen Kindes beruht. Gleiches gilt für den **Anspruch nach § 16151 Abs. 2 BGB**, der seine bisherige Fassung durch das Schwangeren- und Familienhilfeänderungsgesetz vom 21.8.1995 (BGBl. I S. 1050) erhalten hat und durch das KindRG in seiner zeitlichen Wirkung über den Drei-Jahres-Zeitraum hinaus verlängert wurde, nur noch ein **eingeschränktes Kausalitätserfordernis** enthält.[154] Hierdurch wurde dieser Tatbestand dem Anspruch aus § 1570 Abs. 1 BGB weitgehend angeglichen, so dass die Mutter nicht (mehr) nachweisen muss, dass sie wegen einer fehlenden anderweitigen Betreuungsmöglichkeit des Kindes nicht erwerbstätig sein kann.[155] Für das Bestehen des Anspruchs ist es deshalb unerheblich, ob die Mutter ohne die Betreuung des Kindes eine Erwerbstätigkeit ausüben würde und die Kindesbetreuung ausschließlicher Grund der Nichtausübung einer beruflichen Tätigkeit ist. Danach besteht dieser

---

153 *Odersky*, Nichtehelichengesetz, 4. Aufl. 1978, § 16151 BGB Anm. II 1; OLG Hamm FamRZ 1991, 979.
154 S. BGH FamRZ 2005, 357; FamRZ 1998, 541, 543 = NJW 1998, 1309, 1311.
155 S. auch BT-Drucks. 13/1850 S. 24.

Anspruch auch dann, wenn die Mutter vor Geburt keine Erwerbstätigkeit
ausübte, unabhängig davon, ob sie nie berufstätig war, keine Erwerbstätigkeit fand oder hieran wegen der Betreuung eines anderen Kindes gehindert war.[156]

2. Anteilige Haftung von Ehemann und nicht mit der Mutter verheiratetem Vater

Zur Frage der Konkurrenz zwischen § 1615l BGB und § 1570 Abs. 1 BGB nahm die überwiegende Literatur[157] und Rechtsprechung[158] bis zur grundlegenden Entscheidung des BGH[159] an, in analoger Anwendung des § 1615l Abs. 3 S. 2 BGB a.F. sei der Vater des nichtehelichen Kindes vorrangig vor dem Ehemann in Anspruch zu nehmen, teilweise sollte der Vater nur insoweit in Anspruch genommen werden, als durch Schwangerschaft und Mutterschaft ein Mehrbedarf entstand.[160] Demgegenüber nimmt der BGH[161] eine **Aufteilung der Verantwortlichkeiten für die Betreuung und Erziehung mehrerer Kinder aus verschiedenen Beziehungen** in entsprechender Anwendung des § 1606 Abs. 3 S. 1 BGB zwischen dem Ehemann und dem Vater an. Zutreffend weist der BGH darauf hin, dass § 1615l Abs. 3 S. 2, 3 BGB a.F., der als Sonderbestimmung zu § 1608 BGB die Rangverhältnisse zu anderen Unterhaltspflichten regelt, für die vorliegende Sachlage nicht herangezogen werden kann, zumal diese Bestimmung nicht berücksichtigt, dass die Mutter auch wegen der Betreuung der ehelichen Kinder an einer Erwerbstätigkeit gehindert ist. Durch eine entsprechende Anwendung des § 1606 Abs. 3 S. 1 BGB, auf den § 1615l Abs. 3 S. 1 BGB ebenfalls verweist, kann der **Belastung durch die Betreuungs- und Erziehungsaufgaben für die verschiedenen Kinder** entsprechend dem jeweiligen Umfang flexibel Rechnung getragen werden. Hierbei sind nicht nur die jeweiligen Einkommens- und Vermögensverhältnisse des Ehemannes und des Vaters von Bedeutung, sondern auch das Alter der jeweiligen Kinder, ihre Anzahl und die besondere Betreuungsbedürftigkeit eines einzelnen Kindes. Danach kann etwa berücksichtigt werden, dass ein jüngeres Kind eine höhere Zuwendung

---

156 S. OLG Hamm FamRZ 1997, 632, 633; *Palandt/Diederichsen*, § 1615l BGB Rz. 11.
157 *Köhler* in Münchener Kommentar, Band 8, 3. Aufl. 1992, § 1615l BGB Rz. 9a; *Gernhuber/Coester-Waltjen*, § 59 II Rz. 18.
158 OLG Hamm FamRZ 1997, 639; FamRZ 1991, 979; OLG Düsseldorf FamRZ 1995, 690; a.A. OLG München FamRZ 1997, 613; FamRZ 1994, 1108.
159 FamRZ 2005, 357; FamRZ 1998, 541 = NJW 1998, 1309.
160 *Göppinger/Wax/Maurer* Rz. 1269; RGRK/*Mutschler*, § 1615l BGB Rz. 11.
161 FamRZ 1998, 541, 543 f. = NJW 1998, 1309, 1311 f.; vgl. auch OLG München FamRZ 1997, 613, 614.

beansprucht als ein Kind mit fortgeschrittenem Alter, das an sich eine Teil- oder Vollerwerbstätigkeit ermöglichen würde (BGH a.a.O.). Dies kann zur Folge haben, dass der Vater des besonders betreuungsbedürftigen Kindes weitaus stärker als der andere Vater, unter Umständen sogar ausschließlich in Anspruch genommen wird. Soweit im Übrigen vom Vater des nichtehelichen Kindes Unterhalt nicht erlangt werden kann, gilt § 1607 Abs. 2 BGB entsprechend.

3. Änderung der Unterhaltslast bei Konkurrenz von Unterhaltsansprüchen nach §§ 1569 ff. BGB und § 1615l BGB

91   Soweit der Unterhaltsanspruch der Mutter, den diese nach § 1615l Abs. 2 S. 2, 3 BGB gegen den Vater des Kindes hat, wegen Wegfall deren Bedürftigkeit nach § 1602 Abs. 1, 2 BGB entfällt, kann dies zu einer **Erhöhung der Unterhaltspflicht** gegenüber dem geschiedenen Ehegatten aus § 1570 Abs. 1, 2 BGB führen. Da die Unterhaltspflicht aus § 1615l Abs. 2 S. 2, 3 BGB regelmäßig erst nach Trennung bzw. Scheidung entsteht und dieser Tatbestand dem Unterhalt nach § 1570 Abs. 1 BGB angeglichen ist, besteht nach der Neuregelung beider Tatbestände die anteilige Haftung länger als nach dem bisherigen Rechtszustand. Im Verhältnis zu dem Anspruch nach § 1570 BGB sind die Voraussetzungen eines Anspruchs nach § 1615l Abs. 2 S. 3 BGB ausschließlich aus dem Regelungszweck dieser Bestimmung abzuleiten; dass gegebenenfalls auch der (geschiedene) Ehemann nach § 1570 BGB Unterhalt zu leisten hat, ist hierfür unerheblich. Erst nach Feststellung einer Unterhaltspflicht des nichtehelichen Vaters ist die anteilige Haftung beider Verantwortlicher gemäß den obigen Ausführungen zu bestimmen. Besteht **kein Anspruch** nach Auslaufen des Anspruchs gemäß § 1615l Abs. 2 S. 3 BGB, so kann daneben noch ein (Teil-)Anspruch aus § 1570 BGB allein bestehen, wenn aus der (geschiedenen) Ehe noch Kinder zu betreuen sind und deshalb keine oder nur eine teilweise berufliche Tätigkeit möglich ist; die Verlängerung des Betreuungsunterhalts kann sich vor allem aus § 1570 Abs. 2 BGB ergeben. Zudem stellt sich in diesem Fall die Frage des **Anschlussunterhalts** nach den §§ 1571 bis 1573 BGB. Ob ein Anspruch auf Anschlussunterhalt besteht, beurteilt sich nach den allgemeinen Grundsätzen der §§ 1569 ff. BGB; danach muss aufgrund der Betreuung der gemeinschaftlichen Kinder eine fortwirkende Verantwortung bestehen. Ein Anspruch auf Anschlussunterhalt besteht danach nicht mehr, wenn bei Beendigung des Unterhalts nach § 1615l Abs. 2 S. 3 BGB die Mutter ein eheliches sechzehnjähriges (oder älteres) Kind betreut, dessen Alter der Aufnahme einer Vollerwerbstätigkeit nicht im Wege steht. In diesem Fall fehlt es an einem **Einsatzzeitpunkt** nach §§ 1571 Nr. 2, 1572 Nr. 2, 1573 Abs. 3 i.V.m. Abs. 1 BGB. Soweit also ein Unterhaltsanspruch nach

§ 1570 Abs. 1 BGB ausgelaufen ist, ehe ein Anschlusstatbestand verwirklicht wurde, entfällt eine weitere Unterhaltspflicht, falls nicht die positive Billigkeitsklausel nach § 1576 BGB eingreift. Andererseits kann bei der Betreuung eines Kindes und Ausübung einer Teilzeitbeschäftigung sich ein teilweiser Anschlussunterhalt verwirklichen. Auch kann ein Aufstockungsunterhalt nach § 1573 Abs. 2 BGB dauerhaft bestehen, falls nicht nach § 1578b Abs. 1, 2 BGB dieser Anspruch zu begrenzen ist, also nicht die Voraussetzungen des Nachteilsausgleichs eingreifen (s. Rz. 141, 150). Im Übrigen kann bei einer länger bestehenden Lebensgemeinschaft der Mutter mit dem nichtehelichen Vater § 1579 Nr. 2 BGB eingreifen;[162] eine Kürzung bzw. Begrenzung ist aber erst nach Bestimmung der Haftungsquote vorzunehmen.

4. Höhe des Unterhaltsanspruchs, Berechnungsbeispiel

Da sich das Maß des nach § 1615l Abs. 1, 2 BGB zu gewährenden Unterhalts nach der **Lebensstellung des Bedürftigen** bestimmt, § 1615l Abs. 3 S. 1 i.V.m. § 1610 Abs. 1 BGB, leitet sich der Maßstab des Unterhalts der geschiedenen Mutter, die mit dem Vater ihres Kindes nicht verheiratet ist, aus § 1578 Abs. 1 BGB ab.[163]

92

Anteilsberechnung bei Unterhaltsansprüchen nach § 1570 BGB und § 1615l Abs. 2 S. 2, 3 BGB

I. Daten

1. Unterhaltspflichtiger Ehemann: 2.000 €   (bereinigt um Kindesunterhalt und 3/7; 5 %-10 %)
2. Ehefrau (geschieden):   400 €   Ein eheliches Kind (9. Lebensjahr); ein Kind aus neuer Verbindung (1. Lebensjahr); Erwerbstätigkeit wegen Kind beendet
3. Vater des nichtehelichen Kindes: 2.000 €

II. Berechnung

1. Bedarf der Ehefrau/Mutter nach §§ 1578 Abs. 1 S. 1 BGB; 1615l Abs. 3 i.V.m. § 1610 Abs. 1 BGB

   a) aus Einkommen des geschiedenen Ehemannes: 2.000 € : 2 = 1.000 €

   b) aber auch 400 € prägend; deshalb: 2.000 € + 400 € = 2.400 € : 2 = 1.200 €

---

162 BGH FamRZ 1998, 541 = NJW 1998, 1309.
163 S. auch BGH FamRZ 1998, 541, 544 = NJW 1998, 1309, 1312; FamRZ 2005, 357; FamRZ 2007, 1302, 1304; s. auch Rz. 370.

2. Unterhaltspflicht des Ehemannes vor Geburt des nichtehelichen Kindes:

Bedarf: 1.200 € – 400 € = 800 €

III. Anteilige Berechnung entsprechend § 1606 Abs. 3 S. 1 BGB

1. Bestimmung der Einsatzbeträge für Quotenbildung:

Einkommen Ehemann	2.000 €	Einkommen Vater	2.000 €
Selbstbehalt Ehemann	1.000 €[164]	Selbstbehalt Vater[165]	1.000 €
Einsatzbetrag	1.000 €		1.000 €

2. Anteil jedes Unterhaltspflichtigen

   a) Da jeder Unterhaltspflichtige denselben Einsatzbetrag aufweist, würde jeder mit 50 % haften, also jeweils mit 600 €.

   b) Nach § 1577 Abs. 1 BGB muss sich Ehefrau im Verhältnis zum geschiedenen Ehemann ein Einkommen von 400 € zurechnen lassen, weil trotz der Geburt des 2. Kindes deren Erwerbsobliegenheit bestehen bleibt.

   c) Damit ergibt sich in Bezug auf den Anteil des Ehemanns:
   Bedarf der Ehefrau: 1.200 € - 400 € = 800 €; hiervon je Unterhaltspflichtiger 400 €
   Der Vater hat dann den restlichen Bedarf der Ehefrau zu tragen:
   1.200 € - 400 € = 800 €

   d) Alternative Berechnung hinsichtlich des Ehemanns:
   Anteil je Unterhaltspflichtiger   600 € - 400 € = 200 €

Dann müsste der Vater 1.000 € erbringen; nach BGH sind die Anteile nach dem jeweiligen Betreuungsaufwand zu bestimmen; dies spricht für die 1. Alternative.

XV. Aufhebung der Ehe und Betreuungsunterhalt

1. Voraussetzungen des Unterhaltsanspruchs eines vormaligen Ehegatten

93   Nach § 1318 Abs. 2 BGB besteht ein Unterhaltsanspruch des vormaligen Ehegatten entsprechend des Bestimmungen der §§ 1569 bis 1586b BGB zum nachehelichen Unterhalt unter folgenden Voraussetzungen:

- Wenn der Ehegatte bei Eheschließung die Aufhebbarkeit der Ehe nicht gekannt hat (allgemeiner Grundsatz in den Fällen der §§ 1303, 1304, 1306, 1307, 1311, 1314 Abs. 2 Nr. 1, 2 BGB; das sind fehlende Ehefähigkeit, bestehendes Eheverbot bei Doppelehe oder Verwandtschaft, Formverstoß bei Eheschließung oder mangelnde Kenntnis, dass eine Ehe eingegangen wird); Abs. 2 S. 1 Nr. 1 Alt.1.

- Wenn der Ehegatte bei Eheschließung von dem anderen Ehegatten oder mit dessen Wissen arglistig getäuscht oder bedroht worden ist (§ 1314 Abs. 2 Nr. 3, 4); Abs. 2 S. 1 Nr. 1 Alt. 2 BGB.

---

[164] Bei Unterhalt nach § 1570 BGB wird teilweise der Selbstbehalt von 900 € angenommen.
[165] BGH FamRZ 2005, 254 – Zwischenwert angemessener/notwendiger Selbstbehalt.

- Wenn **beide Ehegatten** die Aufhebbarkeit der Ehe kannten, besteht in den Fällen der § 1306 BGB (Doppelehe), § 1307 BGB (Verwandtschaft) oder § 1311 BGB (Ehewillenserklärungen) ein Unterhaltsanspruch für beide Ehegatten; Abs. 2 S. 2 Nr. 2. Im Falle der **Mehrehe** (§ 1306 BGB) wird jedoch der mögliche Unterhaltsanspruch eines Ehegatten beschränkt, soweit durch ihn ein entsprechender Unterhaltsanspruch der dritten Person (das ist ein früherer Ehegatte des in Anspruch genommenen Ehegatten) beeinträchtigt würde, Abs. 2 S. 1 Nr. 2 Halbs. 2. Hieraus folgt ein genereller Vorrang des früheren Ehegatten.

- Ferner gewährt Abs. 2 S. 2 einem **vormaligen Ehegatten** der aufgehobenen Ehe, solange und soweit die Voraussetzungen eines nachehelichen Unterhalts nach § 1570 BGB wegen der Pflege und Erziehung eines gemeinsamen Kindes gegeben sind, einen Anspruch, falls die Versagung des Unterhalts in Hinblick auf die Belange des Kindes grob unbillig wäre.

Liegt eine der vorgenannten Voraussetzungen vor, so ist Unterhalt zu gewähren, wenn ferner die tatbestandlichen Voraussetzungen der §§ 1569 ff. BGB vorliegen und Bedürftigkeit im Sinne des § 1577 Abs. 1 BGB besteht. Jedoch kann eine Begrenzung, Herabsetzung oder Versagung des Unterhalts nach der Härteklausel gemäß § 1579 Nr. 1-8 BGB in Betracht kommen. **Vor Aufhebung** der Ehe, aber **nach Trennung** der Ehegatten greift § 1318 Abs. 2 BGB (in Bezug auf § 1361 Abs. 1 BGB) nicht ein, da die Aufhebung nur mit Wirkung für die Zukunft erfolgt, § 1313 S. 2 BGB. Jedoch kommt eine Prüfung des § 1361 Abs. 3 i.V.m. § 1579 Nr. 2-8 BGB bei fehlerhaft geschlossenen Ehen in Betracht. Haben beide Ehegatten **mit der Eheschließung ausschließlich fremde Zwecke** im Sinne des § 1314 Abs. 2 Nr. 5 BGB (Scheinehe) verfolgt und wurde deshalb die Ehe aufgehoben, bestehen grundsätzlich keine Unterhaltsansprüche, falls nicht § 1318 Abs. 2 S. 2 BGB eingreift. § 1318 Abs. 2 S. 1 Nr. 1 BGB ist nicht heranzuziehen, weil dieser Aufhebungsgrund dort nicht genannt ist; außerdem ist die Kenntnis dieses Aufhebungsgrundes Tatbestandsvoraussetzung. Entsprechend ist auch § 1318 Abs. 2 S. 1 Alt.2 BGB nicht anzuwenden, da dieser eine Täuschung oder Drohung voraussetzt. Im Übrigen wäre bei Bestehen eines Unterhaltsanspruchs § 1579 Nr. 1-8 BGB zu prüfen.

94

2. Sonderfall Unterhalt wegen Pflege und Betreuung eines gemeinsamen Kindes

Auch soweit kein Unterhaltsanspruch nach den §§ 1569 ff. BGB besteht, kann nach Aufhebung der Ehe unabhängig vom **Aufhebungs-**

95

grund und der Bösgläubigkeit eines oder beider Ehegatten nach § 1318 Abs. 2 S. 2 BGB Unterhalt von demjenigen Ehegatten verlangt werden, der ein gemeinsames Kind pflegt und betreut (entsprechend § 1570 BGB), soweit die Versagung des Unterhalts im Hinblick auf die Belange des Kindes grob unbillig wäre. Diese Bestimmung wurde aufgrund einer Anregung des Bundesrates auf Vorschlag des Rechtsausschusses des Bundestags[166] eingeführt und entspricht der Privilegierung des Betreuungsunterhalts nach § 1570 BGB im Rahmen des § 1579 BGB.[167] Danach soll für den betreuenden Elternteil ein Unterhaltsanspruch trotz des Vorliegens eines Härtegrundes nach § 1579 BGB jedenfalls in Höhe des notwendigen Selbstbehalts bestehen bleiben, solange dies zur Betreuung und Erziehung des gemeinsamen Kindes erforderlich ist. Die dort geltenden Grundsätze gelten auch zur Auslegung des Begriffs der groben Unbilligkeit in § 1318 Abs. 2 S. 2 BGB. Danach ist es unerheblich, auf welche Gründe die Aufhebung der Ehe gestützt wurde. Dies gilt auch, wenn beide Ehegatten **ehefremde Zwecke** im Sinne des § 1314 Abs. 2 Nr. 5 BGB (Scheinehe) verfolgten und deshalb die Ehe aufgehoben wurde. In Bezug auf die **Verschärfung der Erwerbsobliegenheit** gemäß §§ 1569, 1570 Abs. 1 S. 2, 3 BGB kann sich in einem solchen Fall der Unterhaltsbedürftige nur dann auf den Anspruch nach § 1570 Abs. 1 BGB berufen, solange das Kind das dritte Lebensjahr noch nicht erreicht hat, weil ihn eine verschärfte Erwerbsobliegenheit trifft, oder wegen einer besonderen Betreuungsbedürftigkeit des Kindes (schwere Erkrankung) dessen Betreuung über das dritte Lebensjahr hinaus notwendig ist. In diesem Fall ist der Anspruch nach § 1570 Abs. 1 BGB auf das zur Betreuung erforderliche Maß zu begrenzen (in der Regel also auf das Existenzminimum; derzeit 770 €).

---

166 BT-Drucks. 13/9416 S. 32.
167 Eingehend *Schwab/Borth*, Teil IV Rz. 387 ff., 405 ff.

E. Eigenverantwortung und angemessene Erwerbstätigkeit nach § 1574 Abs. 1, 2 BGB

I. Einführung

In der Begründung des RegE wird die Neufassung des § 1574 Abs. 1, 2 BGB als **ein Baustein zur stärkeren Betonung des Grundsatzes der Eigenverantwortung** gesehen. Hierdurch sollen die Anforderungen an die (Wieder-)Aufnahme einer Erwerbstätigkeit nach der Scheidung erhöht werden.

II. Begriff der angemessenen Erwerbstätigkeit nach dem 1. EheRG

1. Ausgangslage

§ 1574 Abs. 1, 2 BGB a.F. umschreibt in der bisherigen Fassung den Rahmen, innerhalb dessen von dem geschiedenen Ehegatten die Aufnahme einer Erwerbstätigkeit verlangt werden kann. Die Regelung füllt damit nur die Unterhaltstatbestände in Bezug auf die Obliegenheit zur Aufnahme einer Erwerbstätigkeit aus; sie ist jedoch **keine selbständige Anspruchsgrundlage**. Durch den Bezug auf die Ausübung „nur eine angemessene Erwerbstätigkeit" wird der Grundsatz der Eigenverantwortung nach § 1569 BGB a.F. durch § 1574 Abs. 1 BGB a.F. eingeengt; dennoch war bereits nach bisheriger Rechtslage das **Gebot der Eigenverantwortung** vorrangig.[1]

2. Grundlagen der bisherigen Regelung

Nach § 1574 Abs. 1 BGB a.F. brauchte ein geschiedener Ehegatte nur eine **angemessene Erwerbstätigkeit aufzunehmen**. Diese inhaltliche Beschränkung der Obliegenheit zur Aufnahme einer beruflichen Tätigkeit galt zwar auch für die §§ 1570 bis 1572 BGB, hatte jedoch bei § 1573 Abs. 1 BGB eine besondere Bedeutung, weil dort die Zumutbarkeit zur Aufnahme einer beruflichen Tätigkeit das maßgebende Tatbestandsmerk-

---

[1] BGH FamRZ 1991, 416, 419 = NJW 1991, 1049.

mal ist; dies gilt auch nach der neuen Rechtslage. Die Regelung des § 1574 BGB sollte sicherstellen, dass der in der Ehe erreichte soziale Status gewahrt bleibt, der auch bei demjenigen Ehegatten gesichert werden soll, der in der Ehe nicht oder nur teilweise berufstätig war[2], nach der Ehe aber einer beruflichen Tätigkeit nachzugehen hat. Die Festschreibung des ehelichen Lebensstandards war bei kürzerer Ehedauer auf Grund der durch das UÄndG 1986 eingeführten Regelungen der §§ 1573 Abs. 5, 1578 Abs. 1 S. 2 BGB a.F. begrenzt; diese ließen eine sinnvolle und flexibel zu handhabende Beschränkung dieses Grundsatzes zu. Insgesamt umschrieb die Regelung des § 1574 Abs. 1-3 BGB a.F. den Rahmen, innerhalb dessen von dem geschiedenen bedürftigen Ehegatten die Aufnahme einer Erwerbstätigkeit verlangt werden konnte. Damit wurde bereits nach der bisherigen Rechtslage der in § 1569 BGB enthaltene Grundsatz der Eigenverantwortung der geschiedenen Ehegatten durch die in § 1574 Abs. 1 BGB a.F. enthaltene Bestimmung eingeengt, dass der (geschiedene) bedürftige Ehegatte nur eine angemessene Erwerbstätigkeit ausüben muss (im Sinne einer Obliegenheit). Allerdings nimmt der in § 1569 BGB enthaltene Grundsatz insoweit auf den Begriff der angemessenen Tätigkeit Einfluss, als bei dessen Auslegung das Gebot der Eigenverantwortung vorrangig ist.[3] Demgemäß konnte auch aus **besonders guten wirtschaftlichen Verhältnissen** nicht der Grundsatz abgeleitet werden, nach den ehelichen Lebensverhältnissen entfalle generell eine Erwerbsobliegenheit (BGH a.a.O.). Übt ein Ehegatte bereits eine Erwerbstätigkeit aus, so **kann** dies ein **Indiz** für die Annahme einer angemessenen Erwerbstätigkeit sein; dies gilt aber nicht in jedem Fall. Vielmehr ist der Grund der Arbeitsaufnahme zu klären, die aufgrund einer Notlage oder nur vorübergehend aufgenommen wurde, um eine außerordentliche Anschaffung finanzieren zu können.

3. Strengerer Maßstab beim nachehelichen Unterhalt

Bei der Bestimmung des nachehelichen Unterhalts gilt ein strengerer Maßstab als beim Trennungsunterhalt nach § 1361 Abs. 2 BGB. Der Maßstab zur Beurteilung der Erwerbsobliegenheit während der Trennungszeit nach § 1361 Abs. 2 BGB ist nicht mit demjenigen bei geschiedener Ehe gleichzusetzen, da § 1574 Abs. 1, 2 BGB andere Anforderungen an die Erwerbsobliegenheit stellt. Ob ein geschiedener Ehegatte eine Erwerbstätigkeit zu finden vermag, kann deshalb nicht danach beantwor-

---

2 BT-Drucks. 7/650 S. 136; zur Kritik s. *Deubner*, ZRP 1972, 1536; *Holzhauer*, FamRZ 1977, 729, 734.
3 So z.B. BGH FamRZ 1991, 416, 419 = NJW 1991, 1049; ferner anschließende Revisionsentscheidung, NJW-RR 1992, 1282.

tet werden, ob er seiner Obliegenheit nach § 1361 Abs. 2 BGB nachgekommen ist.

4. Kriterien für die Beurteilung der Angemessenheit einer Erwerbstätigkeit

Welche Erwerbstätigkeit für einen Ehegatten angemessen ist, wird in § 1574 Abs. 2 BGB erläutert und richtet sich danach, ob die Erwerbstätigkeit der **Ausbildung**, den **Fähigkeiten**, dem **Lebensalter** und dem **Gesundheitszustand des geschiedenen Ehegatten** sowie den **ehelichen Lebensverhältnissen** entspricht. Nicht einheitlich beurteilt wird, ob die Aufzählung der genannten Merkmale abschließend ist.[4] Dies lässt sich aus § 1574 Abs. 1, 2 BGB a.F. aber nicht entnehmen; auch spricht gegen diese Ansicht, dass im Rahmen der Prüfung der Zumutbarkeit (im Sinne einer Angemessenheit) eine Gesamtabwägung aller Umstände vorzunehmen ist.[5] Jedenfalls kommt den fünf genannten Merkmalen ein besonderes Gewicht zu, die aber im Rahmen der Einzelabwägung nach der jeweiligen Sachlage unterschiedliche Bedeutung erlangen können. Übt ein Ehegatte im Zeitpunkt der Scheidung eine berufliche Tätigkeit aus, so darf diese in der Regel nicht ohne sachlichen Grund aufgegeben werden.[6] Hat ein Ehegatte eine berufliche Tätigkeit über viele Jahre hinweg ausgeübt, so wird man regelmäßig davon ausgehen können, dass diese den ehelichen Lebensverhältnissen entspricht.

III. Neufassung des § 1574 Abs. 1, 2 BGB

1. Änderung des Abs. 1

Die Neufassung des Abs. 1 belässt es bei dem Begriff einer angemessenen Erwerbstätigkeit, hebt aber dem Wortlaut nach wesentlich stärker den **Charakter als Obliegenheit** hervor. Dies erfolgt durch eine Umformulierung von Abs. 1. Während bisher dem Wortlaut nach die Ausübung einer angemessenen Erwerbstätigkeit als Einschränkung gegenüber einer anderen – nicht angemessenen Erwerbstätigkeit – gefasst war, bestimmt die Neuregelung die Ausübung einer angemessenen Erwerbstätigkeit als (unterhaltsrechtliche) Obliegenheit. Dies entspricht nach der Rechtspre-

---

4 So *Maurer* in Münchener Kommentar, § 1574 BGB Rz. 3; *Luthin*, Handbuch des Unterhaltsrechts, Rz. 2184.
5 S. auch BT-Drucks. 7/650 S. 128; *Johannsen/Henrich/Büttner*, § 1574 BGB Rz. 9; die praktischen Auswirkungen sind jedoch unwesentlich; BGH FamRZ 1985, 908, 909 = NJW-RR 1986, 68.
6 Denkbar wäre dies etwa bei einem bis dahin bestehenden Ehegattenarbeitsverhältnis.

chung des BGH[7] aber bereits dem bestehenden Verständnis des § 1574 Abs. 1 BGB, der dem Grundsatz der Eigenverantwortung den Vorrang einräumt, so dass insoweit eine Änderung der Rechtslage nicht eintritt.

2. Änderung des Abs. 2

102 § 1574 Abs. 2 BGB wird im Kern nicht verändert; Abs. 2 beschreibt weiterhin die Merkmale, aus denen sich die Bestimmung einer angemessenen Erwerbstätigkeit ergibt. Neu aufgenommen wurde in den Abwägungskatalog eine **früher ausgeübte Erwerbstätigkeit**, die stets als angemessen anzusehen ist. Dies ist jedoch keine grundlegend neue Definition des Begriffs der ehelichen Lebensverhältnisse, weil bereits nach der bestehenden Rechtslage eine frühere Erwerbstätigkeit als angemessen angesehen werden konnte; sie stellt ein Indiz für eine angemessene Erwerbstätigkeit dar, wenn sie in der Ehe bereits ausgeübt wurde.[8] Dagegen stehen die **ehelichen Lebensverhältnisse nicht mehr gleichrangig** neben dem sonstigen Katalog zur Bestimmung einer angemessenen Erwerbstätigkeit (Ausbildung, Lebensalter, Fähigkeiten, Gesundheitszustand). Die (guten) Einkommensverhältnissen in der Ehe, die nach dem bisherigen Recht dazu führen können, dass die erlernte (einfache) berufliche Tätigkeit nicht mehr als angemessen anzusehen ist[9], sind damit nicht mehr mit dem gleichen Gewicht wie die sonstigen Merkmale bei der Abwägung zu berücksichtigen. Sie sind aber in einer **zweiten Stufe als Korrektiv** im Rahmen einer Billigkeitsprüfung zu berücksichtigen[10] (§ 1574 Abs. 2 S. 1 Halbs. 2 BGB) und **als Einwendung ausgestaltet**. Danach bleibt der Schutz eines Ehegatten vor einem sozialen Abstieg aufgrund einer „nachhaltigen gemeinsamen Ehegestaltung", vor allem also bei einer langen Ehedauer, in der sich bei guten Einkommensverhältnissen eine starke wirtschaftliche Abhängigkeit entwickelt hat, erhalten. Die neue Fassung des Tatbestandes bedeutet danach eine systematische Klarstellung, weil in der ersten Stufe ausschließlich die in der Person des Unterhaltsbedürftigen liegenden Kriterien zu prüfen sind. Erst danach kann eine **Überlagerung der bestehenden Erwerbsobliegenheit** durch **gute wirtschaftliche Verhältnisse** eintreten. Somit stellen die ehelichen Lebensverhältnisse eine Ausnahme von dem Grundsatz der Eigenverantwortung dar, die insbesondere bei

---

7 S. FamRZ 1991, 416, 419 = NJW 1991, 1049 sowie Revisionsentscheidung NJW-RR 1992, 1282.
8 S. auch BGH FamRZ 2005, 23, 25 zur überobligationsmäßigen Tätigkeit.
9 S. BGH FamRZ 1983, 144 – Ehefrau bei Eheschließung Verkäuferin; Ehemann bei Scheidung Hochschulprofessor.
10 So Begründung RegE BT-Drucks. 16/1830 S. 17 f.

einer Kindesbetreuung sowie langen Ehedauer Bedeutung gewinnen (eingehend Rz. 114 ff.).

Nicht erfasst wird von § 1574 Abs. 2 BGB der Umstand, dass ein über einen längeren Zeitraum nicht berufstätiger Ehegatte in seiner **beruflichen Entwicklung Nachteile** erlitten hat. Dies ist systematisch zutreffend, weil ansonsten bei besonders guten Lebensverhältnissen die Ausübung einer Erwerbstätigkeit gänzlich entfallen würde. Der Umstand der erlittenen Nachteile ist vielmehr im Rahmen des Aufstockungsunterhalts nach § 1573 Abs. 2 BGB und im Rahmen der Prüfung der Begrenzung des Unterhalts nach § 1578b BGB beachtlich und kann dort im Rahmen der Prüfung des Nachteilsausgleiches berücksichtigt werden.

103

3. Der Begriff der „angemessenen Erwerbstätigkeit" als Sperre zur Aufnahme einer Erwerbstätigkeit?

a) Verhältnis § 1569 BGB zu § 1574 Abs. 1, 2 BGB

Der in § 1569 BGB enthaltene Grundsatz der Eigenverantwortung verlangt von jedem Ehegatten nach Scheidung der Ehe, für seinen Unterhalt selbst aufzukommen. Die sich hieraus für den geschiedenen Ehegatten ergebende Obliegenheit, durch die Ausübung einer Erwerbstätigkeit den eigenen Unterhalt sicherzustellen, soweit keine sonstigen Einkünfte bestehen (was in der Unterhaltspraxis überwiegend der Fall ist), wird in § 1574 Abs. 1, 2 BGB präzisiert.

104

b) Begriff der angemessenen Erwerbstätigkeit

Abs. 1 verlangt die Ausübung einer angemessenen Erwerbstätigkeit, die – wie bereits zuvor nach dem bisherigen Verständnis – nicht als allgemeine Sperre gegen die Aufnahme einer Erwerbstätigkeit zu verstehen ist, falls der geschiedene Ehegatte keine angemessene Tätigkeit findet, jedoch zu einer Beschränkung der Erwerbsobliegenheit führt. Auch der neu formulierte Abs. 1 beinhaltet durch die Beibehaltung des Begriffes „*angemessene Erwerbstätigkeit*" eine Einschränkung zur Aufnahme einer Erwerbstätigkeit, weil dieser bestimmte, in Abs. 2 S. 1 näher definierte Anforderungen enthält, die bewirken, dass der geschiedene Ehegatte nicht jedwede Tätigkeit aufzunehmen hat. Von der bisherigen Fassung des § 1574 Abs. 2 BGB werden die Kriterien Ausbildung, Fähigkeiten, Lebensalter und Gesundheitszustand beibehalten. Als **neues Merkmal** einer angemessenen Erwerbstätigkeit wird eine **früher ausgeübte Erwerbstätigkeit** aufgenommen. Diese bewirkt insoweit eine Verschärfung des Obliegenheitsmaßstabes, als aufgrund eines während der Ehe erreichten höhe-

105

ren Lebensstandards die frühere Ausübung einer (einfachen) schlecht vergüteten beruflichen Tätigkeit, die dem in der Ehe erreichten Lebensstandard nicht (mehr) entsprach, als unzumutbar angesehen wurde. Diese Verschärfung steht im Übrigen im inneren Zusammenhang mit dem *Soweit*-Satz des § 1574 Abs. 2 S. 1 Halbs. 2 BGB (s. Rz. 102).

4. Die einzelnen Tatbestandselemente

a) Ausbildung

106 Ein Merkmal für die Angemessenheit einer Erwerbstätigkeit ist die Ausbildung, die ein Ehegatte vor oder in der Ehe erlangt hat. Der Zweck dieser Regelung konnte nach dem bisherigen Rechtszustand in unterschiedlicher Weise verstanden werden: Einmal als **Begrenzung einer Erwerbsobliegenheit** in dem Sinne, dass ein Ehegatte nach Scheidung eine Erwerbstätigkeit nicht aufnehmen muss, die nicht dem Ausbildungsniveau und daraus folgender Erfahrung entspricht, also vor einem sozialen Abstieg bewahren soll, der sich aus einer geringer bewerteten Tätigkeit ergibt[11], zum anderen, dass unabhängig von den (guten) ehelichen Lebensverhältnissen die Aufnahme einer dem Ausbildungsniveau entsprechenden Erwerbstätigkeit stets als angemessen anzusehen ist.

107 Ein **Normverständnis im zuerst genannten Sinne** ist unter dem Blickwinkel der stärkeren Eigenverantwortung gemäß § 1569 S. 1 BGB kaum noch aufrechtzuerhalten, zumal die strikte Anbindung an eine einmal vor oder während der Ehe erlangte Ausbildung in der beruflichen Lebenswirklichkeit häufig ihre Bedeutung für die später ausgeübte berufliche Tätigkeit verliert. Insbesondere ist ein einmal **erreichtes** (gehobenes) **Ausbildungsniveau nicht maßgebend**, wenn sich dieses nicht auf die ehelichen Lebensverhältnisse ausgewirkt hat, so etwa, wenn trotz einer akademischen Ausbildung während der Ehe eine berufliche Tätigkeit unterhalb dieses Niveaus ausgeübt wurde oder aufgrund dieser Ausbildung wegen veränderter Bedingungen auf dem Arbeitsmarkt eine entsprechende Tätigkeit nicht erlangt werden konnte. Insoweit kann der Grundsatz der Eigenverantwortung dazu führen, dass eine weniger qualifizierte Tätigkeit aufzunehmen ist. Für eine Interpretation im zweiten Sinn spricht die Aufnahme einer früheren Erwerbstätigkeit in die Angemessenheitsprüfung und die gleichzeitige Herausnahme der ehelichen Lebensver-

---

11 In diesem Sinn wohl BT-Drucks. 7/650 S. 128; s. auch BGH FamRZ 1991, 416, 419 = NJW 1991, 1049; *Maurer* in Münchener Kommentar, § 1574 BGB Rz. 6; differenzierend *Schwab/Borth*, Teil IV Rz. 240.

hältnisse; beides weist darauf hin, dass für die Angemessenheit einer Erwerbstätigkeit nicht ein einmal erreichter Status, sondern die **tatsächlichen Verhältnisse für die Prüfung der Angemessenheit** maßgebend sein sollen. Hiervon zu unterscheiden ist der Fall einer nicht abgeschlossenen Berufsausbildung, was entweder zur Obliegenheit nach § 1574 Abs. 3 BGB oder zu einem Anspruch nach § 1575 Abs. 1 BGB führt.

Der Bezug auf ein **erreichtes Ausbildungsniveau** ist jedoch dann untauglich, wenn der erlernte und ausgeübte Beruf aufgrund der sehr starken strukturellen Veränderungen des Arbeitsmarktes eine Erwerbstätigkeit nicht mehr ermöglicht. In diesem Fall obliegt es dem Unterhalt Begehrenden nach § 1574 Abs. 3 BGB, sich **fortbilden oder umschulen** zu lassen. Entsprechendes gilt, wenn ein Ehegatte überhaupt keine berufliche Ausbildung wahrgenommen hat. In einem solchen Fall ist insbesondere zu prüfen, ob der Unterhalt Begehrende persönliche Fähigkeiten besitzt, aufgrund derer eine Erwerbstätigkeit aufgenommen werden kann.

108

b) Fähigkeiten

Eine erhebliche Bedeutung bei der Bestimmung der Angemessenheit einer Erwerbstätigkeit kommt den bei einem Ehegatten im Zeitpunkt der Scheidung **vorhandenen Fähigkeiten** zu. Hierunter sind in erster Linie Fertigkeiten zu verstehen, die sich ein Ehegatte außerhalb einer beruflichen Ausbildung durch eine tatsächliche Erwerbstätigkeit angeeignet hat.[12] Solche Fertigkeiten erleichtern regelmäßig die Aufnahme einer beruflichen Tätigkeit. In der Literatur wird regelmäßig das Beispiel genannt, dass eine Ehefrau im Betrieb ihres Ehemannes mitarbeitet und die Büroarbeiten erledigt.[13] Auch **sonstige Fähigkeiten und Kenntnisse** sind zu beachten, so etwa gute Fremdsprachenkenntnisse (Nachhilfeunterricht, Touristik, Dolmetscher) oder handwerkliche sowie musische Begabungen.[14] Jedoch kann nicht in jedem Fall aufgrund allgemeiner, nicht auf Berufserfahrung beruhender Fähigkeiten generell auf eine Obliegenheit zur Aufnahme einer (angemessenen) Tätigkeit geschlossen werden; dies gilt insbesondere für die aufgrund der Führung des eigenen Haushalts erworbenen hauswirtschaftlichen Fähigkeiten, so dass in einem solchen Fall nicht die Führung eines fremden Haushalts verlangt werden kann.[15] Jedoch ist zu erwägen, nach entsprechender Fortbildung i.S.d. § 1574 Abs. 3 BGB eine Tätigkeit im sozialen Bereich zu verlangen, sofern nicht

109

---

12 S. BT-Drucks. 7/650 S. 128.
13 S. auch *Maurer* in Münchener Kommentar, § 1574 BGB Rz. 7.
14 BGH NJW-RR 1986, 985 = FamRZ 1986, 553, 555; OLG Karlsruhe FamRZ 2002, 1566.
15 So im Ergebnis *Maurer* in Münchener Kommentar, § 1574 BGB Rz. 7.

die Ehegatten in guten wirtschaftlichen Verhältnissen gelebt haben[16] und eine solche Tätigkeit deshalb nicht den ehelichen Lebensverhältnissen entspricht. In jedem Fall ist zu prüfen, ob die (angesonnene) Tätigkeit für den Ehegatten nach dessen **Veranlagung** und **subjektiver Eignung** in Betracht kommt.[17] Darüber hinaus kommt diesem Merkmal eine **begrenzende Wirkung** insoweit zu, als eine Erwerbstätigkeit nicht ausgeübt werden muss, bei der vorhandene Fähigkeiten nicht angemessen genutzt werden können,[18] sofern eine andere Tätigkeit gefunden werden kann, die das Auskommen sichert; Entsprechendes gilt für eine Tätigkeit, die den Ehegatten überfordert. Schließlich ergibt sich aus dem Grundsatz der Eigenverantwortlichkeit, dass eine weitere berufliche Qualifizierung nicht verlangt werden kann, wenn die vorhandenen Fähigkeiten eine angemessene Erwerbstätigkeit ermöglichen. Hat ein Ehegatte in Verkennung seiner Fähigkeiten eine aufgenommene Erwerbstätigkeit verloren, so ist ihm in der Regel eine Fortbildung oder Umschulung nach § 1574 Abs. 3 BGB zuzumuten.

c) Lebensalter

110   Für die Aufnahme einer angemessenen Erwerbstätigkeit kann das **Lebensalter** des geschiedenen Ehegatten, soweit nicht bereits die Voraussetzungen des § 1571 BGB gegeben sind, ebenfalls bedeutsam sein. Im Hinblick auf die Regelung des § 1571 BGB, die einen Anspruch auch vor der Altersgrenze der gesetzlichen Rentenversicherung gewährt, wird dieses Merkmal insbesondere im Zusammenhang mit den anderen Kriterien des § 1574 Abs. 2 BGB, vor allem dem Gesundheitszustand und der Berufserfahrung von mitprägender Bedeutung sein, wenn die mit dem erreichten Lebensalter eingetretene Reduzierung der geistigen und körperlichen Kräfte für sich allein nicht zu einem Anspruch nach § 1571 BGB führt, insgesamt aber wegen sonstiger allgemeiner gesundheitlicher Beeinträchtigungen sowie einer langjährigen Tätigkeit im Haushalt die Aufnahme einer Erwerbstätigkeit nicht (mehr) angemessen erscheint und die Aufnahme einer Fortbildung nach § 1574 Abs. 3 BGB nicht mehr sinnvoll ist.[19] Hierbei kann die Altersschwelle bei einem während der Ehe immer wieder berufstätigen Ehegatten wesentlich höher angesetzt werden, als wenn während einer langjährigen Ehe nie eine Erwerbstätigkeit aufgenommen wurde. Eine feste Altersgrenze gibt es – wie bei § 1571 BGB –

---

16   S. BGH FamRZ 1987, 691, 693 = NJW 1987, 2739 – Ehedauer 32 Jahre, Erziehung von zwei Kindern.
17   BGH NJW-RR 1986, 985, 986 = FamRZ 1986, 553, 555.
18   BGH FamRZ 1984, 988, 989.
19   BGH FamRZ 1987, 691, 693 = NJW 1987, 2739.

nicht.[20] Kann ein Ehegatte aufgrund besonderer berufsbedingter körperlicher oder geistiger Anforderungen altersbedingt eine bisher ausgeübte Tätigkeit nicht mehr ausüben, muss er sich einer Umschulung unterziehen, § 1574 Abs. 3 BGB.

d) Gesundheitszustand

Die Ausübung einer angemessenen Erwerbstätigkeit hängt auch vom gesundheitlichen Zustand, insbesondere von bestehenden Beeinträchtigungen, ab. Diese müssen nicht die Intensität erreichen, die für den Anspruch aus § 1572 BGB Voraussetzung sind, sondern sind regelmäßig zusammen mit anderen Kriterien des § 1574 Abs. 2 BGB bedeutsam. Hierzu gehören insbesondere allgemeine körperliche Verschleißerscheinungen wie Bandscheibenschäden, Arthrose und rheumatische Beschwerden, die einer beruflichen Tätigkeit grundsätzlich nicht entgegenstehen.[21] Muss ein Ehegatte wegen gesundheitlicher Beeinträchtigungen eine aufgenommene Erwerbstätigkeit aufgeben, kann nach § 1573 Abs. 4 BGB ein Anspruch wieder entstehen. Entsprechend kann bei zweifelhafter Beurteilung auch verlangt werden, einen Arbeitsversuch zu unternehmen.

111

e) Frühere Erwerbstätigkeit

Die Aufnahme einer früheren Erwerbstätigkeit in die Angemessenheitsprüfung nimmt Rücksicht auf die **veränderten Bedingungen des Arbeitsmarktes**, der starken Strukturänderungen unterworfen ist und deshalb dazu führt, dass eine berufliche Tätigkeit mit fachlichem Bezug zum erlernten Beruf nicht gefunden werden kann. Dies kann zu einer Tätigkeit während der ehelichen Lebensgemeinschaft führen, die unterhalb des Ausbildungsniveaus liegt. Es ist deshalb konsequent, das Merkmal der früheren Tätigkeit ebenfalls in die Angemessenheitsprüfung einzubinden.[22] Grundsätzlich gilt dies auch dann, wenn die Erwerbstätigkeit während der bestehenden ehelichen Lebensgemeinschaft aufgrund einer wirtschaftlich beengten Situation oder nur zeitlich befristet aufgenommen wurde, weil der Anlass oder das Motiv für die Aufnahme einer Erwerbstätigkeit in der Ehe grundsätzlich unerheblich ist. Vielmehr ist im Rahmen der Angemessenheitsprüfung vor allem die Tatsache maßgebend, dass während der Ehe eine solche ausgeübt wurde, diese also die ehelichen Lebensverhältnisse ebenfalls geprägt haben. Ein Korrektiv bei solchen Sach-

112

---

20 S. OLG Koblenz FamRZ 1992, 950 – 53-jährige Ehefrau, 31 Jahre lang Hausfrau; Erwerbsobliegenheit bejaht; OLG Karlsruhe FamRZ 2001, 1615 – Unterhaltspflichtiger.
21 BGH FamRZ 1986, 1085, 1086 = NJW-RR 1987, 196.
22 S. auch BGH FamRZ 2005, 23, 25.

lagen ergibt sich aus dem *Soweit*-Satz des § 1574 Abs. 2 S. 1 Halbs. 2 BGB (s. Rz. 102, 114). Auf eine frühere Erwerbstätigkeit ist im Rahmen der Angemessenheitsprüfung insbesondere zurückzugreifen, wenn keine Ausbildung wahrgenommen wurde.[23]

f) Günstige wirtschaftliche Verhältnisse als weiteres Kriterium

113   Nach der bisherigen Fassung des § 1574 Abs. 2 BGB a.F. wurden die fünf Merkmale zur Prüfung der Angemessenheit nicht als abschließend angesehen.[24] Nachdem die ehelichen Lebensverhältnisse, in dessen Rahmen die wirtschaftlichen Verhältnisse zu prüfen sind, für die Bestimmung einer angemessenen Erwerbstätigkeit nicht mehr unmittelbar maßgebend sind, sondern (nur noch) ein Billigkeitskorrektiv darstellen (s. Rz. 102, 114), sind besonders günstige wirtschaftliche Verhältnisse erst im Rahmen der Billigkeitsprüfung nach dem *Soweit*-Satz gemäß § 1574 Abs. 2 S. 1 Halbs. 2 BGB erheblich (eingehend Rz. 102). Der Sache nach ergibt sich hieraus jedoch keine andere Beurteilung, weil bereits nach dem früheren Rechtszustand besonders gute wirtschaftliche Verhältnisse in der Ehe nicht dazu führen, dass diese die Obliegenheit zur Aufnahme einer Erwerbstätigkeit verdrängen; auch insoweit galt in erster Linie der Gesichtspunkt der Eigenverantwortung.

5. Einengung der Erwerbstätigkeit durch die ehelichen Lebensverhältnisse

a) Systematische Einordnung der ehelichen Lebensverhältnisse

114   In der bisherigen Fassung waren die ehelichen Lebensverhältnisse neben den zuvor dargelegten Merkmalen ein weiteres, gleichwertiges Tatbestandsmerkmal im Rahmen der Angemessenheitsprüfung, d.h. die angesonnene Erwerbstätigkeit musste den ehelichen Lebensverhältnissen entsprechen. Eine besonders gute Entwicklung der ehelichen Lebensverhältnisse konnte deshalb im Grundsatz dazu führen, dass einem Ehegatten die Aufnahme einer früher ausgeübten Tätigkeit nicht zugemutet wurde.[25] Die Neufassung des § 1574 Abs. 2 S. 1 Halbs. 2 BGB nimmt die ehelichen Lebensverhältnisse aus der Prüfung der Angemessenheit der Er-

---

23 Bei Fehlen einer Ausbildung und früheren Erwerbstätigkeit s. Rz. 108.
24 S. BGH FamRZ 1991, 416, 419 = NJW 1991, 1049 – Gesamtabwägung aller Umstände; s. auch *Johannsen/Henrich/Büttner*, § 1574 BGB Rz. 9; *Maurer* in Münchener Kommentar, § 1574 BGB Rz. 17; *Schwab/Borth*, Teil IV Rz. 248.
25 S. z.B. BGH FamRZ 1983, 144 = NJW 1983, 1483 – Ehefrau bei Eheschließung Verkäuferin, Ehemann bei Scheidung Hochschulprofessor; s. ferner NJW-RR 1992, 1282.

werbstätigkeit heraus, behält diese aber als **Korrektiv** im Rahmen einer **gesonderten Billigkeitsprüfung** bei. Aufgrund der Fassung als *Soweit*-Satz muss der Unterhalt begehrende Ehegatte, dem es nach der Angemessenheitsprüfung obliegt, eine Erwerbstätigkeit auszuüben, darlegen und im Falle des Bestreitens beweisen, dass die Aufnahme einer Erwerbstätigkeit unbillig wäre. § 1574 Abs. 2 S. 1 Halbs. 2 BGB ist danach als Einwendung ausgestaltet.

In der Begründung des RegE[26] wird insoweit hervorgehoben, dass mit dieser Regelung jeweils im Einzelfall dem **Vertrauen des Berechtigten** im Hinblick auf eine „nachhaltige gemeinsame Ehegestaltung" Rechnung getragen werden solle, um seinen unangemessenen sozialen Abstieg zu vermeiden. In Bezug auf die Anspruchsgrundlage wird im RegE angeführt, dass dieses Vertrauen nicht zwingend im Rahmen der Gewährung eines Aufstockungsunterhalts nach § 1573 Abs. 2 BGB, sondern wohl in erster Linie nach §§ 1571, 1572 BGB, gegebenenfalls § 1573 Abs. 1 BGB zu schützen ist und der Aufstockungsunterhalt einer Begrenzung nach § 1578b BGB unterworfen werden soll. Dort wird das Vertrauen des Berechtigten auf den Bestand der Ehe im Falle einer langen gemeinsamen Lebensführung durch den Begriff der Dauer der Ehe gemäß § 1578b Abs. 1 S. 3 BGB berücksichtigt (s. Rz. 151).

b) Begriff der ehelichen Lebensverhältnisse

Die Definition der ehelichen Lebensverhältnisse wird aus der alten Fassung (dort in § 1574 Abs. 2 Halbs. 2 BGB) inhaltlich unverändert in die Neuregelung nach § 1574 Abs. 2 S. 2 BGB übernommen. Der Begriff der ehelichen Lebensverhältnisse ist danach **nicht abschließend gefasst**; er benennt aber ausdrücklich zwei zu berücksichtigende Elemente, nämlich die Dauer der Ehe sowie die Dauer der Pflege und Erziehung eines gemeinschaftlichen Kindes. Ferner sind bei der Prüfung dieses Tatbestandsmerkmals die Dauer der (Nicht-)Ausübung einer beruflichen Tätigkeit sowie die konkreten wirtschaftlichen (monetären) Verhältnisse zu berücksichtigen. Die ehelichen Lebensverhältnisse sind damit nicht – wie in § 1578 Abs. 1 BGB – allein aus den wirtschaftlichen Verhältnissen abzuleiten. Einzubeziehen sind deshalb insbesondere **Leistungen und Opfer,** die ein Ehegatte für die Familie erbracht hat und wegen denen er selbst einer beruflichen Tätigkeit nicht hat nachgehen können. Solche Umstände können sich bei der Prüfung der Angemessenheit einer Erwerbstätigkeit niederschlagen. Der Begriff der ehelichen Lebensverhältnisse i.S.d. § 1574 Abs. 2 BGB wird deshalb durch die Gesamtumstände in der Ehe

115

---

26 BT-Drucks. 16/1830 S. 17.

bestimmt, damit also auch durch den beruflichen und sozialen Status.[27] Grundlage ist aber nicht ein Statusdenken, sondern der Schutz des Vertrauens auf eine nachhaltige Gestaltung der ehelichen Lebensverhältnisse. Beurteilungsmaßstab sind in der Regel die individuellen Verhältnisse.[28] Allerdings kann – wie bei § 1578 Abs. 1 BGB – eine Korrektur nach einem objektiven Maßstab erfolgen; danach ist eine übermäßige ebenso wie eine zu dürftige Lebensführung nicht beachtlich.[29]

c) Konkrete Billigkeitsprüfung

116   Im Hinblick auf den neu formulierten Grundsatz der Eigenverantwortung in § 1569 S. 1 BGB wird der Einwand des Unterhalt Begehrenden, die Ausübung einer an sich gebotenen Erwerbstätigkeit sei für ihn unbillig, nur bei solchen Sachlagen durchgreifen, bei denen nach **Prägung und Verlauf der ehelichen Lebensgemeinschaft** die Aufnahme einer Erwerbstätigkeit unzumutbar erscheint. Dies wird regelmäßig nur dann bejaht werden können, wenn ein Ehegatte wegen der Betreuung und Erziehung gemeinschaftlicher Kinder nach Beendigung der Betreuung wegen der Führung des gemeinsamen Haushalts auch weiterhin bis zur Scheidung keine Erwerbstätigkeit ausgeübt hat, gleichzeitig die ehelichen Lebensverhältnisse in finanzieller Hinsicht stets überdurchschnittlich und die Trennung sowie Scheidung erst nach einer langen Ehedauer erfolgt, ohne dass bei dem Unterhalt Begehrenden bereits die Voraussetzungen eines Altersunterhalts nach § 1571 BGB vorliegen. In einer solchen Sachlage kann das Vertrauen in den in der Ehe erreichten und verfestigten **sozialen Status** stärker zu bewerten sein als die grundsätzlich bestehende Obliegenheit zur Ausübung einer Erwerbstätigkeit.[30] Ob daneben auch die in der ehelichen Lebensgemeinschaft erreichte **gesellschaftliche Stellung**, die sich vor allem aus der beruflichen Stellung des Unterhaltspflichtigen ergeben kann, als Einwand gegen eine an sich bestehende Erwerbsobliegenheit vorgebracht werden kann[31], erscheint zweifelhaft, weil es kein allgemein gültiges Leitbild gibt, dass ab einer bestimmten beruflichen Stellung eines Ehegatten dem anderen grundsätzlich keine Erwerbstätigkeit zumutbar sein könnte. Gegen die Aufnahme einer Erwerbstätigkeit spricht deshalb in erster Linie der Gesichtspunkt der

---

27 S. auch BGH FamRZ 1988, 1145.
28 S. auch *Luthin*, FamRZ 1983, 929; kritisch *Bosch*, FamRZ 1984, 1164, 1168.
29 BGH FamRZ 1983, 678 = NJW 1983, 1733; FamRZ 1982, 151 = NJW 1982, 1645; FamRZ 2007, 1532.
30 Eingehend *Schwab/Borth*, Teil IV Rz. 248; s. auch BGH FamRZ 1988, 1145.
31 S. hierzu BGH FamRZ 1983, 144, 145 = NJW 1983, 1483; OLG Hamm FamRZ 1993, 970, 971.

langjährigen Führung des ehelichen Haushalts ohne Ausübung einer beruflichen Tätigkeit sowie das (in der Ehe eingetretene höhere) Lebensalter.

d) Darlegungs- und Beweislast

Aufgrund der Neufassung des § 1574 Abs. 2 S. 1 Halbs. 2 BGB muss der Unterhalt Begehrende, dem es an sich obliegt, eine Erwerbstätigkeit aufzunehmen, die Voraussetzungen für eine bestehende Unbilligkeit zur Ausübung einer Erwerbstätigkeit darlegen und gegebenenfalls beweisen, weil er eine Ausnahme von dem allgemeinen Grundsatz zur Ausübung einer Erwerbstätigkeit verlangt.

117

6. Verschärfung der Erwerbsobliegenheit bei beschränkter Leistungsfähigkeit

Ist der Unterhaltspflichtige nur beschränkt leistungsfähig, so stellt sich die Frage, ob sich hieraus eine Verschärfung der in § 1574 Abs. 1, 2 BGB bestimmten Erwerbsobliegenheit ergibt, also der Unterhalt Begehrende auch eine nicht angemessene Erwerbstätigkeit ausüben muss. § 1574 Abs. 1, 2 BGB besagt hierzu nichts. Im Rahmen der Prüfung der ehelichen Lebensverhältnisse, die bislang unmittelbar in die Angemessenheitsprüfung einflossen, nach der Neufassung allerdings nur noch ein Billigkeitskorrektiv zur Abwehr einer an sich bestehenden Erwerbsobliegenheit darstellen, konnte die wirtschaftlich beengte Lage unmittelbar zu einer stärkeren Obliegenheit zur Aufnahme einer beruflichen Tätigkeit führen.[32] Liegen die Voraussetzungen des § 1581 S. 1 BGB vor, trifft den bedürftigen Ehegatten eine gesteigerte Obliegenheit zur Aufnahme einer Erwerbstätigkeit.[33] Besondere Leistungen in der Ehe haben in diesem Fall ein geringeres Gewicht, weil auch bei Fortsetzung der ehelichen Lebensgemeinschaft sich der bedürftige Ehegatte um die Verbesserung der wirtschaftlichen Verhältnisse in der Ehe bemühen müsste. Die **gebotene Zumutbarkeitsprüfung** im Rahmen des § 1581 S. 1 BGB strahlt auch auf die Angemessenheitsprüfung nach § 1574 Abs. 1, 2 BGB aus, um eine einseitige Belastung des Unterhaltspflichtigen zu vermeiden. Dies kann deshalb auch zur Aufnahme einer an sich nicht angemessenen Erwerbstätigkeit führen.

118

---

32 *Schwab/Borth*, Teil IV Rz. 250; OLG Frankfurt/M. FamRZ 1979, 591; a.A. *Maurer* in Münchener Kommentar, § 1574 BGB Rz. 19.
33 BGH FamRZ 1983, 569, 571 = NJW 1983, 1548.

7. Obliegenheit zur Aufnahme einer Ausbildung

a) Regelungszweck des § 1574 Abs. 3 BGB

119 Nach § 1574 Abs. 3 BGB obliegt es dem geschiedenen Ehegatten, sich ausbilden, fortbilden oder umschulen zu lassen, soweit dies zur Aufnahme einer angemessenen Tätigkeit erforderlich ist und ein erfolgreicher Abschluss erwartet werden kann. Eine solche Obliegenheit kann sich dann ergeben, wenn ein Ehegatte nach der Scheidung oder zu einem der in § 1573 Abs. 3, 4 BGB genannten Zeitpunkte keine angemessene Erwerbstätigkeit findet, dies aber bei entsprechenden **Umschulungs- bzw. Fortbildungsmaßnahmen** möglich wäre. Diese Regelung stellt damit eine konkrete Ausprägung des allgemeinen Grundsatzes des nachehelichen Unterhalts dar, alle Kräfte zur Sicherung des Unterhalts durch eigene Einkünfte einzusetzen. Nach § 1574 Abs. 3 BGB kann somit zunächst eine Obliegenheit bestehen, sich ausbilden, fortbilden oder umschulen zu lassen, falls ansonsten nur eine **unangemessene** Tätigkeit in Betracht kommt;[34] sie setzt also eine Erwerbsobliegenheit voraus. Kommt ein geschiedener Ehegatte der Obliegenheit aus § 1574 Abs. 3 BGB nicht nach, kann er rechtlich so behandelt werden, als wenn sich ein Unterhaltsbedürftiger nicht in ausreichendem Maß um eine zumutbare Tätigkeit bemüht hat; es sind ihm also **fiktive Einkünfte** anzurechnen. Ferner besteht eine Obliegenheit zu einer zielstrebigen Ausbildung.[35] Nach der Begründung des RegE[36] zum 1. EheRG soll diese Bestimmung für solche Fälle eine Regelung treffen, in denen es einem Ehegatten nicht mehr gelingt, eine angemessene Tätigkeit zu finden, weil sein Leistungsniveau nicht mehr den Anforderungen der Arbeitswelt entspricht. Nach dem Wortlaut ist diese Regelung nur dann anwendbar, wenn der Ehegatte keine Berufsausbildung erlangt und auch sonst keine berufliche Tätigkeit ausgeübt hat und nur durch eine Ausbildung in der Lage sein wird, eine Erwerbstätigkeit zu finden. Ferner erfasst sie den Fall, dass ein Ehegatte aus gesundheitlichen Gründen den erlernten Beruf nicht mehr ausüben kann oder die erlernte bzw. in der Ehe ausgeübte Tätigkeit nicht mehr den ehelichen Lebensverhältnissen entspricht.[37] Anders als bei § 1575 BGB ist damit bei § 1574 Abs. 3 BGB nicht erforderlich, dass die Ausbildung, Fortbildung oder Umschulung die Fortsetzung einer »in Erwartung der Ehe oder während der Ehe« nicht aufgenommenen oder abgebrochenen „Schul- oder Berufsausbildung" bedeutet.

---

34 S. auch BGH FamRZ 1986, 553, 54.
35 S. auch *Wendl/Staudigl/Pauling*, § 4 Rz. 145.
36 BT-Drucks. 7/650 S. 129.
37 Vgl. OLG Frankfurt/M. FamRZ 1979, 591; BGH FamRZ 1986, 1085 = NJW-RR 1987, 196.

b) Verbesserung von Chancen auf dem Arbeitsmarkt

Die vorzunehmende Prüfung der Erforderlichkeit, sich ausbilden, fortbilden oder umschulen zu lassen, ist in der Weise zu verstehen, dass eine Obliegenheit nur dann besteht, wenn **ohne diese Maßnahme die Ausübung einer angemessenen Erwerbstätigkeit nicht möglich ist**; sie dient also der Verbesserung der Chancen auf dem Arbeitsmarkt. Dementsprechend kann ein Ehegatte auch nicht einen Unterhaltsanspruch nach § 1573 Abs. 1 BGB mit der Begründung verlangen, er benötige Unterhalt zu seiner Fortbildung, wenn die Aufnahme einer angemessenen Erwerbstätigkeit auch ohne eine solche Maßnahme möglich ist oder eine Ausbildung betrieben wird, die die ehelichen Lebensverhältnisse übersteigt.[38] Ob eine entsprechende Obliegenheit auch dann nicht besteht, wenn der Ehegatte an sich eine angemessene Berufstätigkeit ausüben könnte, eine solche aber wegen der schlechten Arbeitsmarktlage nicht findet, erscheint zweifelhaft. Die strikte Auslegung des § 1574 Abs. 3 BGB stützt zwar diese Ansicht; sie wird jedoch dem sich aus § 1569 BGB ergebenden Grundsatz nicht gerecht, wonach jeder Ehegatte für seinen Unterhalt selbst aufkommen muss. Im Übrigen haben die Begriffe Fortbildung und Umschulung dieselbe Bedeutung wie im SGB III (AFG) (§§ 59 - 79), die dem Ziel dienen, die berufliche Beweglichkeit zu sichern und zu fördern. Der Unterhalt begehrende Ehegatte hat alle Möglichkeiten auszuschöpfen, eine angemessene Erwerbstätigkeit zu erlangen.

8. Subjektive und objektive Voraussetzungen der Erwerbsobliegenheit nach § 1574 Abs. 1, 2 BGB

a) Subjektiver Maßstab der Anforderungen

Da der Unterhalt Begehrende für seine Bedürftigkeit die Darlegungs- und Beweislast trägt, muss er im Falle des § 1573 Abs. 1 BGB in nachprüfbarer Weise vortragen, welche Schritte er im Einzelnen unternommen hat, um einen zumutbaren Arbeitsplatz zu finden und jede sich bietende Erwerbsmöglichkeit nutzen.[39]

- **Eigene Bemühungen.** Allgemein anerkannt ist, dass die Meldung bei der Arbeitsagentur nicht ausreicht, sondern dass auch private Vermittlungsbemühungen geboten sind. Zu den zumutbaren

---

38 S. Beispiel OLG Frankfurt/M. FamRZ 1995, 879 – Medizinstudium.
39 BGH FamRZ 1982, 255, 257; FamRZ 1987, 144 = NJW 1987, 898.

Bemühungen können auch ein **Ortswechsel** sowie die **Aufnahme einer anderen beruflichen Tätigkeit** gehören.[40]
- **Häufigkeit.** Ferner müssen **ständige und dauerhafte Bemühungen** nachgewiesen werden.[41] Dies ist allerdings nicht in der Weise zu verstehen, dass nach jahrelangen vergeblichen Bemühungen die Erwerbsobliegenheit dauerhaft fortbesteht, obwohl ersichtlich eine Erwerbstätigkeit nicht mehr gefunden werden kann (Zumutbarkeit).
- **Ernsthafte Bewerbungen.** Erforderlich sind ernsthafte Bewerbungen, die auch in entsprechender äußerer Form abzugeben sind. Ferner müssen die Bewerbungen eine frühere Ausbildung bzw. bestehende Tätigkeit berücksichtigen.[42]
- **Bereitschaft zum Ortswechsel.** Grundsätzlich obliegt es dem Unterhalt Begehrenden, Bewerbungen nicht nur am Wohnort, sondern auch an einem Ort mit günstigeren Arbeitsmarktchancen abzugeben.[43]

b) Objektive Beschäftigungschance

122   Der BGH hat die sich hieraus für den Unterhalt Begehrenden ergebenden **subjektiven Anforderungen** an seine Darlegungs- und Beweislast durch das Erfordernis einer **objektiv möglichen Beschäftigungschance** gemildert, so dass nicht bei jeder Ungewissheit, ob der Unterhalt Begehrende alles Erforderliche getan hat, ein Unterhaltsanspruch nach § 1573 Abs. 1 BGB entfällt. Zwar kann sich der geschiedene Ehegatte für die Frage, ob er keine angemessene Erwerbstätigkeit zu finden vermag, nicht auf die Beweiserleichterung des § 287 Abs. 2 ZPO berufen.[44] Nach BGH ist zu prüfen, ob die Chance, dass der betreffende Ehegatte bei weiterer Arbeitsuche Arbeit findet, **real oder doch nicht völlig irreal** oder nur **theoretischer Art** ist. Eine ganz unrealistische und bloß theoretische Beschäftigungschance steht der Bejahung des § 1573 Abs. 1 BGB nicht entgegen. Es reicht für § 1573 Abs. 1 BGB aus, wenn die Beschäftigungschance gleich null ist, eine Beschäftigung also faktisch aus-

---

40 BGH FamRZ 1983, 140 = NJW 1983, 814; FamRZ 1996, 345, 346 (zum Unterhaltspflichtigen); FamRZ 1982, 255, 257; OLG Zweibrücken FamRZ 1986, 812; differenzierend OLG Hamm FamRZ 1999, 165.
41 BGH FamRZ 1996, 345, 346; FamRZ 1987, 912.
42 OLG Hamm FamRZ 1992, 63.
43 BGH FamRZ 1983, 140; FamRZ 1994, 372 (Verpflichteter); zur Einschränkung einer bundesweiten Arbeitsuche wegen Umgang mit einem Kind BVerfG FamRZ 2006, 469.
44 FamRZ 1986, 244; FamRZ 1986, 885 = NJW 1986, 3080; FamRZ 1993, 790.

scheidet. Danach ist festzustellen, ob bei hinreichenden Bemühungen eine reale Beschäftigungschance bestanden hätte, was in erster Linie von objektiven Voraussetzungen wie den Verhältnissen auf dem Arbeitsmarkt und den persönlichen Eigenschaften des Bewerbers wie Alter, Ausbildung, Berufserfahrung und Gesundheitszustand abhängt.[45] Eine Aussage hierzu kann regelmäßig die Arbeitsagentur machen. Zweifel gehen nach der derzeitigen Rechtslage zu Lasten des Anspruchsberechtigten. Eine **lange vergebliche Suche kann ein Indiz** für die Aussichtslosigkeit sein, eine Tätigkeit zu finden.

9. Folgen der Verletzung einer Obliegenheit nach §§ 1574 Abs. 1, 3 BGB

a) Einkommensfiktion

Aus dem Grundsatz der Eigenverantwortung folgt die Verpflichtung des Unterhaltsbedürftigen, die eigenen Einkünfte und das Vermögen vorrangig nach Zumutbarkeitskriterien für den eigenen Unterhalt einzusetzen. Dies folgt auch aus § 1577 Abs. 1 BGB. Zu den eigenen Einkünften zählen auch solche Beträge, die der Unterhalt Begehrende zumutbarerweise einziehen könnte, aber nicht einzieht.[46] Verletzt ein geschiedener Ehegatte eine nach § 1574 Abs. 1, 2 BGB bestehende Erwerbsobliegenheit, so ist er in Höhe der hieraus erzielbaren Einkünfte als nicht unterhaltsbedürftig anzusehen. Gleiches gilt, wenn der Unterhaltsbedürftige der sich aus § 1574 Abs. 3 BGB ergebenden Unterhaltsobliegenheit nicht nachkommt. Liegt ein solcher Sachverhalt vor, muss zunächst anhand der Kriterien des § 1574 Abs. 1, 2 BGB geklärt werden, welche konkrete Tätigkeit hätte aufgenommen werden können. Das danach fiktiv zu bestimmende Bruttoeinkommen (auf der Grundlage eines festgelegten Tarifs je nach Berufsbranche, Vergütungsgruppe u.ä.) ist um sämtliche Sozialabgaben und auch die fiktive Steuerlast, ferner um pauschale berufsbedingte Aufwendungen und den Erwerbstätigenbonus auf der Grundlage der jeweils geltenden Leitlinien zu bereinigen.

123

b) Abänderungsklage bei Änderung der fiktiv angenommenen Einkünfte

Das OLG Frankfurt lässt nach Billigkeitsgründen die Abänderung eines Urteils zu, wenn die Umstände, die eine Annahme fiktiver Einkünf-

124

---

45 BGH FamRZ 1987, 912; FamRZ 1987, 144; FamRZ 1987, 899; FamRZ 2003, 1471, 1473 – Kindesunterhalt.
46 BGH FamRZ 1981, 752, 754.

te rechtfertigten, nicht mehr gegeben sind.[47] Dies ist im Ergebnis zutreffend, weil aus einer Obliegenheitsverletzung kein dauerhafter Anspruchsverlust folgt; dies ergibt sich auch aus einem systematischen Vergleich mit der Regelung des § 1579 BGB, der nur unter den dort genannten Voraussetzungen einen dauerhaften Unterhaltsverlust annimmt. Allerdings geht es der Sache nach um die Frage, ob bei Verletzung einer Obliegenheit nach §§ 1573 Abs. 1, 1574 Abs. 1 BGB der Einsatzzeitpunkt des § 1573 Abs. 1 BGB (*„im Zusammenhang mit der Scheidung"*) noch zu einem späteren Zeitpunkt erfüllt werden kann. Dies ist grundsätzlich nicht möglich; jedoch könnte in bestimmten Sachlagen ein Anspruch nach § 1576 BGB bestehen.[48]

---

47 FamRZ 1995, 735.
48 BGH FamRZ 1990, 496, 498; *Soergel/Häberle*, § 1576 BGB Rz. 10; *Schwab/Borth*, Teil IV Rz. 368.

F. Nichtanrechnung von Einkünften aus unzumutbarer Tätigkeit gemäß § 1577 Abs. 2 BGB

I. Zweck der Änderung des § 1577 Abs. 2 S. 1 BGB

Einkünfte des Unterhaltsbedürftigen aus unzumutbarer Tätigkeit sind insoweit anrechenfrei, als der vom Unterhaltspflichtigen geschuldete Unterhalt und (gegebenenfalls) die vom Unterhaltsbedürftigen aus zumutbarer Tätigkeit anrechenbare Einkünfte den **vollen Unterhalt** nicht decken. In der bisherigen Fassung des § 1577 Abs. 2 S. 1 BGB wird der volle Unterhalt nach dem sich aus den ehelichen Lebensverhältnissen ergebenden Gesamtbedarf gemäß § 1578 Abs. 1-3 BGB (einschließlich Krankenversicherung und Vorsorgeunterhalt) bestimmt. Durch die Ergänzung des Klammerzusatzes in § 1577 Abs. 2 S. 1 BGB wird klargestellt, dass der „*volle Unterhalt*" im Sinne dieser Bestimmung auch der aus **Billigkeitsgründen** herabgesetzte **Unterhalt** nach § 1578b BGB ist, wobei allerdings lediglich die in § 1578b Abs. 1 BGB geregelte Herabsetzung gemeint sein kann.

125

Die Einbeziehung des § 1578b Abs. 1 BGB ist insoweit folgerichtig, als im Falle der Herabsetzung des Bedarfs nach den ehelichen Lebensverhältnissen gemäß § 1578 Abs. 1-3 BGB auf den in § 1578b Abs. 1 BGB definierten Maßstab des „*angemessenen Lebensbedarfs*" der Unterhaltsbedürftige ebenfalls darauf angewiesen ist, mit den Einkünften aus einer unzumutbaren Tätigkeit die Lücke zwischen dem vom Unterhaltspflichtigen geschuldeten Unterhalt und dem angemessenen Lebensbedarf zu decken. Allerdings bewirkt diese Regelung zugleich, dass Einkünfte aus unzumutbarer Tätigkeit nicht dafür herangezogen werden können, die **Differenz zwischen dem angemessenen Lebensbedarf** i.S.d. § 1578b Abs. 1 BGB und dem (höheren) **Bedarf nach den ehelichen Lebensverhältnissen** gemäß § 1578 Abs. 1-3 BGB zu decken. Hierdurch soll ersichtlich bezweckt werden, dass der Unterhaltsbedürftige durch die Ausübung einer unzumutbaren Tätigkeit nicht die in § 1578b Abs. 1 BGB geregelte Herabsetzung des Anspruchs mit den nicht anrechenbaren Einkünften ausgleicht. Dieses Ergebnis ist unter dem Gesichtspunkt des Grundsatzes der Eigenverantwortung, dem § 1578b BGB unterliegt, gerechtfertigt; es deckt sich aber nicht mit dem Zweck des § 1577 Abs. 2 S. 1 BGB (s. hierzu Rz. 129).

126

II. Praktische Bedeutung

127 Die praktische Bedeutung des § 1577 Abs. 2 S. 1 BGB ist durch die Entscheidung des BGH zur Differenz- bzw. Additionsmethode vom 13.6.2001[1], vor allem aber die Entscheidung vom 13.4.2005[2] deutlich geringer geworden, weil die freiwillige Aufnahme einer beruflichen Tätigkeit neben der Betreuung eines gemeinschaftlichen Kindes ein maßgebendes Indiz für die Vereinbarkeit von beruflicher Tätigkeit und Kindeserziehung sein kann und deshalb die **Anwendung der Anrechnungsmethode**, die der BGH im Falle unzumutbarer Einkünfte bisher herangezogen hat[3], weitgehend zurückgedrängt wird.[4] Allerdings berücksichtigt der BGH[5] die aus unzumutbarer Tätigkeit erzielten Einkünfte nur in Höhe des „unterhaltsrelevanten Anteils" als eheprägend, also im Wege der Differenz- bzw. Additionsmethode, während er den nicht unterhaltsrelevanten Anteil weder in der Bedarfsbemessung noch bei der Bestimmung der Bedürftigkeit i.S.d. § 1577 Abs. 1 BGB berücksichtigt.[6] Insoweit liegt also unterhaltsrechtlich neutrales Einkommen vor. Ob allerdings die vom BGH angestellte Differenzierung in unterhaltsrelevante Einkünfte, die im Falle einer unzumutbaren Tätigkeit nur insoweit vorliegen, also diese an die Stelle der eheprägenden früheren Haushaltstätigkeit und Kinderbetreuung treten, und nicht relevante Einkünfte praktikabel ist, erscheint zweifelhaft.

III. Anwendungsgrundsätze des § 1577 Abs. 2 BGB

128 Die praktische Anwendung der missverständlich gefassten Bestimmung ist durch die inzwischen allgemein anerkannte Rechtsprechung des BGH[7] im Wesentlichen geklärt. Danach gelten folgende Grundsätze:

(1) § 1577 Abs. 2 BGB ist auf die Anrechnung von Einkünften aus **zumutbarer Tätigkeit** nicht anzuwenden.

(2) Die Anwendung dieser Regelung hängt nicht davon ab, dass die Aufnahme der Erwerbstätigkeit durch die Nichterfüllung der Unterhalts-

---

1 BGHZ 148, 105, 115 f. = FamRZ 2001, 986 – Surrogatsentscheidung.
2 BGH FamRZ 2005, 1154, 1156 m. Anm. *Gerhardt*; anders noch BGHZ 148, 368 = FamRZ 2001, 1687; FamRZ 2003, 518; neuerdings FamRZ 2006, 846 – behindertes Kind.
3 S. FamRZ 1995, 343 = NJW 1995, 962; FamRZ 1983, 146 = NJW 1983, 933; hierauf geht der BGH aber in FamRZ 2005, 1154 nicht ein.
4 Zur Berechnung s. Rz. 75.
5 FamRZ 2006, 846, 848 m. Anm. *Born*.
6 FamRZ 2005, 1154, 1157 f.
7 FamRZ 1983, 146 = NJW 1983, 933.

pflicht des Schuldners veranlasst worden ist. Hierzu gehören auch sonstige Einkünfte, deren Einsatz zu Unterhaltszwecken an sich nicht zugemutet werden kann.

(3) Für den Umfang der nach § 1577 Abs. 2 S. 1 BGB **anrechenfrei** bleibenden Einkünfte ist maßgebend, ob eine Unterhaltsleistung des Schuldners – zusammen mit etwaigen anderweitigen nicht unter § 1577 Abs. 2 BGB fallenden und damit anrechenbaren Einkünften des Berechtigten – hinter dessen vollen Unterhalt zurückbleibt. Als Unterhaltsleistung des Schuldners ist das zu verstehen, was dieser (nach der Quote seines Einkommens) ohne die Einkünfte des Berechtigten aus der unzumutbaren Tätigkeit zu leisten hätte. Anrechenfrei ist somit der Unterschiedsbetrag zwischen dem vollen Unterhalt und dem Quotenunterhalt. Dieser besteht im Wesentlichen in Form des **trennungsbedingten Mehrbedarfs**.

(4) Der zur Anrechnung kommende Teil des Einkommens aus unzumutbarer Tätigkeit ist nicht im Wege der Differenzmethode in die abschließende Unterhaltsberechnung einzubeziehen, sondern von dem Unterhaltsbetrag abzuziehen, den der Unterhaltsverpflichtete ohne Berücksichtigung des Einkommens aus unzumutbarer Tätigkeit schulden würde – **Direktabzug**. Dieser Rechtssatz wird durch die neuere Rechtsprechung des BGH modifiziert (Rz. 127). Auch das Einkommen aus unzumutbarer Tätigkeit ist um den Erwerbstätigenbonus zu bereinigen.[8]

(5) Der anrechenfreie Betrag unterliegt der Billigkeitsregelung, es sei denn, dass die Voraussetzungen des § 1581 BGB vorliegen.

Der Zweck der **Bestimmung anrechenfreien Einkommens** liegt darin, dem Unterhaltsberechtigten durch die Ausübung einer nicht geschuldeten Erwerbstätigkeit jedenfalls den Lebensstandard zu erhalten, der vor der Trennung bzw. Scheidung vorgelegen hatte. Insoweit soll der Unterhaltspflichtige durch die Mehrbelastung von seiner Unterhaltsschuld nicht entlastet werden. Ohne Bedeutung ist es auch, ob der geschuldete Unterhalt erbracht wird, weil § 1577 Abs. 2 BGB eine **Schutzbestimmung für den Unterhaltsberechtigten** darstellt und keine Sanktionsnorm zu Lasten des Unterhaltspflichtigen. In welcher Weise Billigkeitsgesichtspunkte zu erfassen sind, ist nach dem Gesetz unklar. So können **besondere Leistungen oder Belastungen** beider Ehegatten während der Ehe erfasst werden, auch des Unterhaltsberechtigten in

129

---

[8] Nach BGH FamRZ 2005, 1154, 1156; FamRZ 2000, 350 konkret darzulegen; s. auch Rz. 75.

Bezug auf die nicht gebotene Erwerbstätigkeit.[9] Im Übrigen ist eine Gegenüberstellung der jeweiligen wirtschaftlichen Lage nach Vornahme des Rechengangs anzustellen; dass dabei dem Unterhaltsberechtigten insgesamt ein höherer Betrag verbleibt als dem Verpflichteten, ist im Hinblick auf die überobligationsmäßige Tätigkeit gerechtfertigt.[10] Soweit jedoch dem Unterhaltsverpflichteten weniger als der angemessene Selbstbehalt verbleibt, ist in Bezug auf diesen nach § 1581 S. 1 BGB eine Billigkeitsprüfung vorzunehmen; hierbei können aber nur die in § 1577 Abs. 2 S. 2 BGB angesprochenen Einkünfte berücksichtigt werden, also Einkünfte des Unterhaltsberechtigten, die dessen vollen Unterhalt übersteigen, nicht dagegen die nach § 1577 Abs. 2 S. 1 BGB anrechenfreien Einkünfte.[11] Würde der Unterhaltsberechtigte danach in deutlich besseren wirtschaftlichen Verhältnissen leben, wäre eine Korrektur zugunsten des Unterhaltsverpflichteten vorzunehmen.[12] Eine pauschale Berücksichtigung des anrechenbaren Einkommens mit einer Quote von 50 % entspräche zwar einer rechnerisch einfachen Handhabung; sie ist jedoch im Rahmen der vorzunehmenden Billigkeitsabwägung,[13] bei der jede Schematisierung zu vermeiden ist, nicht zulässig.

---

9 Betreuung eines behinderten Kindes oder Betreuung mehrerer Kinder.
10 S. z.B. OLG Düsseldorf FamRZ 1986, 170.
11 Nicht entschieden von BGH FamRZ 1983, 146, 150; s. aber *Hampel*, FamRZ 1984, 629.
12 BGH FamRZ 1995, 343 = NJW 1995, 962.
13 BGH FamRZ 2005, 1154, 1156; FamRZ 2000, 350, 352; FamRZ 1995, 343 = NJW 1995, 962; andererseits FamRZ 2000, 1092, 1094; FamRZ 1995, 343 = NJW 1995, 962.

G. Herabsetzung und zeitliche Begrenzung des Unterhalts wegen Unbilligkeit nach § 1578b BGB

I. Anwendungsbereich

Mit § 1578b BGB wird eine sämtliche nacheheliche Unterhaltstatbestände gemäß §§ 1570 bis 1576 BGB erfassende Billigkeitsregelung eingeführt, die nach den in Abs. 1 und Abs. 2 genannten Kriterien eine **Herabsetzung oder zeitliche Begrenzung eines an sich geschuldeten Unterhaltsanspruchs** ermöglicht. In Bezug auf die Rechtsfolgen gleicht § 1578b BGB der Härteklausel des § 1579 BGB, inhaltlich den §§ 1573 Abs. 5, 1578 Abs. 1 S. 2 BGB a.F., die durch das UÄndG vom 20.2.1986[1] eingeführt wurden und erstmals die Möglichkeit einer Anspruchsbegrenzung aufgrund besonderer, die nacheheliche Mitverantwortung berücksichtigender Billigkeitserwägungen zuließen. Allerdings war § 1573 Abs. 5 BGB a.F. auf den Unterhalt nach § 1573 Abs. 1 BGB (Unterhalt bis zur Erlangung einer angemessenen Erwerbstätigkeit) und § 1573 Abs. 2 BGB (Aufstockungsunterhalt) begrenzt, während § 1578 Abs. 1 S. 2 BGB a.F. auf sämtliche nacheheliche Unterhaltstatbestände anwendbar war, in der Praxis aber kaum angewendet wurde. **Beide Bestimmungen werden aufgehoben** und fließen in die Neuregelung des § 1578b BGB ein. Hierzu wird auf die beiden Schaubilder (auf folgender Seite 106) verwiesen, die den bisherigen und neuen Rechtszustand wiedergeben.

Die Ausweitung der bisherigen Begrenzungstatbestände auf sämtliche nachehelichen Unterhaltstatbestände erhielt insbesondere nach der Entscheidung des BGH zur **Differenz- bzw. Additionsmethode** vom 13.6.2001[2] eine besondere Triebkraft, die anders als bei Anwendung der Anrechnungsmethode bei längerer Nichtausübung einer beruflichen Tätigkeit wegen der Führung des Haushalts und Übernahme der Erziehung und Betreuung gemeinsamer Kinder nahezu ausnahmslos zu einem dauerhaften Aufstockungsunterhalt nach § 1573 Abs. 2 BGB führt, zumal die bisher bestehenden Begrenzungsmöglichkeiten selten angewendet wurden.[3]

---

1 BGBl. I S. 301.
2 BGHZ 148, 105 ff. = FamRZ 2001, 986 ff.
3 S. hierzu *Schwab*, FamRZ 1997, 521, 524; *Scholz*, FamRZ 2003, 265, 271.

Nachehelicher Unterhalt – bis 31.12.2007

- § 1570 Betreuungsunterhalt
- § 1571 Unterhalt wegen Alters
- § 1572 Unterhalt wegen Krankheit
- § 1573 Abs. 1: bis zur Erlangung einer angemessenen Tätigkeit

  Abs. 2: Aufstockungsunterhalt
- § 1575 Ausbildungsunterhalt
- § 1576 positive Billigkeitsklausel

Begrenzung nach Abs. 5

Bedarf

§ 1578 Abs. 1, S. 2
§ 1579

Härteklausel

Nachehelicher Unterhalt – ab 1.1.2008

- § 1570 Betreuungsunterhalt
- § 1571 Unterhalt wegen Alters
- § 1572 Unterhalt wegen Krankheit
- § 1573 Abs. 1: bis zur Erlangung einer angemessenen Tätigkeit

  Abs. 2: Aufstockungsunterhalt
- § 1575 Ausbildungsunterhalt
- § 1576 positive Billigkeitsklausel

Bedarf

§ 1578
§ 1579

Härteklausel

Begrenzung nach § 1578b
- der Höhe nach
- zeitlich befristet

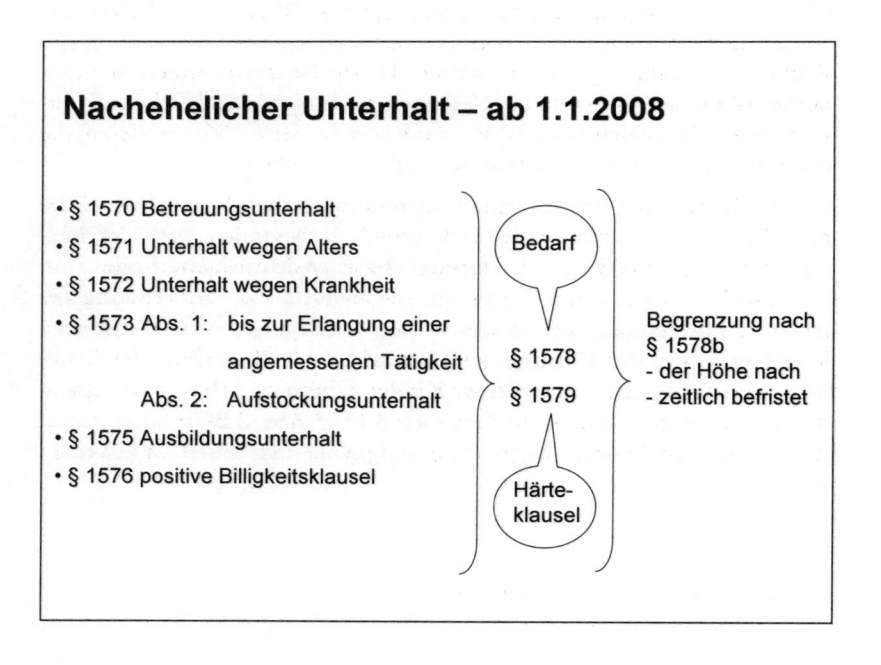

II. Systematischer Ansatz des RegE

Der RegE[4] leitet aus dem **Grundsatz der Teilhabe** an dem in der Ehe gemeinsam Erwirtschafteten, der sich im Hinblick auf die Arbeitsteilung in der Ehe aus der Gleichwertigkeit von beruflicher Tätigkeit und Kindererziehung sowie Führung des Haushalts ergibt, keine „**Lebensstandardgarantie**" im Sinne eines zeitlich unbegrenzten und der Höhe nach unabänderbaren Anspruchs ab. Gleichzeitig entnimmt er dem sich aus Art. 6 GG ergebenden Grundsatz der nachehelichen Solidarität vor allem den Ausgleich derjenigen Nachteile, die sich aus der Aufgabenteilung in der Ehe ergeben und die Ehegatten daran hindern, selbst für den eigenen Unterhalt aufzukommen. Diese Umstände werden vor allem in dem Unterhalt nach § 1570 BGB (Betreuungsunterhalt), § 1573 BGB (Unterhalt wegen Erwerbslosigkeit und Aufstockungsunterhalt) und § 1575 BGB (Ausbildungsunterhalt) erfasst. Ferner erkennt der RegE an, dass regelmäßig bei langer Dauer der Ehe eine **zunehmende Verflechtung in persönlicher und sozialer Hinsicht** eintritt, die ebenfalls Grundlage einer dauerhaften Unterhaltspflicht sein kann, jedoch aus dem Grundsatz der Eigenverantwortung umso mehr eingeschränkt wird, je geringer Nachteile durch die Wirkungen der Ehe eingetreten sind, so etwa, wenn beide Ehegatten ihre berufliche Tätigkeit bei Eingehen der Ehe beibehalten und keine Beschränkungen im beruflichen Werdegang durch die Ehe eingetreten sind.

132

Weiter geht der RegE darauf ein, dass sich die aus der Ehe ergebende fortwirkende Verantwortung nicht in einem Ausgleich der durch die Ehe eingetretenen Nachteile erschöpft; dies gilt vor allem in Bezug auf die Unterhaltsbedürftigkeit wegen Alters (§ 1571 BGB) und Krankheit (§ 1572 BGB). Auch insoweit will der RegE nach Billigkeitsgesichtspunkten eine dauerhafte Unterhaltspflicht begrenzen.

133

III. Tatbestandsaufbau des § 1578b BGB

1. Zusammenfassung von Herabsetzung und zeitlicher Begrenzung des Unterhalts

§ 1578b BGB regelt sowohl die Herabsetzung (Abs. 1) als auch die zeitliche Begrenzung (Abs. 2) des Anspruchs nach § 1578 BGB und lässt ferner eine **Kombination beider Begrenzungsmöglichkeiten** zu (Abs. 3). Durch die Zusammenfassung von zeitlicher Begrenzung und Herabsetzung des Anspruchs in einer Norm und der systematischen Ein-

134

---

[4] BT-Drucks. 16/1830 S. 18 f.

gliederung nach § 1578 BGB tritt eine stärkere Akzentuierung der Begrenzungsmöglichkeiten des nachehelichen Unterhalts ein. Der RegE[5] will damit erreichen, dass von dieser Begrenzungsregelung stärker Gebrauch gemacht wird als nach dem bisherigen Rechtszustand gemäß den §§ 1573 Abs. 5, 1578 Abs. 1 S. 2 BGB a.F.

2. Herabsetzung des Anspruchs nach Abs. 1

a) Struktur des Tatbestands

135 Abs. 1 S. 1 geht zunächst davon aus, dass der nach § 1578 Abs. 1 S. 1 BGB zu bestimmende Anspruch, dessen Maß sich nach den ehelichen Lebensverhältnissen richtet, auf den **angemessenen Lebensbedarf** herabzusetzen ist[6], wenn eine dauerhafte Teilhabe hieran unbillig wäre. Aus der tatbestandlichen Fassung des S. 1 ergibt sich, dass ein nach § 1578 Abs. 1 S. 1 BGB bestimmter Unterhaltsanspruch **stets zu begrenzen** ist, wenn dem nicht einer der in S. 2 und 3 aufgeführten Billigkeitsgründe entgegensteht. § 1578b BGB enthält danach einen **eindeutigen Normbefehl**, der wesentlich enger als § 1578 Abs. 1 S. 2 BGB a.F. gefasst ist. Infolge der zahlreichen unbestimmten Rechtsbegriffe in Abs. 1 S. 1-3 wird hierbei verdeckt, dass die Prüfung nach dem **Regel-Ausnahme-Prinzip** zu erfolgen hat. Aus dem Verhältnis des § 1578 Abs. 1 S. 1 BGB zu § 1578b BGB ergibt sich, dass im ersten Schritt bei Bestehen eines Anspruchs nach den §§ 1570-1576 BGB die Höhe des Unterhalts nach den ehelichen Lebensverhältnissen auf der Grundlage des Maßstabes des § 1578 Abs. 1 S. 1 BGB zu bestimmen ist, gleichzeitig aber nach § 1578b BGB geprüft werden muss, ob eine Begrenzung des Anspruchs in zeitlicher Hinsicht oder der Höhe nach vorzunehmen ist. § 1578b Abs. 1 S. 1, Abs. 2 S. 1 BGB bestimmt deshalb auch: *„Der Unterhaltsanspruch ... ist auf den angemessenen Lebensbedarf herabzusetzen, wenn ..."* sowie: *„Der Unterhaltsanspruch ist zeitlich zu begrenzen, wenn ..."*. **Ein Ermessen** steht dem Richter nicht zu; insoweit unterscheidet sich § 1578b BGB von §§ 1573 Abs. 5, 1578 Abs. 1 S. 2 BGB a.F. (s. auch Rz. 176). In die danach zu treffende Billigkeitsabwägung fließt zunächst der Gesichtspunkt der Wahrung der Belange eines dem Berechtigten zur Pflege oder Erziehung anvertrauten gemeinsamen Kindes ein. Insoweit geht es um den **Schutz des gemeinsamen Kindes**.[7] Ferner ist im Rahmen der Billigkeitsabwägung nach S. 2 festzustellen, ob und in welchem Umfang **durch die Ehe** Nachteile bei dem bedürftigen Ehegatten in Bezug auf die Möglichkeit eingetreten sind, den Unterhalt

---

5 BT-Drucks. 16/1830 S. 18.
6 Zum Begriff s. Rz. 137.
7 Zum Begriff s. Rz. 139.

durch Ausübung einer Erwerbstätigkeit selbst zu verdienen. Solche Nachteile ergeben sich durch die von den Ehegatten in der Ehe gewählte Aufgabenverteilung. Abs. 1 S. 3 bestimmt hierzu die bedeutsamsten Umstände, nämlich der

- Dauer der Pflege oder Erziehung eines gemeinschaftlichen Kindes
- Gestaltung von Haushaltsführung und Erwerbstätigkeit während der Ehe sowie
- der Dauer der Ehe.[8]

Aus den Worten „*vor allem*" folgt, dass diese Aufzählung nicht abschließend ist.[9] Ferner ist aus der stringenten Tatbestandsfassung zu entnehmen, dass für die Anwendung des § 1578b BGB für den Richter **kein Ermessensspielraum** besteht. Liegen die Voraussetzungen einer Unbilligkeit bei Gewährung des Unterhalts gemäß den ehelichen Lebensverhältnissen vor, ist der Unterhaltsanspruch der Höhe nach und gemäß Abs. 2 gegebenenfalls der Dauer nach zu begrenzen (zur Darlegungs- und Beweislast s. Rz. 170).

136

b) Angemessener Lebensbedarf als Ersatzmaßstab

Der Begriff des angemessenen Lebensbedarfs deckt sich mit der bisherigen Regelung des § 1578 Abs. 1 S. 2 BGB a.F. Der in den Beratungen zum UÄndG 1986 eingeführte Begriff[10] soll sicherstellen, dass der Berechtigte mehr als das Existenzminimum (derzeit 770 €) beanspruchen kann.[11] Als Maßstab ist die **Lebensstellung des Berechtigten vor der Ehe** oder die, die er ohne die Ehe hätte, heranzuziehen; dies bewirkt zugleich einen Ausgleich ehebedingter Nachteile des Berechtigten. Nach unten begrenzt deshalb der Ersatzmaßstab den nach § 1578b Abs. 1 BGB geschuldeten Unterhalt auf die früheren Einkommensverhältnisse des Berechtigten, die wegen der Geldentwertung gegebenenfalls auf das Niveau zum Zeitpunkt der Entscheidung anzuheben sind. Fehlt eine solche Anknüpfung, so kann auf die Einkünfte aus einer während der Ehe ausgeübten Tätigkeit zurückgegriffen werden, wenn sich in dieser eine vorehelich begonnene oder abgeschlossene berufliche Qualifikation widerspiegelt. Ansonsten ergibt sich aus dem Begriff „*angemessen*", dass eine Absenkung unter den angemessenen Selbstbehalt in der Regel ausscheidet, auch wenn der voreheliche Lebensstandard geringer war. Ist der Unterhaltspflichtige

137

---

8 Eingehend Rz. 143, 151 f.
9 S. auch BGH FamRZ 1986, 886, 888 zu § 1573 Abs. 5 BGB a.F.
10 S. BT-Drucks. 10/4514 S. 10, 22.
11 S. auch BGH FamRZ 1989, 483, 486; FamRZ 1986, 886, 889 = NJW 1986, 2832; OLG Hamm FamRZ 1995, 292.

nur beschränkt leistungsfähig, so kann aus Gründen der Gleichbehandlung nicht auf den angemessenen Selbstbehalt als Ersatzmaßstab zurückgegriffen werden, weil dem Unterhaltspflichtigen in diesem Fall selbst nur der billige Selbstbehalt[12] zusteht. Unterste Grenze ist gegebenenfalls das Existenzminimum. Verbessert sich später die Leistungsfähigkeit des Unterhaltspflichtigen, ist der Anspruch auf den angemessenen Unterhalt anzuheben.

138   Eine **Begrenzung nach oben** ergibt sich regelmäßig aus einer vorehelich ausgeübten oder erlernten beruflichen Tätigkeit. Soweit die Einkünfte hieraus höher liegen als die ehelichen Lebensverhältnisse, verbleibt es beim Maßstab des § 1578 Abs. 1 S. 1 BGB unter dem Gesichtspunkt des Nachteilsausgleichs.

c) Wahrung der Belange eines anvertrauten gemeinschaftlichen Kindes

139   Die in Abs. 1 S. 1 enthaltene Kinderschutzklausel (s. auch Rz. 135) war in §§ 1573 Abs. 5, 1578 Abs. 1 S. 2 BGB a.F. nicht enthalten, sondern wurde aus dem Einleitungssatz des § 1579 BGB übernommen. In § 1579 BGB hat die Kinderschutzklausel den Zweck, bei Vorliegen eines Härtegrundes nach Nr. 1-8 im Interesse des minderjährigen Kindes dem betreuenden Elternteil jedenfalls das Existenzminimum (notwendiger Selbstbehalt) zu belassen, damit dieser die Betreuungs- und Erziehungsaufgaben erfüllen kann und keine Erwerbstätigkeit zur Sicherung des eigenen Unterhalts ausüben muss.[13] Der wegen der Härtefälle in § 1579 BGB geltende strenge Maßstab kann aber im Rahmen des § 1578b Abs. 1, 2 BGB nicht eingreifen, so dass sich der Zweck der Kinderschutzklausel nicht ohne weiteres erschließt. Soweit es darum geht, dass der Betreuungsunterhalt nach § 1570 BGB im Verhältnis zum Unterhalt des minderjährigen Kindes, dessen Bedarf nach § 1610 Abs. 1, 2 BGB keiner Begrenzung unterliegt, nicht zu stark gesenkt werden soll, um ein zu starkes Einkommensgefälle zwischen dem betreuenden Elternteil und dem minderjährigen Kind zu vermeiden[14], ergibt sich bereits aus dem Ersatzmaßstab des *„angemessenen Unterhalts"*, dass ein Absenken unter den angemessenen Selbstbehalt nur im Mangelfall erfolgen kann (s. Rz. 137). Ferner betrifft die Kinderschutzklausel im Rahmen des § 1578b BGB nicht die Frage des Umfangs einer Erwerbsobliegenheit des ein minderjähriges Kind betreuenden Ehegatten, da sich dieser Maßstab aus § 1570 Abs. 1

---

12 S. hierzu BGH FamRZ 2006, 683; FamRZ 2005, 354; FamRZ 1990, 260, 262 – derzeit 1.000 €; so auch Düsseldorfer Tabelle (Stand 1.7.2007), FamRZ 2007, 1367 ff., Ziffer B IV.
13 S. BT-Drucks. 10/4514 S. 5, 20.
14 S. BT-Drucks. 16/1830 S. 19.

S. 2, 3 BGB ergibt; dies gilt auch in Bezug auf ein besonderes Betreuungsbedürfnis. Als Regelungszweck bleibt also nur, dass ein zu **starkes finanzielles Gefälle** zwischen dem minderjährigen Kind und dem nach § 1570 BGB unterhaltsberechtigten Ehegatten vermieden werden soll, weil ansonsten wegen der bestehenden **Bedarfsgemeinschaft** das minderjährige Kind die schlechte finanzielle Absicherung des betreuenden Elternteil mitzutragen hätte.

Die Kinderschutzklausel greift nur ein, wenn das gemeinschaftliche minderjährige Kind dem Berechtigten zur **Pflege oder Erziehung anvertraut** ist. Hierdurch soll sichergestellt werden, dass sich der Unterhalt Begehrende nur dann auf eine betreuungsbedingte Unterhaltsbedürftigkeit berufen kann, wenn eine gerichtliche oder einvernehmliche Sorgerechtsregelung nach § 1671 Abs. 2 Nr. 1 BGB erfolgt ist. Entsprechend gilt dies bei fortbestehender gemeinsamer elterlicher Sorge, wenn die Ehegatten einvernehmlich festlegen, dass sich das Kind bei einem Elternteil überwiegend oder ganz aufhält (§ 1687 Abs. 1 S. 2 BGB) und von diesem die Betreuungs- und Erziehungsaufgaben allein oder überwiegend[15] übernommen werden. Ferner greift die Kinderschutzklausel bei einem volljährigen behinderten Kind ein, soweit aufgrund des besonderen Betreuungsumfangs ein Anspruch nach § 1570 Abs. 1 S. 2 BGB besteht.

140

d) Ehebezogene Nachteile als Billigkeitsmaßstab

In Abs. 1 S. 2 wird der Maßstab zur Feststellung der Unbilligkeit einer Begrenzung des Unterhalts (der Höhe nach) konkretisiert. Ob und in welchem Umfang ein Unterhaltsanspruch zu begrenzen ist, wird davon abhängig gemacht, ob und in welchem Ausmaß dem Unterhalt Begehrenden *durch die Ehe* Nachteile entstanden sind, nicht für den eigenen Unterhalt sorgen zu können. Hierbei geht es aber nicht allein um die Frage, ob der Unterhalt Begehrende nach der Scheidung in der Lage ist, eine (angemessene) Erwerbstätigkeit i.S.d. §§ 1573 Abs. 1, 1574 BGB zu finden. Vielmehr ist insoweit auch zu prüfen, welchen beruflichen Werdegang der Unterhalt Begehrende ohne die Wirkungen der Ehe hätte nehmen können (im Sinne einer Prognose), also sich ohne Aufgabe einer beruflichen Tätigkeit eine günstigere Erwerbsbiografie hätte entwickeln können. Maßstab ist hierbei – wie in § 1574 Abs. 2 S. 1 BGB – die vor der Ehe erlangte Ausbildung bzw. vorhandene Fähigkeiten. Diese Prüfung schließt auch mit ein, dass nach der beruflichen Entwicklung trotz der Übernahme von Aufgaben in der Ehe keine ehebedingten Nachteile eingetreten sind. Dies ist jeweils konkret festzustellen.

141

---

15 Grundsätzlich also auch im Falle eines Wechselmodells.

142 Die in Abs. 1 S. 3 vorgenommene **Konkretisierung ehebezogener Nachteile**[16], die sich aus der Dauer der Pflege oder Erziehung eines gemeinschaftlichen Kindes, der Gestaltung von Haushaltsführung und Erwerbstätigkeit während der Ehe sowie der Dauer der Ehe ergeben können, verdeutlicht, dass bei den in § 1578b Abs. 1 BGB enthaltenen Billigkeitsgründen – anders als in den Härtefällen des § 1579 Nr. 3-7 BGB – nur **objektive Umstände** zu berücksichtigen sind. Soweit es um die Pflege oder Erziehung eines gemeinschaftlichen Kindes sowie die Übernahme von Aufgaben im gemeinsamen Haushalt – unter Verzicht auf eine Erwerbstätigkeit ganz oder teilweise – geht, liegt ein im engeren Sinn ehebedingter (kausaler) Billigkeitsgrund vor, der grundsätzlich einer Beschränkung des Anspruchs entgegen steht.[17] Hierbei spielt es vor allem in Bezug auf die Übernahme der Erziehung oder Pflege keine Rolle, ob diese zum Zeitpunkt der Scheidung bereits abgeschlossen ist oder angesichts des Alters der minderjährigen Kinder auch künftig erfolgt (also bei Bestehen eines Anspruchs nach § 1570 BGB). Allerdings bezieht sich dies nur auf ehebezogene Nachteile (s. hierzu Rz. 150).

143 Diesem Billigkeitsgrund gleichgestellt ist die **Dauer der Ehe** (zur Definition s. Rz. 151 f.). Der RegE[18] führt hierzu zutreffend aus, dass die Dauer der Ehe für sich gesehen nicht zwingend einen Nachteil wie etwa bei der Pflege oder Erziehung eines Kindes oder der Haushaltsführung in der Ehe zur Folge hat. Gleichwohl ist die Dauer der Ehe von Bedeutung, weil sich bei langer Ehedauer zwischen Ehegatten regelmäßig eine starke **Verflechtung** der **wirtschaftlichen und sozialen Beziehungen** ergibt, die in Bezug auf die berufliche Entwicklung zu einem Nachteil führen kann. Insoweit beinhaltet der Begriff „Dauer der Ehe" die Vermutung, dass sich aus dieser ein ehebezogener Nachteil ergeben kann (im Sinne einer indiziellen Wirkung). Regelmäßig tritt dieser aber durch Kinderbetreuung und -erziehung sowie Übernahme der Haushaltsführung ein, so dass sich aus dem Begriff der Dauer der Ehe in erster Linie ableiten lässt, dass auch zeitlich schon länger zurückliegende Nachteile im Sinne einer Gesamtschau zu berücksichtigen sind.

e) Sonstige Billigkeitsgründe

144 Die in § 1578b Abs. 1 S. 3 BGB aufgeführten Billigkeitsgründe sind nicht abschließend. Dies ergibt sich zunächst daraus, dass im Rahmen einer Billigkeitsabwägung grundsätzlich sämtliche in Betracht kommen-

---

16 Der RegE spricht enger von „*ehebedingten*" Nachteilen, s. BT-Drucks. 16/1830 S. 19.
17 Ähnlich *Büttner,* FamRZ 2007, 771, 773; enger *Schürmann,* FPR 2005, 492, 495; s. auch *Braeuer,* FamRZ 2006, 1489, 1494 f.
18 S. BT-Drucks. 16/1830 S. 19.

de Abwägungskriterien zu erfassen sind.[19] Ferner ergibt sich aus den in S. 3 enthaltenen Worten „*solche Nachteile können sich **vor allem** …*", dass die konkret benannten Billigkeitsgründe nicht ausschließlich gelten sollen. Sonstige Billigkeitsgründe können sich beispielsweise daraus ergeben, dass der Unterhaltsbedürftige für den Unterhaltspflichtigen besondere Leistungen erbracht hat, indem er in dessen Betrieb ohne Entgelt mitgearbeitet, ein voreheliches Kind oder ein Elternteil des Unterhaltspflichtigen betreut und erzogen, den Verpflichteten während einer schweren Krankheit gepflegt und versorgt, ihn bei seiner Ausbildung oder in seinem Betrieb mit eigenem Vermögen oder Einkünften in der Ehe unterstützt hat. Auch der Umstand, dass sich der Unterhalt Begehrende schon im **fortgeschrittenen Alter** und/oder einem **schlechten Gesundheitszustand** befindet, kann in die Billigkeitsabwägung einfließen. Anders als im RegE[20] wurden in den Beratungen zum UÄndG 1986 (zu § 1573 Abs. 5 BGB) solche Umstände ausdrücklich angesprochen.[21] Anhaltspunkte in systematischer Hinsicht, dass solche Umstände im Rahmen des § 1578b BGB unberücksichtigt bleiben, sind nicht ersichtlich.

Darüber hinaus sind im Rahmen der Billigkeitsabwägung auch die **wirtschaftlichen Verhältnisse** des Unterhaltspflichtigen zu berücksichtigen, auch soweit diese erst bei der Leistungsfähigkeit des Unterhaltspflichtigen nach § 1581 BGB zu beachten sind.[22] Hat der Unterhaltspflichtige in der Ehe beachtliche Verbindlichkeiten zu tilgen, die seine Leistungsfähigkeit herabsetzen, so ist es in der Regel im Interesse einer gleichmäßigen Lastenverteilung gerechtfertigt, die zeitliche Begrenzung nach § 1578b Abs. 2 BGB kürzer zu fassen; eine Begrenzung des Anspruchs der Höhe nach ergibt sich regelmäßig aus der eingeschränkten Leistungsfähigkeit. Umgekehrt können aber auch **gute wirtschaftliche Verhältnisse** des Unterhaltspflichtigen zu einer längeren Schonfrist im Rahmen der zeitlichen Befristung des Anspruchs führen, dagegen nicht eine dauerhafte Unterhaltslast begründen, falls nicht weitere Umstände wie eine lange Dauer der Ehe zusätzlich eine solche rechtfertigen (s. Rz. 143).

145

Schließlich kann als Billigkeitsgrund der Umstand herangezogen werden, dass der Unterhaltsbedürftige wegen der **neuen Ehe einen sicheren Unterhaltsanspruch** gegenüber dem geschiedenen Ehegatten aufgegeben oder einen Witwen-/Witwerrentenanspruch verloren hat (s. auch Rz. 158).

146

---

19 Zu § 1573 Abs. 5 BGB a.F. s. BGH FamRZ 2006, 1006, 1007; FamRZ 1990, 857, 860.
20 S. BT-Drucks. 16/1830 S. 19.
21 S. BT-Drucks. 10/2888 S. 18; *Johannsen/Henrich/Büttner*, § 1573 Rz. 39; eingehend *Schwab/Borth*, Teil IV Rz. 309.
22 Zu § 1573 Abs. 5 BGB a.F. s. BGH FamRZ 1988, 817, 820 = NJW 1988, 2109; *Hahne*, FamRZ 1986, 306, 309.

f) Keine Berücksichtigung eines Trennungsverschuldens

147 Verschuldensmomente des Unterhalt begehrenden Ehegatten, die während oder nach der Ehe entstanden sind, bleiben dagegen bei der Billigkeitsprüfung nach § 1578b BGB außer Betracht. Die Bestimmung des § 1579 BGB erfasst abschließend ein eheliches Fehlverhalten; Verschuldensgesichtspunkte sind deshalb nur im Rahmen und in den Grenzen dieser Bestimmung zu berücksichtigen.[23]

g) Berücksichtigung von Vermögen des Unterhaltsbedürftigen

148 Auch soweit dem Unterhalt Begehrenden **Vermögensrechte** zustehen, die unter den Voraussetzungen des § 1577 Abs. 1, 3 BGB zu berücksichtigen sind, kommt diesem Umstand keine besondere Bedeutung zu. Weder der Wortlaut des Gesetzes noch die Begründung lassen erkennen, dass Vermögensanrechte über die Regelung des § 1577 BGB hinaus zu beachten sind. Ist allerdings die Übergangszeit kurz bemessen, kann der unterhaltsbedürftige Ehegatte bei einem höheren Kapitalbetrag im Rahmen der Abwägung nach § 1577 Abs. 3 BGB auf die Inspruchnahme des Vermögensstammes verwiesen werden.

h) Nacheheliche Solidarität als Billigkeitsgrund

149 § 1578b Abs. 1 BGB erfasst auch Billigkeitsgesichtspunke, in denen es nicht um den Ausgleich ehebedingter Nachteile, sondern um **weitere Billigkeitserwägungen** geht, die nicht ursächlich auf die Wirkungen der ehelichen Lebensgemeinschaft zurückzuführen sind. Der RegE[24] benennt hierzu ausdrücklich den Fall der Erkrankung eines Ehegatten, die unabhängig von der Ehe eingetreten ist. Angesprochen wird hiermit die Sachlage, dass ein Ehegatte während der Ehe über längere Zeit hinweg aufgrund der Gestaltung der ehelichen Lebensgemeinschaft keine berufliche Tätigkeit ausgeübt hat, so etwa in Form der Übernahme der Haushaltsführung oder der unentgeltlichen Mitarbeit im Betrieb des anderen Ehegatten, also in dieser Phase auf eine berufliche Tätigkeit verzichtet und deshalb auch keine eigene soziale Absicherung erlangt und (insbesondere nach längerer Ehedauer) im Zeitpunkt der Scheidung – auch nach längerer Trennungszeit – dieser Ehegatte erkrankt ist und deshalb einer Erwerbstätigkeit nicht (mehr) nachgehen kann (§ 1572 BGB). Entsprechendes gilt, wenn ein Ehegatte in einem solchen Fall – auch im Hinblick auf

---

23 BT-Drucks. 10/4514 S. 21 f.; BGH FamRZ 1986, 886, 888 = NJW 1986, 2632 f.
24 BT-Drucks. 16/1830 S. 19; s. auch *Büttner*, FamRZ 2007, 771, 772.

dessen fortgeschrittenes Alter – eine Erwerbstätigkeit nicht mehr findet, so dass ein Anspruch nach § 1573 Abs. 1 BGB gegeben ist (in solchen Fällen ist allerdings die Abgrenzung zu einem ehebedingten Nachteil schwierig). Bei solchen Sachlagen kann aufgrund der Art der Gestaltung der ehelichen Lebensverhältnisse der Billigkeitsgrund der nachehelichen Solidarität eingreifen (eingehend Rz. 159). Umgekehrt kann aus diesem Grundsatz nicht zwingend entnommen werden, dass im Falle einer bei Eheschließung vorliegenden Krankheit eine dauerhafte Verantwortung für den Unterhalt des Ehegatten übernommen wird (s. Rz. 159 f.).

i) Ausgleich ehebezogener Nachteile

Nach dem Wortlaut des Abs. 1 S. 2 geht es bei der Billigkeitsabwägung nicht nur um die Frage, ob ehebezogene Nachteile eingetreten sind, sondern um deren Umfang; dies folgt aus den Worten „*inwieweit durch die Ehe*". Konkret bedeutet dies, dass nur im Umfang des durch die Übernahme von Pflichten in der Ehe, die einer beruflichen Tätigkeit entgegenstehen oder aufgrund der Führung der ehelichen Lebensgemeinschaft entstanden sind, ein Nachteilsausgleich stattfindet. Dies führt in der Regel dazu, dass diejenigen Nachteile, die im Falle der Fortführung einer zu Beginn der Ehe ausgeübten und danach aufgegebenen beruflichen Tätigkeit entstanden sind, ausgeglichen werden, nicht aber ein darüber hinausgehender Unterhalt (zu entsprechenden Beispielen s. Rz. 154). Entsprechendes gilt bei einer vor oder in der Ehe erlangten beruflichen Ausbildung, der erlernte Beruf jedoch wegen der Ehe nicht aufgenommen wurde.

150

j) Dauer der Ehe

Bereits der in § 1573 Abs. 5 BGB a.F. enthaltene Begriff der Dauer der Ehe enthält keine Anhaltspunkte, in welcher Weise dieser in zeitlicher Hinsicht auszulegen ist. Eine Festlegung unterblieb im Hinblick auf die Besonderheiten des Einzelfalls. Entsprechend hat es auch der BGH[25] unter Hinweis auf Sinn und Zweck des § 1573 Abs. 5 BGB a.F. abgelehnt, den Begriff der „*Dauer der Ehe*" als Billigkeitsgesichtspunkt im Sinne einer konkreten Zeitgrenze zu bestimmen[26], von der ab der Unterhaltsanspruch grundsätzlich keiner zeitlichen Begrenzung mehr unterliegt. Dies gilt gleichermaßen in Bezug auf den in Abs. 1 S. 3 enthaltenen Begriff der Dauer der Ehe. Dieser steht gleichrangig neben den Billigkeitsgesichts-

151

---

25 BGH FamRZ 2006, 1006, 1007; FamRZ 2007, 200 m. Anm. *Büttner;* FamRZ 1991, 307, 310.
26 So *Eyrich,* FamRZ 1984, 994, Anm. 40; *Hahne,* FamRZ 1985, 113, 115; FamRZ 1986, 305, 306.

punkten der Pflege oder Erziehung eines gemeinschaftlichen Kindes sowie der Gestaltung der Haushaltsführung und ist deshalb im Rahmen einer Gesamtabwägung zu verstehen, zumal neben den in Abs. 1 S. 3 ausdrücklich benannten Billigkeitsgründen auch sonstige Umstände zu berücksichtigen sind (s. hierzu Rz. 144).

Danach ist wie folgt abzugrenzen:

(1) Liegen **fortwirkende ehebedingte Nachteile** vor, scheidet eine zeitliche Befristung auch bei einer **kurzen Ehedauer** aus. Ergibt sich umgekehrt der Einkommensunterschied nicht aus ehebedingten Nachteilen, ist eine Befristung bei langer Ehedauer nicht von vornherein ausgeschlossen, kann aber unter Berücksichtigung des Alters des Ehegatten unzumutbar sein, wenn sich dieser auf einen höheren Lebensstandard eingestellt hat.[27] Dies scheidet i.d.R. aus, wenn der Ehegatte bei Scheidung das 50. Lebensjahr noch nicht erreicht hat.

(2) Die Prüfung des **Eintritts ehebedingter Nachteile** i.R. des § 1578b Abs. 1 S. 2, 3 BGB ist zum Maßstab der Begrenzung des Anspruchs nach § 1573 Abs. 2 BGB zu nehmen,[28] nicht dagegen die (lange) Dauer der Ehe. § 1578b Abs. 1 S. 2, 3 BGB sieht eine feste Zeitgrenze nicht vor. Der BGH hat dies bereits aus den Begriffen „*Gestaltung von Haushaltsführung und Erwerbstätigkeit*" sowie „*Berücksichtigung der Dauer der Ehe*" zu § 1573 Abs. 5 BGB a.F. angenommen, die den Begriffen in § 1578b Abs. 1 S. 2, 3 BGB entsprechen. Eine **lebenslange Teilhabe am ehelichen Lebensstandard** ist danach nur bei einer sehr langen Ehedauer anzuerkennen, wenn der unterhaltsberechtigte Ehegatte erhebliche berufliche Nachteile um der Ehe willen auf sich genommen hat. Insoweit ist eine **Prognose anzustellen**, welcher konkrete berufliche Aufstieg dem Unterhaltsberechtigten entgangen ist. Diese Prüfung erfolgt im Rahmen des § 1574 Abs. 2 BGB.

(3) Ferner kann unter **Berücksichtigung des Alters des bedürftigen Ehegatten** es unzumutbar sein, sich dauerhaft auf den niedrigeren Lebensstandard i.S. des § 1578b Abs. 1 S. 1BGB (Ersatzmaßstab sind die eigenen Lebensverhältnisse vor der Ehe) einstellen zu müssen.[29]

(4) Tritt nach Wiederaufnahme einer früher ausgeübten beruflichen Tätigkeit ein **ehebedingter Nachteil in der Erwerbsbiografie nicht ein**, so ist auch bei einer längeren Ehedauer eine zeitliche Begrenzung des Unterhalts nach § 1578b Abs. 1 S. 2, 3 BGB möglich.[30]

---

27 BGH FamRZ 2006, 1006.
28 BGH FamRZ 2007, 200, 203.
29 BGH FamRZ 2006, 1006, 1007.

Konkret hat der BGH den Aufstockungsunterhalt nach 13-jähriger Ehe (1973 – 1986, danach Betreuung gemeinsamer Kinder bis 1995) bis Ende 2006 begrenzt. Die Ehefrau übt seit 1995 wieder eine Beschäftigung als kaufmännische Angestellte aus.

(5) Umgekehrt scheidet im Falle fortwirkender ehebedingter Nachteile zulasten des Unterhaltsberechtigten eine zeitliche Begrenzung des Unterhalts nach § 1578b Abs. 1 S. 2, 3 BGB auch bei einer kurzen Ehedauer aus.[31]

(6) **Rechtsfolge**: Scheidet ein Nachteilsausgleich aus, kann der Unterhalt sofort oder nach einer Übergangszeit auf den **Ersatzmaßstab des § 1578b Abs. 1 S. 1 BGB**, das sind die Verhältnisse ohne Einwirkungen der Ehe, auf den angemessenen Lebensbedarf herabgesetzt werden.

Bei der **Bestimmung der Ehedauer** ist – wie bei §§ 1579 Nr. 1, 1578b BGB – die Zeit zwischen Eheschließung und der Rechtshängigkeit des Scheidungsantrags, der zur Auflösung der Ehe führt, maßgebend.[32] Hierbei ist es grundsätzlich unbeachtlich, ob die Ehegatten bis zu der Zustellung des Scheidungsantrags zusammengelebt haben, so dass auch ein längeres Getrenntleben sich auf die Bestimmung der Ehedauer grundsätzlich niederschlägt. Haben die Ehegatten vor der Ehe bereits längere Zeit zusammengelebt, erhöht diese Zeit nicht die Dauer der Ehe;[33] allerdings kann dieser Umstand bei den sonstigen Billigkeitsmomenten zu beachten sein, wenn sich z. B. die Ehegatten bereits vor Eheschließung in der Gestaltung ihrer Lebensverhältnisse in eine starke gegenseitige Abhängigkeit begeben und diese in der Ehe fortgesetzt haben. Heiraten geschiedene Ehegatten erneut, so zählt nur die Dauer ihrer zweiten Ehe;[34] allerdings kann auch insoweit ein bereits in der ersten Ehe eingetretener Umstand, der zu einem dauerhaften Anspruch führt und sich in der zweiten Ehe fortsetzt, als sonstiger Umstand beachtlich sein.

---

30 BGH FamRZ 2007, 793, 799 = FamRB 2007, 162; OLG Koblenz FamRZ 2007, 833 – Ehedauer 25 Jahre.
31 BGH FamRZ 2006, 1006; FamRZ 2007, 1232, 1236 – Ehedauer 20 Jahre – Erkrankung in der Ehe.
32 BGH FamRZ 1986, 886, 888 = NJW 1986, 2832; s. auch *Brudermüller*, FamRZ 1998, 649, 652.
33 OLG Düsseldorf FamRZ 1992, 951.
34 *Hahne*, FamRZ 1986, 307; a.A. *Liebl-Blittersdorff/Schöfer-Liebl*, FamRZ 1989, 1241, 1247.

3. Zeitliche Begrenzung des Anspruchs

153 § 1578b Abs. 2 BGB sieht – parallel zur Herabsetzung des Anspruchs nach Abs. 1 – unter denselben tatbestandlichen Voraussetzungen wie nach § 1578b Abs. 1 BGB – die zeitliche Begrenzung eines Unterhaltsanspruchs vor. Die Grundlagen sowie die einzelnen Abwägungskriterien sind dieselben wie in Abs. 1. Die Begrenzung des Unterhaltsanspruchs in zeitlicher Hinsicht hängt deshalb in erster Linie von der Art des nachehelichen Unterhaltsanspruchs, insoweit aber auch von sonstigen Billigkeitsgründen ab (s. hierzu Rz. 144).

4. Vorschläge zur Begrenzung des Unterhalts bei Verbindung beider Regelungen

154 Abs. 3 sieht – vergleichbar dem Zusammenwirken von § 1573 Abs. 5 BGB a.F. sowie § 1578 Abs. 1 S. 2 BGB a.F. – eine Verbindung beider Begrenzungsmöglichkeiten vor. Während die Regelung des § 1573 Abs. 5 BGB a.F. in der Regel eine gestaffelte Herabsetzung vorsah, ausgehend von dem vollen Unterhalt nach § 1578 Abs. 1 S. 1 BGB, lässt die Neuregelung eine Mischung beider Begrenzungsmöglichkeiten zu. Dies soll anhand eines praktischen Beispiels dargestellt werden.

(1) **Gestaltungsmöglichkeit bei Unterhalt nach § 1573 Abs. 1, 3 BGB im Anschluss an ausgelaufenen Betreuungsunterhalt nach § 1570 BGB**

Daten:
- Unterhalt nach § 1578 Abs. 1 S. 1 BGB   1.100 €
- angemessener Lebensbedarf i.S.d. § 1578b Abs. 1 S. 1 BGB   900 €
- damit Aufstockungsunterhalt nach § 1573 Abs. 2 BGB   200 €

Ab Rechtskraft der Scheidung wird der Unterhalt für die Dauer von einem Jahr in Höhe von 1.100 € danach in Höhe von 900 € zugesprochen.

Anmerkung:
Eine solche Lösung ist vor allem dann geboten, wenn ungewiss ist, ob der Unterhaltsbedürftige angesichts seiner persönlichen Verhältnisse (Alter, Gesundheitszustand im Sinne des § 1574 Abs. 2 S. 1 BGB) auf absehbare Zeit eine Erwerbstätigkeit finden kann. Auch bei unbegrenzter Gewährung eines Unterhalts verbleibt es nach § 1573 Abs. 1 BGB bei einer fortlaufenden Obliegenheit, sich um eine Erwerbstätigkeit zu bemühen. Der Aufstockungsunterhalt nach § 1573 Abs. 2 BGB entfällt damit nach Ablauf von einem Jahr; er könnte grundsätzlich auch sofort versagt werden.

(2) **Gestaltungsmöglichkeit bei Anspruch nach § 1573 Abs. 1 BGB ohne vorherige Kindesbetreuung**

Daten:

Ehedauer sechs Jahre; Ehefrau hat während der Ehe in unregelmäßigen Abständen eine geringfügige Beschäftigung ausgeübt (auf 400 € Basis); vor der Eheschließung hat die Ehefrau vollschichtig gearbeitet und monatlich etwa 900 € verdient.

Anmerkung:
In diesem Fall kann angesichts einer verhältnismäßig kurzen Ehedauer der Unterhaltsanspruch sofort auf den angemessenen Lebensbedarf i.S.d. § 1578b Abs. 1 S. 1 BGB, also auf monatlich 900 € herabgesetzt und auf zwei Jahre befristet werden.

IV. Auswirkungen des § 1578b BGB auf die einzelnen Unterhaltstatbestände

1. Betreuungsunterhalt nach § 1570 BGB

In Bezug auf den Betreuungsunterhalt stellt sich die Frage, ob überhaupt ein Begrenzungstatbestand nach § 1578b Abs. 1, 2 BGB gerechtfertigt ist, da die Belange eines dem Berechtigten anvertrauten Kindes zu wahren sind und durch die Betreuung berufliche Nachteile eintreten können. Was die zeitliche Begrenzung nach § 1578b Abs. 2 BGB angeht, so ergibt sich diese bereits aus § 1570 Abs. 1 S. 1 BGB selbst[35], so dass § 1578b Abs. 2 BGB **keine gesonderte Funktion** zukommt; erst recht gilt dies in Bezug auf den neu eingeführten Abs. 1 S. 2, 3. Der Begrenzung des Anspruchs **der Höhe nach** könnte entgegenstehen, dass der ein gemeinsames Kind betreuende Ehegatte über den Zeitpunkt hinaus aus der Ehe herrührende Pflichten erfüllt, die es rechtfertigen, ihn bis zur Beendigung der Betreuung und Erziehung an dem in der ehelichen Lebensgemeinschaft erreichten Lebensstandard teilhaben zu lassen. Schränkt man allerdings den Teilhabegedanken ein und **reduziert den Anspruch auf den Nachteilsausgleich** im Sinne des § 1578b Abs. 1 S. 2, 3 BGB, so wäre eine Herabsetzung des Anspruchs auf den angemessenen Lebensbedarf vorzunehmen, also festzustellen, in welcher Höhe der Unterhaltsbedürftige Einkünfte erzielen könnte, so dass in Höhe dieses Einkommens (netto nach Abzug der berufsbedingten Aufwendungen und des Erwerbstätigenbonus) ein Unterhaltsanspruch gegeben wäre. Welcher Lösung man folgt, ergibt sich unmittelbar aus dem Gesetz nicht. Der Anspruch nach § 1570 BGB ist nach seiner Konzeption (s. Rz. 165) nur auf den Ausgleich einer betreuungsbedingten Bedürftigkeit ausgerichtet („... *wegen der Pflege oder Erziehung* ..."); hieraus könnte abgeleitet werden, den Anspruch sofort auf den angemessenen Lebensbedarf im Sinne des Ersatzmaßstabes zu begrenzen (zur Berechnung s. Rz. 154). Allerdings lässt die Billigkeitsabwägung auch eine differenzierte Lösung zu; insbesondere kann berücksichtigt werden, dass die Betreuung eines gemeinsamen Kindes nach Scheidung der Ehe die Übernahme einer aus der Ehe herrührenden Pflicht darstellt, was die Beibehaltung des ehelichen Lebensstandards rechtfertigt. Dies spricht dafür, insbesondere bei einer längeren Ehedauer und mehre-

155

---

35 So bereits *Schwab*, FamRZ 2005, 1417, 1419.

ren zu betreuenden Kinder, für eine befristete Zeit den vollen Unterhalt nach § 1578 Abs. 1 S. 1 BGB zuzubilligen und erst nach Beendigung des (Teil-)Anspruchs aus § 1570 Abs. 1, 2 BGB diesen auf den Ersatzmaßstab herabzusetzen.

2. Unterhalt wegen Alters nach § 1571 BGB

156 Hinsichtlich des Unterhalts wegen Alters nach § 1571 BGB ist zu differenzieren. Liegt eine **Ehe von langer Dauer** vor, in der der bedürftige Ehegatte – in der Regel die Ehefrau – zu Beginn der Ehe zunächst die gemeinsamen Kinder betreut und erzogen und danach den gemeinsamen Haushalt geführt hat, ohne in der langjährigen Ehe eine berufliche Tätigkeit aufgenommen zu haben, und kann diesem angesichts seines Alters und einer fehlenden qualifizierenden Berufsausbildung eine Erwerbstätigkeit nicht mehr zugemutet werden, stellt sich die Frage, ob der unterhaltsbedürftige Ehegatte auf einen Nachteilsausgleich im Sinne des § 1578b Abs. 1 S. 2, 3 BGB verwiesen werden kann (eine zeitliche Befristung nach § 1578b Abs. 2 BGB scheidet in einem solchen Fall regelmäßig aus). Haben in **langjähriger Ehe gute wirtschaftliche Verhältnisse** vorgelegen, ist die Herabsetzung auf den Ersatzmaßstab des § 1578b Abs. 1 S. 1 BGB regelmäßig unbillig, weil im Falle einer langjährigen Teilhabe an dem gehobenen Lebensstandard und der sich daraus ergebenden sozialen und persönlichen Verflechtungen die Herabsetzung für einen solchen Ehegatten unzumutbar sein kann. § 1578b Abs. 1 S. 1 BGB ist nicht in der Weise zu interpretieren, dass der Unterhalt gemäß § 1578 Abs. 1 S. 1 BGB generell nach § 1578b Abs. 1 S. 1 BGB herabzusetzen ist; das Gesetz lässt vielmehr die Beibehaltung eines in der Ehe erreichten Lebensstandards weiter zu.

157 Eine Begrenzung des Unterhalts nach § 1571 BGB ist aber insbesondere dann zu prüfen, wenn zwar keine kurze Dauer der Ehe i.S.d. § 1579 Nr. 1 BGB vorliegt, die Ehe andererseits aber **auch nicht den Bereich einer sehr langen Dauer** erreicht; solche Fälle ergeben sich insbesondere, wenn eine Altersehe eingegangen wird, diese aber nach wenigen Jahren scheitert. In einem solchen Fall ist die Gewährung des Unterhalts nach den ehelichen Lebensverhältnissen gemäß § 1578 Abs. 1 S. 1 BGB regelmäßig nach § 1578b Abs. 1, 2 BGB zu begrenzen; dies entspricht dem Normzweck des § 1578b BGB, die nacheheliche Solidarität im Falle des § 1571 BGB begrenzen zu können. Es besteht deshalb auch kein Wertungswiderspruch, dass § 1571 BGB auch im Falle einer Altersehe eingreift. Hat der Unterhaltsbedürftige aufgrund eigener Rentenanrechte (durch berufliche Tätigkeit und/oder den Versorgungsausgleich aus vorangegangener geschiedener Ehe) und vorhandenen Vermögens insgesamt

Einkünfte, die dem angemessenen Lebensbedarf i.S.d. § 1578b Abs. 1 S. 1 BGB entsprechen, ist die Herabsetzung auf den Ersatzmaßstab regelmäßig nicht unbillig, zumal in solchen Fällen ein ehebedingter Nachteil aufgrund der Wirkungen der ehelichen Lebensgemeinschaft nicht eintritt. Je nach Sachlage kann der Differenzbetrag zwischen dem Unterhalt nach § 1578 Abs. 1 S. 1 BGB und dem Ersatzmaßstab nach § 1578 Abs. 1 S. 1 BGB für eine kurze Zeit gemäß § 1578b Abs. 2 BGB befristet werden.

Verliert dagegen ein bereits geschiedener Ehegatte durch die Eheschließung seinen nachehelichen Unterhaltsanspruch gegen den geschiedenen Ehegatten aus vorangegangener Ehe oder entfällt durch die Eheschließung ein Anspruch auf Witwen-/Witwerrente, ist im Rahmen der Billigkeitsprüfung des § 1578b Abs. 1 S. 2 BGB dieser **Nachteil** zu berücksichtigen, weil neben dem in Satz 3 genannten Grund auch weitere Billigkeitsgesichtspunkte maßgebend sein können (s. Rz. 144). Insoweit ist hinsichtlich einer zeitlichen Befristung zu prüfen, ob der Unterhalt nach § 1571 BGB so lange geschuldet wird, bis die Witwen-/Witwerversorgung wieder auflebt (s. §§ 107 i.V.m. 46 Abs. 3, 243 Abs. 4 SGB VI; § 61 Abs. 3 BeamtVG) oder im Falle eines Altersunterhalts vor der festen Altersgrenze (65. Lebensjahr) die spätere eigene Altersversorgung einen angemessenen Lebensbedarf sichert. Gegebenenfalls ist dann der Anspruch bis zum Bezug solcher Einkünfte nach § 1578b Abs. 2 BGB zu befristen.

3. Unterhalt wegen Erkrankung oder Gebrechen nach § 1572 BGB

Besteht ein Unterhalt wegen Erkrankung oder Gebrechen nach § 1572 BGB, so ist die sich hieraus ergebende Bedürftigkeit, obwohl nicht ehebedingt, aus dem Gesichtspunkt der nachehelichen Solidarität im Rahmen der Begrenzung des Unterhalts nach § 1578b BGB grundsätzlich als Billigkeitsgrund zu berücksichtigen (s. hierzu Rz. 149). Liegt eine lange Ehedauer vor, ergeben sich dieselben Abwägungsfragen wie im Falle des Anspruchs nach § 1571 BGB (s. Rz. 156 ff.). Insbesondere ist festzustellen, ob und in welchem Umfang der Ehegatte vor Eintritt der Erkrankung Aufgaben in der ehelichen Lebensgemeinschaft i.S.d. § 1578b Abs. 1 S. 3 BGB übernommen hatte. Diese Sicht rechtfertigt sich auch aus dem Einsatzzeitpunkt des § 1572 Nr. 2 BGB, aus dem sich der Unterhalt nach § 1572 BGB auch dann ergibt, wenn im Zeitpunkt der Pflege oder Erziehung eines gemeinschaftlichen Kindes wegen Krankheit eine Erwerbstätigkeit nicht ausgeübt werden kann.

Schwieriger ist die Billigkeitsabwägung, wenn eine **kürzere Ehedauer** vorliegt und der Ehegatte vor oder während einer eingetretenen Erkrankung keine gemeinsamen Kinder gepflegt oder erzogen und auch keine sonstige ehebedingte Bedürftigkeit vorliegt. In besonderem Maße gilt dies, wenn bei Eheschließung bereits eine Erkrankung vorliegt. Auch in diesem Fall besteht ein Anspruch nach § 1572 BGB, weil dieser Tatbestand keinen kausalen Zusammenhang zwischen Ehe und Bedürftigkeit verlangt und auch bei Vorliegen einer unerkannten vorehelichen Erkrankung nicht die Härteklausel nach § 1579 Nr. 8 BGB eingreift, da diese Bestimmung die Zwecksetzung des § 1572 BGB nicht verändern kann.[36] Liegt eine Ehe von kurzer Dauer i.S.d. § 1579 Nr. 1 BGB vor, kann nach dieser vorgreiflichen Härteklausel eine Beschränkung, Befristung oder Versagung des Unterhalts erfolgen (s. Rz. 185, 190). Wird dieser Zeitraum überschritten, ist die Begrenzung nach § 1578b BGB möglich. Liegen keine ehebedingten Nachteile vor, ist je nach Sachlage eine Befristung und/oder eine Begrenzung der Höhe nach möglich. Insoweit ist in die Billigkeitsabwägung jedoch auch einzubeziehen, ob der Unterhaltsbedürftige einen bei Eingehen der Ehe bestehenden Unterhalts- oder Versorgungsanspruch aufgegeben hat (s. hierzu Rz. 158).

4. Unterhalt wegen Erwerbslosigkeit

161   Hat ein Ehegatte vor Eintritt der Voraussetzungen des § 1573 Abs. 1 BGB gemeinsame Kinder betreut oder über viele Jahre hinweg den gemeinsamen Haushalt geführt, ohne während dieser Zeit eine berufliche Tätigkeit aufgenommen zu haben, so sind diese Umstände jedenfalls unter dem Billigkeitsgesichtspunkt der Dauer der Ehe i.S.d. § 1578b Abs. 1 S. 3 BGB zu berücksichtigen; soweit gemeinsame Kinder betreut wurden, auch der Billigkeitsgrund der Dauer der Pflege oder Erziehung. Eine Befristung des Unterhalts nach § 1578b Abs. 2 BGB wird in einem solchen Fall regelmäßig ausscheiden, zumal trotz der Unterhaltsgewährung die Obliegenheit zur Erlangung einer Erwerbstätigkeit fortbesteht. Die Begrenzung des Anspruchs auf den Ersatzmaßstab nach § 1578b Abs. 1 S. 1 BGB ist in einem solchen Fall grundsätzlich möglich, weil dem Unterhaltsberechtigten im Regelfall der angemessene Selbstbehalt zugebilligt wird. Liegt eine sehr lange Ehedauer vor, kann jedoch der Grundsatz der Teilhabe im Rahmen der Billigkeitsabwägung vorrangig sein.

162   Ist die **Erwerbslosigkeit eines Ehegatten** nicht auf die Wirkungen der Ehe zurückzuführen, hängt eine Begrenzung des Unterhalts wesentlich von der Dauer der Ehe ab. Auch insoweit sind verschiedene Sachverhaltsvarianten möglich. Soweit der bedürftige Ehegatte in der Ehe einige Zeit berufstätig war, während der Ehe aber seinen Arbeitsplatz verloren hat und in einem solchen Fall der Billigkeitsgrund der (langen) Dauer der

---

36 BGH FamRZ 1996, 1272; FamRZ 1995, 1405 f.; FamRZ 1994, 556.

Ehe i.S.d. § 1578b Abs. 1 S. 3 BGB nicht eingreift, ist regelmäßig eine Begrenzung nach § 1578b Abs. 1, 2 BGB vorzunehmen. Diese kann – wie nach §§ 1573 Abs. 5, 1578 Abs. 1 S. 2 BGB a.F. – zeitlich gestaffelt zunächst in Form der Herabsetzung auf den Ersatzmaßstab des § 1578b Abs. 1 S. 1 BGB und gleichzeitig in Form einer Befristung nach § 1578b Abs. 2 BGB erfolgen. Möglich ist es ferner, den Anspruch nur zu befristen, nicht aber herabzusetzen.

5. Aufstockungsunterhalt

Der Aufstockungsunterhalt nach § 1573 Abs. 2 BGB ist durch die Begrenzung des § 1578b Abs. 1 BGB am stärksten betroffen, soweit sich dieser allein aus der Differenz des erzielten Einkommens des Unterhalt Begehrenden und des Unterhaltspflichtigen ergibt. In diesem Fall greift der **Gesichtspunkt des Nachteilsausgleichs** nach § 1578b Abs. 1 S. 2, 3 BGB nicht ein; der Anspruch beruht ausschließlich auf der **Lebensstandardgarantie**.[37] Soweit keine Ehe von langer Dauer im Sinne des Billigkeitsgrundes nach § 1578b Abs. 1 S. 3 BGB vorliegt, ist regelmäßig die Herabsetzung auf den angemessenen Lebensbedarf nach dem Normzweck des § 1578b Abs. 1 S. 1 BGB vorzunehmen. Wird diese aus den eigenen Einkünften des Unterhalt Begehrenden abgeleitet, entfällt bereits hierdurch ein Anspruch, weil eine Bedürftigkeit i.S.d. § 1577 Abs. 1 BGB in Bezug auf den Ersatzmaßstab entfällt. Liegt das Einkommen unterhalb des Ersatzmaßstabes, ist der Anspruch regelmäßig nach § 1578b Abs. 2 BGB zeitlich zu befristen, wenn nicht die Voraussetzungen des Nachteilsausgleichs vorliegen (s. Rz. 164), weil auch bei dieser Sachlage der Grundsatz der Eigenverantwortung nach § 1569 S. 1 BGB eingreift.

163

Der Aufstockungsunterhalt gemäß § 1573 Abs. 2 BGB kann sich jedoch aus dem **Gesichtspunkt des Nachteilsausgleichs** ergeben. Findet ein Ehegatte, der in der Ehe die gemeinschaftlichen Kinder betreut sowie den gemeinsamen Haushalt geführt hat, nach der Trennung und Scheidung keine berufliche Tätigkeit, die dem Einkommensniveau entspricht, das dieser Ehegatte ohne Aufgabe seines erlernten Berufes erlangt hätte, und kann er – ohne Verletzung der sich aus § 1574 Abs. 1, 2 BGB ergebenden Erwerbsobliegenheit – nur eine wesentlich geringer vergütete Erwerbstätigkeit finden, so liegt in diesem Teil des Aufstockungsunterhalts, also der Differenz zwischen dem tatsächlich erzielten und dem bei Fort-

164

---

37 S. hierzu BVerfG FamRZ 1993, 171; BVerfGE 57, 361, 389 = FamRZ 1981, 745, 750 = NJW 1981, 1771.

führung der früher erlernten oder ausgeübten beruflichen Tätigkeit erzielbaren Einkommen ein Nachteilsausgleich i.S.d. § 1578b Abs. 1 BGB.[38]

> **Beispiel:**
> Der bedürftige Ehegatte erzielt aus einer beruflichen Tätigkeit 900 €; hätte er aus einer Anstellung in seinem besser qualifizierten Beruf ein Einkommen von monatlich 1.600 € erzielen können, so beträgt der Aufstockungsunterhalt 700 €.

In diesem Fall ist es nicht unbillig, dem Unterhalt Begehrenden den Aufstockungsunterhalt zuzubilligen. Beträgt der Unterhalt nach den ehelichen Lebensverhältnissen monatlich 2.000 € ist dieser Teil des Aufstockungsunterhalts aus der Differenz von 2.000 € und 1.600 € dagegen aus dem Grundsatz der Teilhabe am ehelichen Lebensstandard gegeben; er unterliegt deshalb grundsätzlich der Begrenzung nach § 1578b Abs. 1, 2 BGB.

6. Abgrenzung des Aufstockungsunterhalts vom Betreuungsunterhalt

Betreut der geschiedene Ehegatte ein gemeinsames Kind, so kann er nach § 1570 Abs. 1 S. 1, 2 BGB wegen der Pflege oder Erziehung des Kindes Unterhalt verlangen. Aus dem in S. 2 enthaltenen Begriff „solange und soweit" ist zu entnehmen, dass der Unterhalt (nur) im Umfang eines ohne die Betreuungsleistungen erzielbaren Einkommens besteht. Übersteigen die ehelichen Lebensverhältnisse i.S.d. § 1578 Abs. 1 S. 1 BGB die erzielbaren Einkünfte des betreuenden Ehegatten, liegt insoweit **kein Betreuungsunterhalt**, sondern ein Aufstockungsunterhalt nach § 1573 Abs. 2 BGB vor. Der BGH hat deshalb wiederholt darauf hingewiesen, dass die Konkurrenz mehrerer Ansprüche nach den §§ 1570-1573 BGB in einer Entscheidung oder einem Vergleich im Hinblick auf deren spätere Abänderbarkeit[39] und der unterschiedlichen Darlegungs- und Beweislast,[40] der unterschiedlichen Dauer der Ansprüche sowie deren Begrenzungsmöglichkeit[41] und der unterschiedlichen Regelung der Anschlusstatbestände konkret aufgeführt werden muss und deshalb nicht offen bleiben darf, aus welchen Tatbeständen sich der Unterhalt ergibt. Dies gilt in gleicher Weise bei der Begrenzungsregelung des § 1578b BGB.

---

38 S. hierzu auch BGH FamRZ 2004, 601, 605 f. (mit Anm. *Borth*) – dort Nachteilsausgleich im Rahmen der Ausübungskontrolle von Eheverträgen; FamRZ 2005, 455 zum Versorgungsausgleich.
39 BGH FamRZ 1994, 228 f.
40 BGH FamRZ 1990, 496 = NJW 1990, 2752.
41 BGH FamRZ 2001, 986, 991 – Entscheidung zur Differenz-/Additionsmethode.

Beispiel:

I. Daten

Einkommen des Unterhaltspflichtigen (bereinigt um 1/7 bzw. 5 % sowie 10 %):	2.300 €
Einkommen des Unterhaltsberechtigten aus Teilzeitbeschäftigung (50%) wegen Betreuung eines achtjährigen Kindes (Betreuungsaufwand berücksichtigt, bereinigt um 1/7 bzw. 5 % sowie 10 %):	700 €
Bei voller Erwerbstätigkeit beliefe sich das Einkommen auf 1.300 €[42]	

II. Bestimmung des Anspruchs

Bedarfsbasis	2.300 € + 700 €	=	3.000 €
Bedarf im Sinne des § 1578 Abs. 1 S. 1 BGB	3.000 € : 2	=	1.500 €
Bedürftigkeit nach § 1577 Abs. 1 BGB	1.500 € − 700 €	=	800 €

(oder: [2.300 € − 700 € = 1.600 €] : 2 = 800 €)

Hiervon nach § 1570 Abs. 1 S. 1, 2 BGB („*solange und soweit*")

(1) Einkommen bei voller Erwerbstätigkeit – ohne Betreuungsleistungen:			1.300 €
(2) Betreuungsbedingter Anspruch damit:	1.300 € − 700 €	=	600 €
(3) Anspruch nach § 1573 Abs. 2 BGB – Aufstockungsunterhalt (Rest):			200 €

Nach § 1578b Abs. 1 BGB kann danach im Grundsatz der Anspruch nach § 1573 Abs. 2 BGB begrenzt werden. Allerdings ist die darin enthaltene Kinderschutzklausel zu beachten. Kann im konkreten Fall festgestellt werden, dass der betreuende Elternteil durch die Familienphase in seinem beruflichen Fortkommen Nachteile hat hinnehmen müssen (z.B. entgangene Beförderungsmöglichkeiten), sind diese ebenfalls nach dem Grundsatz des Nachteilsausgleichs zu berücksichtigen.[43] Der Maßstab für die Beurteilung, in welchem Umfang ehebedingte Nachteile im beruflichen Fortkommen eingetreten sind, ergibt sich aus § 1574 Abs. 2 BGB, der die tatbestandlichen Elemente wie Ausbildung und Fähigkeiten aufführt.

7. Ausbildungsunterhalt nach § 1575 BGB, positive Billigkeitsklausel nach § 1576 BGB

Der in gerichtlichen Verfahren äußerst selten geltend gemachte **Unterhalt wegen Ausbildung, Fortbildung oder Umschulung** nach § 1575 BGB ist nach dessen Abs. 1 S. 2 auf die Dauer der Ausbildung befristet; dieser geht deshalb als die speziellere Regelung der Begrenzung

---

42 Höhere Steuerlast berücksichtigt.
43 Zur Methode s. Rechtsprechung des BGH zur Ausübungskontrolle bei Eheverträgen – BGH FamRZ 2004, 601, 605 f. zum Güterrecht; FamRZ 2005, 455 zum Versorgungsausgleich; s. auch Rz. 164.

nach § 1578b Abs. 2 BGB vor. Die **Herabsetzung des Anspruchs** der Höhe nach auf den angemessenen Bedarf nach § 1578b Abs. 1 S. 1 BGB ist grundsätzlich möglich. Diese richtet sich nach den Billigkeitsgründen i.S.d. § 1578b Abs. 1 S. 2, 3 BGB.

167 Auch der Unterhalt nach der **positiven Billigkeitsklausel** (§ 1576 BGB) ist regelmäßig die speziellere Bestimmung zu § 1578b BGB. Die Regelung ergänzt die klar umschriebenen Unterhaltstatbestände der §§ 1570 bis 1573 und 1575 BGB um eine **generalklauselartige Anspruchsnorm**. Sie beinhaltet eine Härteregelung für Ausnahmefälle im Sinne einer positiven Billigkeitsklausel und soll zur Vermeidung unbilliger Härten Regelungslücken schließen, die sich aus den enumerativen Tatbeständen der §§ 1569 ff. BGB ergeben können. Die danach anzustellende Prüfung von Billigkeitsgründen ist umfassend; sie bestimmen hierbei neben dem Grund des Anspruchs auch die Dauer und dessen Höhe. Der Unterhalt nach § 1576 BGB besteht deshalb nur, solange und soweit ein (positiver) Billigkeitsgrund vorliegt; in diese Prüfung sind zugleich auch die in § 1578b BGB enthaltenen Billigkeitsgesichtspunkte einzubeziehen. Der Anspruch ist danach stets zeitlich zu befristen, wenn die besonderen, einen Anspruch begründenden Umstände wieder entfallen, so etwa die Betreuung eines nicht gemeinsamen Kindes.[44] Ferner kann sich aus der zu treffenden Billigkeitsabwägung selbst eine Herabsetzung des Anspruchs ergeben.[45] § 1578b BGB hat deshalb neben § 1576 BGB keine eigenständige Bedeutung.

V. Begrenzung nach § 1578b BGB und Unterhalt wegen einer angemessenen Kranken- und Pflegeversicherung sowie Altersvorsorge

168 Wird der Unterhalt nach § 1578b Abs. 1 BGB auf den dort bestimmten Ersatzmaßstab herabgesetzt, so wird hierdurch der sich aus § 1578 Abs. 2 BGB ergebende Unterhaltsanspruch für die Kosten einer angemessenen Versicherung für den Fall der Krankheit oder Pflegebedürftigkeit nicht berührt. Dieser bedarf derselben **Absicherung wie der Elementarunterhalt**, weil ansonsten der Unterhaltsbedürftige diesen teilweise zur Deckung des (aktuellen) Krankenversicherungsbedarfs heranziehen müsste; damit wäre der angemessene Lebensbedarf i.S.d. § 1578b Abs. 1 S. 1 BGB nicht mehr gewahrt. Erfolgt die Befristung des Anspruchs nach § 1578b Abs. 2 BGB, endet auch der Anspruch des § 1578 Abs. 2 BGB, da der Unterhalt für eine angemessene Krankenversicherung und für eine

---

44 BGH FamRZ 1984, 361, 363 = NJW 1984, 1538 – Pflegekind.
45 Eingehend *Schwab/Borth*, Teil IV Rz. 375 f.

Altersvorsorge nicht Gegenstand eigenständiger Ansprüche, sondern lediglich Teile eines einheitlichen, den gesamten Lebensbedarf umfassenden Unterhaltsanspruchs sind.[46]

Entsprechendes gilt grundsätzlich für den **Vorsorgeunterhalt** nach § 1578 Abs. 3 BGB, der ebenfalls Teil des sich aus § 1578 BGB ergebenden Unterhalts ist. Wird der Unterhalt auf den Ersatzmaßstab nach § 1578b Abs. 1 S. 1 BGB herabgesetzt, mindert sich entsprechend die Höhe des Vorsorgeunterhalts gemäß der Berechnungsmethode des OLG Bremen.[47] Eine Aufsplittung der Begrenzung nach § 1578b Abs. 1, 2 BGB zwischen dem Elementar- und dem Vorsorgeunterhalt wird in der Regel wegen des Zwecks des Vorsorgeunterhalts ausscheiden, ist aber nicht generell ausgeschlossen, so etwa, wenn dem Unterhaltsbedürftigen sichere Vermögenswerte zustehen (Vor-Nacherbschaft), über die er im Zeitpunkt der Entscheidung noch nicht verfügen kann. Der Anspruch entfällt trotz der sonstigen Bedürftigkeit i.S.d. § 1577 Abs. 1 BGB, wenn der Unterhaltsberechtigte eine die des Unterhaltspflichtigen übersteigende gesicherte Altersversorgung zu erwarten hat.[48] Im Falle einer zeitlichen Befristung erlischt auch der Vorsorgeunterhalt nach § 1578 Abs. 3 BGB (s. Rz. 168 a.E.).

169

VI. Darlegungs- und Beweislast

1. Begrenzung des Anspruchs – Darlegungs- und Beweislast des Unterhaltspflichtigen

Die Begrenzung des zunächst nach § 1578 Abs. 1 S. 1 BGB zu bestimmenden Unterhalts gemäß § 1578b Abs. 1, 2 BGB stellt ihrem Charakter nach eine die **Unterhaltspflicht einschränkende bzw. aufhebende Regelung** dar. Sie gleicht in ihren Wirkungen damit der Härteklausel des § 1579 BGB. Entsprechend hat der Unterhaltspflichtige die eine Begrenzung rechtfertigenden Umstände darzulegen und zu beweisen. Soweit die für die Billigkeitsabwägung maßgebenden Gesichtspunkte unstreitig sind, ist vom Familiengericht die Billigkeitsprüfung zur Begrenzung des Unterhalts gemäß § 1578b Abs. 1, 2 BGB unabhängig davon vorzunehmen, ob sich der Unterhaltspflichtige darauf beruft, weil dies die Regelung des § 1578b BGB konkret bestimmt („... ist ... *herabzusetzen*").

170

---

46 BGH, FamRZ 2007, 117; FamRZ 2007, 193 mit Anm. *Borth*; *Johannsen/Henrich/Büttner*, § 1361 BGB Rz. 116; *Schwab/Borth*, Teil IV Rz. 970, 981.
47 S. *Gutdeutsch*, FamRZ 2007, 256.
48 BGH FamRZ 2000, 351; FamRZ 1988, 1145.

171 Danach ist es zunächst Sache des Unterhaltsbedürftigen, Grund und Höhe des Anspruchs nach den §§ 1570-1573, 1575, 1576 BGB sowie § 1578 Abs. 1 S. 1, Abs. 2, 3 BGB darzulegen und gegebenenfalls zu beweisen. Legt der Unterhaltsbedürftige die Voraussetzungen des Anspruchs nach § 1573 Abs. 1 BGB (Unterhalt bis zur Erlangung eines angemessenen Erwerbstätigkeit) dar und kann er dessen Voraussetzungen in Bezug auf die Obliegenheit zur Suche einer Erwerbstätigkeit auch beweisen, so ist es Sache des Unterhaltspflichtigen, darzulegen und gegebenenfalls zu beweisen, dass die fehlende Erwerbsmöglichkeit nicht ehebedingt, sondern aufgrund anderer Umstände eingetreten ist. Macht der Unterhaltsbedürftige einen Sachverhalt geltend, aus dem sich ein ehebedingter Nachteil i.S.d. § 1578b Abs. 1 S. 2 BGB ergibt, der zu einer Verlängerung der Schonfrist im Rahmen der Befristung nach § 1578b Abs. 2 BGB führt, so obliegt es dem Unterhaltspflichtigen, dessen Voraussetzungen unter dem Gesichtspunkt der sog. „negativen Tatsache" wegzubeweisen.

2. Darlegungslast des Unterhaltsberechtigten

172 Der Unterhalt Begehrende hat die Voraussetzungen eines Anspruchs nach den §§ 1570 ff. BGB darzulegen und gegebenenfalls zu beweisen. Entsprechend wird dem darlegungs- und beweisbelasteten Unterhaltspflichtigen die sich aus § 1578b BGB erforderliche Beweisführung erleichtert, weil der Unterhalt Begehrende im Rahmen der Darlegung der Anspruchsvoraussetzungen die Umstände vortragen und beweisen muss, die für seine Bedürftigkeit ursächlich sind. In Bezug auf den Unterhalt nach § 1573 Abs. 1, 2 BGB tritt dies beispielsweise ein, wenn er während der Trennungszeit seine Arbeitsstelle verloren hat und keine angemessene Erwerbstätigkeit i.S.d. § 1574 Abs. 1, 2 BGB findet oder dass die aus einer ausgeübten angemessenen Erwerbstätigkeit erzielten Einkünfte nicht den vollen Unterhalt decken. Für die danach festzustellenden objektiven Umstände (Dauer der Ehe, Alter, frühere berufliche Tätigkeit) trägt der bedürftige Ehegatte die Darlegungs- und Beweislast.[49] Fehlt dem Unterhaltspflichtigen dennoch die erforderliche Kenntnis zu einem schlüssigen Vortrag und wird deshalb für diesen die Beweisführung unmöglich und dadurch unzumutbar, ist dem nicht beweisbelasteten Unterhaltsbedürftigen nach dem **Grundsatz der Zumutbarkeit der Beweisführung** aufzugeben, den Sachverhalt darzulegen bzw. substantiiert zu bestreiten. Erfolgt dies entgegen dem auch im Verfahrensrecht geltenden Grundsatz von Treu und Glauben nicht, so kann der derart vereitelte Vollbeweis kraft

---

49 BGH FamRZ 1990, 857, 859 = NJW 1989, 2810; s. auch *Hahne*, FamRZ 1986, 307.

Anscheins als erbracht angesehen werden.[50] Die sonstigen Billigkeitsmomente, so vor allem die Dauer der Ehe, aber auch die Pflege oder Erziehung eines gemeinschaftlichen Kindes ergeben sich regelmäßig aus den objektiv feststehenden Gegebenheiten und sind deshalb nicht beweisbedürftig.

VII. Verhältnis von § 1578b BGB zu § 1579 BGB

1. Ausgangslage

Das Verhältnis beider Bestimmungen, die in ihren Rechtsfolgen jeweils die Begrenzung des Unterhalts dem Grunde und der Höhe nach zum Ziel haben, ist wegen der unterschiedlichen Voraussetzungen in systematischer Hinsicht schwer in Einklang zu bringen. § 1579 BGB beruht im Ausgangspunkt darauf, dass trotz der Abkehr vom Verschuldensprinzip im Falle der Scheidung der Ehe der **Gesichtspunkt der Verantwortlichkeit eines Ehegatten für sein Verhalten** nicht vollständig aufgegeben wird und demgemäß in der Härteklausel des § 1579 BGB die Möglichkeit vorgesehen ist, einen Unterhaltsanspruch zeitlich zu begrenzen, herabzusetzen oder zu versagen. Da mit der Trennung und Scheidung die Unterhaltspflicht eine einseitige Verpflichtung des wirtschaftlich stärkeren Ehegatten verbleibt und diese deshalb einen Eingriff in die durch Art. 2 Abs. 1 GG geschützte allgemeine Handlungsfreiheit des Unterhaltspflichtigen darstellt, dürfen die vom **Grundsatz der Verhältnismäßigkeit** gezogenen Grenzen nicht überschritten werden.[51] Im Tatbestandsaufbau setzt § 1579 BGB neben den Härtegründen der Nr. 1-8 das Vorliegen einer groben Unbilligkeit voraus. § 1578b BGB leitet die Rechtfertigung zur Begrenzung eines Anspruchs aus dem allgemeinen Grundsatz der Eigenverantwortung ab[52] und beschränkt den Unterhalt umso stärker, je geringer aufgrund der Wirkungen der Ehe eine ehebezogene (im weiteren Sinne als ehebedingte) Unterhaltsbedürftigkeit eines Ehegatten entstanden ist (eingehend Rz. 132 f.). Maßstab zur Bewertung der einzelnen Abwägungskriterien ist die **einfache Unbilligkeit**. Auch diese Bestimmung ist im Kern auf den Grundsatz der Verhältnismäßigkeit zurückzuführen. Bei beiden Begrenzungsregelungen handelt es sich somit um **allgemeine Härteklauseln**.[53]

173

---

50 BGH NJW 1978, 2339; NJW 1978, 1681.
51 BVerfGE 57, 361 = FamRZ 1981, 745 = NJW 1981, 1771.
52 S. BT-Drucks. 16/1830 S. 17.
53 So *Schwab*, FamRZ 2005, 1417, 1420.

174   Soweit es in § 1579 Nr. 3-7 BGB um die Zurechenbarkeit eines Ehegatten für sein Verhalten geht, also **subjektive Härtegründe** vorliegen, tritt eine Überschneidung mit den in § 1578b Abs. 1, 2 BGB enthaltenen objektiven Billigkeitsgründen nicht ein. Schwieriger gestaltet sich dies vor allem in Hinblick auf den Härtegrund der kurzen Ehe nach § 1579 Nr. 1 BGB und der generalklauselartigen Nr. 8, die sich in ihrem Regelungsbereich mit § 1578b BGB überschneiden und zu einem Wertungswiderspruch führen.[54]

2. Verhältnis des § 1578b BGB zu § 1579 Nr. 1 BGB

175   Liegt eine Ehe von kurzer Dauer vor[55], ergeben sich Überschneidungen von § 1578b BGB und § 1579 Nr. 1 BGB. § 1579 Nr. 1 ist zwar nicht als die speziellere Bestimmung (im Sinne einer *lex specialis*) zu verstehen, die in ihrem Regelungsbereich § 1578b BGB verdrängt. § 1579 Nr. 1 BGB stellt jedoch hinsichtlich der Rechtsfolgen die **weitergehende Regelung** dar, weil mit ihr ein Unterhaltsanspruch gänzlich versagt und nicht wie in § 1578b BGB nur herabgesetzt oder zeitlich befristet werden kann; § 1579 Nr. 1 BGB ist deshalb vorrangig zu prüfen. Ergibt die Billigkeitsprüfung nach § 1579 Nr. 1 BGB, dass der Anspruch herabzusetzen oder zeitlich zu befristen ist, wird insoweit eine zusätzliche Prüfung des § 1578b BGB deshalb verdrängt, weil der Begriff der groben Unbilligkeit in § 1579 BGB einen **schärferen, weitergehenden Prüfungsmaßstab** vorsieht und auch in den Rechtsfolgen weitere Auswirkungen haben kann.

Unklar ist das **Verhältnis beider Begrenzungsregelungen**, wenn die Voraussetzungen des § 1579 Nr. 1 BGB wegen grober Unbilligkeit abgelehnt werden, jedoch eine Ehe von kurzer Dauer gegeben ist. Der RegE[56] begrenzt die Prüfung wohl ausschließlich auf § 1579 Nr. 1 BGB; danach verdrängt diese Regelung die Begrenzung nach § 1578b BGB. Nach der Begründung des RegE reduziert sich die Prüfung ausschließlich auf die in § 1579 Halbs. 1 BGB enthaltenen Billigkeitsgesichtspunkte, die vor allem der Wahrung der Belange eines gemeinschaftlichen Kindes dienen; an diese sollen allerdings keine allzu hohen Anforderungen gestellt werden.[57] Somit greift § 1578b BGB erst dann ein, wenn eine Ehe von kurzer Dauer nicht (mehr) vorliegt. Folgt man diesem Verständnis des Zusammenwirkens beider Bestimmungen, hätte dies das nicht vertretbare Ergebnis zur Folge, dass es bei einer kurzen Ehedauer wegen der notwendi-

---

54 S. *Schwab*, FamRZ 2005, 1417, 1420.
55 Zum Begriff bei § 1579 Nr. 1 BGB Rz. 192.
56 BT-Drucks. 16/1830 S. 19 f.
57 Unter Bezug auf BGH FamRZ 1989, 483, 486.

gen Prüfung der groben Unbilligkeit schwerer sein soll, den Unterhaltsanspruch zu begrenzen als bei einer längeren Ehedauer, worauf bereits *Schwab* hingewiesen hat.[58] Dies **widerspricht** insbesondere dem **Normzweck des § 1578b BGB**. Da eine „Parallelprüfung" der §§ 1579 Nr. 1 und 1578b BGB zum selben Sachverhalt keinen Sinn macht, kann nur durch ein anderes Verständnis der groben Unbilligkeit (im Sinne eines schwächeren Maßstabes) in den Härtefällen der Nr. 1 begegnet werden, soweit aufgrund ehebezogener Nachteile die Beschränkung des Unterhalts bei kurzer Ehedauer zu prüfen ist. Dies folgt letztlich aus dem Gleichheitssatz des Art. 3 Abs. 1 GG, der verlangt, dass gleichgelagerte Sachverhalte auch gleich geregelt werden.

Mit der Ausweitung der Begrenzungsmöglichkeiten hätte es deshalb nahegelegen, den Härtegrund der kurzen Dauer der Ehe aus § 1579 BGB herauszulösen und diese Gesichtspunkte tatbestandlich bei § 1578b BGB einzuordnen, zumal dort die Dauer der Ehe ein wesentliches – objektives – Billigkeitskriterium ist.

VIII. Prozessuale Fragen

1. Keine Ermessensentscheidung zu § 1578b BGB; prozessuale Präklusion

Wird dem Unterhaltsbedürftigen ein Anspruch nach §§ 1570-1573, 1575, 1576 BGB zugesprochen, muss über die **Begrenzung gleichzeitig entschieden** werden. Dies folgt bereits aus der Tatbestandsfassung des § 1578b Abs. 1 S. 1 BGB, ergibt sich aber auch aus dem Normzusammenhang zwischen § 1578 Nr. 1 S. 1 BGB und § 1578b Abs. 1, 2 BGB (s. auch Rz. 135). Liegen die tatbestandsmäßigen Voraussetzungen einer Begrenzung vor, ist diese in der Entscheidung auszusprechen. Unterbleibt dies, kann die Begrenzung nach § 1578b BGB im Abänderungsprozess nicht mehr geltend gemacht werden, weil die für eine Begrenzung sprechenden Gesichtspunkte regelmäßig im Zeitpunkt der Erstentscheidung bereits vorliegen und deshalb im Abänderungsprozess nach **§ 323 Abs. 2 ZPO präkludiert** sind.[59] Auch eine Umgehung nach § 767 Abs. 1, 2 ZPO ist unzulässig.[60] Entsprechendes gilt bei Prozessvergleichen nach § 794 Abs. 1 Nr. 1 ZPO und außergerichtlichen Vereinbarungen, da eine (nachträgliche) wesentliche Änderung, die gemäß §§ 242, 313 BGB über die Grundsätze zum Wegfall der Geschäftsgrundlage zur Vertragsanpas-

176

---

58 FamRZ 2005, 1417, 1420.
59 Zu § 1573 Abs. 5 BGB a.F. s. BGH FamRZ 2004, 1357, 1360; FamRZ 2001, 905, 906.
60 BGH FamRZ 2004, 1357, 1360; FamRZ 2000, 1499.

sung führt, nicht vorliegt.[61] Keine Voraussetzung für die Anordnung einer Begrenzung des Anspruchs ist, dass der Zeitpunkt des Auslaufens des Anspruchs bereits eingetreten ist. Eine **Ausnahme von der Präklusion** besteht dann, wenn im Zeitpunkt der letzten mündlichen Verhandlung der Erstentscheidung oder des Abschlusses eines Prozessvergleichs die Voraussetzungen zur Begrenzung des Unterhaltsanspruchs nach § 1578b BGB nicht vorausschauend haben erfasst werden können. Das ist der Fall

(1) wenn eine Erhöhung des Ersturteils bzw. Prozessvergleichs, in dem § 1578b BGB nicht berücksichtigt wurde, verlangt wird; in diesem Fall kann der Unterhaltspflichtige bezüglich des noch nicht rechtskräftig festgestellten oder bindend festgelegten Teils des Unterhalts der Einwand nach § 1578b BGB geltend gemacht werden, weil insoweit noch keine Festlegung vorliegt.

(2) Entsprechendes gilt, wenn der Unterhaltspflichtige bei einem unbefristet geltend gemachten Unterhalt einen Teilbetrag ohne zeitliche Begrenzung nach § 308 ZPO anerkannt hat; hinsichtlich des streitig gebliebenen Teils kann die Begrenzung weiterhin geltend gemacht werden.

(3) Wenn im Zeitpunkt der Scheidung zunächst ein Unterhalt nach § 1570 Abs. 1 BGB festgesetzt wurde. Entfällt dieser Anspruch, weil das minderjährige Kind von einer anderen Person betreut wird, kann gegen den nunmehr geltend gemachten Anspruch nach § 1573 Abs. 1, 2 BGB die Begrenzung geltend gemacht werden. Dies gilt auch, wenn der Unterhaltspflichtige eine Abänderung der Unterhaltsfestsetzung nach § 1570 BGB verlangt.

(4) Wenn die für die notwendige Gesamtwürdigung maßgebenden Umstände in der Erstentscheidung noch nicht sicher abgeschätzt werden konnten.[62] Ferner stellt der BGH darauf ab, dass erst aufgrund der Neubewertung von Haushaltsführung und Kindererziehung, die zur Differenz- bzw. Additionsmethode geführt hat, das Bewusstsein zur Begrenzung des Unterhalts gestiegen sei, weil sich hierdurch die Dauer der Unterhaltspflicht verlängere.

2. Abänderungsklage nach § 323 ZPO

177   Treten nachträglich Gründe ein, aufgrund derer eine zeitliche Begrenzung des Unterhalts auszusprechen ist, können diese im **Wege der Abänderungsklage** nach § 323 ZPO geltend gemacht werden. Wurde der Unterhalt für eine begrenzte Dauer zugesprochen, so kann auch bis **zum**

---

61 BGH FamRZ 2001, 905, 906; FamRZ 2000, 1499; FamRZ 1995, 665, 666.
62 BGH, FamRZ 2007, 793, 798.

Auslaufen des Unterhaltsanspruchs eine Abänderung nach § 323 ZPO gerechtfertigt sein. Dies gilt, wenn ein Unterhalt nach § 1573 Abs. 1 BGB für die Dauer von zwei Jahren zugesprochen wurde, der Berechtigte aber bereits nach einem Jahr eine angemessene Erwerbstätigkeit findet, aufgrund derer er den eigenen Bedarf ganz oder teilweise decken kann. Umgekehrt kann auch der Berechtigte bei einer Befristung des Unterhaltsanspruchs nach § 1573 BGB einen weitergehenden Unterhalt im Wege der Abänderungsklage geltend machen, wenn er etwa vor Ablauf der Befristung wegen Krankheit an der Aufnahme einer Erwerbstätigkeit gehindert ist, so dass ihm ein Anspruch nach § 1572 Nr. 4 BGB zusteht. Nach Ablauf des festgelegten Unterhaltszeitraums ist bei einer weiteren Vollstreckung nicht nach § 323 ZPO, sondern nach § 767 ZPO vorzugehen.

3. Antragstellung

Regelmäßig wird der Unterhalt Begehrende den Unterhalt nach den ehelichen Lebensverhältnissen gemäß § 1578 Abs. 1 S. 1 BGB einklagen und einen entsprechenden Klageantrag stellen. Soweit bereits vorgerichtlich zur Frage der Begrenzung des Anspruchs kein Einvernehmen herbeigeführt wurde, was in der Praxis die Regel sein dürfte, wird der Unterhaltsbedürftige den Unterhalt ohne die Begrenzung nach § 1578b BGB geltend machen. Im Falle eines offensichtlich zu begrenzenden Anspruchs kann die nach § 1578b Abs. 1, 2 BGB zu bestimmende Begrenzung im Antrag in das *Ermessen des Gerichts* gestellt werden, um hierdurch eine günstigere Kostenquotelung zu erreichen (s. hierzu Rz. 180). Ob dies sinnvoll ist, kann nur anhand des konkreten Einzelfalls beurteilt werden. Lehnt der Unterhaltspflichtige generell eine Unterhaltspflicht ab, wird er Klageabweisung beantragen. Hält er eine gestaffelte Bewilligung des Unterhalts für geboten, kann es die Staffelung ebenfalls zur Vermeidung von Verfahrenskosten in das (gebundene) Ermessen des Familiengerichts stellen. Er kann auch im Hauptantrag Abweisung der Klage, hilfsweise einen begrenzten Unterhalt (entweder herabgesetzt und/oder gestaffelt und befristet) anerkennen.

178

4. Rechtsmittelverfahren

Gibt das Familiengericht dem Abweisungsantrag des Unterhaltspflichtigen nicht statt, nimmt es aber eine längere Schonfrist an als der Unterhaltspflichtige dies beantragt hat, liegt hierin eine Beschwer i.S.d. § 511 Abs. 2 Nr. 1 ZPO, die die Berufung ermöglicht.[63] Entsprechendes

179

---

63 Zur Ermittlung des Beschwerdewerts s. § 9 ZPO.

gilt, wenn ein Betreuungsunterhalt nach § 1570 BGB und ein Aufstockungsunterhalt nach § 1573 Abs. 2 BGB zusammentreffen (s. Rz. 165), im Urteil der Unterhaltsanspruch jedoch nur auf § 1570 BGB gestützt wird und eine Begrenzung des § 1573 Abs. 2 BGB unterbleibt. In der Berufungsinstanz können neue Tatsachen ohne die Beschränkungen der §§ 529, 530 ZPO vorgebracht werden, da § 621d S. 1, 2 ZPO die Zulassung von Angriffs- und Verteidigungsmitteln weniger eng regelt als die §§ 529, 530 ZPO.[64]

5. Kostenfragen

180   Verlangt der Unterhalt begehrende Ehegatte dauerhaft Unterhalt, wird dieser aber im Urteil nur begrenzt zugesprochen, so ergeben sich hieraus Folgen für die **Quotelung der Kosten**. Zwar bestimmt sich der Kostenstreitwert nach § 42 GKG lediglich nach dem Jahresbetrag; ein zeitlich darüber hinaus gehender, aber dennoch beschränkter Antrag wirkt sich nicht auf die Höhe des Streitwerts aus. Das teilweise Unterliegen nach materiellem Recht ist jedoch nach § 92 ZPO bei der Bestimmung der Kostenquote zu berücksichtigen, wenn es sich nicht durch eine Streitwertquotelung angemessen ausdrücken lässt.[65] Entsprechend ist bei der Festlegung der Quote regelmäßig von dem am maßgeblichen Streitwert orientierten Verhältnis von Unterliegen und Obsiegen auszugehen. Feste Regeln zur Quotelung der Kosten in solchen Fällen sind, soweit ersichtlich, bisher nicht entwickelt worden. Begrenzt etwa der Berechtigte den Unterhalt auf die Dauer von fünf Jahren, so wird man abweichend von § 42 GKG entsprechend dem zeitlichen Verhältnis die Kostenquotelung vornehmen können.

181   Schwieriger ist die Sachlage, wenn ein **unbegrenzter Unterhalt verlangt**, im Urteil der Unterhaltsanspruch jedoch zeitlich befristet wird. Die Anknüpfung an die mögliche zeitliche Dauer des Anspruchs ist deshalb kein gangbarer Weg, weil dies nur anhand einer ungenauen Schätzung aufgrund verschiedener Momente möglich wäre, die Einfluss auf die Dauer des Anspruchs nehmen können. Jedoch sieht § 9 ZPO (für den Zuständigkeits- und Rechtsmittelstreitwert) für solche Fälle einen besonderen Bewertungsmodus vor, der entsprechend herangezogen werden kann. Anhand dieser Regelung ist der Umfang des Unterliegens jedenfalls in rechnerisch nachvollziehbarer Weise festzustellen (mit dem Vorteil der gleichmäßigen Behandlung gleich gelagerter Sachverhalte).

---

64 S. z.B. *Musielak/Borth*, Rz. 621d ZPO Rz. 2.
65 BGH LM ZPO § 92 Nr. 7; zu § 1573 Abs. 5 BGB a.F. s. *Christl*, FamRZ 1986, 627.

H. Neufassung der Härteklausel des § 1579 BGB

I. Beibehaltung der Grundstruktur des § 1579 BGB

Die Härteklausel des § 1579 BGB behält auch nach Einfügung des § 1578b BGB ihre Grundstruktur bei. § 1579 BGB ist seinem Charakter nach eine Rechtsmissbrauchsklausel, die in ihrem Tatbestandsaufbau – anders als in § 1578b BGB – die einzelnen Härtegründe konkret benennt. Durch die Einengung des Tatbestands auf die Fälle der groben Unbilligkeit ist § 1579 BGB als Ausnahmeregelung zu verstehen, die vor allem die Einzelfallgerechtigkeit sicherstellen soll.[1] Gesetzestechnisch ist die Regelung als eine von Rechts wegen festzustellende rechtsvernichtende Einwendung ausgestaltet.[2] Liegen deren Voraussetzungen vor, führt dies nicht generell zum endgültigen Verlust des Anspruchs und ist deshalb auch kein Anwendungsfall der Verwirkung eines Anspruchs[3], weil ein versagter Anspruch wieder aufleben kann.[4]

II. Änderungen des § 1579 BGB

1. Überblick

Die Neufassung der Härteklausel beinhaltet zum einen eine Änderung der Überschrift der Vorschrift, ferner wird der Härtegrund der Ehe von kurzer Dauer gemäß Nr. 1 neu gefasst und schließlich ein neuer, bisher in Nr. 7 integrierter Härtegrund einer verfestigten Lebensgemeinschaft eingeführt, der eine Änderung der Nummerierung zur Folge hat. Aufgrund der Verweisung im **Trennungsunterhalt gemäß § 1361 Abs. 1, 3 BGB** auf die Härteklausel – mit Ausnahme des Härtegrundes der kurzen Dauer der Ehe nach Nr. 1 – wirken sich die Änderungen auch auf den Trennungsunterhalt aus und haben die entsprechende gesetzestechnische Anpassung zur Folge.

---

[1] BT-Drucks. 10/2888 S. 11, 19 f.; BGH FamRZ 1980, 665, 668 = NJW 1980, 1686, 1688.
[2] S. BGH FamRZ 1991, 670, 672.
[3] BGH FamRZ 1987, 1238; s. aber BGH FamRZ 2005, 1979, 1980.
[4] *Schwab/Borth*, Teil IV Rz. 519 ff.

2. Neufassung der Überschrift

184 Mit der neugefassten Überschrift soll die Zielrichtung der Härteklausel stärker hervorgehoben werden, indem hinsichtlich der Rechtsfolgen die Beschränkungen der Höhe nach und der zeitlichen Dauer sowie die vollständige Versagung bereits in die Überschrift aufgenommen wurden. Ferner soll mit der Aufnahme des Tatbestandsmerkmals der groben Unbilligkeit hervorgehoben werden, dass – in Abgrenzung zur Billigkeitsregelung des § 1578b BGB – sich diese aus einem vorwerfbaren Fehlverhalten des Unterhaltsberechtigten (in den Härtefällen der Nr. 3-7, 8) oder einer objektiven Unzumutbarkeit der Unterhaltsleistungen für den Unterhaltspflichtigen gemäß den Härtegründen Nr. 1, 2, 8 ergibt.[5] Sinnvoll ist insoweit insbesondere die Aufnahme des Begriffes *„versagen"* in die Überschrift, weil hierdurch klargestellt wird, dass die Härteklausel nach § 1579 BGB auch in den Fällen der Nr. 3 und 7 (bisher Nr. 2 und 6) **keinen besonders geregelten Verwirkungstatbestand** i.S. einer illoyalen Rechtsausübung gemäß § 242 BGB darstellt.

3. Änderung des Härtegrundes der Ehe von kurzer Dauer

185 Die Neufassung des Härtegrundes der Ehe von kurzer Dauer nach Nr. 1 geht auf die Vorgaben des BVerfG[6] zum verfassungsmäßigen Verständnis dieser Bestimmung ein, nachdem der BGH[7] zur tatsächlichen kurzen Ehedauer die Zeit der Kindesbetreuung nach der Scheidung hinzugerechnet hatte. Das BVerfG stellte in seiner Entscheidung klar, dass es generell bei der tatsächlichen (kurzen) Ehedauer auch im Falle der Betreuung eines gemeinschaftlichen Kindes verbleibt, weil ansonsten in diesen Fällen die Härteklausel nie eingreifen würde, und erst danach eine Abwägung der Belange des Kindes vorzunehmen wäre. Mit der neuen Fassung soll eindeutiger zum Ausdruck gebracht werden, dass die Belange des Kindes sowie die Betreuung gemeinschaftlicher Kinder durch den Unterhaltsberechtigten einer Beschränkung des Unterhalts weder von vornherein noch grundsätzlich entgegenstehen. Die Neufassung bedeutet deshalb der Sache nach nur eine sprachliche Anpassung des Gesetzeswortlauts an die bestehende Rechtslage. Wird eine Ehe von kurzer Dauer im Sinne der Nr. 1 festgestellt, so ist danach eine umfassende Billigkeitsabwägung anzustellen, in der die Kindesbelange zu wahren und die Kindesbetreuung

---

5 S. RegE, BT-Drucks. 16/1830 S. 20.
6 BVerfGE 80, 286 = FamRZ 1989, 941, 943 = NJW 1989, 2807; FamRZ 1992, 1283; BGH FamRZ 1990, 402 – Folgeentscheidung zu BVerfGE 80, 286.
7 FamRZ 1987, 572, 573.

des unterhaltsberechtigten Ehegatten besonders zu berücksichtigen sind. In die Billigkeitsprüfung fließt damit auch die im Einleitungssatz des § 1579 BGB enthaltene **Kinderschutzklausel** ein. Ferner wird das Wort *„konnte"* durch *„kann"* ersetzt; hierdurch soll klargestellt werden, dass es bei der Billigkeitsabwägung nicht nur um bereits abgelaufene, sondern auch **künftige Betreuungszeiten** geht.

In Übereinstimmung mit der Rechtsprechung des BGH[8] erfolgt auch in der Neufassung keine Bestimmung, bis zu welcher Dauer eine Ehe als *„kurz"* anzusehen ist, weil eine generelle Festlegung die besonderen Umstände jeder einzelnen Ehe nicht berücksichtigen würde (s. hierzu Rz. 191). Gesehen wird in der Begründung des RegE[9], dass sich zwischen dem Härtegrund des § 1579 Nr. 1 BGB und § 1578b BGB Überschneidungen ergeben können, die aber für überwindbar angesehen werden. Zu den Auswirkungen und zur Kritik wird auf die Ausführungen zu § 1578b BGB verwiesen (s. Rz. 173 ff.).

186

4. Der neue Härtegrund der verfestigten Lebensgemeinschaft

Der in der Praxis bedeutsamste Härtegrund des dauerhaften Zusammenlebens des Unterhaltsberechtigten mit einem neuen Partner wird in Nr. 2 als **eigenständiger Ausschlusstatbestand** eingefügt. Zweck der Normierung der zum bisherigem § 1579 Nr. 7 BGB entwickelten Rechtsprechung einer objektiven Unzumutbarkeit von Unterhaltsleistungen bei bestehender Lebenspartnerschaft ist die Zusammenfassung der hierzu entwickelten *„nur schwer überschaubaren Kasuistik"*[10] in einer gesetzlichen Regelung; hierdurch soll die bisherige Nr. 7 ihrer ursprünglichen Funktion als Auffangtatbestand für alle sonstigen, nicht benannten Härtefälle besser gerecht werden.

187

Der neu gefasste Härtegrund belässt es bei dem grundlegenden Ansatz des Härtegrundes der dauerhaften Lebenspartnerschaft, dass hierbei nicht – wie in § 1579 Nr. 7 BGB (bisher Nr. 6) – ein vorwerfbares Fehlverhalten des Unterhaltsberechtigten sanktioniert werden soll, sondern die **objektive Situation einer neuen Lebenspartnerschaft** des unterhaltsbedürftigen Ehegatten als unzumutbare, grob unbillige Belastung des Unterhaltspflichtigen angesehen wird. Die gesetzliche Regelung verzichtet hierbei bewusst auf eine Legaldefinition, unter welchen Voraussetzungen eine verfestigte Lebensgemeinschaft anzunehmen ist. Dies soll weiterhin

188

---

8 S. etwa BGH FamRZ 1995, 1405, 1407; FamRZ 1986, 886, 887 = NJW 1986, 2832.
9 S. BT-Drucks. 16/1830 S. 21.
10 So Begründung des RegE, BT-Drucks. 16/1830 S. 21.

der Entscheidung im konkreten Fall vorbehalten bleiben. Der RegE[11] benennt beispielhaft den über einen längeren Zeitraum hinweg geführten gemeinsam Haushalt, das Erscheinungsbild in der Öffentlichkeit, größere gemeinsame Investitionen wie der Erwerb eines gemeinsames Eigenheims oder die längere Dauer einer bestehenden Verbindung. Um zu vermeiden, dass der neu geschaffene Härtegrund nicht zu einer Kontrolle der Lebensführung des geschiedenen (bedürftigen) Ehegatten führt, sollen die Aufnahme intimer Beziehungen, die (unterhaltsrechtliche) **Leistungsfähigkeit des neuen Partners** oder die Frage, ob die Partner eine Ehe oder eingetragene Lebenspartnerschaft eingehen könnten, für die Annahme der Voraussetzungen des neuen Härtegrundes unerheblich sein. Entscheidender rechtfertigender Grund soll vielmehr sein, dass sich der geschiedene Ehegatte mit dem Eingehen einer Lebensgemeinschaft, die sich verfestigt hat, endgültig aus der nachehelichen Solidarität herauslöst und zu erkennen gibt, dass er diese nicht mehr benötigt.

189 Soweit der bedürftige Ehegatte ein gemeinschaftliches Kind betreut und deshalb ein Anspruch nach § 1570 BGB besteht, stellt sich jedoch die Frage, ob bei bestehender verfestigter Lebensgemeinschaft der Gesichtspunkt des „Verzichts auf die nacheheliche Solidarität" zutreffend ist, weil die Übernahme von Betreuungsaufgaben ein dem bedürftigen Ehegatten verbleibender Teil der Pflichten aus der aufgelösten ehelichen Lebensgemeinschaft darstellt und sich die Rechtfertigung für eine nach Scheidung weiter bestehende Unterhaltspflicht aus der gemeinsamen Verantwortung beider Ehegatten für ihr Kind ergibt, die durch die nachehelich eingegangene (verfestigte) Lebenspartnerschaft nicht entfällt. Durch die **Kinderschutzklausel** im Einleitungssatz von § 1579 BGB können die Belange des gemeinschaftlichen Kindes gewahrt werden, so dass dem betreuenden Ehegatten weiterhin ein Unterhalt zusteht, wenn etwa der neue Lebenspartner (unterhaltsrechtlich) leistungsunfähig ist (s. hierzu Rz. 206, 226).

Das folgende Schaubild stellt die neue Struktur des § 1579 BGB dar.

---

11 S. Begründung BT-Drucks. 16/1830 S. 21.

Härteklausel nach § 1579 BGB

Zweigliedriger Tatbestand:
(1) Prüfung eines Härtegrundes nach § 1579 Nr. 1-8 BGB und einer groben Unbilligkeit
Bis 31.12.2007 : § 1579 Nr. 1-7 BGB
(2) Rechtsfolge: Versagung, Herabsetzung, zeitliche Begrenzung des Anspruchs

Die einzelnen Härtegründe (Nr. 1- 8):
Nr. 1 Kurze Dauer der Ehe → in der Regel bis 3 Jahre
Nr. 2 Verfestigte Lebensgemeinschaft des Unterhaltsberechtigten (neu)
Nr. 3 Verbrechen und schweres Vergehen gegen den Unterhaltspflichtigen → Verschweigen eigener Einkünfte (bis 31.12.2007 Nr. 2)
Nr. 4 Mutwillige Herbeiführung der Bedürftigkeit → Unwirtschaftlicher Verbrauch von Kapitalbeträgen (bis 31.12.2007 Nr. 3)
Nr. 5 Verletzung von Vermögensinteressen → bewusste Schädigung des Unterhaltspflichtigen (bis 31.12.2007 Nr. 4)
Nr. 6 Nichterfüllen von Pflichten in der Ehe → Vernachlässigung des Haushalts und unterlassene Kindesbetreuung (bis 31.12.2007 Nr. 5)
Nr. 7 Einseitiges schwerwiegendes Fehlverhalten → Ehebruch (bis 31.12.2007 Nr. 6)
Nr. 8 Fälle einer objektiven Unzumutbarkeit (bis 31.12.2007 Nr. 7)

III. Der Härtegrund der Ehe von kurzer Dauer nach Nr. 1

1. Anwendungsbereich

Die Anwendung der Härteklausel kommt in Betracht, wenn die Ehe von kurzer Dauer war. Dieser Regelung liegt der Gedanke zugrunde, dass die Ehegatten nach nur kurzer Ehezeit ihre Lebensverhältnisse noch nicht so stark aufeinander eingestellt haben, dass eine länger andauernde unterhaltsrechtliche Verpflichtung für die Zeit nach der Scheidung zugemutet werden kann. In welchem Umfang dies im Einzelfall vorliegt, ist nach Billigkeitsgesichtspunkten zu entscheiden, zumal die gemeinsame Lebensführung in gegenseitiger Abhängigkeit in unterschiedlicher Weise erfolgen kann. Hieraus folgt auch, dass **schematische Richtlinien**, so sehr sie in der täglichen Praxis hilfreich sind, dem nicht gerecht werden können.

2. Zeitlicher Rahmen; Rechtsprechung des BGH

Der BGH legt dieses Verständnis Nr. 1 zugrunde und leitet hieraus ab, dass nicht nach festen abstrakten Maßstäben beurteilt werden kann, ob eine Ehe von kurzer Dauer ist; dies ist nur anhand der jeweiligen Lebenssituation der geschiedenen Ehegatten zu bestimmen.[12] Dennoch hat der

---

12 BGH FamRZ 1982, 582 = NJW 1982, 2064; FamRZ 1981, 140 = NJW 1981, 754.

BGH einen zeitlichen Rahmen festgelegt, innerhalb dessen eine Ehe in aller Regel von kurzer Dauer ist. Eine **Ehe bis zu zwei Jahren** hält er in der Regel als kurz, während er bei einer Ehedauer von mehr als drei Jahren nicht mehr von einer kurzen Ehe im Sinne dieser Bestimmung ausgeht. Der BGH hat allerdings klargestellt, dass dies nur für den Regelfall gilt und aufgrund **besonderer Umstände des Einzelfalls** von diesem Grundsatz abgewichen werden kann. Liegt die Ehedauer in dem **Bereich zwischen zwei und drei Jahren**, ist es nach BGH der tatrichterlichen Beurteilung zu überlassen, ob die Ehegatten ihre Lebensführung aufeinander eingestellt haben.[13] Die vom BGH gezogene Grenze von drei Jahren, die kaum Ausnahmen ermöglicht, erscheint zu starr; sie wird deshalb auch in der Literatur[14] als zu eng angesehen. Sie ist auch deshalb fraglich, weil die Grenze von drei Jahren willkürlich erscheint und das Gesetz hierfür keinen objektiven Anhalt bietet. Andererseits ist es im Hinblick auf das Prinzip der einheitlichen Rechtsanwendung sinnvoll, eine zeitliche Typisierung vorzunehmen. Da es entscheidend darauf ankommt, in welchem Umfang die Ehegatten ihre Lebensweise aufeinander eingestellt und auf ein gemeinsames Ziel ausgerichtet haben, ist der **Dauer der tatsächlich bestehenden ehelichen Lebensgemeinschaft** eine weit stärkere Bedeutung beizumessen, als dies in der bisherigen Rechtsprechung erfolgt ist, weil aufgrund der tatsächlichen Dauer der geführten Lebensgemeinschaft eher ein Rückschluss auf das „Aufeinandereinstellen der Ehegatten" erfolgen kann. Der BGH hat an seiner Rechtsprechung auch nach Inkrafttreten des UÄndG 1986 festgehalten,[15] während die obergerichtliche Rechtsprechung teilweise deutlich über den vom BGH gezogenen zeitlichen Rahmen hinausgegangen ist.[16]

3. Bestimmung der Dauer der Ehe

192   Die Dauer der Ehe richtet sich nach ständiger Rechtsprechung des BGH **nicht allein nach der tatsächlichen Dauer des Zusammenlebens** der Ehegatten. Vielmehr ist für deren Festlegung die Zeit bis zur Rechtshängigkeit desjenigen Scheidungsantrags zu verstehen, der zur

---

13 FamRZ 1995, 1405, 1407 = NJW-RR 1995, 449 – fünf Jahre, keine kurze Dauer; FamRZ 1986, 886 = NJW 1986, 2832 – Ehezeit 36 Monate; FamRZ 1982, 582 = NJW 1982, 2064; FamRZ 1982, 28 – 39 Jahre, keine kurze Dauer; FamRZ 1982, 254 = NJW 1982, 823 – 42 Monate, keine kurze Dauer.
14 *Schapp*, FamRZ 1980, 215, 218; *Gernhuber/Coester-Waltjen*, § 30 VII Rz. 88; *Johannsen/Henrich/Büttner*, § 1579 BGB Rz. 15; *Maurer* in Münchener Kommentar, § 1579 BGB Rz. 8.
15 S. etwa FamRZ 1992, 1045, 1049 = NJW 1992, 2477, 2481.
16 OLG Hamm FamRZ 1992, 326; FamRZ 1988, 1284; OLG Köln FamRZ 1992, 65.

Scheidung der Ehe führt.[17] Ein früheres Scheidungsverfahren wirkt sich danach auf die Bestimmung der Ehedauer nicht aus, unabhängig davon, wieviel Zeit zwischen der Einreichung des vorangegangenen und des zur Entscheidung führenden Verfahrens verstrichen ist.[18] Der Begriff der kurzen Ehe ist unabhängig von dem **jeweiligen Alter** der Ehegatten zu bestimmen; er gilt deshalb auch für Ehegatten, die etwa erst nach ihrer (beruflichen) Zur-Ruhe-Setzung geheiratet haben.[19] Der Ansicht, bei fortgeschrittenem Alter seien die gemeinsamen Lebensziele geringer, so dass sich auch eine geringere gegenseitige Abhängigkeit ergebe, steht entgegen, dass ältere Ehegatten wegen körperlicher Gebrechen sich gegebenenfalls weitaus stärker aufeinander einstellen als jüngere Ehegatten. Ohne Einfluss auf die Bestimmung der Ehedauer ist es auch, dass Ehegatten **vor der Eheschließung längere Zeit zusammengelebt** haben.

4. Ausnahmen auf Grund besonderer Umstände

Auch wenn die Dauer der Ehe den zeitlichen Rahmen von zwei Jahren nicht übersteigt, kann aufgrund der besonderen Umstände des Einzelfalls eine Ehe von kurzer Dauer abgelehnt werden. Entscheidend ist, ob die Parteien ihre Lebensführung in der Ehe bereits aufeinander eingestellt und in wechselseitiger Abhängigkeit auf ein gemeinschaftliches Lebensziel ausgerichtet haben.[20] Das ist insbesondere dann anzunehmen, wenn auch eine starke wirtschaftliche Verflechtung vorliegt (gemeinsamer Hausrat und Wohnung, gemeinsam aufgenommenes Anschaffungsdarlehen). Gleiches gilt, wenn die Ehegatten vor der Eheschließung schon längere Zeit zusammengelebt und ihre Lebensführung sowohl persönlich als auch wirtschaftlich aufeinander eingestellt haben[21] (teilweise Aufgabe der beruflichen Tätigkeit im Interesse der gemeinschaftlichen Lebensführung, finanzielle Beiträge des Berechtigten für Berufsausbildung). Liegt eine **extrem kurze Dauer** der Ehe vor, führt dies stets zur groben Unbilligkeit im Falle der Inanspruchnahme des Unterhaltspflichtigen.[22]

Umgekehrt kann eine **kurze Ehedauer** auch dann angenommen werden, wenn diese über drei Jahre liegt, so etwa, wenn die Ehegatten ihr Leben auch nach Eheschließung – insbesondere in wirtschaftlicher Hin-

---

17 BGH FamRZ 1980, 981 = NJW 1980, 2247 (danach ständige Rechtsprechung); s. auch FamRZ 1986, 886, 887 = NJW 1986, 2832.
18 BGH FamRZ 1986, 886, 887 = NJW 1986, 2832; FamRZ 1982, 894, 895 = NJW 1982, 2442.
19 BGH FamRZ 1982, 582 = NJW 1982, 2064.
20 BGH FamRZ 1995, 1405, 1407.
21 BGH FamRZ 1995, 1405, 1407.
22 BGH FamRZ 1989, 485 = NJW-RR 1989, 386; OLG Hamm FamRZ 1989, 1091.

sicht – jeweils selbständig geführt haben, also keine ehebedingte Veränderung ihrer Lebensführung vorliegt, so dass auch keine Bedürfnislage sich hieraus ergibt.[23] Wird die Regeldauer von zwei Jahren überschritten, muss der Unterhaltspflichtige konkrete Umstände darlegen und beweisen, die dessen Inanspruchnahme unbillig erscheinen lassen.

5. Keine Anwendung beim Trennungsunterhalt

195 Der Ausschlussgrund der kurzen Ehedauer ist nach der ausdrücklichen Regelung des § 1361 Abs. 3 BGB bei der Bestimmung des **Unterhalts getrennt lebender Ehegatten** nicht anzuwenden. Das Gesetz führt die Ehedauer nur als eines der in § 1361 Abs. 2 BGB heranzuziehenden Merkmale bei der Prüfung der Frage auf, ob der getrennt lebende Ehegatte darauf verwiesen werden kann, eine Erwerbstätigkeit aufzunehmen und sich dadurch selbst zu unterhalten. Entsprechend kann der Umstand der kurzen Ehedauer beim Getrenntlebensunterhalt auch nicht als **selbständiger Ausschlussgrund** nach § 1579 Nr. 8 BGB (§ 1579 Nr. 7 a.F.) herangezogen werden.[24] Liegt eine **extrem lange Trennungszeit** vor, kann der Härtegrund der Nr. 8 eingreifen.[25]

6. Einzelfälle aus der Rechtsprechung

196 **Merkmale einer kurzen Ehedauer:**

(1) Zerrüttung der Ehe kurz nach Eheschließung und alsbaldig dokumentierte Scheidungsabsicht;[26]

(2) Erwerbslosigkeit bereits viele Jahre vor Eheschließung; danach keine Änderung;[27]

(3) Beibehaltung der persönlichen Selbständigkeit nach Eheschließung;[28]

(4) Aufnahme einer beruflichen Tätigkeit in der Ehe zur Selbstverwirklichung;[29]

(5) Voreheliche Lebensführung wird in Bezug auf nichteheliche Lebensgemeinschaft geändert;[30]

---

23 S. etwa OLG Hamm FamRZ 1992, 326, 327; AG Fürth FamRZ 1995, 1156, 1157.
24 BGH FamRZ 1995, 1405, 1407; FamRZ 1987, 572; FamRZ 1982, 573, 575 = NJW 1982, 1460.
25 OLG Schleswig MDR 2001, 1414; OLG Hamm FamRZ 1997, 417.
26 OLG Düsseldorf FamRZ 1983, 1139, 1140.
27 OLG Hamm FamRZ 1988, 400; OLG Köln FamRZ 1985, 1046.
28 OLG Düsseldorf FamRZ 1983, 1139, 1140.
29 OLG Köln FamRZ 1990, 1241.
30 BGH FamRZ 1986, 886, 888 = NJW 1986, 2832.

(6) Keine persönliche sowie wirtschaftliche Abhängigkeit in der Lebensführung durch Eheschließung.[31]

Merkmale, die eine kurze Ehedauer ausschließen:

(1) Aufgabe der eigenen Wohnung und des Arbeitsplatzes und ehebedingter Umzug aus einem anderen Wohnort, ferner Vermögensdispositionen zugunsten des anderen Ehegatten;[32]

(2) Umfangreiche Maßnahmen zur Führung der ehelichen Lebensgemeinschaft;[33]

(3) Besonderer persönlicher Einsatz für den anderen Ehegatten.[34]

Merkmale, die zur groben Unbilligkeit zu prüfen sind:

(1) Bei einer Ehe von bis zu zwei Jahren ist in der Regel ohne weitere Prüfung ein Ausschluss gerechtfertigt;[35]

(2) Bei einer extrem kurzen Ehedauer führt deren Kürze bereits zur groben Unbilligkeit;[36]

(3) Bedürftigkeit wegen Erkrankung, die bereits vorehelich bestand, in der Regel unbeachtlich;[37]

(4) Beweggründe zur Eheschließung (Versorgung für den Fall des Alters) regelmäßig unbeachtlich;[38]

(5) Wiederaufleben von Versorgungsanrechten.[39]

7. Konkurrenz zu § 1579 Nr. 8 BGB, weitere Konkurrenzen

Werden die Voraussetzungen einer Ehe von kurzer Dauer nach Nr. 1 verneint, scheidet auch die Anwendung des Härtefalls nach Nr. 8 aus, weil die Dauer der Ehe nicht als anderer „*Grund*" im Sinne der Nr. 8 angesehen werden kann.[40] Übersteigt die Ehedauer den zeitlichen Rahmen der Nr. 1 (s. Rz. 191), bestand aber die eheliche Lebensgemeinschaft nur eine kurze

---

31 BGH FamRZ 1984, 588 – Fortsetzung des Studiums; s. auch OLG München FamRZ 1996, 1078.
32 BGH FamRZ 1986, 886, 887 = NJW 1986, 2832; s. auch OLG Karlsruhe FamRZ 1990, 68 = NJW-RR 1990, 770.
33 OLG Düsseldorf FamRZ 1987, 595.
34 OLG Köln FamRZ 1985, 1046, 1047.
35 OLG Hamm FamRZ 1989, 1091.
36 BGH FamRZ 1989, 485 = NJW-RR 1989, 386.
37 OLG Köln NJW-RR 1986, 86; dagegen OLG Hamm FamRZ 1988, 400.
38 BGH FamRZ 1982, 582 = NJW 1982, 2064.
39 OLG Hamburg FamRZ 1981, 54.
40 BGH FamRZ 1999, 710, 712; FamRZ 1995, 1405, 1407.

Zeit, kann § 1579 Nr. 8 BGB als Härtegrund herangezogen werden, wenn aufgrund der nur kurze Zeit geführten ehelichen Lebensgemeinschaft keine ehebedingten Auswirkungen in wirtschaftlicher Hinsicht und Verflechtungen sonstiger Art eingetreten sind.

Ansonsten können neben dem Härtegrund der Nr. 1 weitere Härtegründe nach Nr. 2-7 kumulativ bestehen. Zum **Verhältnis des Härtefalls der kurzen Dauer der Ehe zu § 1578b BGB** wird auf die Ausführungen zu Rz. 175 verwiesen.

8. Anwendungsfragen zur Neufassung der Nr. 1

a) Bestimmung der Ehezeit

198 Nach der Neufassung ist die Pflege oder Erziehung eines gemeinschaftlichen Kindes zu berücksichtigen. Hieraus folgt zunächst, dass die Bestimmung der Dauer der Ehe sich ausschließlich nach der Zeit der Eheschließung bis zur Stellung des Scheidungsantrags richtet (s. Rz. 192). Die Zeit der Pflege oder Erziehung nach Zustellung des Scheidungsantrags und nach rechtskräftiger Scheidung wirkt sich danach auf die Bestimmung der Dauer der Ehe i.S.d. Nr. 1 nicht aus; sie ist jedoch im Rahmen der Billigkeitsabwägung – neben der im Einleitungssatz enthaltenen Kinderschutzklausel – zu beachten.

b) Billigkeitsabwägung und Höhe des Unterhalts

199 Nach der Begründung des RegE (s. Rz. 185) sind in die Billigkeitsabwägung sowohl Belange des Kindes nach der Kinderschutzklausel des Einleitungssatzes als auch die Betreuungszeit nach Zustellung des Scheidungsantrags und rechtskräftiger Scheidung einzubeziehen; beide Billigkeitskriterien stehen allerdings einer Beschränkung des Unterhalts nach § 1570 BGB nicht entgegen. Dies bedeutet allerdings keine Neuorientierung zur Bestimmung der Höhe des Unterhalts bei Vorliegen des Härtegrundes nach Nr. 1, weil spätestens seit der Entscheidung des BVerfG[41] zur Auslegung der Nr. 1 bei der Bemessung des Unterhalts berücksichtigt werden muss, dass ein Härtefall vorliegt[42], der grundsätzlich zu einer Begrenzung des Unterhaltsanspruchs führt.

---

41 BVerfGE 80, 286 = FamRZ 1989, 941, 943; eingehend Rz. 185.
42 S. aber BGH FamRZ 2005, 1979, 1980 – dort nicht umgesetzt.

c) Wahrung der Belange eines Kindes und Härteklausel nach Nr. 1

Das BVerfG[43] hat in der Entscheidung zur bisherigen Nr. 1 ausgeführt, dass einerseits der Unterhalt des bedürftigen Ehegatten der Sicherung seiner Elternverantwortung gegenüber dem Kind diene, die einen wesensbestimmenden Bestandteil des Elternrechts nach Art. 6 Abs. 2 S. 1 GG bilde. In besonderen Härtefällen müsse jedoch nach dem Grundsatz der Verhältnismäßigkeit auch insoweit ein Ausschluss oder eine Herabsetzung des Unterhaltsanspruchs möglich sein. Unter Beachtung beider geschützter Positionen seien grundrechtswidrige Ergebnisse weitgehend durch eine Reduzierung des Unterhalts nach § 1578 Abs. 1 BGB auf das zur Kindesbetreuung erforderliche Maß vermeidbar.

200

Konkret bedeutet dies, dass der Unterhalt des betreuenden Ehegatten nach § 1570 BGB grundsätzlich auf den **notwendigen Selbstbehalt** im Sinne des Existenzminimums (derzeit 770 €) herabgesetzt werden kann. Dies entspricht auch der Rechtsprechung des BGH zu den anderen Härtefällen der Nr. 2-8 (bisher Nr. 2-7), in denen die Belange des minderjährigen Kindes als hinreichend gewahrt gesehen werden, wenn der Unterhalt auf den notwendigen Selbstbehalt herabgesetzt wird.[44] In besonderen **krassen Fällen** der Verwirklichung eines Härtegrundes lässt der BGH sogar ein Unterschreiten des notwendigen Selbstbehalts zu[45]; ein solcher ist aber regelmäßig allein aus der Dauer der Ehe – jedenfalls bei einem Unterhalt nach § 1570 BGB – nicht zu begründen.

201

Zur Wahrung der Belange des Kindes kann es aber auch gehören, dass das **Bedarfsgefälle** zwischen dem minderjährigen Kind und dem dieses betreuenden Elternteil nicht zu groß ist, weil beide eine **Bedarfsgemeinschaft** darstellen und (vor allem in Bezug auf Wohnverhältnisse) das Kind bei guten Einkommensverhältnissen des barunterhaltspflichtigen Elternteils einen hohen Barunterhalt nach § 1610 Abs. 1 BGB erlangt, der betreuende Ehegatte hingegen nur einen Unterhalt in Höhe des Mindestselbstbehalts. In einem solchen Fall ist deshalb der Unterhalt des betreuenden Ehegatten jedenfalls auf den angemessenen Eigenbedarf (derzeit 1.100 €) anzuheben. Hierbei ist auch zu berücksichtigen, dass der das gemeinsame Kind betreuende Ehegatte eine aus den Wirkungen der ehelichen Lebensgemeinschaft **fortwirkende Verpflichtung** wahrnimmt und deshalb durchaus ein Bezug zu den in der ehelichen Lebensgemeinschaft bestehenden Bedarfsverhältnissen besteht. Hinzu kommt, dass die Rechts-

202

---

43 BVerfGE 80, 286 = FamRZ 1989, 941, 943 unter Bezug auf BVerfG 57, 361, 388 = FamRZ 1981, 745, 749.
44 BGH FamRZ 1998, 541, 542 = NJW 1998, 1309.
45 BGH a.a.O.

folgen eines Härtefalls nach Nr. 1 mit einem Härtefall nach Nr. 4, 5 oder 7 nicht zwingend gleichzustellen sind, weil Nr. 1 lediglich auf objektiven Umständen beruht, während den Nr. 4, 5 oder 7 ein persönliches Fehlverhalten zugrunde liegt, das auch eine andere Bewertung rechtfertigt.

203 Der Begriff des zur **Kindesbetreuung erforderlichen Maßes**, auf den der RegE[46] jedoch nicht eingeht, erfordert es aber nicht zwingend, im Rahmen der Härteklausel wie bei § 1578b Abs. 1 S. 2 BGB den Unterhalt nach den Grundsätzen des **Nachteilsausgleichs** (s. hierzu Rz. 150, 154) zu bemessen, jedoch in Höhe des notwendigen Eigenbedarfs. Es stellt sich aber die Frage, ob die neue Fassung des § 1579 Nr. 1 BGB ein solches Verständnis bezweckt. Der Umstand, dass – neben der Kinderschutzklausel des Einleitungssatzes – auch die **Zeit der Pflege oder Erziehung eines gemeinschaftlichen Kindes** zu berücksichtigen ist, deutet jedoch darauf hin, dass bei entsprechender Leistungsfähigkeit des Unterhaltspflichtigen die Höhe des Unterhalts abweichend von den Ausführungen des BVerfG zur Begrenzung auf das zur Kindesbetreuung erforderliche Maß bestimmt werden soll. Bestimmt man dagegen die Höhe des Unterhalts nach den Grundsätzen des Nachteilsausgleichs, würden die unterschiedlichen Maßstäbe bei § 1579 BGB und § 1578b BGB nivelliert. Eine Abweichung von den Vorgaben des BVerfG ist deshalb nicht geboten (s. auch Rz. 200).

d) Härtegrund und gesteigerte Erwerbsobliegenheit – Begrenzung des Unterhalts auf das dritte Lebensjahr des Kindes?

204 Im Hinblick auf den in Nr. 1 ausdrücklich benannten Billigkeitsgrund der **Zeit der Pflege oder Erziehung eines gemeinschaftlichen Kindes** stellt sich die Frage, in welcher Weise diese sich auf die Dauer des Unterhalts auswirkt. Nach dem bestehenden Altersphasenmodell wurde jedenfalls bis zum Erreichen des achten Lebensjahres ein auf den notwendigen Selbstbehalt reduzierter Unterhalt nach § 1570 BGB zugebilligt. Nachdem § 1570 Abs. 1 S. 1 BGB (auch) als Einschränkung des bisherigen Altersphasenmodells zu verstehen ist (s. Rz. 48, 59a f.) und ferner bestehende Betreuungseinrichtungen gemäß § 1570 Abs. 1 S. 3 BGB bei der Bestimmung des Betreuungsunterhalts zu berücksichtigen sind, kann im Hinblick auf die sich aus der Härteklausel des § 1579 Nr. 1 BGB ergebende gesteigerte Erwerbsobliegenheit grundsätzlich eine Erwerbstätigkeit ab Vollendung des dritten Lebensjahres verlangt werden, da mit der Änderung des § 1570 BGB und der damit verbundenen Auflösung des Altersphasenmodells grundsätzlich ab diesem Zeitpunkt die Obliegenheit

---

46 BT-Drucks. 16/1830 S. 20 f.

zur Ausübung einer (teilweisen) Erwerbstätigkeit besteht. Ferner ist zu erwägen, den Unterhalt nach § 1570 Abs. 1, 2 BGB im Härtefall auf das **dritte Lebensjahr zu begrenzen**, falls nicht die besonderen Belange des Kindes i.S.d. § 1570 Abs. 1 S. 3 eine weitergehende Betreuung erfordern (Entwicklungsstörungen, gesundheitliche Beschwerden). Nach BGH[47] ist auch bei einem Kleinkind eine zeitliche Begrenzung vorzunehmen, weil die hierfür maßgeblichen Kriterien, nämlich die voraussichtliche Dauer der Betreuungsbedürftigkeit sowie die eine Beschränkung rechtfertigenden Umstände (vor allem Dauer der Ehe) feststehen. Gestützt wird dies durch § 1579 BGB selbst, der die **sofortige zeitliche Begrenzung** ausdrücklich regelt. Folge dieser Ansicht ist, dass der bedürftige Ehegatte mit Auslauf der Unterhaltspflicht bei einer weitergehenden Betreuungsbedürftigkeit erneut den Unterhalt nach § 1570 Abs. 1 S. 2 BGB verlangen muss. Der Betreuungsunterhalt nach § 1570 Abs. 2 BGB, der sich aus dem Grundsatz der nachehelichen Solidarität ableitet (Rz. 57c, 66a), ist grundsätzlich in gleicher Weise wie § 1570 Abs. 1 BGB privilegiert. In Bezug auf die Härteklausel des § 1579 BGB ist jedoch die zeitliche Begrenzung verschärft zu prüfen, weil die Härtefälle nach Nr. 1-8 regelmäßig das Prinzip der nachehelichen Solidarität verdrängen.

9. Anrechnen eigener Einkünfte sowie Vermögens

- Erzielt der berechtigte Ehegatte **eigene Einkünfte**, so wird in der Regel eine Herabsetzung auf den angemessenen Selbstbehalt, bei beengten wirtschaftlichen Verhältnissen des Verpflichteten oder schwierigen Härtefällen auf den notwendigen Eigenbedarf zu erfolgen haben. Soweit eigene prägende Einkünfte i.S.d. § 1578 Abs. 1 BGB vorliegen, kann auf eine Berechnung nach der Differenzmethode verzichtet werden, wenn diese Einkünfte die im Rahmen des § 1579 BGB zu bestimmende Begrenzung des Anspruchs auf den notwendigen bzw. angemessenen Selbstbehalt übersteigen.

- Erzielt der bedürftige Ehegatte Einkünfte aus einer **unzumutbaren beruflichen Tätigkeit**, führt dies regelmäßig im Rahmen der Prüfung der groben Unbilligkeit dazu, dass diese Einkünfte voll anzurechnen sind, weil § 1579 BGB die Regelung des § 1577 Abs. 2 BGB verdrängt.[48]

- Verfügt der bedürftige Ehegatte über **eigenes Vermögen**, so ist ihm jedenfalls bei einer nach § 1579 BGB zeitlich zu begrenzenden Unter-

205

---

[47] BGH FamRZ 1997, 671, 672; FamRZ 1997, 873, 876.
[48] *Wendl/Staudigl/Gutdeutsch*, § 4 Rz. 551; BGH FamRZ 1992, 1045, 1049; FamRZ 1990, 1091, 1095.

haltspflicht zuzumuten, den Unterhalt (in Höhe des angemessenen oder notwendigen Selbstbehalts) durch Inanspruchnahme des Vermögensstammes zu decken; eine Billigkeitsabwägung nach § 1577 Abs. 3 BGB entfällt insoweit, weil den bedürftigen Ehegatten eine aus der Billigkeitsabwägung des § 1579 BGB abgeleitete verschärfte Obliegenheit zum Einsatz eigenen Vermögens trifft. Dies gilt grundsätzlich auch bei einem dauerhaften Unterhaltsanspruch. Im Rahmen der nach § 1579 BGB vorzunehmenden Billigkeitsabwägung können auch besonders gute Einkommens- und Vermögensverhältnisse des Unterhaltspflichtigen berücksichtigt werden.

- Bezieht der bedürftige Ehegatte **sonstige Einkünfte**, sind diese unabhängig von ihrem Zuwendungszweck auf den Anspruch anzurechnen. Für Leistungen nach dem BErzGG ist dies in § 9 S. 2 in den Fällen des § 1579 BGB ausdrücklich geregelt[49], obwohl dieses einem Elternteil zusteht, um die Pflege und Erziehung des Kindes zu ermöglichen und somit im Grundsatz unterhaltsrechtlich neutral ist. Für Kinder, die ab dem 1.1.2007 geboren werden, sieht § 11 S. 4 BEEG entsprechend die Anrechnung des Elterngeldes in den Fällen des § 1579 BGB vor.[50] Entsprechendes gilt nach § 13 Abs. 6 S. 2 SGB XI für Pflegegeldleistungen.[51] Subsidiäre Sozialhilfeleistungen (nach SGB II oder SGB XII) gehören hierzu allerdings nicht.[52]

- **Freiwillige Leistungen Dritter** können, wenn nach § 1579 BGB nur ein eingeschränkter Unterhaltsanspruch besteht, im Rahmen der Billigkeitsabwägung berücksichtigt werden, obwohl diese den Unterhaltspflichtigen regelmäßig nicht entlasten. Dies rechtfertigt sich aus der Erwägung, dass bei Vorliegen eines Härtegrundes in der Regel Unterhalt nur zur Sicherung des notwendigen Selbstbehalts zu leisten ist. Soweit die Bedürftigkeit anderweitig gedeckt ist (kostenlose Bereitstellung einer Wohnung durch die Eltern oder des Partners), kann es aus Billigkeitsgründen geboten sein, nur die restliche Bedürftigkeit zu decken. Dies gilt insbesondere auch, wenn zur Wahrung der Belange eines anvertrauten Kindes jedenfalls der notwendige Selbstbehalt gedeckt werden muss. Eine Verpflichtung zur Weiterführung der freiwilligen Leistungen besteht nicht.[53]

---

49 BGH FamRZ 2006, 1010 m. Anm. *Borth*; BGHZ 161, 124, 129 f. = FamRZ 2005, 347, 348.
50 S. auch *Scholz*, FamRZ 2007, 7, 9.
51 BGH FamRZ 2006, 846.
52 BGH FamRZ 1989, 1279, 1280.
53 *Johannsen/Henrich/Büttner*, § 1579 BGB Rz. 54.

- Die wirtschaftlichen Vorteile aus dem Bestehen einer eheähnlichen Lebensgemeinschaft sind ebenfalls anzurechnen.[54]

10. Kürzung des Unterhalts über den notwendigen Eigenbedarf hinaus bei eigenen Einkünften und Vermögen

Regelmäßig ist wegen der Privilegierung des Betreuungsunterhalts nach § 1570 Abs. 1 BGB eine vollständige Versagung des Unterhalts nicht zulässig. Eine Versagung ist aber ganz oder teilweise zulässig, wenn

206

- der bedürftige Ehegatte Versorgungsleistungen seines neuen Partners erhält, insbesondere, wenn er diesem Leistungen im gemeinsamen Haushalt erbringt und diese den notwendigen Selbstbehalt übersteigen. Diese sind als Surrogat der früher in der ehelichen Lebensgemeinschaft erbrachten Haushaltsleistungen bedarfsprägend.[55]

Beispiel:

Einkommen des Unterhaltspflichtigen (6/7 bzw. - 5 %-10 %)	1.500 €
Wert der Versorgungsleistungen für Lebenspartner	300 €
Bedarfsbasis	1.800 €
Bedarf	900 €
Abzüglich Wert der Versorgungsleistungen	300 €
Anspruch damit:	600 €

Wichtige Ausnahme:

Ist der Lebenspartner unterhaltsrechtlich **nicht leistungsfähig**, entfällt die Anrechnung von Versorgungsleistungen. Dies gilt auch, soweit bereits die Voraussetzungen einer verfestigten Lebensgemeinschaft nach § 1579 Nr. 2 BGB vorliegen (eingehend Rz. 226). Zwar ist nach der Begründung des RegE[56] dies für die Annahme des Härtegrundes nicht ausschlaggebend, jedoch im Hinblick auf die Kinderschutzklausel des Einleitungssatzes beachtlich, weil ansonsten der bedürftige Ehegatte trotz der Betreuung eines minderjährigen Kindes einer Erwerbstätigkeit nachgehen müsste. Ab dem dritten Lebensjahr kann allerdings nach § 1570 Abs. 1 S. 2, 3 BGB eine Erwerbsobliegenheit bestehen (s. Rz. 56, 59d, 60).

---

54 BGH FamRZ 1987, 1011, 1013; FamRZ 2002, 742.
55 BGH FamRZ 2004, 1170; FamRZ 2001, 1693.
56 S. BT-Drucks. 16/1830 S. 21.

- Dem bedürftigen Ehegatten die Aufnahme einer Erwerbstätigkeit trotz der Betreuung eines gemeinsamen minderjährigen Kindes möglich ist, weil die Voraussetzungen zur Fremdbetreuung nach § 1570 Abs. 1 S. 3 BGB vorliegen und die erzielten Einkünfte nach Bereinigung um den Aufwand für die Fremdbetreuung und den Erwerbstätigenbonus den Betrag von 770 €/900 € übersteigen.
- Der bedürftige Ehegatte über Vermögen verfügt, aus dem Erträge erzielt werden (Mieteinnahmen aus Immobilie), die den notwendigen Selbstbehalt übersteigen.
- Der bedürftige Ehegatte nach § 1577 Abs. 3 BGB zumutbar den Stamm seines Vermögens einsetzen kann; hierbei ergibt sich bei Vorliegen eines Härtegrundes regelmäßig eine gesteigerte Obliegenheit im Verhältnis zu § 1577 Abs. 3 BGB.
- Ein besonders krasser Härtefall vorliegt, der die Leistung von Unterhalt gänzlich unzumutbar erscheinen lässt[57]; dies ist bei der Härteklausel nach § 1579 Nr. 1 BGB in der Regel nicht gegeben.

11. Berücksichtigung des Unterhaltsanspruchs nach § 1615l BGB

207   Betreut ein bedürftiger Ehegatte ein eheliches Kind sowie ein Kind aus einer nichtehelichen Partnerschaft und ist er jeweils wegen beider Kinder an der Aufnahme einer beruflichen Tätigkeit gehindert, so verdrängt keiner der Ansprüche nach § 1570 BGB bzw. § 1615l Abs. 1, 2 BGB den jeweils anderen; vielmehr haften der Ehemann und der Vater des nichtehelichen Kindes für den Betreuungsunterhalt in entsprechender Anwendung des § 1606 Abs. 3 S. 1 BGB anteilig. Es muss deshalb entsprechend dieser Bestimmung die Quote jedes Unterhaltspflichtigen bestimmt werden. Dies gilt entsprechend, wenn gemäß § 1579 BGB der Unterhalt nach § 1570 BGB auf das zur Betreuung des ehelichen Kindes erforderliche Maß herabzusetzen ist.[58] Danach ist zunächst die jeweilige Quote zu bestimmen und erst hierauf der Anspruch nach § 1579 BGB zu kürzen. Ermöglicht die Betreuung des ehelichen Kindes eine Teilzeittätigkeit, kann dies im Ergebnis zur Versagung eines Anspruchs nach § 1570 BGB führen.

12. Privilegierung bei einem anvertrauten Kind

208   Die Privilegierung des Unterhalts nach § 1570 BGB ist nur dann gegeben, wenn es sich um ein **anvertrautes gemeinschaftliches Kind** han-

---

57 BGH FamRZ 1998, 541, 542.
58 BGH FamRZ 1998, 541, 544 = NJW 1998, 1309; s. Rz. 92.

delt. Hierdurch soll sichergestellt werden, dass sich der Unterhalt Begehrende nur dann auf eine betreuungsbedingte Unterhaltsbedürftigkeit berufen kann, wenn eine **gerichtliche** oder **einvernehmliche Sorgerechtsübertragung** nach § 1671 Abs. 2 Nr. 1 BGB auf ihn erfolgt ist.[59] Auch bei weiterbestehender gemeinsamer elterlicher Sorge können ohne gerichtliche Entscheidung diese Voraussetzungen vorliegen, so wenn die Eltern einvernehmlich festlegen, dass das Kind sich bei einem Elternteil aufhält (§ 1687 Abs. 1 S. 2 BGB). Die Privilegierung greift ferner bei der Betreuung eines gemeinsamen **volljährigen Kindes** im Falle einer Behinderung ein.

IV. Probleme der Anwendung des Härtegrundes der verfestigten Lebensgemeinschaft (Nr. 2)

1. Überblick über die Rechtsprechung zu § 1579 Nr. 7 BGB a.F.

a) Anwendungsbereich – Funktion als Auffangtatbestand

Die Nr. 7 (neu Nr. 8) der negativen Härteklausel stellt einen **Auffangtatbestand** dar. Nach der Begründung des Gesetzes soll diese Regelung die Anwendbarkeit der Härteklausel bei Vorliegen anderer Gründe, die ebenso schwer wiegen wie die in den Nr. 1 bis 6 aufgeführten, sicherstellen.[60] Systematisch bedeutet dies eine Verbindung von Regelbeispielen mit einem Auffangtatbestand. Diese stellt aber keine in ihrer Auslegung offene Generalklausel dar, sondern wird durch die Verknüpfung mit den Regelbeispielen auf Sachlagen eingegrenzt, die mit den in Nr. 1-6 (neu Nr. 1-7) genannten Tatbeständen in ihrer Schwere, nicht jedoch unbedingt in ihrer Art vergleichbar sind;[61] es kommt ihnen demnach eine **exemplarische Funktion** zu. Zugleich wird durch diese Härteklausel deutlich, dass das zentrale Merkmal des § 1579 BGB der schwerwiegende Grund ist, der in untrennbarem Zusammenhang mit dem Begriff der groben Unbilligkeit steht. Sie kann deshalb immer dann angewandt werden, wenn die sich aus der Unterhaltspflicht ergebenden Belastungen die Grenze des Zumutbaren übersteigen.[62]

209

Aufgrund der Auffächerung der Härteklausel nach Nr. 1-6 (neu Nr. 1-7) ist der Anwendungsbereich von Nr. 7 (neu Nr. 8) gegenüber der früheren Regelung eingeengt. Da die in § 1579 Nr. 1-6 BGB enthaltenen Re-

210

---

59 BGH FamRZ 1980, 665, 668 = NJW 1980, 1686, 1688; OLG Frankfurt/M. FamRZ 1995, 234.
60 BT-Drucks. 10/2888 S. 29.
61 S. auch BT-Drucks. 7/4361 S. 32 f.
62 BT-Drucks. 10/2888 S. 20.

gelbeispiele sowohl subjektive (Nr. 2-6) als auch objektive (Nr. 1) Härtefälle erfassen, kann die Anwendung von Nr. 7 nicht auf objektive Härtefälle begrenzt werden. Vielmehr ist maßgebend, ob sich die aus der Unterhaltspflicht ergebenden Belastungen als unzumutbar erweisen; dies kann sowohl durch subjektive als auch objektive Umstände oder Gegebenheiten der Ehegatten eintreten, wobei allerdings die Fälle persönlichen Fehlverhaltens in § 1579 Nr. 2-6 (neu Nr. 3-7) BGB weitgehend erschöpfend erfasst sind. Da nach der amtlichen Begründung[63] § 1579 Nr. 7 (neu Nr. 8) BGB insbesondere die Fälle einer objektiven Unzumutbarkeit erfassen soll, erfasst diese Härteklausel auch **nach der Scheidung eintretende Veränderungen**, wenn diese die durch die Unterhaltsleistungen auftretenden Belastungen und den damit verbundenen Eingriff in die Handlungsfreiheit und Lebensgestaltung (Art. 2 Abs. 1 GG) für den Unterhaltspflichtigen unzumutbar erscheinen lassen.[64] Sie ist aber nicht auf die Fälle des nachehelichen Unterhalts nach §§ 1569 ff. BGB begrenzt, sondern erfasst auch in der **Trennungsphase auftretende objektive Umstände**. Der BGH[65] hat bereits zu § 1579 Abs. 1 Nr. 4 BGB a.F. das Vorliegen eines »anderen Grundes« im Sinne dieser Bestimmung angenommen, wenn der geschiedene Ehegatte mit einem anderen Partner eine nichteheliche Lebensgemeinschaft begründet hat, aber eine Eheschließung unterlässt, um den Unterhaltsanspruch nicht zu verlieren. Ferner greift Nr. 7 ein, wenn die aus der Unterhaltspflicht erwachsenden Belastungen für den Verpflichteten die **Grenze des Zumutbaren** übersteigen,[66] was sich aus objektiven Gegebenheiten und Veränderungen der Lebensverhältnisse der Ehegatten ergeben kann.[67] Diese Rechtsprechung hat der BGH auch nach Inkrafttreten des UÄndG 1986 unverändert übernommen.[68]

b) Fester sozialer Zusammenschluss

211   Häufigster Anwendungsfall des § 1579 Nr. 7 (neu Nr. 2) BGB ist das Bestehen einer nichtehelichen Lebensgemeinschaft, aus deren Bestehen

---

63 BT-Drucks. 10/2888 S. 20.
64 S. bereits *Schwab*, Handbuch des Scheidungsrechts, 1. Aufl. 1977, Rz. 373; ferner BT-Drucks. 10/2888 S. 20.
65 FamRZ 1983, 569 = NJW 1983, 1548; FamRZ 1980, 40, 41 = NJW 1980, 124, 125.
66 FamRZ 1983, 569, 572 = NJW 1983, 1548, 1551; s. ferner FamRZ 1984, 989 = NJW 1984, 2692; FamRZ 1982, 896, 897 = NJW 1982, 1497.
67 Das Bestehen einer Beziehung ist für sich allein gesehen kein Härtegrund, weil nach der Scheidung eine Treuepflicht nicht mehr besteht und im übrigen der Berechtigte über den Unterhalt frei verfügen kann; auch wird das Bestehen einer Partnerschaft in der Gesellschaft nicht als anstößig angesehen.
68 FamRZ 1992, 670; FamRZ 1989, 487 = NJW 1989, 1083; FamRZ 1987, 689, 690 = NJW 1987, 3129, 3130.

dem bedürftigen Ehegatten nach der Auflösung der Ehe kein vorwerfbares Verhalten entgegengehalten werden kann. Der BGH[69] hat in diesen Fällen die Grenze des Zumutbaren für den Verpflichteten als überschritten angesehen, wenn der Unterhalt Begehrende mit einem neuen Partner in einer festen sozialen Verbindung zusammenlebt. Hier könne das **Erscheinungsbild in der Öffentlichkeit** dazu führen, dass die Fortdauer der Unterhaltsbelastung unzumutbar werde, was insbesondere dann anzunehmen sei, wenn es keinen vernünftigen Grund dafür gebe, dass die Partner nicht doch zu einer ehegleichen **ökonomischen Solidarität** gelangten, insbesondere, wenn der den Haushalt und die gemeinsamen Kinder versorgende Partner wie in einer Ehe von dem anderen unterhalten werde.

Diese Rechtsprechung hat der BGH[70] in mehreren Entscheidungen fortgesetzt und dabei folgende Merkmale für die Annahme eines Härtefalls nach § 1579 Nr. 7 (neu Nr. 2) BGB bei Bestehen von Beziehungen zu einem anderen Partner herausgearbeitet.

(1) **Unterlassene Eheschließung.** Wenn der geschiedene Ehegatte die Eheschließung mit dem neuen Partner bewusst unterlässt, um hierdurch den Unterhaltsanspruch gegen den geschiedenen Ehegatten nicht zu verlieren,[71] wobei allerdings eine solche Absicht regelmäßig schon deshalb kaum festzustellen ist, weil unterschiedliche Motive für ein solches Verhalten maßgebend sein können, die rechtlich nicht gewertet werden können und im Übrigen bei beiden Partnern ein Ehewille regelmäßig gegeben sein müsste. Wendet der unterhaltsbedürftige Ehegatte ein, aufgrund der gescheiterten ehelichen Verbindung wolle er nicht erneut eine lebenslange Verbindung eingehen, von der er nicht wisse, ob sie dauerhaft Bestand hat, so kann deshalb diese subjektive Haltung der Annahme eines Härtegrundes entgegenstehen,[72] wenn nicht andere objektive Umstände oder gegenteilige Äußerungen des Unterhalt begehrenden Ehegatten eine andere Haltung belegen. Die Beweislast für die Voraussetzungen eines Unterlassens zur Erhaltung des Unterhaltsanspruchs hat der Unterhaltspflichtige.[73]

212

(2) **Fortsetzen der ehezerstörenden Partnerschaft nach Scheidung der Ehe.** Ein Härtefall nach Nr. 7 (neu Nr. 2) ist auch dann zu beja-

213

---

69 FamRZ 1983, 569, 572 = NJW 1983, 1548, 1551.
70 FamRZ 1989, 487, 489 = NJW 1989, 1083, 1086; FamRZ 1989, 689, 690 = NJW 1987, 3129, 3130; FamRZ 1986, 443; FamRZ 1984, 986 = NJW 1984, 2692; FamRZ 1983, 996 = NJW 1983, 2243.
71 FamRZ 1984, 986 = NJW 1984, 2692; zu § 66 EheG s. FamRZ 1989, 487 ff.; FamRZ 1982, 896 = NJW 1982, 1997.
72 S. auch BGH FamRZ 1995, 540.
73 OLG Köln NJW-RR 1994, 1160.

hen, wenn sich ein geschiedener Ehegatte schon **während der Ehe** einem anderen Partner zugewandt hatte, so dass ein Härtegrund nach §§ 1361 Abs. 3, 1579 Nr. 6 (neu Nr. 7) BGB vorlag und nunmehr trotz Weiterbestehens der Gemeinschaft nach Auflösung der Ehe weiterhin Unterhalt verlangt wird.[74] Hierbei soll auch berücksichtigt werden, dass der bedürftige Ehegatte hierzu vor Gericht wahrheitswidrige Angaben gemacht hat.[75] Denn mit Auflösung der Ehe entfallen eheliche Treuepflichten, so dass auch kein eheliches Fehlverhalten angenommen werden kann. Die Rechtfertigung für die Fortsetzung eines nach Nr. 6 (neu Nr. 7) erfüllten Härtegrundes auch für die Zeit nach Scheidung der Ehe in Form der Nr. 7 (neu Nr. 2) folgt aus dem Gesichtspunkt, dass der zur Versagung bzw. Beschränkung des Unterhalts führende Umstand während der Trennung mit Eintritt der Rechtskraft der Ehescheidung nicht „geheilt" wird, sondern die bereits in dem ehezerstörenden Handeln des bedürftigen Ehegatten liegende Unzumutbarkeit zur Zahlung von Unterhalt auch nach rechtskräftiger Scheidung fortwirkt und nicht erlischt. Die Anwendung der Härteklausel setzt nicht voraus, dass das einen Härtegrund erfüllende Verhalten dauerhaft fortbestehen müsse (deutlich im Fall der Nr. 2, neu Nr. 3).[76] Maßgebend ist ausschließlich eine fortwirkende Unzumutbarkeit. Der Härtegrund wirkt deshalb im Grundsatz auch dann fort, wenn die nichteheliche Partnerschaft zerbricht, ohne dass (sofort) eine neue Partnerschaft begründet wird,[77] die ihrerseits wieder zur Unzumutbarkeit nach Nr. 7 (neu Nr. 2) führen kann. Ansonsten ist eine intime Beziehung (auch in einer nichtehelichen Gemeinschaft) zu einem anderen Partner nach Auflösung der Ehe kein „anderer Grund" i.S.d. § 1579 Nr. 7 (neu Nr. 2) BGB.[78] Unerheblich ist die wirtschaftliche Lage des Lebenspartners.

214 **(3) Anstößige oder kränkende Begleitumstände.** Ferner wird es als Härtegrund anerkannt, wenn die Beziehungen des Unterhaltsberechtigten zu seinem neuen Lebensgefährten geeignet sind, wegen besonders anstößiger oder kränkender Begleitumstände den Unterhaltsverpflichteten schwer zu treffen und ihn in der Öffentlichkeit bloßzustellen oder in seinem Ansehen zu schädigen.[79] Hierzu kann es auch

---

[74] BGH FamRZ 1991, 670, 673 = NJW 1991, 1290; FamRZ 1989, 487, 489 = NJW 1989, 1083, 1085; FamRZ 1983, 676 = NJW 1983, 1552, 1553.
[75] BGH FamRZ 1991, 542, 543 = NJW-RR 1991, 514.
[76] Kritisch *Johannsen/Henrich/Büttner*, § 1579 BGB Rz. 36.
[77] A.A. wohl *Johannsen/Henrich/Büttner*, § 1579 BGB Rz. 36; s. ferner *Palandt/Diederichsen*, § 1579 BGB Rz. 33.
[78] BGH FamRZ 1995, 540, 542 = NJW-RR 1994, 1154.
[79] FamRZ 1995, 344 = NJW 1995, 655; FamRZ 1989, 487, 490 = NJW 1989, 1085, 1086.

gehören, wenn der unterhaltsbedürftige Ehegatte nach der Ehescheidung häufig wechselnde Partnerschaften führt, die im Lebensbereich des Unterhaltspflichtigen besonders anstößig wirken. Allerdings muss es sich hierbei um objektivierbare Umstände handeln; das subjektive Empfinden des Unterhaltsverpflichteten kann für sich allein nicht maßgebend sein.

(4) **Gewisse Dauer des Zusammenlebens im Sinne einer eheersetzenden Gemeinschaft.** Nicht jedes Zusammenleben mit einem anderen Partner zieht sofort unterhaltsrechtliche Folgen i.S.d. Nr. 7 (neu Nr. 2) nach sich, da diese Härteklausel **keine „Konkubinatsklausel"** darstellt.[80] Maßgebend für die Annahme eines Härtegrundes in diesen Fällen ist nicht der reine Bestand einer Partnerschaft, sondern der **Grad ihrer inneren Verfestigung**, der – mangels verlässlicher Indikatoren – regelmäßig erst nach einer gewissen Dauer als hinreichend sicher angenommen werden kann. Dies hat der BGH ursprünglich nicht für eine **gleichgeschlechtliche Partnerschaft** angenommen, da nach der Natur des Zusammenlebens die gegenseitige Versorgung der Partner nicht gewährleistet sei und es auch kein allgemeines Leitbild gebe.[81] Diese Ansicht hat der BGH[82] aufgegeben und stellt zutreffend darauf ab, ob eine verfestigte Beziehung besteht, in der die Partner ihre Lebensverhältnisse aufeinander eingestellt haben, dass sie wechselseitig füreinander einstehen, der Berechtigte also wie in einer Ehe versorgt wird. Unerheblich ist deshalb, dass keine intimen Beziehungen bestehen und auch eine Eheschließung unterbleibt, weil eine solche nicht möglich ist (in der Trennungsphase) oder willentlich nicht erfolgt, weil die Partner insoweit einvernehmlich oder einseitig keine neue Bindung eingehen wollen. Der BGH verlangt eine **gewisse Mindestdauer** von jedenfalls **zwei bis drei Jahren**, nach der erst verlässlich entschieden werden könne, ob die Partner nur probeweise oder dauerhaft zusammenleben.[83] Hierbei bezieht sich der BGH auch auf das **Erscheinungsbild in der Öffentlichkeit**, das die Fortdauer der Unterhaltspflicht im Hinblick auf die Lebensgestaltung unzumutbar erscheinen lasse. Die vom BGH angenommene Zeitspanne erscheint zu lang und insbesondere zu starr, da die **Dauer des Zusammenlebens nur ein Indiz** für die Dauerhaftigkeit einer Verbindung darstellt, diese kann auch durch andere Umstände wie der Grad der wirtschaftlichen Verpflichtung und der persönlichen Beziehung (Geburt eines

---

80 BGH FamRZ 1995, 540, 542.
81 BGH FamRZ 1995, 344, 345.
82 BGH FamRZ 2002, 810, 812 = FamRB 2002, 193.
83 FamRZ 1997, 671, 672; FamRZ 1989, 487, 490 = NJW 1989, 1083, 1086; FamRZ 1983, 996, 997 = NJW 1983, 2243.

Kindes) bestimmt werden.[84] Die obergerichtliche Rechtsprechung ist uneinheitlich, hat sich aber an der Rechtsprechung des BGH orientiert.[85]

216 **Zusammenleben** im Sinne dieses Rechtssatzes bedeutet regelmäßig das Aufnehmen einer Wohngemeinschaft; unerheblich ist hierbei, dass der Partner weiterhin eine eigene Wohnung besitzt, ebenso, dass sich die Beziehung gelockert hat.[86] Maßgebend ist, dass die Partner wesentliche Bereiche ihres Zusammenlebens gemeinsam gestalten; auch das Wirtschaften aus einer gemeinsamen Kasse ist hierfür ein Indiz, jedoch nicht in jedem Fall zwingende Voraussetzung. Zur Annahme eines der ehelichen Lebensgemeinschaft gleichstehenden Zusammenlebens ist zunächst zu prüfen, ob ein räumliches Zusammenleben von etwa zwei Jahren besteht. Fehlt es hieran, kann eine eheähnliche Verfestigung der Beziehungen gleichfalls angenommen werden, wenn die Partner ihre Lebensgestaltung in persönlicher Hinsicht (Freizeitgestaltung, gemeinsamer Urlaub, regelmäßige Beziehungen, gegenseitige wirtschaftliche Unterstützung) aufeinander einstellen.[87] Liegt nur ein **partielles Zusammenleben** vor (jeweils eigene Wohnung, kein vollständiger gemeinsamer Haushalt), kann anhand der Intensität der Beziehungen und wirtschaftlichen Abhängigkeit ein eheähnlicher Zusammenschluss angenommen werden. Eine nur lockere Beziehung reicht dagegen nicht für den Härtegrund der Nr. 7 (neu Nr. 2) aus.

217 Ein den Härtegrund der Nr. 7 (neu Nr. 2) begründendes längeres Zusammenleben kann auch bereits während einer **lang andauernden Trennungszeit** gegeben sein[88] (§ 1361 Abs. 3 i.V.m. § 1579 BGB), wenn die Partnerschaft erst nach endgültigem Scheitern der Ehe aufgenommen wird und damit kein Härtegrund nach Nr. 6 (neu Nr. 7) vorliegt. Zwar wird in der Regel mit der Anrechnung der Leistungen aus der Haushaltsführung für den Partner als Einkünfte i.S.d. § 1577 Abs. 1 BGB auch dem Gesichtspunkt der groben Unbilligkeit hinrei-

---

84 S. *Häberle*, FamRZ 1986, 311, 315 sowie *Soergel/Häberle*, § 1579 BGB Rz. 25 – will allenfalls ein bis zwei Jahre zugrundelegen; RGRK/*Cuny*, § 1579 BGB Rz. 44 – dagegen vier bis sechs Jahre.
85 S. OLG Köln FamRZ 1998, 1236 – zweieinhalb Jahre; OLG Celle FamRZ 1992, 569 – noch nicht zwei Jahre; OLG Oldenburg FamRZ 1992, 443 – Nr. 7 abgelehnt bei noch nicht drei Jahre bestehender Verbindung; OLG Koblenz FamRZ 1991, 1314 – zwei Jahre.
86 S. auch BGH FamRZ 2002, 23 m. krit. Anm. *Schwab*, FamRZ 2002, 92; FamRZ 1997, 671, 672.
87 BGH FamRZ 2002, 23 m. krit. Anm. *Schwab,* FamRZ 2002, 92; OLG Frankfurt/M. FamRZ 2002, 1038; FamRZ 2003, 99.
88 BGH FamRZ 2002, 810, 812 = FamRB 2002, 193.

chend Rechnung getragen.[89] Besteht aber die Partnerschaft in der Trennungszeit sehr lang, kann die Grenze des objektiv Zumutbaren ebenfalls überschritten werden, wenn die Partner ehegleich zusammenleben, also z. B. aus dieser Beziehung ein nichteheliches Kind hervorgegangen ist (und ein Anspruch nach § 1615l Abs. 2 BGB nicht mehr besteht) und diese gemeinsam ein Eigenheim oder sonstige Vermögenswerte erworben haben. Unerheblich ist, dass die Partner nicht die Ehe miteinander eingehen können, weil die Ehe des Unterhaltsbedürftigen (noch) nicht aufgelöst ist.

Spätere Geltendmachung des Härtegrundes. Wird dem Unterhaltsverpflichteten die Berufung auf § 1579 Nr. 7 (neu Nr. 2) BGB in solchen Fällen versagt, so kann er bei Fortbestehen der Partnerschaft, bei einer sich konkretisierenden Verfestigung dieser Partnerschaft, spätestens nach Ablauf des vom BGH genannten Zeitraums von zwei Jahren, eine Aufhebung bzw. Reduzierung seiner Unterhaltsverpflichtung mit der **Abänderungsklage** nach § 323 ZPO verlangen.[90] 218

Wird das Vorliegen einer dauerhaften (eheersetzenden) Verbindung bejaht (die gleichsam an die Stelle der Ehe getreten ist), so kommt es auf die **wirtschaftliche Leistungsfähigkeit des neuen Partners nicht an**;[91] jedoch können bei der nach § 1579 (Einleitungssatz) vorzunehmenden Billigkeitsprüfung die wirtschaftlichen Verhältnisse des Partners einbezogen werden[92]. In jedem Fall ist (zeitlich betrachtet) bis zur Bejahung eines Härtefalls ein **Entgelt für Haushaltsführung und sonstige Versorgung** anzurechnen.[93] Im Übrigen kann in der Anrechnung solcher »Einkünfte« der Härteklausel (bei besonders günstigen wirtschaftlichen Verhältnissen des Unterhaltspflichtigen) hinreichend Genüge getan sein. 219

(5) **Unterhaltsgemeinschaft als Grund einer objektiven Unzumutbarkeit.** Lebt der geschiedene Ehegatte mit einem neuen Partner in einer festen sozialen Bindung zusammen, kann die Unterhaltsverpflichtung unzumutbar werden, wenn kein verständiger Grund ersichtlich ist, weshalb die Partner nicht eine **Unterhaltsgemeinschaft** (im Sinne einer „ehegleichen ökonomischen Solidarität") aufnehmen, indem der haushaltsführende Partner von dem anderen wie in einer 220

---

89 S. auch OLG München FamRZ 1998, 1589.
90 BGH FamRZ 1997, 671; OLG Karlsruhe FamRZ 2003, 50.
91 BGH FamRZ 1989, 487, 491 = NJW 1989, 1083, 1086.
92 BGH a.a.O.
93 BGH FamRZ 1987, 1011, 1013 = NJW-RR 1987, 1282; FamRZ 1980, 40, 41 = NJW 1980, 124, 126.

Ehe unterhalten wird.[94] Nach BGH[95] setzt die Annahme einer Unterhaltsgemeinschaft voraus, dass der geschiedene Ehegatte **in der neuen Gemeinschaft sein Auskommen** hat, also der Partner wirtschaftlich in der Lage ist, den Unterhaltsbedarf zu erfüllen, wobei es der BGH offengelassen hat, ob „Auskommen" mit dem Bedarf i.S.d. § 1578 Abs. 1 BGB gleichzusetzen ist. Der Härtegrund liegt in diesem Fall nicht im Bestehen einer länger angelegten Partnerschaft, sondern darin begründet, dass der Berechtigte **wirtschaftlich in der Gemeinschaft abgesichert** ist. Da in diesen Fällen die Voraussetzungen des § 1579 Nr. 7 (neu Nr. 2) BGB an sich bestehen, kann es im Rahmen der Billigkeitsabwägung nur darum gehen, dass dem bedürftigen Ehegatten der notwendige Eigenbedarf gesichert wird. Folgt man im Übrigen der Rechtsprechung des BGH, so ist auch bei beengten wirtschaftlichen Verhältnissen des Partners ein gewisser Betrag aufgrund der ersparten Lebenshaltungskosten zu berücksichtigen, was auch bei der Höhe des notwendigen Eigenbedarfs des bedürftigen Ehegatten berücksichtigt werden kann. Ansonsten ist die vom BGH vorgenommene Unterscheidung nach der Leistungsfähigkeit des Partners wenig sinnvoll, weil bereits die einzelnen Fallgruppen in der Praxis regelmäßig nicht scharf auseinandergehalten werden können[96] und auch den Unterhaltspflichtigen das Risiko der Partnerwahl nicht treffen kann. Lediglich dann, wenn der neue Partner gänzlich leistungsunfähig ist und andererseits der bedürftige Ehegatte minderjährige Kinder betreut oder aus gesundheitlichen Gründen nicht erwerbstätig sein kann, ist zur Wahrung der Belange gegebenenfalls ein (begrenzter) Unterhalt zuzusprechen. Eine **fiktiv angenommene Leistungsfähigkeit** des Lebenspartners führt nicht zu diesem Härtegrund. Wird ein Härtegrund nach dieser Fallgruppe bejaht, entfällt dieser nicht dadurch, dass die Beziehung im Hinblick auf die Aufforderung des Verpflichteten zu einem Unterhaltsverzicht gelockert wird. Vielmehr ist zu prüfen, ob die aus einem wiederaufgelebten Unterhalt erwachsenden Belastungen weiterhin die Zumutbarkeitsgrenze übersteigen.[97]

221 In der Rechtsprechung wurde eine **Unterhaltsgemeinschaft** angenommen bei einem langjährigen Zusammenleben[98] (was aber nicht

---

94 BGH FamRZ 1987, 1011, 1013 = NJW-RR 1987, 1282; FamRZ 1984, 987 = NJW 1984, 2693; FamRZ 1983, 996, 997 = NJW 1983, 2243; s. auch Glosse von *Büttner,* FamRZ 1987, 23; FamRZ 1995, 540, 542; NJW 1989, 1083, 1086 = FamRZ 1989, 487 ff.; *Büttner,* FamRZ 1996, 136.
95 BGH FamRZ 1987, 1011, 1013 = NJW-RR 1987, 1282; FamRZ 1989, 487, 490 = NJW 1989, 1083, 1086.
96 S. auch *Luthin,* FamRZ 1987, 1014.
97 BGH FamRZ 1991, 542 = NJW-RR 1991, 514.
98 BGH FamRZ 1995, 540, 542 = NJW-RR 1994, 1154, 1155.

zwingende Voraussetzung ist), Zusammenleben mit gemeinsamen Kindern, kurze Urlaube,[99] vollständige oder teilweise Versorgung des Haushalts durch den Unterhaltsbedürftigen.[100] Auch bei einer **homosexuellen Partnerschaft**, die eine Wirtschaftsgemeinschaft mit gegenseitigen Leistungen und Beiträgen darstellt, kann eine Unterhaltsgemeinschaft in diesem Sinne angenommen werden,[101] da hierbei maßgebend die wirtschaftlichen Auswirkungen einer solchen Partnerschaft sind, nicht dagegen sexuelle Beziehungen. In jedem Fall sind Leistungen des Partners als Entgelt für eine Haushaltsführung i.S.d. § 1577 Abs. 1 BGB zu berücksichtigen.[102] Lebt der Unterhaltsbedürftige mit **Verwandten** oder **Freunden** zusammen, scheidet der für Nr. 7 (neu Nr. 2) maßgebende Gesichtspunkt der Solidarität innerhalb einer eheähnlichen Gemeinschaft regelmäßig aus. Soweit in solchen Fällen eine unterhaltsrechtlich unbeachtliche freiwillige Leistung Dritter vorliegt, sind Leistungen für den Partner (in der Regel im Haushalt des anderen) durch entsprechende Einkünfte i.S.d. § 1577 Abs. 1 BGB zu berücksichtigen.

c) Verhältnis der Fallgruppen zueinander

Zur Feststellung der objektiven Unzumutbarkeit ist es nicht erforderlich, dass alle Merkmale gleichzeitig vorliegen; jedenfalls können sie unterschiedlich stark ausgeprägt sein. So kann das Merkmal des festen sozialen und wirtschaftlichen Zusammenschlusses für die Annahme einer objektiven Unzumutbarkeit dann ausschlaggebend sein, wenn etwa aus der Verbindung ein Kind hervorgegangen ist und die Partner wirtschaftlich gemeinsam tätig werden, jedoch noch nicht allzu lange Zeit in eheähnlicher Gemeinschaft zusammenleben.

d) Keine Konkubinatsklausel

In der obergerichtlichen Rechtsprechung zeigt sich eine gewisse Tendenz, § 1579 Nr. 7 (neu Nr. 2) BGB in allen Fällen des Bestehens einer eheähnlichen Lebensgemeinschaft anzunehmen.[103] Dem ist jedoch entge-

---

99 OLG Hamm FamRZ 1996, 1474; NJW-RR 1994, 773.
100 OLG Hamm NJW-RR 1994, 176.
101 Offengelassen von BGH FamRZ 1995, 344, 345 f.
102 BGH FamRZ 1995, 344, 346.
103 Vgl. OLG Frankfurt/M. FamRZ 1987, 161; FamRZ 1987, 157; OLG Stuttgart FamRZ 1987, 479; OLG Hamm FamRZ 1990, 663; FamRZ 1989, 631; FamRZ 1988, 730; FamRZ 1988, 729; FamRZ 1987, 1265; OLG Düsseldorf FamRZ 1987, 1267; OLG Koblenz NJW-RR 1991, 1474; FamRZ 1987, 1269.

genzuhalten, dass dieser Härteklausel nicht generell die Wirkung einer **Konkubinatsklausel** zukommen darf[104] (eine solche wurde in den Beratungen zum UÄndG 1986 erörtert und abgelehnt), weil insbesondere in den Fällen des Bestehens eines Unterhaltsanspruchs nach § 1570 BGB es objektiv als nicht unbillig angesehen werden kann, dass der andere Ehegatte dem Bedürftigen einen (Teil-)Unterhalt leistet. Im Übrigen wird den Interessen des unterhaltspflichtigen Ehegatten regelmäßig dadurch Rechnung getragen, dass der Unterhaltsbedürftige die finanziellen Beiträge des neuen Partners sich als seinen Bedarf minderndes Entgelt anrechnen lassen muss.

2. Reichweite des Begriffs der verfestigten Lebensgemeinschaft

224   Der Begriff der verfestigten Lebensgemeinschaft als Anknüpfungspunkt für den Härtefall nach Nr. 2 ist bewusst weit gefasst. Er greift deshalb unabhängig davon ein, ob die Lebenspartner eine Ehe oder eine eingetragene Lebenspartnerschaft nach dem LPartG eingehen könnten. Damit liegt auch bei Bestehen einer **gleichgeschlechtlichen Partnerschaft** ein Härtegrund im Sinne der Nr. 2 vor. Dies hatte der BGH[105] zunächst abgelehnt, diese Ansicht aber aufgegeben[106] und zutreffend darauf abgestellt, ob eine verfestigte Beziehung besteht, in der die Partner ihre Lebensverhältnisse aufeinander eingestellt haben und sie wechselseitig füreinander einstehen. Ferner können die Voraussetzungen der Nr. 2 bereits während einer langen Trennungszeit bestehen, wenn in dem Eingehen der Partnerschaft kein einseitiges Fehlverhalten i.S.d. § 1579 Nr. 7 BGB (bisher Nr. 6) liegt, weil die eheliche Lebensgemeinschaft zu diesem Zeitpunkt bereits gescheitert war.[107] Dem Begriff der verfestigten Lebensgemeinschaft liegt nicht eine **bestimmte Mindestdauer der Beziehung** zugrunde;[108] der RegE enthält sich insoweit einer Definition und weist zutreffend darauf hin, dass dies wegen der unterschiedlichen Intensität einer Beziehung jeweils im Einzelfall zu beurteilen ist.[109] Eine langjährig bestehende Verbindung stellt jedoch ein starkes Indiz für deren Annahme dar. Ansonsten sprechen für eine verfestigte Lebensgemeinschaft der gemeinsame Erwerb eines Eigenheims, das gemeinsame Eingehen eines Mietvertrages für eine Wohnung sowie ein gemeinsames Kind mit dem

---

104 *Eyrich*, FamRZ 1984, 941, 944.
105 FamRZ 1995, 344, 345 (zu § 1579 Nr. 7 BGB a.F.).
106 FamRZ 2002, 810, 812.
107 S. BGH FamRZ 2002, 810, 812; ferner *Schwab*, FamRZ 2005, 1417, 1421; *Schwab/Borth*, Teil IV Rz. 503.
108 Zur Rechtsprechung des BGH s. Rz. 215.
109 BT-Drucks. 16/1830 S. 21.

neuen Partner, ohne dass die Voraussetzungen des § 1579 Nr. 7 BGB vorliegen.[110]

Problematisch ist die Abgrenzung der verfestigten Lebensgemeinschaft im Hinblick auf **Verbindungen zweier Personen**, die eine **reine Versorgungsgemeinschaft** darstellen, so etwa eine ältere unterhaltsberechtigte Ehefrau, die mit ihrem langjährigen Bekannten in eine gemeinsame Wohnung zieht, um sich einerseits in der Hausarbeit und persönlichen Pflege gegenseitig zu unterstützen und zugleich Kosten einzusparen. Auch eine solche Verbindung kann das Merkmal der gegenseitigen Unterstützung in finanzieller, körperlicher und seelischer Hinsicht aufweisen und sich als stabil erweisen. Erst recht gilt dies, wenn zwischen Geschwistern eine solche Verbindung besteht. Unproblematisch ist insoweit, insbesondere im Falle einer eingeschränkten Leistungsfähigkeit des Unterhaltspflichtigen, die Kostenersparnis aus dem gemeinsamen Wohnen als bedürftigkeitsmindernd i.S.d. § 1577 Abs. 1 BGB anzusehen. Gleiches gilt, wenn der Unterhaltsbedürftige dem anderen Partner der Gemeinschaft eine größere Hilfe zukommen lässt als ihm selbst zukommt, weil sich hieraus eine geldwerte Betreuungsleistung ergeben kann. Solche Beziehungen stellen jedoch kein *„endgültiges Herauslösen"*[111] aus der nachehelichen Solidarität dar, das eine Versagung rechtfertigen würde.[112] Zudem ist in Fällen, in denen der **Unterhaltsbedürftige Versorgungsleistungen** für den Partner einer solchen Gemeinschaft erbringt, so z.B. auch zwischen erwachsenen Kindern und einem Elternteil, durch die Berücksichtigung solcher Leistungen im Rahmen der Bestimmung des Unterhalts (sowohl bei der Bestimmung des Bedarfs nach § 1578 Abs. 1 BGB als auch der Bedürftigkeit nach § 1577 Abs. 1 BGB) dem Interesse des Unterhaltspflichtigen jedenfalls teilweise Rechnung getragen, so dass in der Regel es auch an einer groben Unbilligkeit fehlt. *Büttner*[113] nimmt die Abgrenzung anhand des Begriffes der Bedarfsgemeinschaft i.S.d. § 7 Abs. 3 Nr. 3c, Abs. 3a SGB II vor, der eine geringere persönliche Bindung als die verfestigte Lebensgemeinschaft voraussetzt. Dies entspricht der zuvor getroffenen Abgrenzung.

3. Unterhaltsrechtliche Leistungsfähigkeit des Lebenspartners

Während die Rechtsprechung des BGH (s. Rz. 220, ferner Rz. 219) die unterhaltsrechtliche Leistungsfähigkeit des neuen Lebenspartners für die Annahme eines Härtefalls davon abhängig macht, ob dessen Einkom-

---

110 S. auch *Büttner*, FamRZ 2007, 775.
111 So RegE, BT-Drucks. 16/1830 S. 21 als Rechtfertigungsgrund für den Härtegrund.
112 So zutreffend auch *Schwab*, FamRZ 2005, 1417, 1421.
113 FamRZ 2007, 771, 775.

mens- und Vermögensverhältnisse eine Unterhaltsgemeinschaft nicht zulassen[114], hält der RegE[115] die Frage der Leistungsfähigkeit des neuen Partners zur Annahme eines Härtefalls für unbeachtlich, da sich der unterhaltsbedürftige Ehegatte, der eine Lebensgemeinschaft eingegangen ist, die sich verfestigt hat, endgültig aus der **nachehelichen Solidarität gelöst** und damit zu erkennen gegeben habe, dass er diese nicht mehr benötigt.

Bereits *Schwab*[116] hat darauf hingewiesen, dass die Annahme eines **konkludenten Verzichtswillens** fraglich ist und leicht durch eine gegenläufige Bekundung umgangen werden könnte. Sie ist jedenfalls dann unbeachtlich, wenn der unterhaltsbedürftige Ehegatte ein minderjähriges Kind betreut und wegen dessen Alters (Kleinkind) oder einer besonderen Betreuungsbedürftigkeit keine (teilweise) Erwerbstätigkeit ausüben kann. In diesem Fall ist wegen der **Kinderschutzklausel** des Einleitungssatzes dem unterhaltsbedürftigen Ehegatten jedenfalls der notwendige Selbstbehalt zuzubilligen. Zweck dieser Bestimmung ist es, den Unterhalt selbst dann im Interesse des minderjährigen Kindes zu sichern, wenn sich der betreuende Ehegatte ein Fehlverhalten zurechnen lassen muss, damit diesem gleichwohl die Wahrnehmung seiner Elternverantwortung ermöglicht wird.[117] Dieser Grundsatz gilt auch bei einer in finanzieller Hinsicht nicht geglückten Partnerwahl.

V. Verbleibende Fälle des § 1579 Nr. 8 BGB

227
- Der BGH hat Nr. 7 (neu Nr. 8) herangezogen, um Unbilligkeiten aus dem unterhaltsrechtlichen Vorrang des geschiedenen Ehegatten nach § 1582 BGB zu verhindern, die sich aus dem **steuerlichen Splittingvorteil** nach § 26 EStG des wiederverheirateten Unterhaltsverpflichteten ergeben können.[118]

- Der Umstand einer **unerkannt vorehelichen Erkrankung** des bedürftigen Ehegatten und die daraus folgende Unterhaltslast rechtfertigen allein noch keine Herabsetzung oder zeitliche Begrenzung des Anspruchs (Krankheit muss nicht ehebedingt i.S.d. § 1572 BGB sein).[119] Begründet die voreheliche Erkrankung einen Anspruch nach § 1572

---

114 FamRZ 1989, 487, 490 = NJW 1989, 1086; FamRZ 1987, 1011, 1013.
115 S. BT-Drucks. 16/1830 S. 21.
116 FamRZ 2005, 1417, 1420 f.
117 BGH FamRZ 1997, 873, 875 – Mutter hat Kapitalbetrag von 81.000 DM verbraucht.
118 FamRZ 1988, 486; FamRZ 1985, 911 = NJW 1985, 2268; s. jetzt aber BVerfG FamRZ 2003, 1821 = NJW 2003, 3466.
119 BGH FamRZ 1995, 1405; FamRZ 1994, 566 = NJW 1994, 1286.

BGB, kann dieser Umstand kein Härtegrund nach Nr. 7 (neu Nr. 8) sein – BGH a.a.O.

- Eine **zeitliche Begrenzung** des Anspruchs auf nachehelichen Unterhalt kann nach § 1579 Nr. 7 BGB (neu Nr. 8) in Betracht kommen, wenn die Ehe zwar nicht von kurzer Dauer i.S.d. § 1579 Nr. 1 BGB war, die Eheleute tatsächlich aber nur wenige Monate zusammengelebt haben.[120] Ansonsten kann bei einer kurzen Ehedauer Nr. 7 (neu Nr. 8) nicht herangezogen werden, wenn die Voraussetzungen einer kurzen Ehe i.S.d. Nr. 1 abgelehnt wurden.[121]

- Die nacheheliche Solidarität ist grundsätzlich nicht auf eine der Dauer der Ehe entsprechende Zeit beschränkt.[122]

- Der Grundsatz, dass durch die Unterhaltsleistung **keine Sozialhilfebedürftigkeit** eintreten darf,[123] gilt nur für den Unterhaltspflichtigen selbst, nicht auch zugunsten von Unterhaltsberechtigten, die in dessen Haushalt leben. Der Unterhaltsanspruch der geschiedenen Ehefrau darf deshalb nach Nr. 7 (neu Nr. 8) nicht herabgesetzt und diese nicht ergänzend auf Sozialhilfe verwiesen werden, um zu vermeiden, dass mit dem Unterhaltsverpflichteten in Haushaltsgemeinschaft lebende Angehörige unterhalb der Sozialhilfeschwelle leben. Dem gesetzlichen Gleichrang wird nur Rechnung getragen, wenn die Unterhaltsansprüche aller Berechtigten gleichmäßig gekürzt werden.[124] Diese Entscheidung greift auch in den Fällen des § 1609 Nr. 2 BGB ein, wenn mehrere Berechtigte dieser Rangstufe zuzuordnen sind.

- Zahlt der Unterhaltspflichtige trotz des Bestehens eines Härtefalles i.S.d. § 1579 Nr. 7 BGB (neu Nr. 8) den Unterhalt weiter, um sich die Voraussetzungen des § 5 VAHRG zu erhalten (keine Kürzung der eigenen Rente um den Malus aus der Übertragung von Versorgungsanrechten durch den Versorgungsausgleich), liegt hierin **keine Verzeihung**, so dass auch kein Vertrauenstatbestand daraus entsteht, dass dauerhaft auf den Verwirkungstatbestand des Nr. 7 (neu Nr. 8) verzichtet wird.[125]

- Der nach § 1586b BGB auf nachehelichen Unterhalt in Anspruch genommene Erbe des Unterhaltspflichtigen kann sich weiterhin oder auch erstmals auf die Härteklausel des Nr. 7 (neu Nr. 8) berufen, wenn

---

120 BGH FamRZ 1988, 931; anders noch FamRZ 1987, 572 = NJW 1987, 1761.
121 BGH FamRZ 1995, 1405, 1407.
122 BGH FamRZ 1996, 1272 = NJW 1996, 2793.
123 BGHZ 111, 194 = FamRZ 1990, 849 = NJW 1991, 356.
124 BGH FamRZ 1996, 1272 = NJW 1996, 2793.
125 BGH FamRZ 2003, 521.

nicht der Unterhaltspflichtige zuvor darauf verzichtet hatte.[126] Für den Erblasser steht grundsätzlich die Zahlung des Unterhalts wegen des § 5 VAHRG im Vordergrund, um den ungeschmälerten Versorgungsbezug zu erhalten. Deshalb kann beim Empfänger kein Vertrauenstatbestand entstehen.

- Ebenso kann eine (zeitliche) Begrenzung des nachehelichen Unterhalts nach § 1579 Nr. 7 (neu Nr. 8) BGB in Betracht kommen, wenn die Ehe zwar nicht von kurzer Dauer i.S.d. § 1579 Nr. 1 BGB war, die Eheleute aber tatsächlich nur wenige Monate bzw. überhaupt nicht zusammengelebt haben.[127]

- Wenn der geschiedene Ehegatte einer rechtzeitigen **Anfechtung der ehelichen Vaterschaft** eines Kindes entgegengewirkt hat, kann trotz der Schutzbestimmung des § 1599 BGB ein Härtegrund bestehen, um einer groben Unbilligkeit zu begegnen, die sich aus der Inanspruchnahme des Unterhalts nach § 1570 BGB ergeben kann;[128] dies gilt jedenfalls, wenn die Nichtehelichkeit des Kindes unstreitig ist (ansonsten muss das Unterhaltsverfahren bis zur Feststellung ausgesetzt werden).

- Darüber hinaus hat der BGH die Härteklausel nach Nr. 7 (neu Nr. 8) herangezogen, um Unbilligkeiten aus dem unterhaltsrechtlichen Vorrang des geschiedenen Ehegatten nach § 1582 BGB a.F. zu verhindern, die sich aus dem **steuerlichen Splittingvorteil** nach § 26 EStG des wiederverheirateten Unterhaltsverpflichteten ergeben können.[129] Diese Rechtsprechung ist durch die Entscheidung des BVerfG vom 7.10.2003 überholt.[130] Die gleichen Grundsätze gelten, wenn sich ein Unterhaltspflichtiger gegenüber seinen Gläubigern auf die **Pfändungsfreigrenzen** des § 850c ZPO zugunsten von Unterhaltsberechtigten aus einer späteren Ehe beruft; auch in diesem Fall sind die hieraus erlangten Einkommensvorteile nach Nr. 7 im Mangelfall der neuen Familie zuzuweisen.

- Auch in den Fällen einer **böswilligen** und **nachhaltigen Verweigerung** bzw. **Behinderung des Umgangs** des Unterhaltspflichtigen

---

126 BGH FamRZ 2004, 614, 616.
127 BGH FamRZ 1988, 930, 932 = NJW-RR 1988, 834 gegen BGH FamRZ 1987, 572, 575; FamRZ 1994, 558 (Einigung, dass eheliche Lebensgemeinschaft nicht aufgenommen werden sollte).
128 BGH FamRZ 1985, 51, 52 = NJW 1985, 428, 429; s. aber OLG Düsseldorf FamRZ 1993, 962.
129 FamRZ 1985, 911 = NJW 1985, 2268; FamRZ 1988, 486.
130 FamRZ 2003, 1821 = NJW 2003, 3466; s. auch BGH FamRZ 2007, 1232; zur Zuordnung im Mangelfall s. Rz. 283.

mit einem Kind können die Voraussetzungen eines Härtegrundes nach Nr. 7 (neu Nr. 8) zu bejahen sein. Ändert der Unterhaltsbedürftige nach einer Versagung bzw. Begrenzung des Unterhalts sein Verhalten und ermöglicht er die Durchführung des Umgangs, kann der Unterhaltsanspruch wieder zugesprochen werden.[131]

- Ferner hat der BGH § 1579 Nr. 7 (neu Nr. 8) BGB als Billigkeitskorrektiv bei der Berücksichtigung einer (aufgedrängten) Vermögensanlage im Rahmen der Bedarfsbestimmung herangezogen.[132] Auch ein **ehrloses** und **unsittliches Verhalten** (Prostitution, wiederholt begangene Straftaten) können in Bezug auf den Unterhaltsverpflichteten zu einem Härtegrund führen[133], falls dieser hierdurch in seinen Interessen betroffen wird. Gleiches gilt, wenn der bedürftige Ehegatte ein nichteheliches Kind zur Welt bringt, ohne den Vater zu benennen und gegen diesen keinen Anspruch nach § 1615l BGB geltend macht.[134]

---

131 OLG Nürnberg FamRZ 1997, 614.
132 BGH FamRZ 1991, 1163, 1166; dies ist nicht zwingend und hätte bei § 1577 Abs. 1 BGB berücksichtigt werden können.
133 Vgl. auch *Kalthoener/Büttner/Wrobel-Sachs*, Prozesskostenhilfe und Beratungshilfe, 4. Aufl. 2005, Rz. 1122.
134 OLG Koblenz FamRZ 1981, 920.

I. Änderung des § 1585b BGB – Unterhalt für die Vergangenheit beim nachehelichen Unterhalt

I. Zweck der Änderung des § 1585b Abs. 2 BGB

228   Die bisherige Regelung des § 1585b Abs. 2 BGB zur Geltendmachung des Unterhalts für die Vergangenheit weicht von der entsprechenden Bestimmung des § 1613 Abs. 1 BGB, die für den Verwandtenunterhalt, den Trennungsunterhalt gemäß §§ 1361 Abs. 4 S. 4 BGB, 1360a Abs. 3 BGB und den Unterhalt nach § 1615l Abs. 1-3 BGB gilt, ab. Grund hierfür ist, dass bei der Änderung des § 1613 Abs. 1 BGB durch das KindUG[1] zum 1.7.1998 § 1585b Abs. 2 BGB nicht angeglichen wurde, obwohl beide Bestimmungen vor dem 1.7.1998 inhaltsgleich waren.[2] Eine wesentliche Neuerung des § 1613 Abs. 1 BGB war die bereits in der Rechtsprechung anerkannte Stufenmahnung[3] (Satz 1), die ferner auf § 323 Abs. 3 S. 2 ZPO ausgedehnt wurde, wonach ab dem Zeitpunkt des Zugangs einer Stufenmahnung trotz der Rückschlagsperre des § 323 Abs. 3 S. 1 ZPO die Abänderung eines Unterhaltsurteils verlangt werden kann. In § 323 Abs. 3 S. 2 ZPO wird § 1585b Abs. 2 BGB ausdrücklich aufgeführt, so dass sich die Frage ergab, ob die Voraussetzungen einer Stufenmahnung in diesem Fall auch für den nachehelichen Unterhalt gelten.[4] Durch die Anpassung des § 1585b Abs. 2 BGB an § 1613 Abs. 1 BGB ist diese Frage gelöst.

II. Anwendungsfragen zu § 323 Abs. 3 S. 2 ZPO

229   Die in § 323 Abs. 3 S. 1 ZPO enthaltene Zeitgrenze bei Urteilen (sogenannte Rückschlagsperre) gilt nicht, soweit nach den in Abs. 3 S. 2 genannten Vorschriften des BGB für die Vergangenheit erhöhter Unterhalt bereits vom Zeitpunkt einer Aufforderung zur Auskunftserteilung oder von Beginn des Verzuges an verlangt werden kann. Diese Lockerung der Zeitgrenze soll unter anderem dem Zweck dienen, die außergerichtliche Streitbeilegung zu fördern, da diese Regelung den zuvor bestehenden

---

1 Gesetz vom 6.4.1998, BGBl. I S. 666.
2 Zur Kritik s. *Gerhardt*, FuR 2005, 529.
3 BGH FamRZ 1990, 283, 285.
4 S. hierzu *Schwab/Borth*, Teil IV Rz. 1214.

Zwang für den Unterhaltsberechtigten beseitigt, zur Vermeidung finanzieller Nachteile möglichst schnell eine Klage (in der Regel in Form der Stufenabänderungsklage nach § 254 ZPO) zu erheben und nicht etwa auf eine häufig verzögerte Auskunft zum Einkommen und Vermögen zu warten.[5] Da die §§ 1613 Abs. 1 S. 1, 1585b Abs. 2 BGB, auf die § 323 Abs. 3 S. 2 ZPO verweist, lediglich den Unterhaltsberechtigten als Begünstigen dieser prozessualen Erleichterung benennen, stellt sich die Frage, ob diese auch für den Unterhaltspflichtigen gelten, wenn dieser eine Herabsetzung seiner durch Urteil titulierten Unterhaltspflicht anstrebt. Nach der Zwecksetzung des § 323 Abs. 3 S. 2 ZPO ist dies zu bejahen[6]; ferner spricht hierfür der Grundsatz der Waffengleichheit. Allerdings ist § 323 Abs. 3 ZPO als Ausnahmebestimmung nicht analogiefähig[7], so dass für die Praxis anzuraten ist, weiterhin mit der Stufenklage nach § 254 ZPO vorzugehen.

---

5   S. amtliche Begründung zum KindUG BT-Drucks. 13/7338 S. 33.
6   S. auch *Musielak/Borth*, § 323 ZPO Rz. 45.
7   BGH FamRZ 2004, 1713, 1714 = NJW-RR 2005, 371 – Schadenersatzanspruch.

J. Notarielle Form von Vereinbarungen zum nachehelichen Unterhalt, § 1585c BGB

I. Bisheriger Rechtszustand

230 Nach § 1585c BGB können die Ehegatten über die Unterhaltspflicht für die Zeit nach der Scheidung Vereinbarungen treffen. Da Vereinbarungen über die Unterhaltspflicht eher geeignet sind, eine Befriedung zwischen den geschiedenen Ehegatten herbeizuführen, erschien dem Gesetzgeber des 1. EheRG eine möglichst frühzeitige und endgültige vertragliche Lösung der unterhaltsrechtlichen Beziehung ausdrücklich erwünscht.[1] Dies folgt beispielsweise aus § 630 Abs. 1 Nr. 3 ZPO, wonach der Gesetzgeber in Verbindung mit § 1566 BGB eine erleichterte Scheidung bei einer Einigung der Ehegatten vor allem über den nachehelichen Unterhalt und Kindesunterhalt zulässt; diese Regelung wird aber in der Praxis kaum angenommen. Der nacheheliche Unterhalt ist danach zur Disposition der Ehegatten gestellt. § 1585c BGB stellt den während der Ehe **eingeschränkten Grundsatz der Vertragsfreiheit** (§§ 1360a Abs. 3, 1361 Abs. 4, 1614 Abs. 1 BGB) für die nacheheliche Zeit wieder her und lässt insbesondere den Verzicht auf künftige Unterhaltsleistungen zu. Ferner folgt aus § 1585c BGB in der bisherigen Fassung für den nachehelichen Unterhalt der **Grundsatz der Formfreiheit**, während in den Regelungen zum Zugewinn nach §§ 1408 Abs. 1 i.V.m. 1410 BGB sowie § 1378 Abs. 3 S. 2 BGB und Versorgungsausgleich nach §§ 1408 Abs. 2 S. 1 i.V.m. § 1410 BGB sowie § 1587o Abs. 2 S. 1 BGB die notarielle Form vorgeschrieben ist. Danach sind auch mündlich oder privatschriftlich getroffene Regelungen zum nachehelichen Unterhalt grundsätzlich wirksam.

231 Begrenzt wird die im Unterhaltsrecht **weitreichende Privatautonomie** im Gesetz nur durch die allgemeine Wirksamkeitsbestimmung von Vereinbarungen nach §§ 134, 138 BGB. Das BVerfG[2] schränkt den Bereich der aus Art. 2 Abs. 1 GG abgeleiteten Privatautonomie dann ein, wenn der regelmäßig in einer vertraglichen Vereinbarung herbeigeführte Interessenausgleich zwischen Vertragsparteien aufgrund einer auf unglei-

---

1 BT-Drucks. 7/650 S. 149.
2 FamRZ 2001, 343 mit Anm. *Schwab*, NJW 2001, 957; FamRZ 2001, 985.

cher Verhandlungsposition beruhenden einseitigen Dominanz eines Ehegatten gestört ist. In diesem Fall ist es Aufgabe des Rechts, auf die Wahrung der Grundrechtsgarantien beider Vertragspartner hinzuwirken, in dem über die zivilrechtlichen Generalklauseln nach den §§ 138, 242 BGB der Inhalt des Vertrags einer Kontrolle zu unterziehen und gegebenenfalls zu korrigieren ist. Der BGH[3] grenzt die ehevertragliche Dispositionsfreiheit in vergleichbarer Weise ein, wenn durch den Ehevertrag eine eindeutig einseitige Lastenverteilung entsteht, die durch die Gestaltung der ehelichen Lebensverhältnisse nicht gerechtfertigt ist und diese Regelung in den Kernbereich der Scheidungsfolgen eingreift.

II. Begründung und Umfang der Neufassung des § 1585c BGB

Die Einfügung des Satzes 2 in § 1585c BGB beseitigt die bestehende Ungereimtheit, dass ehevertragliche Regelungen und Scheidungsfolgenvereinbarungen zum Güterrecht und Versorgungsausgleich nach den § 1408 Abs. 1, 2 S. 1 i.V.m. § 1410 BGB, § 1378 Abs. 3 S. 2 BGB und § 1587o Abs. 2 S. 1 BGB der notariellen Form bzw. der Form eines gerichtlich protokollierten Vergleichs nach § 127a BGB bedürfen, zum nachehelichen Unterhalt hingegen eine solche Vorschrift nicht bestand, obwohl die Regelung des Unterhalts nach rechtskräftiger Scheidung zu den wesentlichen Regelungen der Scheidungsfolgen bei Auflösung einer Ehe gehört und für die Ehegatten häufig eine existentiell weitaus wichtigere Bedeutung einnimmt als die Regelung des Zugewinns und des Versorgungsausgleichs. Die der bisherigen Regelung zugrunde liegende Annahme, eine Regelung des Unterhalts sei jedem betroffenen Ehegatten von sich aus verständlich, so dass es eines Formzwangs nicht bedürfe, wird deshalb der Wirkung von Unterhaltsregelungen, insbesondere bei einem vereinbarten Verzicht auf den nachehelichen Unterhalt, nicht gerecht. Der im Gesetzgebungsverfahren – in Anlehnung an §§ 1378 Abs. 3 S. 2, 1587o Abs. 2 S. 1, 2 BGB – eingefügte Satz 3 soll die Anwendung des § 127a BGB bei Abschluss einer Vereinbarung zum nachehelichen Unterhalt in einem Verfahren in Ehesachen i.S. des § 606 Abs. 1 ZPO vor dem Prozessgericht sicherstellen.[4] Aufgrund dieser Klarstellung ist gewährleistet, dass Unterhaltsvereinbarungen in einer Ehesache auch dann wirksam geschlossen werden können, wenn der nacheheliche Unterhalt nach §§ 1569 ff. BGB nicht im Verbund nach § 623 Abs. 1 ZPO geltend gemacht wird und auch kein (außergerichtlicher) Streit oder eine Ungewissheit über den Unterhalt besteht (zu den weiteren Fragen zu § 127a BGB s. Rz. 235). Da

232

---

3 BGHZ 158, 81 ff. = FamRZ 2004, 601 (m. Anm. *Borth*) = NJW 2004, 930.
4 BT-Drucks. 16/6980 S. 20.

für die Ehesache nach § 78 Abs. 2 ZPO Anwaltszwang besteht, bedarf es zur Wirksamkeit einer Vereinbarung zum nachehelichen Unterhalt der Vertretung beider Ehegatten durch einen Rechtsanwalt. Nicht erforderlich ist es, dass bei Abschluss der Vereinbarungen beide Parteien anwesend sind (zur notariellen Beurkundung siehe § 128 BGB).

233 § 1585c S. 2 BGB erfasst sowohl **Eheverträge zur vorausschauenden Rechtsgestaltung** als auch **Scheidungsfolgenvereinbarungen** vor Eintritt der Rechtskraft der Scheidung. Der RegE[5] führt dies zwar nicht ausdrücklich aus. Auch spricht der Wortlaut des § 1585c BGB von „*Ehegatten*". Es ist aber zu § 1408 Abs. 1, 2 BGB bei Eheverträgen zum Güterrecht und Versorgungsausgleich anerkannt[6], dass vor einer Eheschließung eine ehevertragliche Regelung mit dem Ziel einer vorausschauenden Rechtsgestaltung zulässig ist.[7] Der Vertrag entfaltet in diesem Fall seine Wirkung mit der Eheschließung. Dass mit der Neufassung des § 1585c BGB eine Abweichung vom allgemeinen Verständnis zur Zulässigkeit ehevertraglicher Regelungen vor Eheschließung gewollt war, ist nicht ersichtlich und würde auch dem Zweck des § 1585c BGB widersprechen (s. Rz. 234). Aus der unterschiedlichen Fassung des § 1408 Abs. 1 Halbs. 2 BGB (insbesondere auch nach der Eingehung der Ehe) kann deshalb nicht abgeleitet werden, dass eine ehevertragliche Regelung des nachehelichen Unterhalts vor Eheschließung unzulässig ist. Die notarielle Form nach Satz 2 bezieht sich auf alle Formen des nachehelichen Unterhalts gemäß § 1569 ff. BGB, also auch auf eine **Modifikation des gesetzlich geschuldeten Unterhalts** sowie auf Nebenansprüche gemäß § 1578 Abs. 2, 3 BGB zum Unterhalt wegen einer angemessenen Versicherung für den Fall der Krankheit und Vorsorgeunterhalt, ferner auf Regelungsbereiche, die dem Unterhalt zuzuordnen sind, so vor allem Vereinbarungen zum Realsplitting gemäß § 10 Abs. 1 Nr. 1 EStG, soweit diese einen Unterhaltsbezug aufweisen, zu Anpassungsklauseln zur Dynamisierung des Unterhalts sowie zu Regelungen zur Abänderung einer Unterhaltsfestsetzung nach § 323 Abs. 1, 4 ZPO und §§ 133, 157 BGB. Insoweit verdrängt § 1585c S. 2 BGB die Sonderregelung des § 761 BGB, die eine einfache Schriftform vorsieht, falls das Leibrentenversprechen einem familienrechtlichen Unterhalt dient, so zu § 1361 Abs. 1 BGB.

234 **Zweck der notariellen Form** von Unterhaltsvereinbarungen ist es, durch die Mitwirkung eines Notars die fachkundige und unabhängige Beratung der vertragsschließenden Ehegatten sicherzustellen, sie vor übereil-

---

5 S. Begründung BT-Drucks. 16/1830 S. 22.
6 S. *Kanzleiter* in Münchener Kommentar, § 1408 BGB Rz. 3; *Palandt/Brudermüller*, § 1408 BGB Rz. 1.
7 Nach dem Motto: „Vor dem Altar zum Notar".

ten Regelungen zu schützen und vor allem gemäß § 17 BeurkG über die Folgen der beabsichtigten Vereinbarung zu belehren. Dies gilt insbesondere in Bezug auf einen beabsichtigten Unterhaltsverzicht ab Rechtskraft der Scheidung. Hält der Notar eine ehevertragliche Regelung bzw. Scheidungsfolgenvereinbarung nach § 138 BGB für unwirksam, kann (und muss) er die Beurkundung ablehnen. Zweifelt der Notar an der Wirksamkeit, muss er nach § 17 Abs. 2 BeurkG auf seine Bedenken hinweisen und diese dokumentieren, wenn dennoch eine Beurkundung erfolgen soll.[8]

III. Ersetzung der notariellen Form und weiterer Regelungen nach § 127a BGB

1. Voraussetzungen bei § 127a BGB

§ 127a BGB regelt ausdrücklich, abweichend vom allgemeinen Grundsatz der Zuständigkeit der Notare für Beurkundungen (§ 128 BGB), dass die in einem gerichtlichen Vergleich aufgenommenen Erklärungen in einem nach der ZPO errichteten Protokoll die notarielle Beurkundung ersetzen. § 127a BGB gilt für Verfahren aller Art, insbesondere für Prozesskostenhilfeverfahren nach § 118 Abs. 1 ZPO und Verfahren nach dem FGG.[9] In Bezug auf die Scheidungsfolgen ist es ausreichend, dass ein innerer Zusammenhang des zu regelnden Unterhalts mit dem Rechtsstreit besteht; danach kann im Rahmen eines Verfahrens zum Trennungsunterhalt nach § 1361 Abs. 1 BGB auch eine Regelung zum nachehelichen Unterhalt getroffen werden. Darüber hinaus regelt Satz 3 ausdrücklich, dass nach § 127a BGB auch in einer Ehesache wirksam eine Vereinbarung zum nachehelichen Unterhalt geschlossen werden kann, selbst wenn dieser nicht im Verbund nach § 623 Abs. 1 ZPO verlangt wird oder kein Streit über das Bestehen einer Unterhaltspflicht besteht (s. Rz. 232). Aus dem Regelungszweck des durch den Rechtsausschuss des Deutschen Bundestags eingefügten Satz 3 ist nicht abzuleiten, dass eine Vereinbarung zum nachehelichen Unterhalt nicht mehr in einem selbständigen Verfahren zum Trennungsunterhalt abgeschlossen werden kann, weil Satz 3 lediglich eine Klarstellung in Bezug auf den Abschluss einer Vereinbarung in einer Ehesache beinhaltet, nicht aber eine Einschränkung des Anwendungsbereichs des § 127a BGB. Zu beachten sind die Vorschriften der ZPO über die Protokollierung (§§ 160 ff. ZPO). Die Bestimmungen über den **Anwaltszwang** nach § 78 Abs. 2-4 ZPO sind zu

235

---

8 S. auch BGHZ 158, 81 ff. = FamRZ 2004, 601, 606 = NJW 2004, 930, 934; zur Haftung s. *Schubert*, FamRZ 2001, 733, 739.
9 S. *Palandt/Heinrichs*, § 127a BGB Rz. 2.

berücksichtigen. Ist der Antragsgegner im Scheidungsverfahren nicht durch einen Rechtsanwalt vertreten, so kann in diesem keine wirksame Vereinbarung zum nachehelichen Unterhalt getroffen werden, jedoch in einem selbständigen Verfahren zum Trennungsunterhalt nach § 1361 Abs. 1 BGB i.V.m. § 794 Abs. 1 Nr. 1 ZPO, in dem nach § 78 Abs. 2 ZPO kein Anwaltszwang besteht.

2. Weitere Formbestimmungen

236   Ferner werden die Formvoraussetzungen des § 1585c S. 2 BGB erfüllt, wenn von einem Unterhaltspflichtigen nach § 794 Abs. 1 Nr. 5, Abs. 2 ZPO vor einem deutschen Notar eine Urkunde zum nachehelichen Unterhalt (mit sogenannter Unterwerfungserklärung) geschaffen wird, weil sich diese nach den Bestimmungen des BeurkG richtet. Dagegen erfüllt der **Anwaltsvergleich** nach § 796a Abs. 1 ZPO nicht die Formvoraussetzungen des § 1585c S. 2 BGB, da dieser nur einen vollstreckbaren Titel schafft und zudem für diesen § 127a BGB nicht anzuwenden ist.[10]

IV. Grundsätzliche Formfreiheit nach rechtskräftiger Scheidung der Ehe, Ausnahmen

237   Aus der Fassung des neuen § 1585c S. 2 BGB folgt, dass – wie nach § 1378 Abs. 3 S. 2 BGB beim Zugewinn – ab Eintritt der Rechtskraft der Scheidung eine Scheidungsfolgenvereinbarung ohne die notarielle Form zulässig ist. Der RegE[11] stützt dies darauf, dass das besondere Schutzbedürfnis eines Ehegatten, der sich in einer schwächeren Verhandlungsposition befindet, in der Regel nur bis zum Eintritt der Rechtskraft des Scheidungsurteils bestehe. Auch solle eine spätere Anpassung einer Vereinbarung an geänderte Umstände (nach § 313 BGB) nicht durch Einführung eines Formzwanges erschwert werden.

Aus praktischer Sicht lässt sich eine unterschiedliche Schutzbedürftigkeit bis zur rechtskräftigen Scheidung und für die Zeit danach nicht feststellen, weil die Geltendmachung des nachehelichen Unterhalts von vielen Faktoren abhängt, die mit den besonders während eines laufenden Scheidungsverfahrens bestehenden Belastungen (seelischer Art) häufig nichts zu tun haben. Insoweit überzeugt diese Begründung nicht; sie erleichtert aber die Abänderung solcher Vereinbarungen bei wesentlichen Veränderungen in der Zukunft.

---

10 BGH NJW 1993, 3141 f.; *Musielak/Voit*, § 796a ZPO Rz. 1 – dort auch zum Problem der Vollstreckbarerklärung durch den Notar.
11 BT-Drucks. 16/1830 S. 22.

Es kann sich jedoch in der Zeit nach rechtskräftiger Scheidung der Ehe aufgrund anderer Regelungen ein **Formzwang** ergeben und zwar nach § 630 Abs. 1 Nr. 3, Abs. 3 ZPO i.V.m. § 794 Abs. 1 Nr. 5, Abs. 2 ZPO, § 127a BGB (zur Vorbereitung einer einvernehmlichen Scheidungsfolgenvereinbarung), bei **sachlichem und zeitlichem Zusammenhang** einer Unterhaltsvereinbarung mit (formbedürftigen) Regelungen zum Versorgungsausgleich oder der Übertragung eines Grundstücks (§§ 311b Abs. 1 S. 1, 925 Abs. 1 BGB), so dass von einer **Verflechtung zu einer rechtlichen Einheit** auszugehen ist[12]; ferner, wenn sie auch eine Schenkung beinhalten (§ 518 BGB, aber kaum gegeben, weil Leistung in der Regel auf einer gesetzlichen Verpflichtung beruht), wenn eine notarielle Schriftform vereinbart wurde[13] sowie bei Ersetzung des Unterhalts durch eine Leibrente, § 761 BGB (Schriftform genügt). Wird in einer Scheidungsfolgenvereinbarung vor Rechtskraft der Scheidung der Kindes- und der nacheheliche Unterhalt in einer einheitlichen Vereinbarung festgelegt, ist wegen des **sachlichen Zusammenhangs**, der sich im Rahmen der Bestimmung des Bedarfs nach den ehelichen Lebensverhältnissen nach § 1578 Abs. 1 S. 1 BGB aus dem Vorwegabzug des Kindesunterhalts ergibt, für beide Regelungsbereiche die notarielle Form des § 1585c S. 2 BGB erforderlich. Entsprechend gilt dies im Rahmen des § 127a BGB. Hat der Unterhaltspflichtige nach §§ 59, 60 SGB VIII den Kindesunterhalt im Wege einer Jugendamtsurkunde anerkannt und wird die hierin eingegangene Unterhaltspflicht gegenüber dem Kind in der Vereinbarung zum nachehelichen Unterhalt berücksichtigt, gilt dies dagegen nicht.

V. Zeitlicher Regelungsbereich des § 1585c S. 2 BGB

1. Wirksamkeit von Vereinbarungen vor dem 1.1.2008

Vereinbarungen, die vor Inkrafttreten des § 1585c S. 2 BGB auf der Grundlage des § 1585c BGB a.F. wirksam geschlossen wurden, ohne bereits die Form des § 1585c S. 2, 3 BGB zu erfüllen, behalten ihre Wirksamkeit auch für die Zeit nach Inkrafttreten des neuen § 1585c S. 2 BGB. Dies ergibt sich aus dem allgemeinen Grundsatz, dass eine gesetzliche Regelung erst ab deren Inkrafttreten Rechtswirkungen entfaltet; entsprechend wird dies in Beschlussempfehlung und Bericht des Rechtsausschusses ausdrücklich hervorgehoben.[14] Nach Art. 4 tritt das UÄndG 2007 am 1.1.2008 in Kraft. Rechtsakte, die vor dieser Zeit wirksam begründet wurden, verlieren deshalb auch nicht ihre Wirksamkeit, wenn die sich aus

---

12 BGH FamRZ 2002, 1179, 1180; BGHZ 101, 393, 396 = NJW 1988, 132.
13 OLG Karlsruhe FamRZ 1983, 174.
14 S. BT-Drucks. 16/6980 S. 20.

einer Vereinbarung gemäß § 1585a BGB a.F. ergebenden Rechtsfolgen erst nach dem 1.1.2008 eintreten.[15]

2. Beweislast, Änderung einer Altvereinbarung

240   Ist zwischen Ehegatten streitig, ob eine die Form des § 1585c S. 2 BGB nicht erfüllende (mündliche) Vereinbarung vor dem 1.1.2008 getroffen wurde, trägt derjenige Ehegatte die **Beweislast** für deren Wirksamkeit, der aus ihr Rechte ableitet.

Wird eine vor dem 1.1.2008 wirksam getroffene Vereinbarung nach § 1585c BGB a.F. nach diesem Zeitpunkt modifiziert, bedarf diese Änderung der Form des § 1585c S. 2, 3 BGB, wenn dies vor Eintritt der Rechtskraft der Scheidung erfolgt. Soweit die Änderung den gesamten Inhalt der Vereinbarung betrifft, ist diese insgesamt der Form des § 1585c S. 2, 3 BGB zu unterwerfen. Wird eine wirksame Vereinbarung lediglich um einen Zusatz ergänzt, der den Inhalt der bestehenden Regelung nicht betrifft, spricht der Grundsatz der Einheitlichkeit einer Vereinbarung dafür (§ 139 BGB), die bestehende Vereinbarung ebenfalls in der Form des § 1585c S. 2, 3 BGB zu fassen. Dies gilt auch in Bezug auf die Regelung des § 127a BGB.

---

15   S. auch BT-Drucks. 16/1830 S. 39 – Gegenäußerung der Bundesregierung.

K. Aufhebung von § 1586a Abs. 1 S. 2 BGB

Geht der geschiedene Ehegatte eine neue Ehe oder Lebenspartnerschaft ein, erlischt ein Unterhaltsanspruch gegen den geschiedenen Ehegatten. Wird die neue Ehe oder Lebenspartnerschaft wieder aufgelöst, so kann ein Ehegatte den Anspruch nach § 1570 Abs. 1, 2 BGB gegen den früheren Ehegatten nach § 1586a Abs. 1 S. 1 BGB wieder verlangen, wenn er ein Kind aus dieser Ehe zu erziehen und pflegen hat. S. 2 dieser Bestimmung sieht einen **Anschlussunterhalt** nach den §§ 1571 bis 1573, 1575 BGB vor. Diese Regelung wird aufgehoben, da es nach der Begründung des RegE[1] an einer inneren Rechtfertigung hierfür fehlt. Dies wird auf darauf gestützt, dass mit Eingehen einer neuen Verbindung der Grundsatz der nachehelichen Solidarität aufgehoben sei und damit der Grundsatz der Eigenverantwortung eingreife. Dies stehe der inneren Rechtfertigung eines Anschlussunterhalts in der bestehenden Form entgegen. Damit dürfte auch ein Anspruch nach der positiven Billigkeitsklausel gemäß § 1576 BGB nicht bestehen, auf den das Gesetz in der bisherigen Fassung nicht eingeht, der aber auch keinen (klassischen) Anschlussunterhalt i.S.d. §§ 1571-1573 BGB darstellt. Insbesondere spricht für diese Ansicht, dass § 1576 BGB im Verhältnis zu den §§ 1570-1575 BGB subsidiär ist.

Bemerkenswert ist insoweit, dass die Kindesbetreuung zutreffend nicht auf das Prinzip der nachehelichen Solidarität gestützt wird, sondern der Unterhaltsanspruch sich aus dem Schutz des betreuungsbedürftigen minderjährigen Kindes ergibt.

---

1 S. BT-Drucks. 16/1830 S. 22.

L. Unterhalt bei Gütergemeinschaft – Neufassung des § 1604 BGB

Die Neufassung berücksichtigt das Lebenspartnerschaftsgesetz in der Fassung vom 15.12.2004[1], das in § 6 LPartG die Vereinbarung des Wahlgüterstandes der Gütergemeinschaft ermöglicht. Zugleich wurde die Regelung, die die Unterhaltspflicht gegenüber Verwandten betrifft, klarer gefasst.

Liegt bei einem oder beiden Elternteilen Gütergemeinschaft vor, so bestimmt sich der Unterhaltsbedarf nach den für den Unterhalt zur Verfügung stehenden Einkommensverhältnissen eines oder beider Elternteile.[2] Soweit es um die **Leistungsfähigkeit eines unterhaltspflichtigen Elternteils** geht, bestimmt § 1604 BGB, dass das Gesamtgut bei der Bewertung der Leistungsfähigkeit jedem der Ehegatten zuzurechnen ist, der in Anspruch genommen wird. Damit kann es zu einer an sich nicht zulässigen **mittelbaren Unterhaltsverpflichtung** kommen, wenn ein barunterhaltspflichtiger Elternteil in der neuen Ehe in Gütergemeinschaft lebt, weil danach ein Zugriff auch auf das von dem nicht unterhaltspflichtigen Stiefelternteil eingebrachte und erworbene Gut möglich ist. Nach S. 2 gilt das auch, wenn beide Ehegatten unterhaltspflichtige Verwandte haben. Die sich hieraus ergebende Rangfolgefrage löst das Gesetz so, als stünde der jeweilige Berechtigte zu beiden Ehegatten im gleichen Verwandtschaftsverhältnis. Ein volljähriges, nicht nach § 1603 Abs. 2 S. 2 BGB privilegiertes Kind des einen Ehegatten geht danach gemäß § 1609 Nr. 1, 2 BGB einem minderjährigen Kind des anderen Ehegatten im Rang nach. Im Übrigen kann sich kein Ehegatte darauf berufen, das Gesamtgut gehöre ihm nicht allein. Denkbar ist es jedoch, dass die Ehegatten eine gütervertragliche Regelung treffen, wonach die in § 1604 BGB enthaltene Regelung aufgehoben wird, solange hierdurch lediglich der Unterhalt nicht verwandter Kinder eingegrenzt werden soll.

Für **geschiedene Ehegatten** gilt nach § 1583 BGB diese Regelung entsprechend. Faktisch greift diese Regelung jedoch nur ein, wenn ein Unterhaltsverpflichteter sein Vermögen zur Erfüllung seiner Unterhaltspflicht einzusetzen hat.

---

1 BGBl. I S. 3396.
2 Zum Getrenntlebensunterhalt s. *Schwab/Borth*, Teil IV Rz. 122.

M. Neuregelung des Rangfolgesystems, § 1609 BGB

I. Grundlegende Neuordnung des Rangfolgesystems

Ist der Unterhaltspflichtige wirtschaftlich außerstande, den angemessenen Bedarf mehrerer unterhaltsberechtigter Personen zu erfüllen, ohne den eigenen angemessenen Unterhalt im Sinne des § 1581 S. 1 BGB zu gefährden, sahen die bisherigen Regelungen zur Rangfolge in den §§ 1582, 1609 BGB a.F. sowie in § 1615l Abs. 3 S. 2, 3 BGB a.F. ein gesetzestechnisch widersprüchliches[1] und in seinen Auswirkungen insbesondere in Bezug auf § 1615l Abs. 3 S. 2, 3 BGB a.F. fragwürdiges System vor. Die Neuregelung fasst sämtliche Rangfolgebestimmungen in § 1609 BGB als zentrale Norm zusammen und strukturiert aufgrund neuer Anknüpfungsprinzipien die Rangfolge gänzlich neu.

II. Ausgangslage nach den bisherigen Bestimmungen

Die bisherige Rangfolge bei mehreren Unterhaltsberechtigten war einerseits durch besonders enge familienrechtliche Bindungen sowie einer besonderen Schutzwürdigkeit des Unterhaltsberechtigten geprägt, so dass zunächst Ehegatten unabhängig von ihrem Status und minderjährige sowie volljährige privilegierte Kinder i.S.d. § 1603 Abs. 2 S. 2 BGB vor anderen Unterhaltsberechtigten einen Vorrang genossen. Ferner war sie im Verhältnis der Ehegatten zueinander (§ 1582 Abs. 1 BGB a.F.) von dem Vertrauensschutz für die zuerst eingegangene Ehe bestimmt.

§ 1609 Abs. 1, 2 BGB a.F. sah folgende Rangstufen vor:

Erste Stufe:

(1) minderjährige, unverheiratete Kinder, unabhängig davon, ob deren Eltern verheiratet sind, aus derselben Ehe stammen oder sie adoptiert[2] wurden, Abs. 1;

(2) volljährige unverheiratete Kinder bis zur Vollendung des 21. Lebensjahres, solange sie im Haushalt der Eltern oder eines Elternteiles leben und sich in der allgemeinen Schulausbildung befinden, Abs. 1;

---

1 BGHZ 104, 158 = FamRZ 1988, 705 = NJW 1988, 1722 – relativer Rangvorbehalt.
2 BGH FamRZ 1984, 378 (s. §§ 1754, 1755 BGB).

(3) verheiratete Ehegatten, die minderjährigen, unverheirateten Kindern gleichstehen, Abs. 2;

(4) geschiedene Ehegatten, weil das Gesetz in § 1609 BGB a.F. keine Unterscheidung zwischen verheirateten und geschiedenen Ehegatten trifft; im Übrigen gehen sie den verheirateten nach § 1582 BGB a.F. vor; die verheirateten Ehegatten sind mit minderjährigen, unverheirateten Kindern gleichrangig[3];

Zweite Stufe:

(1) volljährige Kinder, soweit sie nicht nach § 1603 Abs. 2 S. 2 BGB privilegiert sind, und verheiratete Kinder, Abs. 1, 2 S. 2. BGB Dies betrifft auch volljährige Kinder, die sich noch in Ausbildung befinden oder behindert sind;

(2) die nicht verheiratete Mutter, § 1615l Abs. 3 S. 3 BGB a.F.

Dritte Stufe:

(1) Enkelkinder, Abs. 1;

(2) volljährige Kinder, die nicht nach § 1603 Abs. 2 S. 2 BGB privilegiert sind gegenüber der nicht verheirateten Mutter, § 1615l Abs. 3 S. 3 BGB a.F.

Vierte Stufe:

Verwandte in aufsteigender Linie, d.h. Eltern, Großeltern, Abs. 1.

Schuldet der Unterhaltspflichtige mehreren Berechtigten aus verschiedenen Rangstufen Unterhalt, so muss zur Sicherstellung eines höheren Selbstbehalts des Unterhaltspflichtigen aus dem Rangverhältnis einer nachfolgenden Rangstufe vom Einkommen des Unterhaltspflichtigen zunächst der vorrangige Unterhalt abgezogen werden. Wird danach der Selbstbehalt aus der nachfolgenden Rangstufe unterschritten, entfällt ein Anspruch.

Das **Rangverhältnis nach § 1582 BGB a.F.** sah einen Vorrang der geschiedenen Ehefrau unter den folgenden Voraussetzungen vor:

- Wenn ihm ein Anspruch nach § 1570 BGB (Kindesbetreuung) zusteht;

- wenn ihm ein Unterhaltsanspruch nach der positiven Billigkeitsklausel des § 1576 BGB zusteht;

---

3 *Büttner*, NJW 1987, 1855, 1856; BVerfGE 66, 84 = FamRZ 1984, 346 = NJW 1984, 1523, 1524.

- wenn der geschiedene Ehegatte nach den §§ 1571, 1572, 1573 BGB unterhaltsberechtigt ist und die Ehe von langer Dauer war oder der verheiratete Ehegatte bei entsprechender Anwendung der §§ 1569 bis 1574, 1576 BGB und des § 1577 Abs. 1 BGB nicht unterhaltsberechtigt wäre.

In allen Fällen besteht **Gleichrang**; § 1582 BGB ist auf die Regelungen der §§ 58 ff. EheG nicht entsprechend anwendbar.[4]

Grundlegendes Prinzip der Bildung einer Rangordnung ist es, dass der **Anspruch eines Vorrangigen vorab in voller Höhe** (und nicht in Höhe des Existenzminimums) erfüllt wird, unabhängig davon, ob für einen Nachrangigen noch ein Teil des unterhaltspflichtigen Einkommens übrig bleibt.[5] Demgemäß kann sich der Unterhaltspflichtige auch nicht darauf berufen, er müsse von seinem Einkommen vorab den Unterhalt für ihm näherstehende nachrangig Berechtigte abziehen, weil hierdurch die gesetzlich bestimmte Rangfolge verschoben würde. Dies gilt auch im Falle eines bestehenden Unterhaltstitels, weil auch insoweit der Anspruch des bevorrechtigten Unterhaltsgläubigers so zu beurteilen ist, wie dies bei gleichzeitiger Entscheidung über mehrere Unterhaltsansprüche zu erfolgen hätte. Gegebenenfalls ist der Unterhaltspflichtige auf die Abänderungsklage nach § 323 ZPO zu verweisen.[6] Liegt Ranggleichheit mehrerer Berechtigter vor, sind bei der Verteilung der verfügbaren Mittel des Unterhaltspflichtigen die jeweiligen Unterhaltsansprüche nach gleichen Quoten zu kürzen.

III. Rechtspolitische Begründung der Änderung der Rangfolge

Der RegE[7] begründet die Notwendigkeit zur Änderung der bestehenden Rangfolgeregelungen zunächst damit, dass unterhaltsrechtliche Mangelfälle durch die häufigere Anzahl an Ehescheidungen und die danach folgende Gründung einer neuen Familie entstehen. Die hieraus eintretende beengte Einkommenslage werde durch die höheren Kosten bei Führung zweier Haushalte und die einkommensteuerlich begründete Einkommenseinbuße verschärft. Es sei deshalb aufgrund des damit einher gehenden Wertewandels notwendig, eine neue Staffelung der Unterhaltsberechtigten entsprechend ihrer Schutzbedürftigkeit vorzunehmen, nach der vorrangig Berechtigte die Unterhaltsansprüche nachrangig Berechtigter verdrängen.

---

4 Urteil des BGH vom 27.6.1984 – IV b ZR 23/86 – nicht veröffentlicht; OLG Köln FamRZ 1983, 508.
5 BGH FamRZ 1985, 357, 360 = NJW 1985, 909, 911.
6 BGH FamRZ 1992, 797; FamRZ 1990, 1091, 1092.
7 BT-Drucks. 16/1830 S. 13, 22 f.

IV. Die neuen Regelungsgrundsätze

1. Absoluter Vorrang des Kindesunterhalts

248 Als Kernpunkt der Neuregelung bezeichnet der RegE den absoluten Vorrang unverheirateter minderjähriger Kinder und privilegierter volljähriger Kinder[8] i.S.d. § 1603 Abs. 2 S. 2 BGB vor allen anderen Unterhaltsansprüchen. Diesen gleichgestellt sind adoptierte Kinder (§ 1754 Abs. 1, 2 BGB). Ebenso ist es – wie bisher – unerheblich, aus welcher Verbindung die Kinder hervorgegangen sind. Dieser Vorrang **diene insbesondere dem Kindeswohl**, da damit die materielle Grundlage für Pflege und Erziehung von Kindern gesichert werde. Gleichzeitig ergänze diese Regelung die unterhaltsrechtliche Einstandspflicht der Eltern gegenüber ihren unverheirateten minderjährigen und diesen gleichgestellten Kindern i.S.d. § 1603 Abs. 2 BGB. Gerechtfertigt werde der Vorrang ferner durch die Tatsache, dass Kinder als wirtschaftlich schwächste Mitglieder in der Gesellschaft im Gegensatz zu anderen Unterhaltsberechtigten ihre wirtschaftliche Lage nicht aus eigener Kraft verbessern und deshalb auch nicht für ihren Unterhalt aufkommen können, während dies den anderen Unerhaltsberechtigten im Grundsatz möglich sei. Auch sei ein Unterhaltspflichtiger eher bereit, sein Einkommen für den Unterhalt eines Kindes einzusetzen als für einen getrennt lebenden oder geschiedenen Ehegatten.

2. Besondere Gewichtung des Unterhalts der Eltern wegen Betreuung eines Kindes

249 Aus dem Kindeswohl ergebe sich ferner der besondere Schutz der Unterhaltsansprüche von Eltern wegen der Betreuung von Kindern, der es rechtfertige, diese im Rang unmittelbar hinter demjenigen der Kinder einzustellen. Anders als im bisherigen Recht werde in dieser Rangstufe nicht mehr danach unterschieden, ob der betreuende, unterhaltsbedürftige Elternteil und der andere unterhaltspflichtige Elternteil verheiratet sind oder nicht. Hierdurch werde das Gerechtigkeitsdefizit des geltenden Rechts beseitigt und der Betreuungsunterhalt nach § 1615l Abs. 1, 2 BGB mit § 1570 BGB gleichgestellt, zumal der Personenstand im Zusammenhang mit der rangmäßigen Einordnung des Unterhaltsanspruchs des nicht verheirateten Elternteil in Bezug auf andere Unterhaltsansprüche kein taugliches Unterscheidungsmerkmal sei.

---

8 Zum Begriff s. Rz. 266 ff.

Die **sachliche Rechtfertigung für die zweite Rangstufe** ergibt sich danach in erster Linie aus der Tatsache der Kindesbetreuung, die sich auch auf volljährige behinderte Kinder beziehen kann. Hierbei ist es in Bezug auf einen Ehegatten ohne Belang, ob die Betreuung eines gemeinschaftlichen Kindes innerhalb der ehelichen Lebensgemeinschaft oder während der Trennungszeit erfolgt, weil ein Betreuungsunterhalt jedenfalls im Falle der Scheidung bestünde. Danach stehen die Unterhaltsansprüche nach §§ 1360, 1360a, 1361 Abs. 1 BGB, soweit die Betreuung eines gemeinsamen Kindes stattfindet, § 1570 Abs. 1, 2 BGB und § 1615l BGB im Rang gleich. Dies wird durch die Formulierung „Ehegatten und geschiedene Ehegatten" klargestellt.[9] Ferner sind die Ansprüche zweier Mütter, mit denen der Unterhaltspflichtige nicht verheiratet ist, nach § 1615l BGB der zweiten Rangstufe zuzuordnen, selbst wenn der Unterhalt über das dritte Lebensjahr des zu betreuenden Kindes nach § 1615l Abs. 2 S. 3 BGB hinausgeht. Anders als die bisherige Rangfolge nach § 1582 Abs. 1 BGB a.F. ist die **zeitliche Reihenfolge der Eheschließung,** die sich auf das Vertrauen in einen erlangten wirtschaftlichen Status stützt, kein Regelungsgrund mehr. Entsprechend anerkennt der RegE[10] für den **geschiedenen Ehegatten** auch **keinen Vertrauensschutz** dahingehend, dass sich wegen der Gründung einer Zweitfamilie der Umfang der unterhaltsberechtigten Personen nicht vergrößert und das verfügbare Einkommen des Unterhaltspflichtigen nicht auf weitere Unterhaltsberechtigte verteilt wird (was in Bezug auf minderjährige und volljährige privilegierte Kinder bereits nach dem bisherigen Rechtszustand der Fall war, § 1609 Abs. 2 S. 1 BGB a.F.).

250

3. Die Gleichstellung des Unterhalts bei langer Ehedauer mit dem Betreuungsunterhalt

Liegt eine Ehe von langer Dauer vor, nimmt ein nach den §§ 1571-1576 BGB bestehender Unterhaltsanspruch denselben Rang ein wie der Anspruch des ein minderjähriges Kind betreuenden Elternteils. Der in § 1582 Abs. 1 S. 2 BGB a.F. selbst im Falle einer Konkurrenz mit dem Betreuungsunterhalt gemäß § 1570 BGB enthaltene Vorrang ist zugunsten eines Gleichrangs in der Neuregelung aufgehoben. Hierdurch sollen ersichtlich verfassungsrechtliche Risiken aus Art. 6 Abs. 1 GG aufgefangen werden, die sich daraus ergeben können, dass ein Ehegatte, dem nach der Kindesbetreuung in der Ehe wegen Krankheit ein **Anschlussunterhalt** nach § 1572 Nr. 1 BGB oder bis zur Erlangung einer angemessenen

251

---

9 S. BT-Drucks. 16/6980 S. 21 – Einfügung des Begriffs „und geschiedene Ehegatten" aufgrund der Beratungen des Rechtsausschusses.
10 BT-Drucks. 16/1830 S. 23.

Erwerbstätigkeit nach § 1573 Abs. 1, 3 BGB zusteht, trotz einer langjährigen Übernahme von Aufgaben in der aufgelösten Ehe und der hieraus sich ergebenden wirtschaftlichen Abhängigkeit vom Unterhaltspflichtigen im Rang hinter einem betreuenden Elternteil eingestuft würde. Eine solche Regelung wäre geeignet, den Schutz von Ehe und Familie i.S.d. Art. 6 Abs. 1 GG zu verletzen (zur Anwendung s. Rz. 263).

252 Der bereits in § 1582 Abs. 1 BGB a.F. enthaltene Begriff der **Ehe von langer Dauer** ist in der Rechtsprechung des BGH[11] dem Grunde nach geklärt. Eine solche liegt danach jedenfalls nach Ablauf von fünfzehn Jahren vor, gerechnet von der Eheschließung bis zur Rechtshängigkeit des Scheidungsverfahrens. Wird dieser Zeitablauf nicht ganz erreicht, so kann die Ehe nach den Umständen des Falles von langer Dauer sein, wenn ein Ehegatte aufgrund der Übernahme der Haushaltsführung während der gesamten Ehe nie erwerbstätig war und sich gänzlich auf den Fortbestand der Ehe eingestellt hat. Das 1. EheRG hat in der Gesetzesbegründung[12] eine Ehe von zwanzig Jahren als lang angesehen.

253 Die Neufassung des § 1609 Nr. 2 BGB verzichtet bewusst auf **zeitliche Vorgaben**, wann eine Ehe von langer Dauer vorliegt, da eine solche Zeitspanne nicht absolut und für alle Fälle gleich bestimmt werden könne; sie sei deshalb vom Gericht in einem „Akt wertender Erkenntnis" zu bestimmen. Hierbei benennt der RegE mehrere Kriterien, die sich nicht allein an der Dauer der Ehe orientieren, sondern das Lebensalter der Ehegatten im Zeitpunkt der Scheidung, den Zeitpunkt der Eheschließung, die Dauer der Pflege und Erziehung eines gemeinschaftlichen Kindes sowie das Ausmaß gegenseitiger wirtschaftlicher Verflechtungen und Abhängigkeiten im Hinblick auf ein gemeinsames Lebensziel berücksichtigen. Ferner könne auch nur die Art des konkurrierenden Unterhaltsanspruchs mit einem Betreuungsunterhalt zur Bestimmung einer Ehe von langer Dauer maßgebend sein, so etwa, wenn der Anspruch der Ehefrau auf Familienunterhalt nach §§ 1360, 1360a BGB oder ein Anschlussunterhalt nach den §§ 1572 Nr. 1 oder 1573 Abs. 1, 3 BGB mit dem Anspruch nach § 1615l Abs. 1, 2 BGB konkurriert.[13]

Aufgrund der Beratungen im Rechtsausschuss des Deutschen Bundestags wurde einer mehrfach geäußerten Kritik, dass der Begriff „eine Ehe von langer Dauer" den Vertrauensschutzgedanken unvollkommen ausdrücke[14] durch die Einfügung des weiteren Halbsatzes in Nr. 2 Rechnung

---

11 S. FamRZ 1987, 916; FamRZ 1986, 790, 792 = NJW 1986, 2054, 2056.
12 BT-Drucks. 7/650 S. 153.
13 Zur Kritik s. Rz. 8 f.
14 S. *Schwab,* FamRZ 2005, 1417, 1424; *Borth,* FamRZ 2006, 813, 817; *Wellenhofer,* FamRZ 2007, 1282, 1288.

getragen. Zur Auslegung des Begriffs einer Ehe von langer Dauer sind auch Nachteile im Sinne des § 1578b Abs. 1 S. 2, 3 BGB zu berücksichtigen. Dieses weitere Tatbestandselement lässt eine bessere Erfassung des nach dem RegE[15] tatsächlich Gewollten zu. Neben dem Begriff der Ehe von langer Dauer, aus dem sich die Vermutung entnehmen lässt, dass sich bei deren Vorliegen ein ehebezogener Nachteil i.S. einer indiziellen Wirkung ergibt, ist die Zuordnung eines nachehelichen Unterhaltsanspruchs gemäß §§ 1571 ff. BGB zur 2. Rangstufe auch dann möglich, wenn eine verhältnismäßig kurze Dauer der Ehe vorliegt, die Unterhaltsbedürftigkeit eines Ehegatten sich aber aufgrund des Verzichts auf eine eigene berufliche Tätigkeit in der Ehe ergibt, weil die Führung des gemeinsamen Haushalts sowie die Betreuung gemeinschaftlicher Kinder übernommen wurde und die sich hieraus in der beruflichen Fortentwicklung ergebenden Nachteile nicht ausgeglichen werden können.[16]

4. Die weiteren Rangfolgeregelungen

Soweit die Unterhaltsansprüche von Ehegatten oder geschiedenen Ehegatten nicht in die zweite Rangstufe einzuordnen sind, tritt deren Anspruch an die nächste Stelle. Liegen mehrere Ansprüche auf nachehelichen Unterhalt in dieser Rangstufe (§ 1609 Nr. 3 BGB) vor, sind diese untereinander gleichrangig.

Die folgende Rangstufe (§ 1609 Nr. 4 BGB) betrifft den unterhaltsrechtlichen Rang **volljähriger Kinder**, die nicht im Sinne des § 1603 Abs. 2 S. 2 BGB privilegiert sind. Hierbei handelt es sich um Kinder, die sich in einer (praktischen) Berufsausbildung oder einem Studium befinden. Insoweit entspricht diese Regelung dem bisherigen Recht nach § 1609 Abs. 1, 2 BGB a.F. Ferner sind dieser Rangstufe **verheiratete Kinder** zuzuordnen, auch wenn sie minderjährig oder volljährige privilegierte Kinder i.S.d. § 1603 Abs. 2 S. 2 BGB sind; dies folgt aus dem Wortlaut sowie dem Sinnzusammenhang von § 1609 Nr. 1 und Nr. 4 BGB. Schließlich sind **behinderte volljährige Kinder** dieser Rangstufe zuzuordnen. Volljährigen und minderjährigen verheirateten Kindern gehen deshalb unverheiratete minderjährige und volljährige privilegierte Kinder vor, ferner die Unterhaltsansprüche einer Ehefrau sowie eines Elternteils, dem ein Anspruch nach § 1615l Abs. 1, 2 BGB zusteht. Soweit danach ein nicht privilegiertes volljähriges Kind seinen Unterhalt nicht aufgrund der auf den Bedarf nach § 1610 Abs. 1, 2 BGB anzurechnenden Leistung nach § 36 BAföG bezieht, wird ihm gegebenenfalls zugemutet,

---

15 BT-Drucks. 16/1830 S. 24.
16 Eingehend Rz. 141, 143, 151, 263.

den eigenen Unterhalt durch Aufnahme einer Erwerbstätigkeit zu sichern. Die weiteren Rangstufen werden den Unterhaltsansprüchen von **Enkelkindern** zugeordnet (§ 1609 Nr. 5 BGB)[17]; gleichrangig mit diesen stehen weitere Abkömmlinge.

255 Die **Unterhaltsansprüche von Eltern** gegen ihre erwachsenen Kinder werden aufgrund der besonderen Bedeutung in der Praxis von den Ansprüchen weiterer Verwandter der aufsteigenden Linie getrennt (§ 1609 Nr. 6 BGB).[18] Zwischen den Unterhaltsansprüchen von **weiteren Verwandten der aufsteigenden Linie** (§ 1609 Nr. 7 BGB) besteht Gleichrang; wie in § 1609 Abs. 1 BGB a.F. wird ausdrücklich bestimmt, dass die Ansprüche der nahen Verwandten denjenigen von entfernteren vorgehen (s. Rz. 245).

V. Fehlende Rangfolge bei Unterhaltsansprüchen nach dem LPartG

256 Nicht aufgeführt wird der Rang eines Unterhaltsberechtigten nach dem LPartG, obwohl § 16 LPartG (in der Fassung des Art. 2 Nr. 3 des Gesetzes) § 1609 BGB ausdrücklich erwähnt. Im Hinblick auf die Gleichstellung mit den Bestimmungen zum nachehelichen Unterhalt ist die rangmäßige Zuordnung jedoch jederzeit möglich.

VI. Kritik am neuen Rangfolgesystem

1. Einführung

257 Auf den ersten Blick stellt sich die neue Regelung des § 1609 BGB als ein wesentlich klarer konturiertes und damit übersichtlich gestaltetes Rangfolgesystem dar, das insbesondere die komplexen und fehlerträchtigen Mangelfallberechnungen nach bisheriger Rechtslage aufhebt. Auch wird das als Regelungsgrund besonders hervorgehobene Kindeswohl in der Öffentlichkeit sicherlich als überzeugend empfunden und Beifall finden. Die neue Rangfolgestruktur weist aber erhebliche rechtstechnische und systematische Defizite und wirft deshalb in der Praxis schwer zu bewältigende Fragen auf, die insbesondere die Erwartung auf eine wesentlich einfachere Mangelfallberechnung erheblich trüben.

---

17 S. hierzu BGH FamRZ 2006, 1099; zu Berechnungsfragen s. Rz. 260 ff.
18 Zu den Anwendungsfragen s. Rz. 263.

2. Aushöhlung des steuerlichen Realsplittings

Der absolute Vorrang minderjähriger und volljähriger privilegierter Kinder führt zwar dazu, dass in der großen Anzahl der Mangelfälle der Kindesunterhalt jedenfalls in Höhe des Mindestunterhalts i.S.d. § 1612a BGB erfüllt werden kann. Er bewirkt jedoch zugleich in einer Vielzahl der Fälle, dass die **Unterhaltsansprüche der zweiten Rangstufe** – das sind vor allem die Ansprüche aus der Betreuung eines minderjährigen Kindes nach den §§ 1361 Abs. 1, 1570 und 1615l BGB – nur noch teilweise und bei mehreren unterhaltsberechtigten Kindern oft überhaupt nicht mehr befriedigt werden können. Dies führt zu dem monetär schädlichen Effekt, dass die steuerliche Entlastung des Unterhaltspflichtigen durch das **steuerliche Realsplitting** nach § 10 Abs. 1 Nr. 1 EStG (bis zu 13.801 € jährlich) oder die Geltendmachung von Unterhaltsleistungen als **außergewöhnliche Belastung in besonderen Fällen** gemäß § 33a Abs. 1 EStG, die sowohl beim Trennungs- und nachehelichen Unterhalt als auch dem Unterhalt nach § 1615l Abs. 1, 2 BGB (bis zu einem Betrag von 7.680 € jährlich) zulässig ist, nur noch in geringem Umfang eintritt oder überhaupt nicht mehr eingreift.[19] Dieser wirtschaftliche Effekt ist nicht unbeachtlich. Schuldet der Unterhaltspflichtige bei einem Einkommen von 1.350 € monatlich netto zwei Kindern in der ersten Altersstufe Unterhalt, so wird vorrangig der jeweilige Mindestunterhalt nach § 1612a Abs. 1 BGB i.V. mit § 36 Nr. 4 EGZPO in Höhe von je 202 €, zusammen also 404 € (zur Bestimmung s. Rz. 320 f.) abgezogen. Für den unterhaltsbedürftigen Ehegatten verbleiben danach lediglich noch 46 € (1.350 € – 404 € – 900 €), während nach der bisherigen Berechnung der Unterhaltspflichtige dem Unterhaltsbedürftigen etwa 265 € schuldete, was zu einer jährlichen Steuerentlastung von etwa 850 € führte. Dies ist im Hinblick auf die vergleichbare steuerliche Entlastung besser verdienender Unterhaltspflichtiger, die auch für Berechtigte der zweiten Rangstufe Unterhalt leisten können, eine **nach Art. 3 Abs. 1 GG unzulässige Ungleichbehandlung** und verletzt mittelbar auch das Kindeswohl, wenn der bedürftige Elternteil, der mit dem vorrangigen Kind in einer Bedarfsgemeinschaft lebt, keinen oder einen geringeren Unterhalt erlangt. Im RegE[20] wird diese Problematik zwar erkannt, insoweit aber lediglich darauf hingewiesen, durch die Anrechnung des Kindergelds auf den Mindestunterhalt des Kindes nach § 1612b Abs. 1 BGB i.V.m. § 1612a Abs. 1 BGB würden für den Unterhalt des betreuenden Elternteils in gewissem Umfang Mittel freigesetzt werden. Die hierdurch für die **zweite Rang-**

258

---

19 S. hierzu *Borth*, FamRZ 2006, 813, 817; *Hütter*, FamRZ 2006, 1577.
20 S. BT-Drucks. 16/1830 S. 24, 29.

stufe freigesetzte Verteilungsmasse ist jedoch sehr gering und wird auch bei mehreren unterhaltsberechtigten Kindern nicht zu einer Unterhaltsleistung für Berechtigte der zweiten Rangstufe führen.

3. Verwerfungen im Rangfolgeprinzip

a) Abweichung vom Prinzip der Erfüllung des Unterhalts im Rangfolgesystem

259 Das System der Rangfolge bedeutet, dass – beginnend bei der ersten Stufe – jeweils der **volle Bedarf aller vorrangig Berechtigter** zu erfüllen ist, ehe die Unterhaltsansprüche der folgenden Rangstufe erfüllt werden können. Wird das für die Unterhaltszwecke frei verfügbare Einkommen von der vorrangigen Stufe aufgezehrt, erlangt die folgende Stufe keinen Unterhalt mehr. Auf diese Auswirkungen geht der RegE[21] ein, vor allem im Verhältnis der vorrangigen Kinder zu den betreuenden Elternteilen sowie im Verhältnis von Erst- und Zweitfamilie, und will dies durch eine systematisch nicht vertretbare Methode ausgleichen, dass bei Durchführung des Rechengangs auf ein *„gerechtes Ergebnis"* im Verhältnis vorrangiger Kinder zu nachrangigen Berechtigten geachtet werden müsse.[22]

Konkret führt hierzu der RegE aus:

> Auch auf der Basis der neuen Rangordnung gilt es, in besonderem Maße auf den Rechenweg Bedacht zu nehmen, um in Mangelfällen und hier insbesondere im Verhältnis vorrangiger Kinder zu nachrangigen Unterhaltsberechtigten, etwa dem betreuenden Elternteil, oder im Verhältnis von Erst- und Zweitfamilie zu gerechten Ergebnissen zu gelangen. Die unter der Geltung des alten Rechts entwickelten Methoden können hierbei, unter Berücksichtigung der Maßgaben und Ziele der Neuregelung, entsprechend genutzt und fortentwickelt werden. Danach kann, soweit es etwa um die Verteilung des Resteinkommens zwischen Erst- und Zweitfamilie geht, besonders geprüft werden, ob nicht die Selbstbehaltsätze des Unterhaltspflichtigen zu reduzieren sind, um der Erstfamilie auch im Vergleich zur Zweitfamilie ein angemessenes Auskommen zu sichern. Weiter ist auch, wie schon bisher, das **rechnerische Gesamtergebnis im Wege einer „Gesamtschau"** daraufhin zu überprüfen, ob im konkreten Einzelfall die Aufteilung des verfügbaren Einkommens auf die minderjährigen Kinder und den oder die unterhaltsberechtigten Ehegatten insgesamt billig und angemessen ist. Korrekturbedürftig kann eine Mangelfallberechnung insbesondere dann sein, wenn nach ihrem Gesamtergebnis die Erstfamilie (zusätzlich) auf Sozialleistungen angewiesen ist, während die nach der Scheidung gegründete zweite Familie auch unter Berücksichtigung des Selbstbehalts des Unterhaltspflichtigen und des Vorteils aus einem eventuellen Ehegattensplitting im konkreten Vergleich ein gutes Auskommen hat.

---

21 BT-Drucks. 16/1830 S. 24.
22 Dies kritisiert bereits *Schwab*, FamRZ 2005, 1417, 1423.

b) Bestimmung der Einsatzbeträge

Hieraus ergeben sich in mehrfacher Hinsicht Probleme. Zunächst stellt sich die Frage, ob bei der Bestimmung des Bedarfs vorrangiger Kinder i.S.d. § 1609 Nr. 1 BGB nicht auf der Grundlage des unterhaltsrelevanten Einkommens des Unterhaltspflichtigen der (volle) Bedarf des Kindes entsprechend einem Prozentsatz des Mindestunterhalts gemäß § 1612a Abs. 1 BGB bestimmt oder bereits bei der Bestimmung des Bedarfs des der ersten Rangstufe zuzuordnenden Kindes auf den Mindestunterhalt i.S.d. § 1612a Abs. 1 BGB herabgesetzt wird, um zumindest einen Teil des verfügbaren Einkommens für den Betreuungsunterhalt eines berechtigten Elternteils zu „retten". Dieser Ansatz würde vor allem das Problem des Wegfalls oder der Herabsetzung der steuerlichen Abzugsmöglichkeiten im Rahmen des Realsplittings bzw. der außergewöhnlichen Belastungen nach §§ 10 Abs. 1 Nr. 1, 33a Abs. 1 EStG mindern. Ein solches Verständnis könnte sich sogar zur Vermeidung bzw. Reduzierung gleichheitswidriger Ergebnisse aufdrängen (Art. 3 Abs. 1 GG). Insbesondere sollte diese Möglichkeit **im Falle von Unterhaltsvereinbarungen** genutzt werden, da bei Sicherung des Mindestunterhalts des in erster Rangstufe berechtigten Kindes jedenfalls in den bei § 1609 BGB zu beurteilenden Unterhaltsfällen kein Verstoß gegen § 1614 Abs. 2 BGB wegen zu großer Abweichung vom gesetzlichen Unterhalt angenommen werden kann.[23]

260

Beispiel:

261

(1) Das Einkommen des Unterhaltspflichtigen beträgt (nach Bereinigung um 5 %) 1.700 €. Nach dem auf Grundlage des § 1612a Abs. 1 S. 1 BGB zu bestimmenden Prozentsatz des Mindestunterhalts soll die (bei Drucklegung noch nicht vorliegende) Düsseldorfer Tabelle[24] einen Zuschlag von 10 % zum Mindestunterhalt vorsehen. Der Unterhaltspflichtige schuldet einem sieben- und vierjährigen Kind Barunterhalt. Damit ergibt sich folgender (Tabellen-)Unterhalt:

Erstes Kind: Erste Altersstufe, Mindestunterhalt 279 €, Zuschlag von 10 % = 307 €

Zweites Kind: Zweite Altersstufe, Mindestunterhalt 322 €,

Zuschlag von 10 %	= 355 €
Daraus folgt:	
Einkommen des Unterhaltspflichtigen:	1.700 €
./. erstes Kind: 307 € – 77 € =	230 €
./. zweites Kind: 355 € – 77 € =	278 €

---

23 S. OLG Hamm FamRZ 2001, 1023; eine Abweichung von mehr als 20 % vom gesetzlichen Unterhalt ist nach § 1614 BGB unwirksam.

24 Aktueller Stand zum Zeitpunkt der Drucklegung: Düsseldorfer Tabelle, Stand 1.7.2007, FamRZ 2007, 1367 ff.

Damit verbleiben:	1.192 €
./. notwendiger Selbstbehalt	900 €
	292 €

Nimmt man auch beim Betreuungsunterhalt nach § 1570 BGB einen Selbstbehalt von 1.000 € an[25], so verbleiben

1.192 € – 1.000 € =	192 €

(2) Geht man hinsichtlich des **Einsatzbetrages** auf den Mindestunterhalt nach § 1612a BGB herab, so ergibt sich folgende Berechnung:

Einkommen des Unterhaltspflichtigen:	1.700 €
./. erstes Kind: 279 € – 77 € =	202 €
./. zweites Kind: 322 € – 77 €=	245 €
	1.253 €

In diesem Fall verbleibt für einen der zweiten Rangstufe zuzuordnenden Elternteil bei einem Selbstbehalt von 1.000 € der Betrag von 253 €.

262 (3) Sieht man in der Einstufung der minderjährigen Kinder nach einem den Mindestunterhalt übersteigenden Prozentsatz i.S.d. § 1612a Abs. 1 BGB die Erfüllung des vollen Unterhalts, so besteht in Bezug auf die der ersten Rangstufe zuzuordnenden unterhaltsberechtigten Kinder nicht die Notwendigkeit, zur Sicherung des Existenzminimums den Differenzbetrag von 100 € (aus dem Selbstbehalt von 1.000 € gegenüber dem betreuenden Elternteil und 900 € als notwendiger Selbstbehalt gemäß § 1603 Abs. 2 S. 1 BGB) zusätzlich den Kindern zuzuordnen. Wird aber (im Sinne des RegE[26]) das Gesamtergebnis im Wege einer „Gesamtschau" und die Aufteilung des Einkommens zwischen Kindern und betreuendem Elternteil in der Weise korrigiert, dass den Kindern lediglich der Mindestunterhalt i.S.d. § 1612a Abs. 1 BGB i.V.m. § 36 Nr. 4 EGZPO verbleibt, so ist der Differenzbetrag von 100 € an sich zusätzlich den Kindern zuzuordnen, weil wegen der Nichterfüllung des vollen Bedarfs die gesteigerte Unterhaltspflicht nach § 1603 Abs. 2 S. 1 BGB eingreift, das Einkommen des Unterhaltspflichtigen also bis zum notwendigen Selbstbehalt einzusetzen ist. Der RegE will aber auch insoweit – trotz des Schutzes des unterhaltsrechtlichen Selbstbehalts nach Art. 2 Abs. 1 GG[27] – diesen Differenzbetrag dem in der zweiten Rangstufe stehenden betreuenden Elternteil zuweisen.

4. Anwendungsfragen zum Begriff der Ehe von langer Dauer in § 1609 Nr. 2 BGB

263 Aufgrund der im Rechtsausschuss des Deutschen Bundestags[28] zum Begriff der „Ehe von langer Dauer" eingefügten „Interpretationshilfe", die auch dem verfassungsrechtlichen Gebot der Normenklarheit[29] gerecht wird, ist zur Feststellung dieser Voraussetzungen zunächst zu prüfen, ob

---

25 So BGH FamRZ 2006, 683, 684; FamRZ 2005, 354; FamRZ 2005, 357 zu § 1615l BGB.
26 BT-Drucks. 16/1830 S. 24.
27 S. BVerfG FamRZ 2001, 1685 f.
28 S. Rz. 253.
29 BVerfGE 108, 52 ff. = FamRZ 2003, 1371, 1375 zu § 1612b Abs. 5 BGB a.F.

in **zeitlicher Hinsicht** eine Ehe von langer Dauer vorliegt.[30] Wird dies bejaht, steht der sich aus den §§ 1571, 1572, 1573 Abs. 1, 2 BGB ergebende Anspruch gleichrangig neben dem im ersten Halbsatz des Nr. 2 geregelten Unterhaltsanspruch wegen Betreuung von Kindern. Gleiches gilt, wenn die Ehe (noch) nicht geschieden ist und ein Unterhaltsanspruch nach §§ 1360, 1361 Abs. 1 BGB besteht.

Liegt in zeitlicher Hinsicht **keine Ehe von langer Dauer** vor, kann sich aufgrund des in § 1578b Abs. 1 S. 2, 3 BGB geregelten Vertrauensschutzes des bedürftigen Ehegatten ebenfalls ein Gleichrang mit dem in Nr. 2 geregelten Betreuungsunterhalt ergeben. Dies ist gegeben, wenn ein Ehegatte in der Ehe Aufgaben unter Verzicht auf eine eigene berufliche Tätigkeit übernommen hat, also nicht nur die Betreuung gemeinschaftlicher Kinder, sondern auch die Führung des gemeinsamen Haushalts oder die Unterstützung des anderen Ehegatten in dessen Erwerbstätigkeit (Handwerksbetrieb, Gewerbebetrieb), ohne ein festes Beschäftigungsverhältnis begründet zu haben.[31] Voraussetzung ist jedoch, dass der bedürftige Ehegatte keine ihn nach § 1574 Abs. 1, 2 BGB treffende Erwerbsobliegenheit verletzt.[32]

Nicht eindeutig ist das Verhältnis des Anspruchs der Ehefrau auf Familienunterhalt nach §§ 1360, 1360a BGB zu § 1615l Abs. 2 S. 3, 4 BGB.[33] Liegt in zeitlicher Hinsicht keine Ehe von langer Dauer vor und haben sich die Ehegatten nach §§ 1353, 1356 BGB dafür entschieden, dass nur der Ehemann eine berufliche Tätigkeit ausübt, stellt sich die Frage, ob diese **Rollenwahl** in Bezug auf den Normzweck des Nr. 2 beachtlich ist. Legt man diese Rangstufe nur unter dem Gesichtspunkt des Nachteilsausgleichs aus, ist ein Gleichrang nur dann anzunehmen, wenn aufgrund dieser Rollenwahl die Ehefrau nicht oder nur teilweise ihre früher ausgeübte Tätigkeit ausüben könnte. Ist ihr eine Erwerbstätigkeit zuzumuten, so dass sie in der bestehenden ehelichen Lebensgemeinschaft für ihren Unterhalt selbst aufkommen könnte, stellt sich die Frage, ob aus der Schutzwirkung des Art. 6 Abs. 1 GG diese Rollenwahl beachtlich ist. Die Reichweite des Art. 6 Abs. 1 GG ist aber nicht absolut und erfasst insbesondere nicht jede Form der Gestaltung der ehelichen Lebensgemeinschaft, was sich bereits daraus ergibt, dass die Unterhaltspflicht gegenüber außerehelichen minderjährigen Kindern die ehelichen Lebensgemeinschaft prägt. In diesen Fällen ist deshalb kein Verstoß gegen Art. 6

264

---

30 S. hierzu Rz. 252.
31 S. Rz. 141, 149.
32 S. hierzu Beispiel (2) zu Rz. 265.
33 S. hierzu Beispiel (3) zu Rz. 265.

Abs. 1 GG anzunehmen, wenn der Anspruch der 3. Rangstufe zugeordnet wird.

265 **Beispiele:**

(1) Die Ehefrau hat in der Ehe wegen der Betreuung zweier Kinder ihre berufliche Tätigkeit aufgegeben und betreut nach der Scheidung zwei Kinder im Alter von fünf und sieben Jahren; die Dauer der Ehe beträgt acht Jahre. Der unterhaltspflichtige Ehemann hat aus der Verbindung mit einer anderen Frau den Unterhalt für ein einjähriges Kind und den Unterhalt nach § 1615l Abs. 1, 2 BGB zu erbringen.

In diesem Fall gehen die drei minderjährigen Kinder den beiden betreuenden Elternteilen nach § 1609 Nr. 1 BGB vor. Die Mutter des nichtehelichen Kindes steht wegen des Anspruchs nach § 1615l BGB in der zweiten Rangstufe. Die geschiedene Ehefrau hat nur dann einen gleichrangigen Unterhaltsanspruch nach § 1570 BGB, wenn nach dessen Abs. 1 S. 2, 3, Abs. 2 keine volle Erwerbsobliegenheit wegen der fehlenden Möglichkeit der Unterbringung beider Kinder in einer Betreuungseinrichtung besteht oder die Belange eines Kindes eine längere Betreuungsdauer erfordern; ansonsten steht ihr kein Unterhalt nach § 1570 BGB zu, wenn das Einkommen ihren Bedarf nach den ehelichen Lebensverhältnissen deckt. Soweit die Ehefrau in der Ehe ihre Erwerbstätigkeit wegen der Kindesbetreuung aufgegeben und deshalb in ihrem beruflichen Werdegang Nachteile erlitten hat, kann zwar ein Aufstockungsunterhalt bestehen (s. Nachteilsausgleich nach § 1578b Abs. 1 S. 2 BGB). Jedoch ist der Anspruch nach § 1573 Abs. 2 BGB der dritten Rangstufe zuzuordnen, falls in einem solchen Fall keine Ehe von langer Dauer besteht. Hieraus ergibt sich zu § 1578b Abs. 1 S. 3 BGB, der ebenfalls die Dauer der Ehe als anspruchserhaltendes Tatbestandselement aufführt, ein Wertungswiderspruch in § 1609 Nr. 2 BGB im Falle der Ablehnung einer Ehe von langer Dauer. Insoweit ist jedoch stets zu prüfen, ob die Voraussetzungen des § 1570 Abs. 2 BGB vorliegen (s. Rz. 66a).

(2) Die Ehefrau gibt während der ehelichen Lebensgemeinschaft ihre berufliche Tätigkeit auf und arbeitet im Betrieb ihres Ehemannes mit, ohne sozialversicherungspflichtig gemeldet zu sein. Nach sieben Jahren wird die kinderlose Ehe geschieden. Die Ehefrau ist erkrankt, so dass ihr ein Anspruch nach § 1572 BGB zusteht. Nach der Rangfolge wird dieser Anspruch erst in der dritten Rangstufe bedient, wenn nicht eine Ehe von langer Dauer i.S. des Nr. 2 letzter Halbsatz angenommen wird.

(3) Die Ehefrau gibt in der Ehe ihre berufliche Tätigkeit auf und führt den gemeinsamen kinderlosen Haushalt; ferner unterstützt sie ihren Ehemann in dessen Gewerbebetrieb. Der Ehemann hat sich in der fünf Jahre dauernden Ehe kurzzeitig einer anderen Partnerin zugewandt; aus dieser Verbindung geht ein Kind hervor. Die Ehe wird nach einer kurzen Krise von den Ehegatten fortgesetzt. In diesem Fall steht das minderjährige außereheliche Kind in der ersten Rangstufe; danach folgt der Anspruch der Mutter nach § 1615l Abs. 1, 2 BGB und erst danach der Familienunterhalt nach §§ 1360, 1360a BGB, da eine Ehedauer von fünf Jahren nicht als lang angesehen werden kann.

VII. Minderjährige Kinder und volljährige privilegierte Kinder als Berechtigte der ersten Rangstufe

1. Begriff des minderjährigen Kindes

266   § 1609 Nr. 1 BGB werden alle Kinder zugeordnet, also sowohl leibliche wie auch adoptierte (§ 1754 Abs. 1, 2 BGB). Ferner wird nicht danach

unterschieden, ob die Kinder innerhalb oder außerhalb einer bestehenden Ehe geboren wurden und aus welcher Ehe das minderjährige Kind stammt. Ausgenommen sind verheiratete minderjährige Kinder.

2. Volljährige privilegierte Kinder i.S.d. § 1603 Abs. 2 Satz 2 BGB

Nach dem durch das KindUG zum 1.7.1998 eingeführten § 1603 Abs. 2 S. 2 BGB werden volljährige unverheiratete Kinder bis zur Vollendung des 21. Lebensjahres minderjährigen unverheirateten Kindern gleichgestellt, solange sie im **Haushalt der Eltern** oder **eines Elternteils** leben und sich in der allgemeinen Schulausbildung befinden. Dieser Gleichstellung liegt die Vorstellung zugrunde, dass ungeachtet der rechtlichen Beendigung der elterlichen Sorge die Lebensstellung dieser volljährigen Kinder mit derjenigen minderjähriger Kinder vergleichbar ist.[34] Die Regelung ist als **Ausnahmebestimmung** gefasst; sie lässt sich deshalb nicht auf weitere Fallgruppen, insbesondere behinderte Kinder[35] oder auch andere volljährige unverheiratete Kinder, die sich nicht mehr in der allgemeinen Schulausbildung befinden, ausdehnen. Die Begrenzung auf das 21. Lebensjahr soll Härten für die Eltern durch einen ungewöhnlich langen Schulbesuch vermeiden; diese Bestimmung deckt sich im Übrigen mit den Bestimmungen des Kinder- und Jugendhilferechts (§ 18 Abs. 3 SGB VIII – Beratungshilfe; § 59 Abs. 1 S. 1 Nr. 3 SGB VIII – Beurkundung des Unterhalts beim Jugendamt). **Rechtsfolge** der Gleichstellung ist die gesteigerte Unterhaltspflicht beider Eltern gegenüber diesem Kind, was zur Folge hat, dass sie Einkünfte bis zum **notwendigen Selbstbehalt** einzusetzen haben. Ferner erfolgt im Mangelfall nach § 1609 Nr. 1 BGB rangmäßig eine Gleichstellung mit minderjährigen Kindern.

267

3. Tatbestandliche Abgrenzung

Privilegiert sind zunächst nur **unverheiratete** Kinder. Nach herrschender Meinung sind damit Kinder gemeint, die nie verheiratet waren, nicht dagegen Kinder, deren Ehe wieder aufgelöst wurde, weil die gesteigerte Unterhaltspflicht nach Auflösung der Ehe nicht wieder aufleben soll (soweit nicht die vorrangige Haftung nach § 1584 S. 1 BGB eingreift). Ob an dieser Ansicht auch in Bezug auf solche volljährige Kinder festzuhalten ist, die sich noch in Ausbildung befinden, erscheint fraglich, weil die Elternverantwortung für eine angemessene Ausbildung in § 1610 Abs. 2

268

---

34 BT-Drucks. 13/7338 S. 21.
35 BR-Drucks. 959/96 S. 26.

BGB seinen besonderen Niederschlag gefunden hat.[36] Weitere Voraussetzung für die Privilegierung ist das **Leben im Haushalt** der Eltern oder eines Elternteils. Dies liegt vor, wenn das Kind mit seinen Eltern in einer Wohn- und Wirtschaftsgemeinschaft lebt, also seinen Lebensmittelpunkt in der Wohnung eines Elternteils hat, nicht dagegen, dass es noch persönlich betreut und versorgt wird.[37] Damit scheiden Kinder aus, die eine eigene Wohnung haben oder vollständig bei Dritten (Verwandten, insbesondere Großeltern, Lebensgefährten) leben. Internatsschüler, die regelmäßig nach Hause kommen, haben in der Regel keine eigene Wohnung und sind deshalb privilegiert. Verlässt ein privilegiertes Kind den gemeinsamen Haushalt, entfällt die Privilegierung und damit die gesteigerte Unterhaltspflicht mit der Folge des § 323 Abs. 1, 4 ZPO.

269   Begünstigt werden nur Kinder, die sich in der **allgemeinen Schulausbildung** befinden.[38] Einzugrenzen ist dieser Begriff nach drei Richtungen, nämlich nach dem **Ausbildungsziel**, der **zeitlichen Beanspruchung** des Schülers und der **Organisationsform** der Schule,[39] nicht dagegen deren Rechtsform, so dass auch private Ausbildungsgänge sich auf solche Bildungseinrichtungen erstrecken können (Abendschule, Privatschule). Die Schulausbildung muss danach das Kind in zeitlicher Hinsicht in vollem Umfang in Anspruch nehmen (mindestens 20 Wochenstunden). Auch ist eine Anwesenheitskontrolle notwendig. Hierzu gehört der Schulbereich bis zum Hauptschulabschluss, der mittleren Reife, dem Fachabitur (Fachoberschule), der Berufsfachschule für Wirtschaft und Verwaltung (höhere Handelsschule)[40] und dem Abitur, dagegen nicht der von Berufsschulen (also auch das Vorbereitungsjahr, obwohl es nicht auf eine bestimmte Ausbildung gerichtet ist), Fachschulen und Berufsakademien. Soweit die Sonderschule mit dem Ziel des (eingeschränkten) Hauptschulabschlusses besucht wird, zählt diese zur privilegierten allgemeinen Schulausbildung, auch wenn dies Behinderte betrifft. Schulen des sogenannten zweiten Bildungsweges (Berufsaufbauschule, Abendgymnasium, Abendrealschule u.Ä.), die eine abgeschlossene Berufsausbildung voraussetzen, gehören nicht zum privilegierten Kreis. Gleiches gilt für Studenten, die weiterhin im Elternhaus wohnen. Die Abgrenzung einer schulischen Ausbildung zu dem Begriff *allgemeine Schulausbildung* erschließt sich aus dem Zweck dieser Regelung. Sie will solche volljährigen Schüler privilegieren, die aufgrund des über das 18. Lebensjahr hinausgehenden schulischen

---

36 Zweifelnd auch FamRefK/*Häußermann*, § 1603 BGB Rz. 5.
37 S. auch BT-Drucks. 13/7338 S. 22; s. auch BGH FamRZ 1994, 694, 697 f.
38 Zum Begriff s. auch § 2 Abs. 1 BAföG.
39 BGH FamRZ 2001, 1068; FamRZ 2002, 815 unter Bezug auf FamRefK/*Häußermann*, § 1603 BGB Rz. 8.
40 BGH FamRZ 2002, 815.

Werdeganges in ihrer Lebensstellung minderjährigen Kindern gleichen, also anders als etwa Auszubildende mit einer Ausbildungsvergütung oder Studenten bei beengten wirtschaftlichen Verhältnissen durch Aufnahme einer (Neben-)Tätigkeit ihre wirtschaftliche Lage verbessern können und ihnen eine solche im Hinblick auf den Schulbesuch auch nicht zugemutet werden kann. Mit der Begrenzung auf die allgemeine Schulausbildung (und auf das 21. Lebensjahr) schützt sie gleichzeitig die unterhaltspflichtigen Eltern, um deren gesteigerte Einstandspflicht überschaubar zu halten. Da auch **volljährige behinderte Kinder**, soweit sie sich nicht in einer allgemeinen schulischen Ausbildung befinden, nicht zum Kreis der privilegierten Kinder gehören, wird hervorgehoben, dass die Regelung restriktiv auszulegen ist. Nach der Gesetzesbegründung soll eine Erweiterung der Regelung des § 1603 Abs. 2 S. 2 BGB auf weitere Fallgruppen nicht erfolgen, um im Hinblick auf den Gleichbehandlungsgrundsatz eine eindeutige Abgrenzung zu ermöglichen.

Die schulische Ausbildung endet mit dem Ablauf des Schuljahres, so dass bis dahin die Rechtsfolgen der Privilegierung bestehen bleiben. Soweit zwischen Beendigung der allgemeinen Schulausbildung und der Aufnahme einer anderen Berufsausbildung oder der Aufnahme einer beruflichen Tätigkeit in der Rechtsprechung für eine Übergangszeit weiterhin Unterhalt nach § 1610 Abs. 2 BGB gewährt wird,[41] greift § 1602 Abs. 2 S. 2 BGB nach seinem Zweck nicht ein, weil das volljährige Kind in dieser Zeit nicht mehr an einer schulisch bedingten Erwerbstätigkeit gehindert ist.[42] Bricht ein Kind die privilegierte Schulausbildung ab, entfallen ebenfalls die Voraussetzungen des § 1603 Abs. 2 S. 2 BGB, auch wenn durch Aufnahme einer praktischen beruflichen Ausbildung weiterhin ein Unterhalt nach § 1610 Abs. 2 BGB besteht. Eine längere Erkrankung unterbricht dagegen die Privilegierung nicht.

4. Einzusetzende Einkünfte und Vermögen

Der Umfang der einzusetzenden Einkünfte bei minderjährigen und volljährigen Kindern deckt sich in der Regel mit den Obliegenheiten des Trennungsunterhalts und teilweise auch nachehelichen Unterhalts.[43]

---

41 S. OLG Hamm FamRZ 1990, 904.
42 So auch FamRefK/*Häußermann*, § 1603 Rz. 13.
43 S. *Schwab/Borth,* Teil IV Rz. 597, 679, 691, 1157 f., 1166.

VIII. Bestimmung der Einsatzbeträge beim Kindesunterhalt und Bedarfskontrollbetrag

1. Grundlage der Bedarfsbestimmung

272 Der Bedarf minderjähriger und volljähriger privilegierter Kinder i.S.d. § 1603 Abs. 2 S. 2 BGB richtet sich nach ihrer Lebensstellung gemäß § 1610 Abs. 1, 2 BGB. Sie haben regelmäßig **keine eigene Lebensstellung**, sondern leiten diese aus den Einkommens- und Vermögensverhältnissen ihrer Eltern (oder anderer Betreuungspersonen) ab, nehmen also an deren Lebensstellung teil.[44] Dies gilt unabhängig davon, ob die Eltern der Kinder verheiratet sind oder nicht. Die Höhe des Bedarfs dieser Kinder ist deshalb einmal davon abhängig, über welche finanzielle Mittel ihre Eltern – ab Trennung oder Scheidung der barunterhaltspflichtige Elternteil – verfügen, ferner von der Anzahl der Unterhaltsberechtigten, deren Bedarf mit dem zur Verfügung stehenden Einkommen zu decken ist. Solange ein unterhaltsberechtigtes Kind, dessen betreuender Elternteil und der barunterhaltspflichtige Elternteil[45] in einer (Bedarfs-)Gemeinschaft leben, ist der Anteil des Kindes an dem insgesamt zur Verfügung stehenden Einkommen nicht konkret festzulegen; sind die Eltern verheiratet, ist der Bedarf des Kindes Teil des Unterhaltsanspruchs nach §§ 1360, 1360a BGB. Mit der Trennung der Eltern wird der Unterhalt des Kindes als selbständiger Anspruch gemäß §§ 1610, 1612a Abs. 1 BGB bestimmt.

273 Hierzu wurde nach der bisherigen Rechtslage auf der Grundlage der Regelbetragverordnung i.S.d. § 1612a Abs. 1 BGB a.F. der Unterhaltsbedarf minderjähriger und volljähriger privilegierter Kinder nach der **Düsseldorfer Tabelle**[46] bestimmt, nach der anhand von dreizehn Einkommensstufen für jede Altersgruppe i.S.d. § 1612a Abs. 1 S. 2 BGB (§ 1612a Abs. 3 BGB a.F.). der Tabellenunterhalt festgesetzt wird. Der jeweilige **Prozentsatz der Bemessungsgröße**, die bis zum Inkrafttreten des neuen Rechts nach § 1612a Abs. 1 BGB a.F. in den Regelbeträgen der jeweiligen Altersstufe (202 €, 245 €, 288 €) bestand und nach der neuen Regelung den Mindestunterhalt nach § 1612a Abs. 1 BGB in Höhe des sächlichen Existenzminimums eines Kindes nach § 32 Abs. 6 S. 1 EStG darstellt (265 €, 304 €, 356 €; nach § 36 Nr. 4 EGZPO angehoben auf 279 €, 322 €, 365 €), wurde hierbei auf der Grundlage einer Unterhaltspflicht gegenüber einem Ehegatten und zwei Kindern bestimmt. Die danach sich

---

44 BGH FamRZ 1983, 473 = NJW 1983, 1429.
45 Auch der betreuende Elternteil trägt bei eigenen Einkünften zur Lebensstellung des Kindes bei.
46 Zuletzt vom 1.7.2007, FamRZ 2007, 1367 ff.

ergebende Einstufung wird nach oben bzw. unten variiert, je nach dem, ob eine höhere oder geringere Anzahl von Unterhaltsberechtigten vorhanden ist. Zur Deckung des **notwendigen Mindestbedarfs** aller Beteiligten, also auch eines Ehegatten oder eines Elternteils, der nicht mit dem Barunterhaltspflichtigen verheiratet ist (§ 1615l Abs. 1, 2 BGB), ist gegebenenfalls eine Herabstufung bis in die unterste Tabellengruppe (erste Einkommensstufe) vorzunehmen. Reicht auch dann das verfügbare Einkommen nicht aus, ist eine Mangelfallberechnung vorzunehmen. Die folgt aus der Anmerkung eins der Düsseldorfer Tabelle.[47]

2. Funktion des Bedarfskontrollbetrages

Aufgabe des in Anmerkung sechs der Düsseldorfer Tabelle (Stand 1.7.2007) definierten Bedarfskontrollbetrages ist es, eine ausgewogene Verteilung des Einkommens zwischen dem Unterhaltspflichtigen und den unterhaltsberechtigten Kindern zu gewährleisten. Wird er unter Einbeziehung des Ehegattenunterhalts unterschritten, ist der Tabellenbetrag der nächstniedrigen Gruppe anzusetzen, wenn diese ihrerseits nicht unterschritten wird. Ab der zweiten Einkommensstufe ist der Bedarfskontrollbetrag nicht (mehr) identisch mit dem notwendigen Selbstbehalt bzw. Eigenbedarf des Unterhaltspflichtigen. Die Kontrollberechnung erfolgt auf der Grundlage des Tabellenunterhalts, so dass zur Bestimmung des Bedarfskontrollbetrags nicht der um das hälftige Kindergeld reduzierte Zahlbetrag maßgebend ist.[48]

274

Seiner Funktion nach soll der Bedarfskontrollbetrag der Tatsache Rechnung tragen, dass sich die Lebensstellung eines Unterhaltsberechtigten, wenn das gesamte verfügbare Einkommen nicht nur mit dem Unterhaltspflichtigen, sondern auch mit weiteren Unterhaltsberechtigten geteilt werden muss, herabsetzt. Der Bedarfskontrollbetrag stellt deshalb einen aus dem in § 1610 Abs. 1, 2 BGB enthaltenen unbestimmten Begriff der Lebensstellung abgeleiteten Bemessungsmaßstab dar; er ist dagegen **kein Instrument zur Bestimmung des Anspruchs im Mangelfall**, sondern dient vielmehr der Bestimmung, ob ein solcher vorliegt, wenn bei Berücksichtigung des (Mindest-)Bedarfs des Unterhaltsberechtigten der notwendige Selbstbehalt i.S.d. § 1603 Abs. 2 S. 1 BGB unterschritten wird. Der BGH[49] hat die Einstufung in eine höhere oder niedrigere Einkommensgruppe (der Düsseldorfer Tabelle) je nach der Anzahl der Unter-

275

---

47 Zum Stand 1.7.2007, FamRZ 2007, 1367 ff.; die Neufassung lag bei Drucklegung noch nicht vor.
48 So auch *Wendl/Staudigl/Scholz*, § 2 Rz. 239 f.; a.A. OLG Schleswig FamRZ 2001, 855.
49 FamRZ 1992, 539, 541.

haltsberechtigten und die damit verbundene Veränderung des Unterhaltsanspruches gebilligt, da dies im tatrichterlichen Ermessen zur Bestimmung der Lebensstellung des Unterhaltsberechtigten liege. Er hat ferner den Bedarfskontrollbetrag in dessen Funktion gebilligt[50]; er sieht in diesem eine denkbare Kontrolle, mit der der Richter die Unterhaltsbemessung auf ihre Angemessenheit und Ausgewogenheit nach den Umständen des Einzelfalls überprüfen kann. Hierbei lässt er es offen, die Angemessenheitskontrolle bereits bei der Bestimmung des Tabellenbetrags oder erst in einer letzten Stufe und ohne die von der Tabelle vorgegebenen festen Kontrollbeträge vorzunehmen.

3. Die Funktion des Bedarfskontrollbetrages nach der neuen Rangstufenregelung

276   Durch die Herabstufung des Unterhalts eines betreuenden Elternteils oder eines Ehegatten bei Vorliegen einer langen Dauer der Ehe i.S.d. § 1609 Nr. 2 BGB in die zweite Rangstufe ist die in den Anmerkungen eins und sechs bestimmte Methode zur Festlegung des Tabellenunterhalts zu überprüfen. Da der Bedarfskontrollbetrag auf der Stufe des Bedarfs ansetzt, ist zur Definition der Lebensstellung i.S.d. § 1610 Abs. 1 BGB **unabhängig von der Neuordnung der Rangfolge** nach § 1609 BGB weiterhin auch der Unterhalt eines Ehegatten zu berücksichtigen, so dass dieser grundsätzlich seine Funktion behält. Entsprechend ist es bei der Bestimmung des Bedarfs zulässig, den Bedarf eines Ehegatten gemäß § 1578 Abs. 1 BGB erst nach Abzug des Kindesunterhalts zu bestimmen, solange die sich hieraus ergebende Verteilung nicht in einem Missverhältnis zu dem wechselseitigen Lebensbedarf der Beteiligten steht.[51] Entsprechendes gilt auch hinsichtlich des Vorwegabzugs des Unterhalts eines volljährigen Kindes; dem steht nicht § 1609 Nr. 4 BGB (§ 1609 Abs. 2 S. 1 BGB a.F., *„Kinder, die nicht unter Nr. 1 fallen"*, das sind vor allem studierende volljährige Kinder) entgegen, wenn durch den Vorwegabzug der angemessene Unterhalt des geschiedenen Ehegatten nicht gefährdet ist.[52]

277   Nach dem bisher geltenden System tritt danach der **Übergang in den Mangelfall** ein, wenn der Mindestunterhalt der Kinder i.S.d. § 1612a Abs. 1 BGB i.V.m. § 36 Nr. 4 EGZPO unter Berücksichtigung des notwendigen Selbstbehalts des Unterhaltspflichtigen unterschritten wird. Da der Mindestunterhalt die Regelbeträge deutlich übersteigt (s. hierzu Rz. 320), wird der Mangelfall nach der Neuregelung früher eintreten, weil

---

50 BGH FamRZ 2000, 1492, 1493 mit Anm. *Scholz*.
51 BGH FamRZ 1981, 241 = NJW 1981, 753.
52 BGH FamRZ 1986, 553, 556; FamRZ 1985, 912, 916.

vom Einkommen des Unterhaltspflichtigen ein höherer Betrag zur Durchsetzung des Mindestunterhalts des Kindes benötigt wird. Insbesondere in Bezug auf die Herabstufung des Unterhalts der betreuenden Elternteile nach §§ 1360, 1361, 1570, 1615l BGB (nach Nr. 2) ist deshalb der Bedarfskontrollbetrag bei mehreren Unterhaltsberechtigten eher geeignet, bereits auf der Stufe des Bedarfs eine angemessene Verteilung des verfügbaren Einkommens des Unterhaltspflichtigen zu erreichen. Der Bedarfskontrollbetrag stellt insbesondere eine für die Praxis der Unterhaltsbestimmung leichter nachvollziehbare Methode dar als der Ansatz des RegE[53], der zur Wahrung eines angemessenen Ergebnisses im Rahmen einer „Gesamtschau" wohl eine Korrektur rechnerischer Ergebnisse nach vorheriger Festsetzung anhand des Tabellenunterhalts vornehmen will. Der BGH[54] schließt es zwar grundsätzlich nicht aus, die Einstufung anhand des jeweils verfügbaren Einkommens des Unterhaltspflichtigen unabhängig von der Anzahl der Unterhaltsberechtigten vorzunehmen und sieht für diesen Fall (ebenfalls) im Rahmen einer abschließenden Ergebnisprüfung gegebenenfalls eine Korrektur vor. Er überlässt die Methode der Ermittlung des angemessenen Ausgleichs zwischen allen Unterhaltsberechtigten der Beurteilung im Einzelfall. Die Funktion des Bedarfskontrollbetrages endet deshalb, wenn der **Mindestunterhalt** des Kindes i.S.d. § 1612a Abs. 1 BGB i.V.m. § 36 Nr. 4 EGZPO nicht mehr gewahrt werden kann.

IX. Anwendungsfragen

1. Mangelfallberechnung bei mehreren Unterhaltsberechtigten der ersten Rangstufe

Aufgrund des absoluten Vorrangs minderjähriger und volljähriger privilegierter Kinder i.S.d. § 1603 Abs. 2 S. 2 BGB ist es bei festgestelltem Mangelfall unerheblich, in welchem Umfang Unterhaltsansprüche der zweiten Rangstufe bestehen. Soweit es um mit dem Unterhaltspflichtigen zusammenlebende, getrennt lebende oder geschiedene Ehegatten geht, so waren diese nach dem bisherigen Rechtszustand gemäß § 1609 Abs. 2 S. 1 BGB a.F. mit den minderjährigen und volljährigen privilegierten Kinder gleichrangig. Im Mangelfall wurde, falls der Bedarf aller Berechtigten größer war als die Verteilungsmasse aus dem verfügbaren Einkommen des Unterhaltspflichtigen abzüglich des notwendigen Selbstbehalts, sowohl der Bedarf der gleichrangigen Kinder wie auch des Ehegatten auf das unterhaltsrechtliche Existenzminimum (als Einsatzbetrag) angehoben, um

---

[53] S. BT-Drucks. 16/1830 S. 24.
[54] FamRZ 2000, 1492, 1493 m. Anm. *Scholz.*

den unterhaltsrechtlichen Gleichrang zu wahren (Einstufung des Kindes auf 135 % des Regelbetrages und des Ehegatten auf monatlich 770 €).[55]

279 Auch nach der **Neuregelung der Mangelfallberechnung** ist in methodischer Hinsicht zunächst der Bedarf aller Unterhaltsberechtigten – unter Beachtung des Bedarfskontrollbetrages – zu bestimmen. Ergibt die Prüfung, dass das verfügbare Einkommen nicht ausreicht, um die Ansprüche aller Unterhaltsberechtigter zu erfüllen, erfolgt eine Mangelfallberechnung. Im Hinblick auf die gesetzliche Definition des Mindestunterhalts[56] in § 1612a Abs. 1 BGB i.V. mit § 36 Nr. 4 EGZPO, der unabhängig von der konkreten Stellung des unterhaltsberechtigten Kindes innerhalb des früheren Familienverbundes festgesetzt wird, ist für dieses jeweils der Mindestunterhalt einzusetzen. Sind mehrere Unterhaltsberechtigte vorhanden, ist aufgrund der gesteigerten Einstandspflicht nach § 1603 Abs. 2 S. 1 BGB der Kindesunterhalt erst nach Abzug des hälftigen Kindergelds festzulegen; nicht einzusetzen sind deshalb die jeweiligen Tabellenbeträge.

Beispiel:

(1)	Einkommen des Unterhaltspflichtigen		1.300 €
(2)	Zwei Kinder (zwölf und neun Jahre)		
	Einsatzbetrag des zwölfjährigen Kindes:	365 € - 77 € =	288 €
	Einsatzbetrag des neunjährigen Kindes:	322 € - 77 € =	245 €
			767 €

Da der Unterhaltspflichtige aber lediglich den Betrag von 400 € einzusetzen hat (1.300 € - 900 €), sind die beiden Beträge anteilig herabzusetzen. Danach gilt:

(3)	Gesamtbetrag aller Unterhaltsberechtigter:	288 € + 245 € =	533 €
(4)	Anteil je Kind		
	Erstes Kind (zwölf Jahre):	288 € : 533 € =	54,03 %
	Zweites Kind (neun Jahre):	245 € : 533 € =	45,97 %
(5)	Anteil an der Verteilungsmasse		
	Erstes Kind:	400 € x 54,03 % =	216 €
	Zweites Kind:	400 € x 45,97 % =	184 €
	Gesamt		400 €

Zur Verrechnung des Kindergeldes im Mangelfall wird auf Rz. 335 f. verwiesen.

---

55 BGH FamRZ 2003, 1471, 1472; FamRZ 2002, 536.
56 Eingehend Rz. 320 f.

2. Kein Einsatz des staatlichen Kindergeldes im Mangelfall beim Unterhalt nach der zweiten Rangstufe?

a) Darstellung der Auswirkungen

Der dem Unterhaltspflichtigen **verbleibende Anteil des Kindergeldes** bleibt auch im Rahmen der Leistungsfähigkeit im absoluten Mangelfall außer Betracht[57], da dieses nach den §§ 62 ff. EStG dem allgemeinen Familienlastenausgleich dient und den Eltern deren Unterhaltslast erleichtern soll. Hierfür spricht ferner, dass die durch den hälftigen Kindergeldanteil eintretende Entlastung einem Unterhaltsberechtigten der folgenden Rangstufe zugewiesen wurde, nicht aber einem gleichrangig Berechtigten. Dieser Grundsatz wurde auch nicht durch die Neuregelung des § 1612b Abs. 1 S. 2 BGB geändert, da diese lediglich eine konkrete Verwendung des Kindergeldes anordnet, aber nicht dessen Regelungszweck ändert.

280

Beispiel:
(1) Einkommen des Unterhaltspflichtigen   1.500 €
(2) Unterhaltsberechtigt sind zwei Kinder (im Alter von sechs und drei Jahren)
(3) Angesichts des gestiegenen Mindestbetrags (s. Rz. 320 f.) soll nach § 1612a Abs. 1 S. 1 BGB kein prozentualer Zuschlag zum Mindestunterhalt vorgenommen werden.
(4) Damit ergibt sich:

Einkommen des Unterhaltspflichtigen:	1.500 €
./. Mindestunterhalt erstes Kind (drei Jahre)	279 €
./. Mindestunterhalt zweites Kind (sechs Jahre)	322 €
	899 €

Ist ein betreuender Elternteil im zweiten Rang unterhaltsberechtigt, steht diesem kein Unterhalt zu, soweit man den Selbstbehalt nach der Auffassung des BGH[58] auch im Falle des Betreuungsunterhalts auf 1.000 € festsetzt.

(5) Nach § 1612b Abs. 1 S. 2 BGB ist das hälftige Kindergeld für den Bedarf des Kindes zu verwenden (s. Rz. 328 ff.). Da jedenfalls bis zur Höhe des Mindestunterhalts des Kindes i.S.d. § 1612a Abs. 1 S. 1 BGB i.V. mit § 36 Nr. 4 EGZPO das Kindergeld anzurechnen ist (s. Rz. 335 f.), verbleiben dem Unterhaltspflichtigen tatsächlich:

Einkommen:	1.500 €
./. Mindestunterhalt erstes Kind: 279 € – 77 € =	202 €
./. Mindestunterhalt zweites Kind: 322 € – 77 € =	245 €
	1.053 €

In der Begründung des RegE zu § 1609 BGB[59] wird erwogen, den Selbstbehaltsatz des Unterhaltspflichtigen gegebenenfalls herabzusetzen,

281

---

57 BGH FamRZ 2005, 347, 351; FamRZ 1997, 806, 810 f.
58 BGH FamRZ 2006, 683; FamRZ 2005, 354; s. Rz. 371.
59 BT-Drucks. 16/1830 S. 24.

wenn es um die **Verteilung des Resteinkommens** zwischen und Erst- und Zweitfamilie geht und im Gesamtergebnis die Erstfamilie (zusätzlich) auf Sozialhilfe angewiesen ist, während die Zweitfamilie insbesondere im Hinblick auf den Vorteil des steuerlichen Ehegattensplittings nach § 26 EStG ein „gutes Auskommen" habe (s. hierzu Rz. 283). Dies könnte es auch rechtfertigen, entsprechend das staatliche Kindergeld als Ausgleichsposition in diese Bewertung einzubeziehen. Nach Auffassung des BGH[60] ist das staatliche Kindergeld im Verhältnis zur Unterhaltspflicht nach §§ 1361, 1570 ff., 1615l BGB jedoch kein Einkommen des Unterhaltspflichtigen und deshalb auch in einem solchen Fall unberücksichtigt zu lassen, zumal dem anderen Elternteil ebenfalls der (andere) Anteil am Kindergeld verbleibt. Versteht man dagegen den in § 1612b Abs. 1 S. 1 BGB enthaltenen Begriff „das Kindergeld ... ist zu verwenden" als eine für das Unterhaltsrecht maßgebliche Bestimmung, die vom steuerrechtlichen Zuwendungszweck nach §§ 62 ff. EStG abweicht, ist das Kindergeld als Einkommen des Kindes zu behandeln. In dem obigen Rechenbeispiel hat dann der Unterhaltspflichtige 53 € (bzw. 153 € bei einem Selbstbehalt von 900 €) für den Unterhalt der 2. Rangstufe einzusetzen.

b) Mangelfallberechnung bei volljährigem privilegierten Kind

282   Erbringt ausschließlich ein Elternteil den Barunterhalt für ein volljähriges privilegiertes Kind i.S.d. § 1603 Abs. 2 S. 2 BGB, so bewirkt die Regelung des § 1612b Abs. 1 S. 1 Nr. 2 BGB, dass das Kindergeld in voller Höhe zur Deckung des Barbedarfs des Kindes heranzuziehen ist; damit kommt allein diesem die Entlastung zugute. Liegt ein Mangelfall bei mehreren Unterhaltsberechtigten der ersten Rangstufe vor und wird der Einsatzbetrag aller unterhaltsberechtigter Kinder in Höhe des Mindestunterhalts abzüglich des Kindergelds bestimmt, so entlastet die volle Kindergeldverrechnung beim volljährigen privilegierten Kind den Unterhaltspflichtigen stärker als bei minderjährigen Kindern. Insoweit kommt den gleichrangig Berechtigten die Kindergeldentlastung zugute. Die zuvor (unter Rz. 280) dargelegte Rechtslage bezieht sich nur auf die Verwendung der Kindergeldentlastung für den anderen Elternteil. Da nach § 1602 Abs. 1 BGB nur ein Anspruch besteht, soweit der Unterhalt nicht durch eigene Einkünfte gedeckt ist, mindert sich entsprechend der Einsatzbetrag in der Mangelfallberechnung.

---

60 FamRZ 2005, 347, 351.

Beispiel:

Einkommen des Unterhaltspflichtigen		1.500 €
./. erstes Kind (acht Jahre)	322 € – 77 € =	245 €
./. zweites Kind (zwölf Jahre)	365 € – 77 € =	288 €
./. drittes Kind (achtzehn Jahre)[61]	408 € – 154 € =	254 €
Es verbleiben:		713 €

Aufgrund der unterschiedlichen Abzugsbeträge ist es nicht unerheblich, ob zur Anteilsermittlung der Mindestunterhalt ohne Abzug des Kindergelds bestimmt wird. Der notwendige Selbstbehalt von monatlich 900 € ist danach unterschritten, so dass die Verteilungsmasse von 600 € (1.500 € – 900 €) auf die drei Unterhaltsberechtigten der ersten Rangstufe zu verteilen ist.

Quote aus 600 €, erstes Kind:	245 € : 787 €[62] = 31,13 % =	187 €
Quote aus 600 €, zweites Kind:	288 € : 787 € = 36,59 % =	220 €
Quote aus 600 €, drittes Kind:	254 € : 787 € = 32,28 % =	193 €
	100 % =	600 €

Erzielt ein unterhaltsberechtigtes Kind Einkünfte (aus Kapitalvermögen), so ist der Einsatzbetrag zur Berechnung des Mangelfalls erst nach Abzug des anzurechnenden Einkommens zu bestimmen, weil nach § 1602 Abs. 1, 2 BGB nur in Höhe des nicht gedeckten Teils des Bedarfs ein Anspruch besteht, der sich im Verhältnis zu dem Bedarf anderer gleichrangiger Unterhaltsberechtigter verringert.

3. Zuordnung des Splittingvorteils aus der neuen Ehe zum Kindesunterhalt

a) Grundlagen der Rechtsprechung des BVerfG

Das BVerfG[63] hat in einer grundlegenden Entscheidung die Rechtsprechung des BGH[64] zur Zuordnung des Einkommensvorteils nach § 26 EStG grundsätzlich korrigiert, der den steuerlichen Vorteil nur im Fall einer groben Unbilligkeit gemäß § 1579 BGB der neuen Ehe zugewiesen hat. Das BVerfG leitet aus Art. 6 Abs. 1 GG ab, dass der sich aus dem steuerlichen Splitting gemäß § 26 EStG ergebende Einkommensvorteil ausschließlich der neuen Ehe zuzuordnen ist, nicht jedoch der geschiedenen Ehe. Der sich aus Art. 6 Abs. 1 GG ergebende Schutzzweck für die neue Ehe ergibt sich aus dem Zusammenwirken und vor allem den Beiträgen beider Ehegatten zur Gestaltung ihrer persönlichen und wirtschaftlichen Verhältnisse; diese Umstände gebieten es, die wirtschaftlichen Vor-

---

61 Zuschlag des Differenzbetrags zwischen zweiter und dritter Altersstufe auf den Betrag von 365 € (365 € – 322 € = 43 €) zur Bestimmung der vierten Altersstufe.
62 Summe aus 245 €, 288 € und 254 €.
63 BVerfG FamRZ 2003, 1821 = NJW 2003, 3466.
64 BGH FamRZ 1985, 911 = NJW 1985, 2268.

teile nur der neuen Ehe zuzuweisen. Dies gilt auch im Mangelfall, soweit im Falle der Ranggleichheit nach § 1609 Nr. 2 BGB von geschiedenem und weiteren Ehegatten die Zuordnung des Splittingvorteils zum neuen Ehegatten dessen finanzielle Lage verbessert, kann nicht ein Ausgleich zur Wahrung der Ranggleichheit durch die Zuordnung dieses Vorteils zum geschiedenen Ehegatten erfolgen.[65] Dies folgt aus dessen Ableitung aus Art. 6 Abs. 1 GG, der über § 1609 BGB (als einfaches Recht) steht. Zudem wird dem geschiedenen Ehegatten der steuerliche Vorteil aus dem Realsplitting nach § 10 Abs. 1 Nr. 1 EStG zugeordnet, so dass insoweit ein Ausgleich erfolgt. Ist der zweite Ehegatte nachrangig, ist der Vorteil aus dem Ehegattensplitting nach den Grundsätzen des § 1579 Nr. 8 BGB diesem zuzuordnen.[66]

b) Methode der Ermittlung des steuerlichen Vorteils

284   Aus der Zuordnung des steuerlichen Splittingvorteils zur neuen, nicht jedoch zur geschiedenen Ehe folgt, dass das maßgebliche Einkommen im Falle einer Unterhaltspflicht gegenüber der geschiedenen Ehefrau aus der Steuerklasse IV bzw. aus der Grundtabelle zur Einkommensteuer ermittelt werden muss. Bei der Bestimmung des zur Bestimmung des Bedarfs (und der Leistungsfähigkeit) maßgeblichen Einkommens ist von folgenden Grundlagen auszugehen:[67]

- Der **Bedarf und die Leistungsfähigkeit** bestimmen sich nach dem Einkommen des Unterhaltspflichtigen nach der einkommensteuerrechtlichen Grundtabelle (oder Steuerklasse IV), nicht dagegen aus der Splittingtabelle, so dass insoweit eine fiktive Bestimmung des Einkommens vorzunehmen ist. Die Berechnung nach der **Lohnsteuertabelle ist nicht praktikabel**, weil Korrekturen hinsichtlich des Sonderausgabenpauschbetrages nach § 10c EStG und zu anderen Pauschbeträgen notwendig werden.

- In die Bestimmung des Bedarfs der geschiedenen Ehefrau und der Leistungsfähigkeit des Unterhaltspflichtigen fließen jedoch die steuerlichen Vorteile aus dem **Realsplitting** gemäß § 10 Abs. 1 Nr. 1 EStG ein, die der Unterhaltspflichtige geltend machen muss.

Damit der Splittingvorteil in voller Höhe ausschließlich der neuen Familie zugute kommt, ist die Bestimmung des steuerlichen Vorteils des Realsplittings auf der Grundlage der Splittingtabelle vorzunehmen. Dem

---

65 So aber Begründung RegE, BT-Drucks. 16/1830 S. 24; s. ferner Rz. 298 f.
66 BGH FamRZ 1985, 911.
67 BGH FamRZ 2007, 1232 = BGH-Report 2007, 804; grundlegend *Borth*, FamRB 2004, 20 ff.

folgt aber der BGH nicht, weil nach Scheidung der Ehe der nacheheliche Unterhalt auf der Grundlage der Grundtabelle unter Einbeziehung des Realsplittings geltend gemacht werde und bei Wiederheirat nur der danach verbleibende Einkommensvorteil der neuen Ehe zuzuordnen sei.[68] Damit wird aber der neuen Ehe der sich aus dem Grundfreibetrag ergebende Steuervorteil genommen; insoweit verharrt der BGH auf seiner alten, vom BVerfG gerügten Rechtsprechung.

Nach BGH sind folgende Schritte vorzunehmen:

1. Schritt: Ermittlung des unterhaltsrelevanten Bruttoeinkommens; liegt ein nachehelicher nicht prägender **Karrieresprung** vor, sind die höheren Einkünfte zur Bestimmung des nachehelichen Unterhalts zu eliminieren.

2. Schritt: Ermittlung des unterhaltsrelevanten Einkommens (fiktiv) auf der Grundlage der Grundtabelle; hierbei verändern sich allerdings die sozialversicherungspflichtigen Abgaben nicht, da diese weiterhin konkret zu bestimmen sind, jedoch der Solidaritätszuschlag und die Kirchensteuer (§ 51a Abs. 1 EStG).

3. Schritt: Bestimmung des Vorteils aus dem Realsplitting, indem bei der fiktiven Einkommensteuerberechnung der tatsächliche Unterhaltsaufwand als Sonderausgabe nach § 10 Abs. 1 Nr. 1 EStG vom steuerpflichtigen Einkommen abgezogen wird.

4. Schritt: Schuldet der Unterhaltspflichtige Kindesunterhalt, ist der Tabellenunterhalt auf der Grundlage des fiktiven Einkommens zur Bestimmung des nachehelichen Unterhalts vom Einkommen abzuziehen (nach Bereinigung um 5 %). Hierbei ist aber auch der Steuervorteil aus dem Realsplitting einzubeziehen (vom BGH nicht angesprochen). Danach wird der Quotenunterhalt i.H.v. 3/7 oder nach Abzug von 10 % (Süddeutsche Leitlinien) bestimmt.

5. Schritt: Der tatsächlich zu leistende Kindesunterhalt wird aus dem Einkommen des Unterhaltspflichtigen ermittelt, der sich aus der gemeinsamen Veranlagung mit dem neuen Ehegatten und der Berücksichtigung des Realsplittings (konkret) ergibt. Dies hat der BGH nicht berücksichtigt.

---

68 BGH FamRZ 2007, 1232 = BGH-Report 2007, 804 = FamRB 2007, 261.

c) Zuordnung zum Kindesunterhalt im Mangelfall

285 Soweit ein minderjähriges Kind im Haushalt des wiederverheirateten Unterhaltspflichtigen lebt, so nimmt dieses, auch wenn es aus der geschiedenen Ehe stammt, an dem Einkommensvorteil aus § 26 EStG durch den Familienunterhalt teil. Entsprechend ist auch das beim geschiedenen Elternteil des Unterhaltspflichtigen lebende Kind an diesem Vorteil zu beteiligen, weil dieses in gleicher Weise der Schutzwirkung des Art. 6 Abs. 1 GG unterliegt wie der neue Ehegatte des Unterhaltspflichtigen.[69] Soweit kein Mangelfall vorliegt, erfolgt die **gleichmäßige Teilhabe der minderjährigen und volljährigen privilegierten Kinder** an dem Splittingvorteil, indem das diesen erhöhte Einkommen des Unterhaltspflichtigen zur Bestimmung des Bedarfs sowohl beim Kindesunterhalt als auch beim Familienunterhalt des neuen Ehegatten als Grundlage herangezogen wird (s. auch Rz. 283 a.E.).

Die Zuordnung des **Kinderfreibetrages nach § 32 Abs. 6 EStG** ist differenziert zu betrachten.[70] Der nach § 32 Abs. 6 S. 1 EStG zu **berücksichtigende Kinderfreibetrag für das sächliche Existenzminimum** i.H.v. 1.824 € für ein Kind aus der neuen Ehe sowie ein Freibetrag von 1.080 € für den **Betreuungs- und Erziehungs- oder Ausbildungsbedarf** des Kindes ist ebenfalls im Rahmen der Bestimmung des Unterhalts des geschiedenen Ehegatten zu berücksichtigen, weil er gleichermaßen wie der Familienzuschlag des BBesG unabhängig von einer Ehe geleistet wird; er kann deshalb nicht der neuen Ehe vorbehalten werden, auch wenn das Kind aus dieser Verbindung stammt. Anders sieht das der BGH in Bezug auf den **Freibetrag des § 32 Abs. 6 S. 2 EStG**, nach dem der Freibetrag des S. 1 verdoppelt wird. Dieser setzt eine bestehende Ehe sowie das nicht dauernde Getrenntleben voraus. Damit ist der Freibetrag von 2.904 € nicht hinsichtlich der geschiedenen Ehefrau zu berücksichtigen, sondern **der neuen Ehe zuzuordnen**. Nicht angesprochen hat der BGH, dass der Freibetrag nach dem sog. **Günstigerprinzip** gemäß § 31 S. 2 EStG durch das Kindergeld weitgehend überlagert wird; insoweit fehlt eine Abstimmung mit den Kindergeldleistungen. Der durch den Familienzuschlag für ein **Stiefkind aus der neuen Ehe** erlangte Einkommensvorteil nimmt dagegen keinen Einfluss auf den Unterhalt der geschiedenen Ehefrau.[71]

---

69 So im Ergebnis auch BGH FamRZ 2005, 1817 = NJW 2005, 3377; eingehend *Schwab/Borth*, Teil IV Rz. 615, 881, 901.
70 BGH FamRZ 2007, 793, 798; FamRZ 2007, 882.
71 BGH FamRZ 2007, 793, 798.

Liegt eine **begrenzte Leistungsfähigkeit** des Unterhaltspflichtigen vor, so ist nach dem neuen Rangfolgesystem auch der Splittingvorteil aus der neuen Ehe vorrangig zur Deckung des Unterhaltsanspruchs der vorrangigen Kinder der ersten Rangstufe einzusetzen. Dies verletzt aber die vom BVerfG entwickelten Grundsätze der Zuordnung des Splittingvorteils zur neuen Ehe, wenn die vorehelichen Kinder sich beim geschiedenen Elternteil aufhalten. In verfassungskonformer Anwendung des § 1609 Nr. 1 BGB lassen sich diese Grundsätze in der Weise wahren, dass der Splittingvorteil zwischen dem Unterhaltsberechtigten der ersten Rangstufe und der Familie des Unterhaltspflichtigen anteilig aufgeteilt wird (s. auch Rz. 283 a.E.).

4. Vorteile aus dem Realsplitting und außergewöhnlichen Belastungen nach § 33a Abs. 1 EStG

Soweit der Unterhaltspflichtige aus der Geltendmachung des Realsplittings nach § 10 Abs. 1 Nr. 1 EStG Einkommensvorteile erlangt, die er aufgrund der Zahlung von Unterhalt an den getrennt lebenden oder geschiedenen Ehegatten bezieht, stellt sich die Frage, ob im Mangelfall die hieraus erlangten Einkommensvorteile aufgrund des Gesichtspunkts, dass diese nur durch die Unterhaltsleistungen an einen Ehegatten ausgelöst werden, ausschließlich dem Unterhalt des der zweiten Rangstufe zuzuordnenden Berechtigten zuzuweisen sind. Zweck des § 10 Abs. 1 Nr. 1 EStG ist die steuerliche Entlastung eines Unterhaltspflichtigen zur erleichterten Erfüllung bestehender Unterhaltspflichten. Eine **konkrete Zweckbindung** in Bezug auf den Ehegattenunterhalt lässt sich hieraus nicht ableiten, so dass dieser Vorteil auch dem Unterhalt der ersten Rangstufe zukommt. Sinnvoll ist eine **Vereinbarung** zwischen unterhaltsbedürftigem und unterhaltspflichtigem Ehegatten, die hieraus entstehenden steuerlichen Vorteile ausschließlich dem Ehegattenunterhalt vorzubehalten, weil hierdurch das Realsplitting gestärkt wird. Solange der Mindestunterhalt i.S.d. § 1612a Abs. 1 S. 1 BGB i.V.m. § 36 Nr. 4 EGZPO gewahrt ist, liegt hierin auch kein Verstoß gegen § 1614 Abs. 1 BGB.

286

Macht der Unterhaltspflichtige anstelle des Realsplittings nach § 10 Abs. 1 Nr. 1 EStG **außergewöhnliche Belastungen** nach § 33a Abs. 1 EStG[72] geltend, gilt Entsprechendes. Wird § 33a Abs. 1 EStG wegen einer Unterhaltspflicht nach § 1615l Abs. 1, 2 BGB geltend gemacht, so stellt sich in Bezug auf die hieraus entstehenden steuerlichen Vorteile im Grundsatz dieselbe Frage wie beim Ehegattensplitting aus der neuen Ehe, ob dieser steuerliche Vorteil nach Art. 6 Abs. 1 GG ausschließlich dieser

287

---

72 S. hierzu BFH FamRZ 2004, 1643.

Verbindung zuzuweisen ist, nicht aber der früheren Familie. Diese Frage ist in Bezug auf die Zuordnung des hieraus folgenden steuerlichen Vorteils wie zum Ehegattensplitting zu beantworten (s. Rz. 285).

5. Zulässigkeit eines Rangverzichts

288   Die Frage der Zulässigkeit des Verzichts auf einen gesetzlichen Vorrang im Mangelfall ist vor allem deshalb nicht nur akademischer Natur, weil die Zusammenfassung der ersten und zweiten Rangstufe zu einer Minderung des Unterhalts der vorrangigen Kinder und einer Erhöhung des Unterhalts des Berechtigten der zweiten Rangstufe führt, so dass ein **höheres Realsplitting** nach § 10 Abs. 1 Nr. 1 EStG geltend gemacht werden kann, das zu einer Einkommensverbesserung führt. Aus dem allgemeinen Grundsatz der Förderung des Kindeswohls ist nicht zu entnehmen, dass eine Veränderung der Rangfolge im Wege einer Vereinbarung gegen ein gesetzliches Gebot verstößt (§ 134 BGB) und deshalb die gesetzliche Rangfolge nicht disponibel ist.[73] In Bezug auf den Kindesunterhalt folgt jedoch aus § 1614 Abs. 1 BGB eine **Regelungsgrenze**. Danach kann durch eine Vereinbarung auf den Kindesunterhalt weder unmittelbar noch mittelbar verzichtet werden; die Schutzwirkung greift bereits ein, wenn eine Abweichung von mehr als 20 % vom gesetzlichen Unterhalt vorliegt.[74] Da dem minderjährigen Kind jedenfalls der in § 1612a Abs. 1 S. 1 BGB i.V.m. § 36 Nr. 4 EGZPO bestimmte Mindestunterhalt zusteht, kann entsprechend bei beengten Verhältnissen im Wege einer Vereinbarung der Kindesunterhalt nicht unbegrenzt herabgesetzt werden, um den Unterhalt eines Berechtigten der zweiten Rangstufe so zu erhöhen, dass ein (nennenswerter) Betrag zur Stärkung des Realsplittings nach § 10 Abs. 1 Nr. 1 EStG besteht.

6. Rechtsprechung des BGH zur Barunterhaltspflicht in den sogenannten Hausmannfällen

289   Die Übernahme von Haushaltsführung und Betreuung eines gemeinschaftlichen Kindes durch den geschiedenen Unterhaltspflichtigen in der neuen Ehe im Einvernehmen mit dem neuen Ehegatten (§§ 1353, 1356 Abs. 1 BGB) hebt nicht dessen **Verpflichtung zur Aufnahme einer zumutbaren Erwerbstätigkeit** gegenüber den minderjährigen Kindern aus der geschiedenen Ehe auf[75]; dies folgt aus dem Gleichrang aller minder-

---

73   S. auch BGH FamRZ 1986, 553.
74   S. KG FamRZ 1997, 627, 628; OLG Celle FamRZ 1992, 94; offengelassen in BGH FamRZ 1984, 997, 999 = NJW 1985, 64, 66; s. auch *Wendl/Staudigl/Scholz*, Rz. 2/522; *Schwab/Borth*, Teil IV Rz. 1272.
75   BGH FamRZ 1996, 796, 797.

jährigen Kinder (§ 1609 Abs. 1 BGB a.F.; § 1609 Nr. 1 BGB). Hat der Unterhaltspflichtige in der früheren Ehe eine vollschichtige Erwerbstätigkeit ausgeübt und diese in der neuen Ehe aufgegeben, ist die in der **neuen Ehe erfolgte Rollenwahl** nach § 1356 Abs. 1 BGB und die daraus folgende Minderung des Einkommens nur dann hinzunehmen, wenn wirtschaftliche Gesichtspunkte oder sonstige Gründe von gleichem Gewicht einen Vorteil in der neuen Ehe erbringen. Dies ist dann hinzunehmen, wenn sich die Einkommensverhältnisse des neuen Ehegatten deutlich günstiger gestalten oder der Unterhaltspflichtige nur unregelmäßig höhere Einkünfte erzielt hat, während der andere Ehegatte ein nachhaltig gesichertes Einkommen erzielen kann. Nur in einem solchen Fall darf der Unterhaltspflichtige seine bisherige vollschichtige Erwerbstätigkeit aufgeben und in der neuen Verbindung die Haushaltsführung sowie Kindesbetreuung übernehmen[76]. Wurde in der neuen Ehe ein Rollentausch im dargelegten Sinn vorgenommen, muss der Unterhaltspflichtige die Voraussetzungen dafür vortragen, dass dieser gerechtfertigt war, weil er die **Darlegungs- und Beweislast** für seine eingeschränkte oder fehlende Leistungsfähigkeit nach § 1603 Abs. 1, 2 BGB trägt. Danach hat er einerseits die besseren Einkommensmöglichkeiten seines Ehegatten im Hinblick auf dessen berufliche Qualifikation oder bisherige Erwerbstätigkeit darzulegen, ferner die Umstände seiner deutlich geringeren Einkommensmöglichkeiten. Gelingt ihm dies nicht (weil ein gemeinsames Kind in der neuen Ehe nicht zu betreuen ist), ist im Unterhaltsprozess festzustellen, welche Einkommensmöglichkeiten beim Unterhaltspflichtigen im Hinblick auf dessen berufliche Qualifikation bestehen. Danach ist der Unterhalt aufgrund eines fiktiven Einkommens zu bestimmen.

Ist die **Rollenwahl** nach den zuvor genannten Grundsätzen **hinzunehmen**, muss der Unterhaltspflichtige dennoch alle Möglichkeiten ausschöpfen, um den Barunterhalt der Kinder aus der geschiedenen Ehe zu sichern, also insbesondere eine **Nebentätigkeit** ausüben. Dem neuen (voll erwerbstätigen) Ehegatten, dem die bestehende Unterhaltspflicht bei Eingehen der Ehe bekannt war, obliegt es nach dem sich aus § 1356 Abs. 2 S. 2 BGB ergebenden Grundsatz zur gegenseitigen Rücksichtnahme, den Unterhaltspflichtigen bei der Wahrnehmung der gebotenen Nebentätigkeit zu unterstützen.[77] Ist der neue Ehegatte beruflich stark in Anspruch genommen, obliegt es diesem nach BGH, den Unterhaltspflichtigen durch Finanzierung einer Haushaltshilfe die Nebentätigkeit zu ermöglichen. Danach ist anhand der konkreten Umstände festzustellen, in welchem Umfang in Bezug auf die Betreuungssituation des Kindes aus der

290

---

76 BGH FamRZ 2006, 1010, 1012 m. Anm. *Borth*.
77 BGH FamRZ 2001, 1065, 1066.

neuen Ehe, den Möglichkeiten des neuen Ehegatten zur Entlastung des Unterhaltspflichtigen von den Betreuungsaufgaben eine Nebentätigkeit ausgeübt werden kann (Aushilfstätigkeiten in Gaststätten, Ladengeschäften, Tankstellen, Gebäudereinigungsunternehmen in den Abendstunden bzw. am Wochenende). Hierbei ist auch zu prüfen, inwieweit eine geringfügige Beschäftigung i.S.d. § 8a SGB IV in Bezug auf die Sozialversicherungspflicht sowie die Steuerlast (s. § 35a EStG) in Betracht kommt und in welcher Weise sich dies auf die Bestimmung des Nettoeinkommens auswirkt.

291   Ist der **Selbstbehalt des Unterhaltspflichtigen** i.S.d. § 1603 Abs. 1, 2 S. 1 BGB durch den **Anspruch auf Familienunterhalt** nach §§ 1360, 1360a BGB gegen den berufstätigen Ehegatten gesichert, muss er das Einkommen aus einer Nebentätigkeit für den Unterhalt der Kinder aus erster Ehe voll einsetzen. Reicht dagegen das Einkommen nicht zur Sicherung des Selbstbehaltes aus, darf der Unterhaltspflichtige das Einkommen zunächst für den eigenen Unterhalt einsetzen. Aus der Sicht des Unterhaltspflichtigen ist deshalb zu prüfen, ob die Höhe seines Anteils am Familienunterhalt nach §§ 1360, 1360a BGB nach Abzug des Barunterhalts des Kindes aus der neuen Ehe jedenfalls den eigenen notwendigen Selbstbehalt i.S.d. § 1603 Abs. 1, 2 BGB übersteigt. Liegt die Quote, die sich nach der Methode des Trennungs- und nachehelichen Unterhalts bestimmt, unterhalb dieses Betrages, ist das Einkommen aus der **Nebentätigkeit zur Auffüllung des Selbstbehalts** heranzuziehen und steht in diesem Umfang für den Kindesunterhalt nicht zur Verfügung.

292   Bisher hat der BGH[78] die sich aus der **Obliegenheit zur Ausübung einer Nebentätigkeit** ergebende Unterhaltspflicht auf die **Höhe des Unterhaltsbetrages** begrenzt, der sich – gegebenenfalls unter Berücksichtigung der Berechtigten aus der neuen Ehe – ergeben hätte, wenn der Unterhaltspflichtige vollschichtig berufstätig gewesen wäre, insoweit also eine Kontrollberechnung auf der Grundlage eines fiktiven Einkommens vorgenommen. Diese Rechtsprechung gibt der BGH[79] nunmehr auf. Soweit ein Rollentausch in der neuen Ehe nicht vorgenommen wurde (der geschiedene Ehegatte hat auch in der geschiedenen Ehe ein gemeinsames Kind betreut), hat der BGH[80] bereits bisher eine durch die neue Ehe eingetretene Verbesserung der wirtschaftlichen Verhältnisse des Unterhaltspflichtigen auch bei der Bestimmung des Unterhalts der Kinder aus der geschiedenen Ehe berücksichtigt und darauf abgestellt, dass es auf die **tatsächlichen Einkommensverhältnisse ankommt** und nicht auf eine

---

78 FamRZ 2004, 364.
79 FamRZ 2006, 1827, 1829.
80 FamRZ 2004, 364.

fiktive wirtschaftliche Lage. Dies übernimmt der BGH auch im Fall des Rollentausches in der neuen Ehe. Er stützt dies auf die gesteigerte Unterhaltshaltspflicht nach § 1603 Abs. 2 S. 1 BGB sowie den Gleichrang aller unterhaltsberechtigter Kinder, der es nicht zulässt, sich nur der Betreuung des Kindes aus der neuen Ehe zuzuwenden.

Neben den **Einkünften aus einer Nebentätigkeit** hat der Unterhaltspflichtige ferner den Anspruch auf **Taschengeld** gegen den berufstätigen Ehegatten einzusetzen (regelmäßig etwa 5 % des Einkommens), über das der Unterhaltspflichtige – anders als der sonstige Familienunterhalt – frei verfügen kann und diesen deshalb für den Unterhalt der Kinder heranzuziehen ist.[81]

293

Der BGH bestimmt, dass die Einkünfte aus einer Nebentätigkeit **ausschließlich für die Kinder aus der geschiedenen Ehe** einzusetzen sind. Dies ist systematisch nur dann zutreffend, wenn angenommen wird, dass der Unterhaltspflichtige seiner Unterhaltspflicht gegenüber dem Kind aus der neuen Ehe durch die Pflege und Erziehung gemäß § 1606 Abs. 3 S. 2 BGB nachkommt und der berufstätige Ehegatte den Barunterhalt für dieses Kind erbringt. Diese Bestimmung gilt aber nur für getrennt lebende Elternteile. Übt der Unterhaltspflichtige unabhängig von seiner Erwerbsobliegenheit gegenüber den Kindern aus der geschiedenen Ehe eine Erwerbstätigkeit aus, weil die finanziellen Mittel in der neuen Familie nicht ausreichen, so werden regelmäßig auch die hieraus erzielten Einkünfte für den gemeinsamen Familienunterhalt eingesetzt, somit auch für das Kind aus der neuen Ehe; damit ist ein Teil dieses Einkommens auch für das Kind aus der neuen Ehe einzusetzen.

294

Die Entscheidung des BGH vom 5.10.2006[82] betrifft in erster Linie den Unterhalt der minderjährigen Kinder aus der geschiedenen Ehe und aus einer neuen Verbindung, der nach § 1609 Nr. 1 BGB generell vor andern Unterhaltsansprüchen vorrangig ist. Eine **Änderung der Obliegenheiten** des barunterhaltspflichtigen Elternteils tritt auf Grund des Rangvorrangs minderjähriger Kinder vor den jeweiligen betreuenden Elternteilen nicht ein. Der BGH stützt zwar die Obliegenheit auch auf § 1609 Abs. 1 BGB a.F., die Neuregelung des § 1609 Nr. 1 BGB ergibt aber in Bezug auf minderjährige Kinder insoweit keine Obliegenheitsverschärfung, sondern lediglich die Zurückstufung des bisher gleichrangig geschiedenen Ehegatten, der ein gemeinsames Kind betreut, auf die zweite Rangstufe.

295

---

81 BGH FamRZ 2006, 1827, 1830; FamRZ 1987, 472, 473 f.
82 FamRZ 2006, 1827.

7. Unzulässigkeit einer Billigkeitskorrektur nach § 1579 Nr. 8 BGB

296 Nicht möglich ist es, das System der gesetzlichen geregelten Rangfolge nach § 1609 BGB durch die Anwendung des § 1579 Nr. 8 BGB zu umgehen. Es kann deshalb auch nicht zugunsten des mit dem Unterhaltspflichtigen zusammenlebenden Ehegatten der Unterhaltsanspruch der geschiedenen Ehefrau nach § 1579 Nr. 8 BGB herabgesetzt und dieser auf die **Inanspruchnahme von Sozialhilfe** verwiesen werden[83]; dies gilt unabhängig davon, ob der neue Ehegatte der zweiten oder dritten Rangstufe gemäß § 1609 Nr. 2, 3 BGB zuzuordnen ist. Einem bestehenden gesetzlichen Gleichrang wird nur dadurch Rechnung getragen, dass die Unterhaltsansprüche aller gleichrangig Berechtigter gleichmäßig gekürzt werden. Hierfür spricht vor allem, dass der Gesetzgeber die Abschwächung der Auswirkungen des Rangfolgesystems durch eine Härteklausel ausdrücklich abgelehnt hat.[84]

8. Zuordnung des Unterhalts nach § 1576 BGB bei Betreuung eines Pflegekinds

297 Betreut ein Ehegatte ein Pflegekind, das die Ehegatten gemeinsam auf Dauer aufgenommen haben, so spricht für die Zubilligung eines Unterhaltsanspruchs der Gesichtspunkt der **gemeinsam übernommenen Verantwortung** für das Kind. In besonderem Maße gilt dies, wenn das Pflegekind als Kleinkind in die Familie aufgenommen wurde und schon längere Zeit im Familienverbund der Ehegatten lebt.[85] Trotz der vergleichbaren Schutzbedürftigkeit des das Pflegekind betreuenden Elternteils ist eine Zuordnung des Anspruchs nach § 1576 BGB zur zweiten Rangstufe nicht möglich, weil § 1609 Nr. 2 BGB den Begriff der Elternteile verwendet, der sich nur auf die Unterhaltsansprüche nach den §§ 1360, 1361 BGB im Falle der Betreuung eines Kindes sowie §§ 1570, 1615l Abs. 1, 2 BGB bezieht, der bevorrechtigte Rang sich also vom Status als Elternteil ableitet. Pflegeeltern wird im Übrigen nicht die verfestigte Rechtsstellung von Eltern eines adoptierten Kindes nach § 1754 Abs. 1 BGB gewährt, sondern haben einen schwach ausgestalteten Rechtsstatus. Demgemäß fällt der Anspruch in die dritte Rangstufe, falls nicht eine Ehe von langer Dauer i.S.d. § 1609 Nr. 2 BGB anzunehmen ist.

---

83 BGH FamRZ 1996, 1272 = NJW 1996, 2793 – zu §§ 1582, 1609 BGB a.F.
84 BGH FamRZ 1985, 911, 912 – zu §§ 1582, 1609 BGB a.F.
85 BGH FamRZ 1984, 361, 363 = NJW 1984, 1538, 1540.

9. Auswirkungen nachehelich geborener Kinder und nachehelich entstandener Unterhaltsansprüche in der zweiten Rangstufe

a) Grundlagen

Für die Bestimmung des Unterhalts eines der zweiten Rangstufe zuzuordnenden geschiedenen unterhaltsberechtigten Ehegatten ist es unerheblich, dass ein minderjähriges, nach § 1609 Nr. 1 BGB vorrangiges Kind erst nach rechtskräftiger Scheidung geboren wurde, weil minderjährige Kinder unabhängig von ihrer familiären Zugehörigkeit generell anderen Unterhaltsberechtigten vorgehen. Soweit es um die **Bestimmung des Bedarfs** des unterhaltsberechtigten geschiedenen Ehegatten geht, hat der BGH in seiner früheren Rechtsprechung ein nach rechtskräftiger Scheidung geborenes Kind nicht berücksichtigt[86], während ein in der Trennungszeit geborenes außereheliches Kind die ehelichen Lebensverhältnisse im Sinne des § 1578 Abs. 1 S. 1 BGB geprägt hat.[87] Nunmehr berücksichtigt der BGH[88] nacheheliche Entwicklungen bereits im Rahmen der Bestimmung des Bedarfs. Hierbei weist er – insoweit zutreffend – darauf hin, dass die im Zeitpunkt der Rechtskraft der Scheidung maßgebenden Umstände **keine unverändert festzuschreibende Lebensstellung** begründen, deren Veränderungen nur im Rahmen der (beachtlichen) fehlenden Leistungsfähigkeit des Unterhaltspflichtigen berücksichtigt werden können, wenn diese auch bei Fortsetzung der ehelichen Lebensgemeinschaft eingetreten wären, weil ansonsten der Unterhaltspflichtige diese (negativen) Veränderungen allein zu tragen hätte.[89] Diesen zutreffenden Grundsatz bezieht er auch auf solche Sachlagen, in denen nach rechtskräftiger Scheidung weitere vorrangige oder gleichrangige Unterhaltsberechtigte hinzutreten, so dass diese bereits bedarfsprägend und nicht erst im Rahmen der Prüfung der Leistungsfähigkeit zu berücksichtigen sind. Dies stützt der BGH ferner auf den Grundsatz der unterhaltsrechtlichen Halbteilung. Folgt man dieser Rechtsprechung[90], so wirkt sich dies auf die Bestimmung des Unterhalts eines grundsätzlich der zweiten Rangstufe zuzuordnenden Ehegatten aus.

Für den Ansatz des BGH könnte auch die Entscheidung des BVerfG vom 28.2.2007[91] sprechen, mit dem im Bereich des Betreuungsunterhalts

298

---

86 FamRZ 1987, 456, 458.
87 BGH FamRZ 1999, 367 = NJW 1999, 717; FamRZ 1994, 87, 89.
88 FamRZ 2006, 683, 685.
89 BGHZ 153, 358, 368 = FamRZ 2003, 590, 592.
90 Zur Kritik s. *Borth*, FamRZ 2006, 852.
91 FamRZ 2007, 965 = NJW 2007, 1735.

nach § 1570 Abs. 1, 2 BGB und § 1615l Abs. 2 S. 3, 4 BGB zur Sicherung gleicher Lebensbedingungen ehelicher und nichtehelicher Kinder eine Angleichung beider Bestimmungen geboten ist. Allerdings hat das BVerfG diese Forderung zur **zeitlichen Dauer der kindbezogenen Betreuungsnotwendigkeit** erhoben und insoweit eine gleiche Bemessung des Unterhalts verlangt, es andererseits aber für zulässig gehalten, aus dem Gesichtspunkt der nachehelichen Solidarität eine Verlängerung der betreuungsbedingten Bedürftigkeit vorzusehen, was durch die Regelung des § 1570 Abs. 2 BGB vollzogen wurde.[92] Nicht zu entscheiden hatte das BVerfG die Frage der Höhe des Unterhalts nach § 1578 Abs. 1 S. 1 BGB und des § 1615l Abs. 3 S. 1 BGB i.V. mit § 1610 Abs. 1 BGB. Nimmt man den Kern der Forderung des BVerfG zur Ausgestaltung der im 2. Rang stehenden Betreuungsunterhaltsansprüche auf, ist es in Bezug auf das Gebot der Sicherung gleichwertiger Lebensverhältnisse minderjähriger Kinder verheirateter und nicht verheirateter Eltern nicht zulässig, dass diese Ansprüche in unterschiedlicher Höhe bemessen werden. Dies gilt sowohl im Verhältnis des Betreuungsunterhalts zwischen geschiedener Erst- und Zweitehe, (geschiedener) Ehe und dem Unterhalt nicht verheirateter Mütter nach § 1615l Abs. 2 S. 3 BGB sowie zweier nicht verheirateter Mütter. Ferner schlägt dieser Gesichtspunkt auch auf die Bemessung des Bedarfs bei einer Ehe von langer Dauer i.S.d. § 1609 Nr. 2 BGB durch, weil ansonsten mittelbar der vorgegebene Gleichrang über die unterschiedliche Ausgestaltung der Höhe des Unterhalts verletzt würde. Die bisherige Rechtsprechung, wonach der Unterhaltsbedarf der zweiten Ehefrau durch den Bedarf der geschiedenen Ehefrau geprägt wird, kann danach jedenfalls bei der Bestimmung der Einsatzbeträge im Mangelfall nicht aufrecht erhalten werden. Würde man den in Nr. 2 bestimmten Gleichrang nur über die Berechnung nach den Grundsätzen des Mangelfalls gemäß §§ 1581, 1615l Abs. 3 S. 1 i.V.m. § 1602 Abs. 1, 2 BGB berücksichtigen, ergäbe sich in Bezug auf die unterschiedlichen Einsatzbeträge dennoch eine ungleiche Verteilung des zu Unterhaltszwecken einzusetzenden Einkommens.

298a   Hiervon zu trennen ist das **Problem der Zuordnung des Splittingvorteils** nach § 26 EStG aus einer neuen Ehe.[93] Hierzu wurde bereits unter Rz. 283 ausgeführt, dass eine unmittelbare Zuordnung des hieraus folgenden Einkommensvorteils zur Bestimmung des Unterhalts des geschiedenen Ehegatten nicht zulässig ist.[94] Soweit der den steuerlichen Vorteil auslösende Ehegatte nachrangig ist, ergibt sich dies aus § 1579 Nr. 8

---

92 S. hierzu Rz. 57c, 66 a.
93 S. Rz. 283 ff.
94 S. auch *Brandtner*, FamRZ 2007, 2033; *Gutdeutsch*, FamRZ 2007, 2035, 2036.

BGB.⁹⁵ Im Falle des Gleichrangs des (neuen) Ehegatten mit anderen Unterhaltsberechtigten nach Nr. 2 stellt sich die Frage, ob der steuerliche Vorteil beim Unterhaltspflichtigen und dem neuen Ehegatten vollständig zu eliminieren ist, während der Vorteil aus dem Realsplitting nach § 10 Abs. 1 Nr. 1 EStG in Bezug auf den geschiedenen Ehegatten oder nach § 33a Abs. 1 EStG in Bezug auf den nicht verheirateten Elternteil in die Unterhaltsbestimmung einzustellen ist. Da nach dem vom BGH gewählten Ansatz nachehelich entstehende Unterhaltsansprüche bereits auf der Ebene des Bedarfs zu berücksichtigen sind, fließen sämtliche Einkünfte in die Gesamtbedarfsbestimmung aller Berechtigten ein, so dass die vom BVerfG getroffene Zuordnung sich faktisch nicht auswirkt.⁹⁶ Danach sind auch der Einkommensvorteil aus dem Ehegattensplitting sowie die Vorteile aus dem Realsplitting und nach § 33a Abs. 1 EStG in die Gesamtbedarfsbestimmung auf der Seite des Unterhaltspflichtigen einzubeziehen.

b) Rechenbeispiel

I. Sachverhalt

299

Der unterhaltpflichtige geschiedene Ehegatten schuldet seiner geschiedenen Ehefrau und dem aus dieser Ehe hervorgegangenen Kind (drei Jahre alt) Unterhalt nach § 1570 BGB, ferner seiner neuen Lebensgefährtin, mit der er nicht in einem Haushalt lebt, wegen eines gemeinsamen Kindes (ein Jahr alt) Unterhalt nach § 1615l Abs. 1, 2 BGB. Sein Einkommen beläuft sich auf monatlich 2.400 € (netto, mit Realsplitting nach § 10 Abs. 1 Nr. 1 EStG und außergewöhnlichen Belastungen nach § 33a Abs. 1 EStG in Bezug auf den Unterhalt nach § 1615l Abs. 1, 2 BGB).⁹⁷

II. Rechengang

Nach der früheren Rechtsprechung des BGH wurden die ehelichen Lebensverhältnisse der geschiedenen Ehefrau nicht durch den Unterhalt nach § 1615l BGB und den Unterhalt für das nachehelich geborene Kind bestimmt, so dass zunächst auf der Bedarfsebene der Anspruch nach § 1570 BGB ohne die nachehelich entstandenen Unterhaltsansprüche zu bestimmen war. Im Rahmen der Prüfung der Leistungsfähigkeit nach § 1581 S. 1 BGB wurden bei der Mangelfallberechnung die so ermittelten Bedarfsbeträge als Einsatzbetrag herangezogen.

Berechnung:

(1) Einkommen des Unterhaltspflichtigen   2.400 €

(2) Bestimmung des Bedarfs der minderjährigen Kinder (drei und ein Jahre alt)

Erstes Kind: Zuschlag von 15 % zum Mindestunterhalt von 279 €, da mehrere Unterhaltsberechtigte vorhanden sind (Anmerkungen eins und sechs der Düsseldorfer Tabelle; s. auch Rz. 274 f.; bei Drucklegung lag die neue Düsseldorfer Tabelle noch nicht vor.⁹⁸)

---

95 BGH FamRZ 1985, 911; FamRZ 1988, 486.
96 S. hierzu Beispiele in Rz. 301, 302.
97 S. hierzu BFH FamRZ 2004, 1643.
98 Das Beispiel wird daher auf Grundlage der Düsseldorfer Tabelle, Stand 1.7.2007, FamRZ 2007, 1367 ff., gerechnet.

Damit: 279 € x 115 % = 321 €

Zweites Kind (nachehelich): 279 € x 115 % = 321 €

(3) Bestimmung des Bedarfs der geschiedenen Ehefrau nach §§ 1570, 1578 Abs. 1 S. 1 BGB und der Mutter des nichtehelichen Kindes nach § 1615l Abs. 1, 2 BGB:

- Hat die Mutter des nichtehelichen Kindes vor dessen Geburt ein Einkommen von 900 € monatlich (bereinigt) erzielt, beläuft sich deren Bedarf nach §§ 1615l Abs. 3 S. 1, 1610 Abs. 1 BGB in Höhe dieses Betrages (s. Rz. 370).
- Der Anspruch der geschiedenen Ehefrau nach § 1570 Abs. 1 BGB (eine Erwerbsobliegenheit soll nicht bestehen) kann trotz der neuen Rechtsprechung des BGH nicht nach Vorwegabzug des Unterhalts nach § 1615l BGB bestimmt werden, weil Letzterer nicht vorrangig ist, so dass sich der Gesichtspunkt der Prägung der ehelichen Lebensverhältnisse durch die nachehelichen Unterhaltsansprüche nur in der Weise umsetzen lässt, dass die **Ansprüche nach § 1570 BGB und § 1615l BGB jeweils gesondert zu bestimmen** sind. Zum Anspruch nach § 1570 ergibt sich damit:

Einkommen des Unterhaltspflichtigen		2.400 €
./. Unterhalt erstes Kind (mit Kindergeldabzug)	321 € - 77 € =	244 €
./. Unterhalt zweites Kind	321 € - 77 € =	244 €
		1.912 €

Bedarf des Unterhaltsberechtigten:

Methode des OLG Düsseldorf:	1.912 € x 3/7 =	820 €[99]
Methode der Süddeutschen Leitlinien:		
Verfügbares Einkommen des Unterhaltspflichtigen	2.400 € - 120 € (5%) =	2.280 €
	./. 2 x 244 € =	488 €
./. Erwerbstätigenbonus von 10 %		180 €
		1.612 €
hälftiger Anteil[100]		806 €

(4) In Bezug auf die gleichrangigen Unterhaltsberechtigten der zweiten Rangstufe kann der Unterhaltspflichtige nicht beide Unterhaltsansprüche erfüllen. Damit muss in der zweiten Rangstufe eine Mangelfallberechnung vorgenommen werden; hierbei wäre es auch grundsätzlich möglich, den Unterhalt der minderjährigen Kinder auf den Mindestunterhalt gemäß § 1612a Abs. 1 BGB herabzusetzen (s. Rz. 260 ff., 272 f.).

(5) Übersteigt der Bedarf des nach § 1615l BGB Berechtigten desjenigen, der Unterhalt nach § 1570 BGB verlangen kann, so stellt sich die **Frage der Nivellierung**, weil beide Ansprüche gleichrangig sind und in diesem Fall der Anspruch der geschiedenen Ehefrau im Rahmen der Rangfolgeberechnung stärker gekürzt würde. Grundsätzlich ist der Bedarf beider Unterhaltsansprüche jeweils individuell zu bestimmen. Nach dem bisherigen Verständnis der Mangelfallberechnung führt dies auch dazu, dass die unterschiedliche Höhe des jeweiligen Bedarfs der gleichrangigen Unterhaltsberechtigten auch unterschiedliche Anteile in der Mangelfallberechnung zur Folge hat.

---

99 Selbstbehalt von 1.000 € ist gewahrt, 1.912 € − 820 € = 1.092 €.
100 Selbstbehalt bleibt gewahrt, 806 € + 120 € + 180 € = 1.106 €; möglich wäre es auch, den Selbstbehalt mit 900 € anzusetzen; s. hierzu aber Rz. 303.

(6) Damit ergibt sich folgende Berechnung der Anteile:

Summe beider Ansprüche	820 € + 900 € =	1.720 €
Verteilungsmasse	1.912 € – 1.000 € =	912 €
Anteil der geschiedenen Ehefrau	47,67 % (820 € : 1.720 €) x 912 € =	435 €
Anteil der nicht verheirateten Mutter	52,33 % (900 € : 1.720 €) x 912 € =	477 €
Zusammen		912 €

Gegen dieses Ergebnis lässt sich einwenden, dass innerhalb derselben Rangstufe der Anteil aller gleichrangigen Unterhaltsberechtigten gleich hoch sein muss, weil es im Mangelfall nach § 1581 S. 1 BGB i.V.m. § 1609 BGB nicht mehr um die Wahrung der Lebensstellung der Unterhaltsberechtigten gemäß §§ 1578 Abs. 1 S. 1, 1615l Abs. 3 S. 1 i.V.m. § 1610 Abs. 1 BGB geht, sondern ausschließlich um die gleichmäßige Aufteilung der verbleibenden Verteilungsmasse des Einkommens des Unterhaltspflichtigen. In diese Richtung weist auch die Entscheidung des BGH vom 15.3.2006[101]; allerdings fehlt ein Hinweis darauf, nach welchen Grundsätzen der jeweilige Bedarf des Unterhaltsberechtigten zu bestimmen ist. Folgt man diesem Ansatz, ist wie folgt vorzugehen:

300

- Im **ersten Schritt** ist festzustellen, ob nach Abzug des vorrangigen Kindesunterhalts das verbleibende unterhaltsrelevante Einkommen des Unterhaltspflichtigen ausreicht, um den Bedarf aller gleichrangigen Unterhaltsberechtigten zu decken. Hierbei wird der Bedarf auf der Grundlage der §§ 1360, 1361 Abs. 1, 1570 BGB i.V.m. § 1578 Abs. 1 S. 1 BGB sowie gemäß § 1615l Abs. 3 S. 1 BGB i.V.m. § 1610 Abs. 1 BGB bestimmt.
- **Reicht** danach die verbleibende Verteilungsmasse aus dem Einkommen des Unterhaltspflichtigen nicht aus, ist der Differenzbetrag zwischen dem für die zweite Rangstufe verbleibenden Einkommen und dem Selbstbehalt des Unterhaltspflichtigen gemäß der Obliegenheit des Unterhaltspflichtigen zum Einsatz seines Einkommens im Verhältnis der Anzahl der Unterhaltsberechtigten gleichmäßig aufzuteilen. Im gebildeten Beispiel ergibt sich danach folgende Berechnung:
- Verbleibendes Einkommen nach Abzug des Kindesunterhalts 1.912 €
- Abzüglich Selbstbehalt des Unterhaltspflichtigen nach § 1581 S. 1 BGB 1.000 €
- Verteilungsmasse   912 €
- Anteil jedes Unterhaltsberechtigten   456 €
- In diesem Fall bedarf es keiner Anhebung der jeweiligen Einsatzbeträge auf 770 € (als Existenzminimum zur gleichrangigen Beteiligung aller Unterhaltsberechtigter aus der Verteilungsmasse).
- Liegt ein Gleichrang des geschiedenen und des zweiten Ehegatten nach § 1609 Nr. 2 AGB vor, so ist bei Anwendung der zuvor dargelegten Anteilsberechnung auch die Zuordnung des Ehegattensplittings nach § 26 EStG aus der neuen Ehe und des Realsplittings nach § 10 Abs. 1 Nr. 1 EStG bei Unterhaltsleistungen an den geschiedenen Ehegatten zu beachten. Auch insoweit sind die zu Rz. 283 f. dargelegten Grundsätze zu berücksichtigen. Danach kann aufgrund der Mangelfallberechnung eine Nivellierung dieses Einkommensvorteils nicht erfolgen.

---

101 FamRZ 2006, 683, 686 – Ziffer 2 b bb).

c) Weitere Beispiele

301 **Beispiel 1:**

Sachverhalt:
Der Unterhaltspflichtige schuldet seiner geschiedenen Ehefrau Unterhalt nach § 1570 BGB wegen Betreuung eines gemeinschaftlichen Kindes; eine Verletzung der Erwerbsobliegenheit nach § 1570 S. 2 BGB liegt nicht vor. Er ist wieder verheiratet; aus der neuen Verbindung ist ebenfalls ein gemeinschaftliches Kind hervorgegangen; die zweite Ehefrau ist ebenfalls nicht erwerbstätig.

Rechengang:
(1) Auch insoweit ist vorab zu festzulegen, ob der Bedarf der geschiedenen Ehefrau nach § 1578 Abs. 1 S. 1 BGB ohne die Unterhaltspflicht gegenüber der zweiten Ehefrau zu bestimmen ist (s. Rz. 299). Folgt man der neuen Rechtsprechung des BGH[102], ist bereits auf der Bedarfsstufe eine nach rechtkräftiger Scheidung entstandene Unterhaltspflicht zu berücksichtigen (unter dem Gesichtspunkt der stets wandelbaren Bedarfsverhältnisse).

(2) Danach ist nach Abzug des Unterhalts der minderjährigen Kinder das verbleibende Einkommen unter dem Unterhaltspflichtigen sowie den beiden Unterhaltsberechtigten gleichmäßig aufzuteilen. Da regelmäßig der Selbstbehalt des Unterhaltspflichtigen nach § 1581 S. 1 BGB in einem solchen Fall unterschritten wird, ist das nach Abzug des Kindesunterhalts verbleibende Einkommen um den „billigen Selbstbehalt" i.S.d. § 1581 S. 1 BGB zu kürzen und der verbleibende Betrag zwischen den Unterhaltsberechtigten hälftig aufzuteilen.

302 **Abwandlung zu Beispiel 1:**

Sachverhalt:
Der geschiedene Ehegatte übt eine (gebotene) Beschäftigung aus, aus der er (bereinigt um den berufsbedingten Aufwand, Erwerbstätigenbonus sowie Aufwand für die Drittbetreuung des Kindes) 300 € erzielt. Die zweite Ehefrau ist (ohne Verletzung einer Erwerbsobliegenheit) nicht erwerbstätig.

Rechengang:
(1) Zunächst ist der Unterhalt der vorrangigen minderjährigen Kinder vom Einkommen des Unterhaltspflichtigen abzuziehen. Das verbleibende Einkommen des Unterhaltspflichtigen ist unter dem Unterhaltspflichtigen sowie der unterhaltsberechtigten geschiedenen und der zweiten Ehefrau zu gleichen Anteilen aufzuteilen. Da das Einkommen der geschiedenen Ehefrau bedarfsprägend ist[103], tritt hinsichtlich dieser eine Bedarfssteigerung im Verhältnis zur zweiten (nicht berufstätigen) Ehefrau ein.

(2) Berechnung:
- Einkommen des Unterhaltspflichtigen nach Abzug des Kindesunterhalts   1.700 €
- bereinigt um den Erwerbstätigenbonus von 1/7 (nach Süddeutschen Leitlinien um 10 %) 1.700 € x 6/7 = (gerundet)[104]   1.460 €

---

102 FamRZ 2006, 683, 686; s. auch Rz. 300.
103 Grundsätzlich BGHZ 148, 105 ff. = FamRZ 2001, 986 f. = NJW 2001, 2254 – Surrogatslehre.
104 Hierbei bleibt unberücksichtigt, dass gegenüber dem zweiten Ehegatten der Erwerbstätigenbonus an sich nicht geltend gemacht wird – s. BGH FamRZ 1989, 842, 843.

Anwendungsfragen

- Anteil der geschiedenen und der zweiten Ehefrau je 1/3 von 1.460 €   485 €
  485 € + 300 €[105] =   785 €
  Existenzminimum von 770 € ist gewahrt, damit keine Anhebung erforderlich.

- Mangelfallberechnung:

Einkommen des Unterhaltspflichtigen	1.700 €
Abzüglich Selbstbehalt nach § 1581 S. 1 BGB	1.000 €
	700 €

- Quote der geschiedenen Ehefrau:

  Da von ihrem Bedarf 485 € nicht gedeckt sind, erhält sie von der
  Verteilungsmasse 50 % (von 700 €), also   350 €

Beispiel 2:

Daten:

Einkommen Ehemann:	1.500 €	(Kindesunterhalt und 1/7, 5 % - 10 % ber.)
Ehefrau geschieden:	400 €	(keine Verletzung der Erwerbsobliegenheit)
Ehefrau zusammenlebend:	0 €	(keine Erwerbsobliegenheit)

Berechnung nach BGH:

1. Bestimmung des Gesamteinkommens aller Beteiligter

Ehemann:	1.500 €
Ehefrau geschieden:	400 €
Ehefrau zusammenlebend:	0 €
Insgesamt	1.900 €

2. Anteil je Beteiligter: 1.900 € : 3 =   633 €

3. Prüfung des notwendigen Selbstbehalts des Unterhaltspflichtigen
   633 € + 250 € (1/7; 5 %-10 %) =   883 €
   damit 900 € nicht erreicht.[106]

4. Berechnung nach Mangelfall – bei Gleichrang

Einkommen Ehemann:[107]	1.750 € - 900 € =	850 €
Verteilungsmasse:	850 € + 400 € =	1.250 €
je Ehegatte:	1.250 € : 2 =	625 €

5. Aufteilung des freien Betrages von 850 €

Ehefrau (geschieden):	625 € - 400 € =	225 €
Ehefrau (zusammenlebend):		<u>625 €</u>
		850 €

Anmerkung:

Da die Einkünfte des geschiedenen unterhaltsberechtigten Ehegatten nach der Differenz- bzw. Additionsmethode berücksichtigt werden[108], besteht ein Unterhaltsanspruch so lange,

---

105 Erwerbstätigenbonus bereits abgezogen; s. oben.
106 Teilweise wird nur bei Unterhalt nach § 1570 BGB ein Selbstbehalt von 900 € angenommen; ansonsten 1.000 €.
107 Betrag ergibt sich aus 1.500 € + 250 € (Bereinigung um 5 % und 10 %).
108 Grundsätzlich BGHZ 148, 105 ff. = FamRZ 2001, 986 ff. = NJW 2001, 2254.

bis dessen Einkommen das Einkommen des Unterhaltspflichtigen erreicht. Eine „Anrechnung" des Einkommens der unterhaltsberechtigten geschiedenen Ehefrau auf die Quote würde zwar das verfügbare Einkommen des Unterhaltspflichtigen in dessen neuer Ehe erhöhen, aber in systematischer Hinsicht dem Grundsatz der Prägung dieser Einkünfte widersprechen. Es ist deshalb erst im Rahmen einer abschließenden Billigkeitsprüfung zu prüfen, ob das so ermittelte Ergebnis zu einer gleichmäßigen Verteilung des verfügbaren Einkommens führt.

d) Bestimmung der Selbstbehalte nach §§ 1581 S. 1, 1615l Abs. 3 i.V.m. 1603 Abs. 1 BGB

303 Der BGH nimmt für den nachehelichen Unterhalt generell einen „billigen Selbstbehalt" i.S.d. § 1581 S. 1 BGB in Höhe von 1.000 € an.[109] Auch zum Unterhalt nach § 1615l BGB bestimmt er den Selbstbehalt in dieser Höhe[110], obwohl § 1615l Abs. 1 BGB auf § 1603 Abs. 1 BGB verweist. Es begründet dies mit der Angleichung beider Ansprüche. Soweit teilweise in der Praxis bei dem Unterhalt nach § 1570 BGB[111] der Selbstbehalt auf 900 € monatlich herabgesetzt wird, ergäbe sich in Bezug auf den Unterhalt nach § 1615l BGB trotz deren Gleichrangs nach § 1609 Nr. 2 BGB ein unzulässiger Wertungswiderspruch.

10. Wiederaufleben eines nachrangigen Unterhaltsanspruchs nach Wegfall eines Anspruchs nach §§ 1570, 1615l BGB

304 Wird ein Unterhaltsanspruch nach den §§ 1571 bis 1573 BGB nicht der zweiten Rangstufe zugeordnet, weil keine Ehe von langer Dauer vorliegt, so entfällt eine Leistungspflicht des Unterhaltspflichtigen bei einem vorrangig Unterhaltsberechtigten der zweiten Rangstufe, solange und soweit ein Anspruch nach §§ 1570, 1615l BGB besteht. Soweit der Anspruch nach § 1615l Abs. 2 BGB nur bis zur Vollendung des dritten Lebensjahres des zu betreuenden Elternteils besteht, **lebt ein wegen mangelnder Leistungsfähigkeit** nicht erfüllbarer Unterhaltsanspruch der dritten Rangstufe wieder auf, wenn der Betreuungsunterhalt wegen Aufnahme einer Erwerbstätigkeit ganz oder teilweise entfällt. Voraussetzung ist aber nach dem Prinzip der Einsatzzeitpunkte der §§ 1571 bis 1573 BGB, dass zu den jeweiligen Einsatzzeitpunkten dem Grunde nach ein Unterhaltsanspruch nach den §§ 1571 bis 1573 BGB bestanden hat und auch keine zeitliche Begrenzung nach § 1578b Abs. 2 BGB eingreift.

---

109 FamRZ 2006, 683.
110 BGH FamRZ 2005, 354; FamRZ 2005, 357.
111 S. *Hütter*, FamRZ 2006, 1577.

11. Berücksichtigung vertraglicher Unterhaltsansprüche

§ 1609 BGB regelt nur die gesetzlich geregelten Unterhaltsansprüche. Liegen vertraglich eingegangene Unterhaltspflichten vor (Stiefkind[112]), sind diese im Rangfolgesystem nicht zu berücksichtigen. Grundsätzlich gilt insoweit, dass gesetzliche Ansprüche nicht durch vertragliche Ansprüche begrenzt werden können. Hiervon zu trennen ist die Frage, ob solche Ansprüche als **vorrangige Verbindlichkeiten** anzuerkennen sind[113]. Einerseits sind Verbindlichkeiten regelmäßig zu berücksichtigen, insbesondere wenn sie die ehelichen Lebensverhältnisse geprägt haben. Andererseits ist es nicht einsichtig, vertraglich begründeten Unterhaltslasten ein stärkeres Gewicht beizumessen als gesetzlich begründeten Unterhaltspflichten. Abzustellen ist jeweils auf die Umstände des Einzelfalls, also ob solche Verbindlichkeiten die Leistungsfähigkeit des Verpflichteten mindern können, wobei insbesondere der Anlass und der Zeitpunkt ihrer Begründung für deren Beachtlichkeit sprechen können.[114] Wurden die eheliche Lebensverhältnisse durch eine solche Unterhaltspflicht geprägt, so ist im Mangelfall zu prüfen, inwieweit der Unterhaltspflichtige sich über die Grundsätze des Wegfalls der Geschäftsgrundlage von dieser lösen kann. Jedenfalls darf eine solche vertragliche Unterhaltspflicht nicht zu deren faktischen Vorrang führen (vor allem, wenn bei Anwendung des deutschen Unterhaltsstatuts Unterhaltsleistungen für Eltern oder Verwandte des Unterhaltspflichtigen, die im Ausland leben, geltend gemacht werden).

305

---

112 S. BGH FamRZ 2005, 1817 = NJW 2005, 3277.
113 S. hierzu BGH FamRZ 1986, 669 (III. Zivilsenat).
114 S. BGH FamRZ 2005, 1817 = NJW 2005, 3277; *Büttner,* NJW 1987, 1855, 1856.

N. Änderung des § 1612 BGB

I. Anwendungsbereich und Regelungszweck des § 1612 BGB in der bisherigen Fassung

1. Form der Unterhaltsleistung

306 § 1612 Abs. 1 S. 1 BGB bestimmt, dass Unterhalt grundsätzlich in Form einer Geldrente zu erbringen ist. Insoweit entspricht diese Regelung den §§ 1361 Abs. 4 S. 1, 1585 Abs. 1 S. 1 BGB. Nach § 1612 Abs. 1 S. 2 BGB kann der Unterhaltspflichtige jedoch aus besonderen Gründen verlangen, den Unterhalt in anderer Form erbringen zu dürfen, also die Leistung des Unterhalts in Natur (z.B. durch die Bereitstellung der Verpflegung und einer Wohnung). Besondere Gründe können sowohl in der Person des Unterhaltspflichtigen als auch des Unterhaltsberechtigten liegen. Hierbei reicht es in Bezug auf den Unterhaltspflichtigen regelmäßig nicht aus, dass die Leistung des Unterhalts in Natur diesen weniger als eine Barunterhaltsleistung belastet.

2. Bestimmungsrecht für minderjährige und volljährige Kinder

307 § 1612 Abs. 2 S. 1 BGB räumt den Eltern das Recht ein, gegenüber einem unverheirateten Kind zu bestimmen, in welcher Weise und für welche Zeit der Unterhalt gewährt werden soll. Diese Bestimmung gilt für minderjährige und volljährige Kinder gleichermaßen.[1] Danach soll der Unterhaltsberechtigte Rücksicht auf die finanziellen Belange des Unterhaltspflichtigen nehmen. Dieser Grundsatz gilt insbesondere zwischen Eltern und Kindern (§ 1618a BGB). Bei **minderjährigen Kindern** ist das Bestimmungsrecht **Teil der Personensorge**; es steht deshalb beiden Elternteilen zu. Bei Meinungsverschiedenheiten besteht nach § 1627 S. 2 BGB die Verpflichtung zur Einigung; sie können nach § 1628 S. 1 BGB das Familiengericht anrufen. Steht die elterliche Sorge nur einem Elternteil zu, so konnte der andere nur unter den Voraussetzungen des § 1612 Abs. 2 S. 3 BGB a.F. ein Bestimmungsrecht ausüben, also solange sich das Kind in dessen Haushalt aufhält. Ansonsten kann eine Unterhaltsbestim-

---

1 BGH FamRZ 1983, 892 = NJW 1983, 2200; FamRZ 1983, 369.

mung nur erfolgen, wenn dem Unterhaltspflichtigen die elterliche Sorge zugesprochen wird (was in der Regel aber den Wechsel der Barunterhaltspflicht zur Folge hat). Das Bestimmungsrecht lässt aber einen Wechsel des Aufenthalts zum Unterhaltspflichtigen nicht zu.[2]

Volljährige Kinder müssen den **Wunsch nach freier Gestaltung** ihrer Lebensverhältnisse so lange einschränken, bis sie wirtschaftlich unabhängig sind. Diese Einschränkung ergibt sich allein aus den Folgen der wirtschaftlichen Belastungen der Unterhaltspflicht, dagegen nicht aus dem Erziehungsrecht. Die Unterhaltsbestimmung hat insoweit zu deren Wirksamkeit den gesamten Lebensbedarf zu erfassen.[3] Auf Antrag eines Kindes kann das Familiengericht die Unterhaltsbestimmung **aus besonderen Gründen** ändern; im Rahmen dieser Überprüfung der Unterhaltsbestimmung kann auch dem Recht des Kindes auf Eigenständigkeit Rechnung getragen werden. Dies folgt aus dem durch das KindUG (Art. 1 Nr. 9) eingeführten Halbsatz in § 1612 Abs. 2 S. 1 BGB: „*... wobei auf die Belange des Kindes die gebotene Rücksicht zu nehmen ist.*". 308

3. Verfahrensfragen

Nach der bisherigen Regelung des § 1612 Abs. 2 BGB war in einem Unterhaltsrechtsstreit das Prozessgericht an eine **wirksame Bestimmung der Art der Unterhaltsleistung** gebunden, solange diese nicht nach § 1612 Abs. 2 S. 2 BGB durch die Entscheidung des Familiengerichts geändert worden ist.[4] Dieses Verfahren wurde weitgehend als gesondertes Verfahren angesehen, das sich nach dem FGG richtet und vom Rechtspfleger zu entscheiden war (§ 3 Nr. 2 Buchstabe a RPflG i.V.m. § 14 RPflG).[5] Ein laufendes Unterhaltsverfahren musste deshalb gegebenenfalls ausgesetzt werden (§ 148 ZPO), bis über den Antrag des Kindes rechtskräftig entschieden worden ist. 309

II. Umfang der Neuregelung des § 1612 BGB

1. Änderung der Wirksamkeitsprüfung der Unterhaltsbestimmung

Der in § 1612 Abs. 1 BGB enthaltene Grundsatz bleibt unverändert; insbesondere kann der Unterhaltspflichtige nach Abs. 1 S. 2 weiterhin ver- 310

---

2 BGH FamRZ 1992, 426 = NJW 1992, 974.
3 BGH FamRZ 1983, 369 = NJW 1983, 2198.
4 BGH FamRZ 1984, 37, 38 – damals noch das Vormundschaftsgericht.
5 S. hierzu *Zöller/Philippi*, § 621 ZPO Rz. 44; *Musielak/Borth*, § 621 ZPO Rz. 70; a.A. *Palandt/Diederichsen*, § 1612 BGB Rz. 21; *Wendl/Staudigl/Scholz*, § 2 Rz. 41.

langen, dass ihm die Gewährung des Unterhalts in anderer Art gestattet wird, wenn besondere Gründe es rechtfertigen. Geändert wird dagegen § 1612 Abs. 2 BGB. Die Prüfung der Wirksamkeit der Unterhaltsbestimmung erfolgt nach Abs. 2 S. 1. Die in § 1612 Abs. 2 S. 2 BGB a.F. aufgeführten *„besonderen Gründe"*, bei deren Vorliegen die elterliche Bestimmung geändert werden konnte, werden im Rahmen des neuen Abs. 2 S. 1 erfasst, in dem zu prüfen ist, ob bei der Bestimmung der Art der Unterhaltsbestimmung auf die Belange des Kindes die gebotene Rücksicht genommen wurde. Durch den Austausch des Wortes *„wobei"* in *„sofern"* wird bestimmt, dass die Unterhaltsbestimmung nur wirksam ist, wenn die *„gebotene Rücksicht"* genommen wurde. Fehlt es hieran, ist die Bestimmung unwirksam, so dass es bei dem Grundsatz des § 1612 Abs. 1 S. 1 BGB, wonach Barunterhalt zu leisten ist, verbleibt. Mit der Aufhebung des Begriffes *„aus besonderen Gründen"* in § 1612 Abs. 2 S. 2 BGB a.F. verändert sich nicht der Maßstab zur Änderung einer Unterhaltsbestimmung; dieser leitet sich aus den *„gebotenen Rücksichtnahme"* ab. Unverändert übernommen wird § 1612 Abs. 2 S. 3 BGB a.F. zur Unterhaltsbestimmung bei einem minderjährigen Kind. Durch die Streichung des Abs. 2 S. 2 a.F. wird dieser zu Abs. 2 S. 2.

2. Änderung des Verfahrens

311   Mit der Aufhebung des § 1612 Abs. 2 S. 2 BGB a.F. wird das hierin geregelte **gesonderte Abänderungsverfahren** zur elterlichen Unterhaltsbestimmung abgeschafft. Ist das Kind mit einer Bestimmung der Art der Unterhaltsgewährung nicht einverstanden, so kann es in dem gegen den/die Unterhaltspflichtigen geführten Prozess auf Leistung des Unterhalts durch Entrichtung einer Geldrente geltend machen, dass die elterliche Unterhaltsbestimmung nicht wirksam ist, weil diese die gebotene Rücksichtnahme nicht enthält. Das bisherige **zweistufige Verfahren entfällt** damit. Der Richter des Unterhaltsprozesses prüft im Rahmen dieses Verfahrens die Wirksamkeit der Bestimmung der Art der Unterhaltsgewährung als Vorfrage. Hält er die Bestimmung für unwirksam, spricht er den geschuldeten Barunterhalt zu; ist diese wirksam, ist die Klage auf Zahlung einer Geldrente abzuweisen. Die Prüfung der Unterhaltsbestimmung nach § 1612 Abs. 2 S. 1 BGB ist danach in gleicher Weise wie § 1612 Abs. 1 S. 2 BGB ausgestaltet, der dem Unterhaltspflichtigen die Einrede der Leistung des Unterhalts in anderer Form gestattet (zu den Übergangsbestimmungen s. Rz. 380).

III. Voraussetzungen einer wirksamen Unterhaltsbestimmung

1. Rücksichtnahme auf die Belange des Kindes

Nach § 1612 Abs. 1 S. 2 BGB ist nur ausnahmsweise eine andere Unterhaltsgewährung als in Geld **aus besonderen Gründen** gerechtfertigt[6]. Da auch aus wirtschaftlichen Gründen viele volljährige Kinder weiterhin im Elternhaus verbleiben, steht das elterliche Bestimmungsrecht im Vordergrund[7]. Allerdings soll durch die Hervorhebung der Rücksichtnahme auf die Belange des Kindes, die eine Ausprägung des in § 1618a enthaltenen Grundsatzes der wechselseitigen Rücksichtnahme darstellt, der verselbständigten Lebensstellung volljähriger Kinder Rechnung getragen werden. Als besondere Gründe i.S.d. § 1612 Abs. 2 S. 2 BGB a.F. galten solche Umstände, die im Einzelfall schwerer wiegen als diejenigen Gründe, die für den Gesetzgeber Anlass waren, den Eltern die Befugnis zur Unterhaltsbestimmung einzuräumen.[8] Dieser weit gefasste Rechtssatz wird allgemein als konkretisierungsbedürftig angesehen.[9] Hierbei ist vor allem auf § 1618a BGB zu verweisen, wonach Eltern und Kinder einander Beistand und Rücksichtnahme schulden und demgemäß im Einzelfall abzuwägen ist, ob die von den Eltern getroffene Bestimmung dem wohlverstandenen Interesse des unterhaltsbedürftigen Kindes entspricht oder zuwider läuft.[10] Jedenfalls wird hieraus abgeleitet, dass es einem Kind bei noch nicht abgeschlossener Berufsausbildung zugemutet werden kann, auf die **wirtschaftlichen Belange** der Eltern Rücksicht zu nehmen, indem **Naturalunterhalt entgegenzunehmen** ist. Ferner stellt das Erreichen der Volljährigkeit für sich gesehen noch keinen besonderen Grund i.S.d. § 1612 Abs. 2 S. 2 BGB a.F. dar.[11] Auch sollen die Eltern den weiteren beruflichen Werdegang des volljährigen Kindes überwachen und aus Gründen einer zügigen Ausbildung dessen Lebensführung überwachen dürfen.[12] Als besonderer Grund sind **tiefgreifende Zerwürfnisse** anzusehen, wenn diese auf einem Fehlverhalten der Eltern beruhen, wobei es nicht darauf ankommt, ob einem der Beteiligten ein Verschulden vorzuwerfen ist.[13] Dies gilt aber nicht, wenn das Kind die Entfremdung durch eigenes Ver-

312

---

6 BT-Drucks. 13/7338 S. 57.
7 So Begründung im UÄndG 1986, BT-Drucks. 13/7338 S. 57.
8 BayObLG FamRZ 1977, 263; OLG Düsseldorf FamRZ 1996, 235; s. auch *Pachtenfels*, MDR 1993, 1029.
9 *Palandt/Diederichsen*, § 1612 BGB Rz. 17 ff.
10 BayObLG a.a.O.
11 BGH FamRZ 1981, 250 = NJW 1981, 574.
12 BayObLG FamRZ 1987, 1298 ff.; OLG Hamburg FamRZ 1990, 1269.
13 BayObLG NJW-RR 1992, 1219; FamRZ 1985, 513 m.w.N.; OLG Celle FamRZ 1997, 966.

halten herbeigeführt hat. Verlangt wird aber regelmäßig, dass dem Kind die Entgegennahme des Naturalunterhalts nicht mehr zumutbar ist.[14] Soweit eine **unerreichbare Unterhaltsbestimmung** vorliegt, ist die Bestimmung offensichtlich unwirksam; dies kann im Unterhaltsprozess unmittelbar berücksichtigt werden.[15]

Einzelfälle der Rechtsprechung: KG FamRZ 1969, 610 – kleinliche Erziehungs- und Überwachungsmaßnahmen gegenüber einem erwachsenen Sohn; BayObLG FamRZ 1977, 263; OLG Düsseldorf FamRZ 1994, 460 – wiederholte Züchtigung einer fast volljährigen Tochter; OLG Frankfurt/M. NJW 1977, 1297 – beleidigende Entgleisungen; BayObLG FamRZ 1979, 59; OLG Celle FamRZ 1997, 966; KG FamRZ 2003, 619, 620 – tiefgreifende Entfremdung zwischen Eltern und volljährigem Kind nach über fünfjähriger Trennung; OLG Zweibrücken FamRZ 1986, 930 – Misshandlungen; OLG Düsseldorf FamRZ 1994, 460 – beengte Wohnverhältnisse, fehlender eigener Raum; OLG Schleswig FamRZ 1998, 1165 – Wohnverhältnisse, Entfremdung, Ernährung, Verhältnis zum Lebenspartner.

2. Sonstige Fragen zur Unterhaltsbestimmung

a) Weitere Unwirksamkeitsgründe

313

Die Bestimmung der Unterhaltsgewährung kann auch dann unwirksam sein, wenn sie aus **tatsächlichen** oder **rechtlichen Gründen** auf etwas **Undurchführbares** gerichtet ist. Dies kann sich ergeben, wenn die Bestimmung eines Elternteils mit der abweichenden Aufenthaltsbestimmung durch einen Gebrechlichkeitspfleger eines voll geschäftsunfähigen Kindes kollidiert. Jede Unterhaltsbestimmung, die das Recht eines anderen verletzt, den Aufenthalt des Kindes zu bestimmen, ist unwirksam.[16] Dasselbe gilt, wenn ein Kind aus Ausbildungsgründen seinen Wohnsitz an einem anderen Ort begründen muss oder der die Bestimmung erklärende Elternteil wegen Leistungsunfähigkeit keiner Unterhaltspflicht unterliegt.[17] Ferner wird eine gemeinsame Unterhaltsbestimmung getrennt lebender Eltern gegenüber dem unverheirateten Kind, wonach dieses den vollen Unterhalt in Natur bei einem Elternteil entgegenzunehmen hat, wegen **tatsächlicher Undurchführbarkeit unwirksam**, wenn die gewählte Art der Unterhaltsgewährung für das Kind nicht mehr erreich-

---

14 OLG Hamm FamRZ 1986, 384.
15 BGH FamRZ 1996, 798.
16 BGH FamRZ 1985, 918 = NJW 1985, 2590; OLG Hamburg FamRZ 1986, 833.
17 BGH FamRZ 1996, 798 – Zuweisung eines Studienplatzes an einen anderen Ort.

bar ist, etwa weil dieser Elternteil sich einseitig von einer entsprechenden Vereinbarung löst[18] (nach dem Sachverhalt waren die Eltern übereingekommen, dass der Vater, bei dem sich die unterhaltsberechtigten Kinder aufhielten, für den Bedarf der Kinder allein aufkommt). Das Kind ist nicht darauf zu verweisen, diesen Elternteil zur Einhaltung der Vereinbarung anzuhalten, weil in einer solchen Abrede regelmäßig kein Vertrag zugunsten Dritter zu sehen ist.

Gleiches gilt, wenn die **Eltern minderjähriger Kinder** getrennt leben und ein Elternteil eine Unterhaltsbestimmung trifft, nachdem er vom anderen Elternteil, bei dem das Kind lebt, auf Zahlung von Barunterhalt in Anspruch genommen wurde, weil dies für das Kind ohne dessen **Verschulden tatsächlich nicht erreichbar** ist.[19] Erbringt ein Elternteil gegenüber seinem Kind teilweise Naturalunterhalt, lässt er aber die Art der Erfüllung des übrigen Unterhalts offen, so liegt keine wirksame Bestimmung vor, weil die Unterhaltsbestimmung als Gesamtkonzept sämtliche **Bedürfnisse des Kindes** erfassen muss (Wohnung, Kleidung, Verpflegung, Taschengeld, Aufwand für Freizeitgestaltung).[20] Unwirksam ist die Bestimmung eines Elternteils auch, wenn sie rechtsmissbräuchlich ist. Das ist anzunehmen, wenn das Kind wegen Spannungen oder Streitigkeiten von den Eltern oder einem Elternteil außer Haus gewiesen wurde und nunmehr von dem Kind, das auf Barunterhalt angewiesen ist, die Entgegennahme des Unterhalts in Natur verlangt wird, nachdem das Kind im Einverständnis mit seinen Eltern eine eigene Wohnung außerhalb des Elternhauses bezogen hat und ohne eine Veränderung der Verhältnisse die Bestimmung zur Entgegennahme des Naturalunterhalts getroffen wird.[21]

b) Restanspruch

Ab der bindend festgelegten Unterhaltsbestimmung besteht nach herrschender Meinung kein Barunterhaltsanspruch.[22] Folgt man dieser Ansicht, so hat das Kind nur die Wahl, entweder den Unterhalt in Natur entgegenzunehmen oder auf diesen zu verzichten. Damit wäre es dem Kind verschlossen, auch diejenigen Anteile am Gesamtunterhalt zu verlangen, die vom Unterhaltspflichtigen bar zu erbringen sind oder die er erspart. Dem ist jedoch nicht zu folgen. Denn Zweck der Regelung ist lediglich die **finanzielle Erleichterung der Unterhaltsleistung** für die Eltern, nicht aber eine Bestrafung des Kindes. Verletzt ein Unterhaltsbe-

---

18 BGH FamRZ 1985, 584; s. auch FamRZ 1988, 386 = NJW-RR 1988, 582.
19 BGH FamRZ 1992, 426 = NJW 1992, 974.
20 BGH FamRZ 1993, 417, 420.
21 OLG Köln FamRZ 1985, 829.
22 BGH FamRZ 1981, 250, 252 f.; FamRZ 1984, 37 = NJW 1984, 305.

rechtigter die ihm obliegende Pflicht, beschränken sich die Rechtsfolgen auf diejenigen Nachteile, die dem Unterhaltspflichtigen hierdurch entstehen. Ein gänzlicher Unterhaltsverlust in Anknüpfung an ein Fehlverhalten folgt nur in den Fällen des § 1611 Abs. 1 BGB.[23] Die (einfache) Verletzung einer Rechtspflicht führt nicht zur Anwendung der Härteklausel; sie beurteilt sich ausschließlich nach § 242 BGB. Nachdem selbst in den Fällen des § 1611 Abs. 1 BGB es in der Regel nicht zu einer gänzlichen Versagung des Anspruchs kommt, gilt dies jedenfalls auch bei § 242 BGB. Das Kind kann deshalb den Baranteil verlangen, der bei einem Wohnen im Haus der Eltern zu erbringen wäre.[24]

---

23 Für eine entsprechende Anwendung *Göppinger/Wax/Kodal*, Rz. 183.
24 S. auch *Gernhuber/Coester-Waltjen*, § 46 IV Rz. 35-37; *Luthin/Schumacher*, Rz. 3096.

O. Regelung eines Mindestunterhalts minderjähriger Kinder nach § 1612a BGB

I. Vollständige Neukonzeption des § 1612a BGB

1. Ausgangslage

Die bis zum Inkrafttreten des Unterhaltsreformgesetzes bestehende Regelung des § 1612a BGB wurde durch das KindUG vom 6.4.1998 eingeführt[1] und trat am 1.7.1998 in Kraft. In den Beratungen zum KindRG war insbesondere die Höhe der vom Gesetzgeber vorzugebenden Unterhaltssätze politisch heftig umstritten. Die im RegE[2] des KindUG festgelegten Regelbedarfssätze lagen in den alten Bundesländern um durchschnittlich 35 %, in den neuen Bundesländern sogar um 50 % unterhalb des steuerlich anerkannten Existenzminimums minderjähriger Kinder.[3] Gegen eine Anpassung der Regelbedarfssätze an das steuerliche Existenzminimum wurden Umsetzungsprobleme in der Praxis und eine Gefährdung der Akzeptanz des beschleunigten Unterhaltsfestsetzungsverfahrens nach den §§ 645 ff. ZPO geltend gemacht.[4] Ausschlaggebend dürfte aber insbesondere gewesen sein, dass eine spürbare Anhebung der damals geltenden Regelunterhaltsbeträge zu wesentlich erhöhten Leistungen nach dem UVG geführt und damit die Haushalte von Bund und Ländern zusätzlich belastet hätte.[5] Nach dem danach gefundenen Kompromiss wurde auf eine gesetzliche Bestimmung des Regelunterhalts verzichtet und als Bezugsgröße der Begriff der Regelbeträge eingeführt, der dem damals geltenden Regelunterhalt entsprach und in einer gesonderten Verordnung festgesetzt wurde. Zugleich sollte mit dem Begriff des Regelbetrags dokumentiert werden, dass dieser nicht das Existenzminimum (im Sinne eines Mindestunterhalts) darstellt.[6]

Aufgrund einer **fehlenden Definition des Mindestunterhalts** war deshalb unklar, ob und gegebenenfalls in welcher Höhe der Unterhaltsan-

---

1 BGBl. I S. 666.
2 BT-Drucks. 13/7338 S. 21 f.
3 S. Nr. 11 der Stellungnahme des Bundesrates in BT-Drucks. 13/7338 S. 56.
4 S. BT-Drucks. 13/7338 S. 22.
5 S. BT-Drucks. 13/9596 S. 36 ff.
6 S. hierzu BT-Drucks. 13/9596 S. 31.

spruch des minderjährigen Kindes von Gesetzes wegen einen Mindestbedarf vorsieht. Der BGH[7] hat auch nach Änderung des § 1612b Abs. 5 BGB[8] a.F., nach dem eine Anrechnung des Kindergeldes bereits dann unterbleibt, wenn der Unterhaltspflichtige außerstande ist, Unterhalt in Höhe von 135 % des Regelbetrags nach der Regelbetragverordnung zu leisten, hierin keine (gesetzliche) Bestimmung eines Mindestbedarfs in Höhe von 135 % gesehen (immerhin diese Größe aber als Einsatzbetrag im Mangelfall anerkannt)[9], obwohl diese Regelung zum Ziel hat, einen unzureichenden Barunterhalt mit Hilfe des Kindergeldes auf das sächliche Existenzminimum anzuheben. Entsprechend wurde auch vor allem in der Literatur hierin eine Mindestbedarfsbestimmung gesehen.[10] Allerdings hat das BVerfG[11] die dem § 1612a Abs. 1 BGB a.F. zugrunde liegende Verflechtung von Sozial-, Steuer- und Unterhaltsrecht als nicht hinreichend verständlich kritisiert und eine Regelung gefordert, die dem **Grundsatz der Normenklarheit** entspricht (Art. 20 Abs. 3 GG – Rechtsstaatsprinzip). Insbesondere hat aber das BVerfG bemängelt, dass sich aus § 1612b Abs. 5 BGB a.F. das Existenzminimum des Kindes nicht dauerhaft ableiten lasse, weil die Anpassung der Regelbeträge nach § 1612a Abs. 4 BGB a.F. anhand des verfügbaren Arbeitsentgelts erfolge und nicht nach dem existenzsichernden Bedarf des Kindes.

2. Neuer Maßstab – Anknüpfung an das steuerliche Existenzminimum

318 § 1612a Abs. 1 BGB gibt – entsprechend den Vorgaben des BVerfG (a.a.O.) – die bisherige Bemessungsgröße nach § 1612a Abs. 1, 4 BGB a.F. auf und legt einen gesetzlich definierten Mindestunterhalt fest. Dieser wird aus dem Steuerrecht abgeleitet, das den **existenznotwendigen Lebensbedarf** eines Kindes auf der Grundlage des von der Bundesregierung im Abstand von zwei Jahren erstellten Existenzminimumberichts definiert (als Orientierungsgröße)[12], der durch die Einkommensbesteuerung nicht angegriffen werden darf.[13] Hierauf gestützt wird den steuerpflichtigen Eltern ein entsprechender Kinderfreibetrag in § 32 Abs. 6 S. 1 EStG

---

7 FamRZ 2003, 1471, 1472 = NJW 2003, 3122; FamRZ 2002, 536.
8 Gesetz zur Ächtung der Gewalt in der Erziehung und zur Änderung des Kindesunterhaltsrechts vom 2.11.2000, BGBl. I S. 1479.
9 BGH FamRZ 2003, 363.
10 S. etwa *Luthin*, FamRZ 2001, 334, 336; *Wohlgemuth*, FamRZ 2001, 742, 744; so wohl auch RegE, BT-Drucks. 16/1830 S. 26.
11 BVerfGE 108, 52 ff. = FamRZ 2003, 1370, 1374 f.
12 Zuletzt Sechster Existenzminimumbericht 2008, BT-Drucks. 16/3265.
13 BVerfGE 99, 216 ff. = FamRZ 1999, 291 ff.

gewährt, der sicherstellt, dass einkommensteuerpflichtigen Eltern der zur Sicherung des sächlichen Existenzminimums eines Kindes erforderliche Teil ihres Einkommens – unabhängig von ihrem individuellen Grenzsteuersatz – in voller Höhe steuerfrei verbleibt. Dieser beträgt je Elternteil derzeit 1.824 €, zusammen also 3.648 €.

Durch die Bezugnahme auf das steuerrechtlich definierte Existenzminimum wird an einen **bundeseinheitlichen Maßstab** angeknüpft, der an die Entwicklung der tatsächlichen Bedarfsverhältnisse angepasst ist und insbesondere in den **neuen und alten Bundesländern** einen einheitlichen Mindestunterhalt festlegt. Zugleich entfallen damit die in § 1612a Abs. 4, 5 BGB a.F. enthaltenen Definitionen zur Anpassung der Regelbeträge sowie die Regelbetragverordnung.

II. Struktur des § 1612a Abs. 1 BGB

1. Regelung eines Individualunterhalts sowohl statisch als auch dynamisch

Auch der neue § 1612a Abs. 1 S. 1 BGB belässt es bei der Bestimmung des Anspruchs als Individualunterhalt, der sich aus § 1610 Abs. 1 BGB ableitet. § 1612a Abs. 1 BGB stellt keinen eigenständigen Anspruch auf einen bestimmten Unterhalt dar, sondern legt fest, dass ein minderjähriges Kind von einem Elternteil, mit dem es nicht in einem Haushalt lebt, den aus den §§ 1601 ff. BGB abzuleitenden Unterhalt als Prozentsatz[14] des Mindestunterhalts verlangen kann. Für das minderjährige Kind bestehen danach – wie bereits nach der bisherigen Fassung des § 1612a Abs. 1 BGB – zwei Formen zur Bestimmung des geschuldeten Unterhalts:

(1) als **statischer Unterhaltsbetrag** nach den §§ 1601 ff., 1610 Abs. 1, 2 BGB ohne die Möglichkeit einer Anpassungsautomatik (Dynamik). Anpassungen an veränderte Bedarfsverhältnisse sind nach § 323 ZPO jeweils im Einzelfall geltend zu machen.

(2) als **Prozentsatz** des in § 1612a Abs. 1, 2 BGB definierten Mindestunterhalts der jeweiligen Altersstufe. § 1612a Abs. 1 S. 1 BGB behält insoweit seine Funktion als **Rechengröße**, der die **Dynamisierung des Individualunterhaltsanspruchs** minderjähriger Kinder ermöglicht. Nach dieser Alternative entfällt dann eine Abänderungsklage gemäß § 323 ZPO, wenn entweder das minderjährige Kind Unterhalt nach einer höheren Altersgruppe i.S.d. § 1612a Abs. 1 S. 3 BGB als erstmals festgesetzt verlangen kann oder sich das sächliche Existenz-

---

14 Der Begriff Vomhundertsatz wird nicht mehr verwandt.

minimum eines Kindes, also der **Kinderfreibetrag** nach § 32 Abs. 6 S. 1 EStG verändert. Entsprechend bleibt auch § 645 Abs. 1 ZPO in seiner Grundstruktur erhalten; angepasst wird lediglich der Vervielfacher an die gestiegene Bemessungsgrundlage; er beträgt nunmehr das 1,2-fache des Mindestunterhalts (bis das 1,5-fache des Regelbetrags). Eine Vollstreckung des dynamischen Titels ist damit weiterhin ohne eine weitere Titelbeschaffung möglich, indem der Gerichtsvollzieher oder das Vollstreckungsgericht auf der Grundlage eines solchen dynamischen Titels die Vollstreckung vornehmen kann. Der Prozentsatz ist auf eine **Dezimalstelle zu begrenzen**. Jede weitere sich ergebende Dezimalstelle bleibt unberücksichtigt. Damit entfällt eine mathematische Rundung nach oben. Der sich bei der Berechnung des Unterhalts ergebende Betrag ist auf einen vollen Eurobetrag aufzurunden.

2. Begriff des Mindestunterhalts nach § 1612a Abs. 1 BGB

320 In Bezug auf die in § 1610 Abs. 1 BGB enthaltene Definition des Bedarfs (Lebensstellung des Bedürftigen) legt § 1612a Abs. 1 S. 2 BGB **unabhängig von der konkreten Lebensstellung** des Kindes, die es bis zur Aufhebung der Haushaltsgemeinschaft mit dem barunterhaltspflichtigen Elternteil eingenommen hat bzw. sich aus den Einkommensverhältnissen des unterhaltspflichtigen Vaters, der mit seiner Mutter nicht verheiratet ist, ergibt, einen **Mindestunterhalt** (im Sinne eines Mindestbedarfs) fest, den der barunterhaltspflichtige Elternteil zu erbringen hat. Die Anhebung des Unterhalts des nicht in einem Haushalt mit dem barunterhaltspflichtigen Elternteil lebenden minderjährigen Kindes auf einen **über die individuelle Lebensstellung hinausgehenden Betrag** rechtfertigt sich aus der umfassenden Verantwortung der Eltern für ihr Kind nach Art. 6 Abs. 2 GG, unabhängig von den individuellen Verhältnissen dessen Lebensbedarf in Höhe des sächlichen Existenzminimums sicherzustellen.[15]

3. Bestimmung des Mindestunterhalts nach § 1612a Abs. 1 S. 2, 3 BGB

321 Die sich aus § 32 Abs. 6 S. 1 EStG ergebende Bezugsgröße (doppelter Freibetrag für das sächliche Existenzminimum eines Kindes – **Kinderfreibetrag**) beträgt derzeit 3.648 € (1.824 € x 2), monatlich also 304 €. Dieser Betrag wird in die bereits in § 1612a Abs. 3 S. 1 BGB a.F. enthaltenen drei Altersstufen aufgespreizt. Zutreffend weist insoweit der RegE[16]

---

15 BVerfGE 108, 52 ff. = FamRZ 2003, 1370, 1376.
16 BT-Drucks. 16/1830 S. 27.

darauf hin, dass das im Steuerrecht definierte einheitliche Existenzminimum von Kindern für alle Altersstufen für die Zwecke des Unterhalts wenig geeignet ist, weil ältere Kinder einen höheren (monetären) Lebensbedarf benötigen. Entsprechend wird die Differenzierung nach drei Altersstufen beibehalten. Maßgebender Bezugspunkt ist die zweite Altersstufe, dem ein Zwölftel des doppelten Freibetrags in Höhe von 3.648 € zugeordnet wird. Nach § 1612a Abs. 1 S. 3 Nr. 1 BGB beträgt der Mindestunterhalt der ersten Altersstufe 87 % und der dritten Altersstufe 117 %. Im Vergleich zu den Sätzen der Regelbetragverordnung ergeben sich damit folgende Werte:

	1. Altersstufe	2. Altersstufe	3. Altersstufe
Mindestunterhalt	265 €	304 €	356 €
Regelbetrag 100 %	202 €	245 €	288 €
Regelbetrag 135 %	273 €	331 €	389 €

Da der Mindestunterhalt nach § 1612a Abs. 1 BGB höher ist als die Regelbetragsätze, sieht das **vereinfachte Verfahren nach § 645 Abs. 1 ZPO** vor, dass **höchstens das 1,2-fache** des Mindestunterhalts verlangt werden kann. § 1612a Abs. 2 S. 1 BGB bestimmt – wie bisher –, dass der Prozentsatz auf eine Dezimalstelle zu begrenzen ist und jede weitere Dezimalstelle unberücksichtigt bleibt, so dass auch keine mathematische Rundung erfolgt. Ferner ist der bei der Berechnung des Zahlbetrags sich ergebende Betrag auf volle Euro aufzurunden. Wechselt das Kind in eine **höhere Altersstufe**, so kann der höhere Unterhalt ab Beginn des Monats verlangt werden, in dem das Kind das betreffende Lebensjahr vollendet hat, § 1612a Abs. 3 BGB.

Aus der vorstehenden Übersicht ergibt sich, dass sich der zu leistende Zahlbetrag aufgrund der Anknüpfung an das steuerliche Existenzminimum im Verhältnis zur Verrechnungsregelung nach § 1612b Abs. 5 BGB a.F. deutlich vermindert (265 € - 77 € = 188 €; 304 € - 77 € = 227 €; 356 € - 77 € = 279 €; nach § 1612b Abs. 5 BGB a.F. bis 31.12.2007: 196 €, 245 €, 288 € gemäß der Kindergeldverrechnung). Dies wurde im Rechtsausschuss des Deutschen Bundestags korrigiert und in den Übergangsbestimmungen gemäß **§ 36 Nr. 4 EGZPO** höhere **Mindestunterhaltsbeträge** festgesetzt, die so lange die Regelung des § 1612a Abs. 1 S. 1 BGB verdrängen, bis der künftige Kinderfreibetrag nach § 32 Abs. 6 EStG diese Beträge übersteigt. Sie betragen:

1. Altersstufe: 279 € (Regelbetrag i.H.v. 202 € + 77 €)
2. Altersstufe: 322 € (Regelbetrag i.H.v. 245 € + 77 €)
3. Altersstufe: 365 € (Regelbetrag i.H.v. 288 € + 77 €)

Der neue Mindestunterhalt wurde durch die Erhöhung der bis 31.12.2007 geltenden Regelbeträge um das hälftige Kindergeld erhöht. Damit wird erreicht, dass die Struktur der §§ 1612a Abs. 1, 1612b BGB erhalten bleibt, gleichzeitig aber sichergestellt, dass im Verhältnis zum Rechtszustand bis 31.12.2007 keine Verminderung der Zahlbeträge eintritt.

Soweit sich eine gesetzliche Regelung auf den Begriff des (wieder eingeführten) Mindestunterhalts bezieht, sind die in § 36 Nr. 4 EGZPO genannten Beträge maßgebend. Dies gilt in Bezug auf die Dynamisierung im Vereinfachten Verfahren nach § 645 Abs. 1 ZPO, in dem der Höchstbetrag auf das 1,2 fache begrenzt wird, den Mindestunterhalt nach § 653 Abs. 1 ZPO, der bei der Feststellung der Vaterschaft zugesprochen werden kann sowie das UVG. Danach werden ab 1.1.2008 nach § 2 UVG für die erste Altersstufe 279 € und die zweite Altersstufe 322 € bestimmt. Hiervon wird das volle Kindergeld für ein erstes Kind in Höhe von 154 € abgezogen, so dass der Unterhaltsvorschuss wie bisher 125 € bzw. 168 € beträgt. Diese Beträge gelten ab 1.1.2008 auch in den neuen Bundesländern und führen entsprechend zu einer deutlichen Erhöhung der Zahlbeträge.

III. Mindestunterhalt der vierten Altersstufe

322   Nicht aufgenommen wurde in § 1612a Abs. 1 BGB die in den Tabellenwerken entwickelte **vierte Altersstufe** (s. Düsseldorfer Tabelle[17] Anmerkung 7). Dies ist im Rahmen von § 1612a Abs. 1 BGB auch nicht geboten, erscheint aber im Hinblick auf die Rangfolgeregelung des § 1609 Nr. 1 BGB, der volljährigen privilegierten Kindern i.S.d. § 1603 Abs. 2 S. 2 BGB gegenüber den Unterhaltsberechtigten der zweiten Rangstufe nach § 1609 Nr. 2 BGB einen Vorrang einräumt, nicht unproblematisch, weil der Eingriff in eine Rechtsposition eine insoweit eindeutige gesetzliche Regelung erfordert. Übernimmt man die Methode der Düsseldorfer Tabelle zur Bestimmung des Mindestunterhalts der vierten Altersstufe bei einem volljährigen Kind, das noch im Haushalt der Eltern oder eines Elternteils wohnt, so ist zum Mindestunterhalt der dritten Altersstufe der **Differenzbetrag zur zweiten Altersstufe** zuzurechnen, also 365 € + 43 € (365 € - 322 €) = 408 €.

---

17   Stand 1.7.2007, FamRZ 2007, 1367 ff., eine neuere Fassung lag bei Drucklegung noch nicht vor.

IV. Funktion des Mindestunterhalts als Beweislastregel

Aus der Formulierung sowie Sinn und Zweck des § 1612a Abs. 1 S. 1 BGB i.V. mit § 36 Nr. 4 EGZPO lässt sich eine allgemeine Beweislastregel ableiten, dass das minderjährige Kind die Höhe des in Abs. 1 S. 3 bestimmten Mindestunterhalts nicht darzulegen und zu beweisen hat. Entsprechendes gilt für den aus der dritten Altersstufe abgeleiteten Mindestunterhalt für ein privilegiertes volljähriges Kind i.S.d. § 1603 Abs. 2 S. 2 BGB (sogenannte vierte Altersstufe). § 1612a Abs. 1 BGB liegt zugrunde, dass ein minderjähriges Kind losgelöst von den individuellen Verhältnissen eines baruntergehaltspflichtigen Elternteils, von dessen Einkommens- und Vermögensverhältnissen das Kind seine Lebensstellung ableitet (§ 1610 Abs. 1 BGB), zur Sicherung seines Existenzminimums jedenfalls die in § 1612a Abs. 1 S. 2, 3 BGB gesetzlich bestimmten Beträge für seinen Lebensbedarf benötigt. Insoweit ist also vom unterhaltsberechtigten minderjährigen Kind die Höhe dieses Bedarfs nicht darzulegen und zu beweisen. Macht der Unterhaltspflichtige seine **eingeschränkte oder mangelnde Leistungsfähigkeit** geltend (§ 1581 S. 1 BGB), so hat er die Voraussetzungen darzulegen und gegebenenfalls zu beweisen, dass er außerstande ist, den Mindestunterhalt ganz oder teilweise nicht erbringen zu können, weil er eine Abweichung von der ihm gesetzlich auferlegten Unterhaltspflicht geltend macht, deren Ursachen in seinem Wahrnehmungsbereich liegen.

Macht der Unterhaltsberechtigte **einen höheren Betrag** als den Mindestunterhalt gemäß § 1612a Abs. 1 BGB geltend, muss er dessen Voraussetzungen – regelmäßig nach geltend gemachtem Auskunftsbegehren zur Höhe des Einkommens und des Vermögens des Unterhaltspflichtigen gemäß § 1605 Abs. 1 BGB – darlegen und beweisen. Dass das Gericht nach § 643 Abs. 1 ZPO eine Auskunft über die Einkünfte und das Vermögen des Unterhaltspflichtigen einholen kann, steht dem nicht entgegen, zumal das Gericht allein nach pflichtgemäßem Ermessen entscheidet, ob es die Einholung von Auskünften für geboten hält. Die Regelung des § 645 Abs. 1 ZPO, wonach das unterhaltsberechtigte Kind im beschleunigten Verfahren das 1,2-fache des Mindestunterhalts verlangen kann, stellt keine allgemeine Beweislastregel dar[18], weil in dieser Höhe kein Mindestbedarf besteht und zudem diese prozessuale Regelung den materiellen Unterhaltsbedarf nicht bestimmen kann. Wendet der Unterhaltspflichtige substantiiert ein, dass das Unterhalt begehrende Kind wegen **eigener Einkünfte** nach § 1602 Abs. 1, 2 BGB nur teilweise bedürftig ist, muss dieses die Höhe seines Restbedarfs darlegen und beweisen. Erfolgt

---

18 S. BGH FamRZ 2002, 536 zu § 645 Abs. 1 ZPO a.F. (1,5-fache des Regelbetrags).

dies nicht, kann die Restbedürftigkeit nicht festgestellt werden, so dass die Klage abzuweisen ist.[19]

V. Sicherung des Mindestunterhalts bei Einkommen des nicht barunterhaltspflichtigen Elternteils

325 Verfügen beide Elternteile jeweils über Einkommen, so bestimmt sich der Bedarf des minderjährigen Kindes aus dem zusammengerechneten Einkommen, solange sie in einer Lebensgemeinschaft – mit oder ohne Eheschließung – zusammenleben.[20] Mit Trennung der Eltern teilt sich deren Pflichtenbereich nach § 1606 Abs. 3 S. 2 BGB auf. Der die Betreuung und Erziehung des Kindes übernehmende Elternteil kommt seiner Unterhaltspflicht in der Regel durch Leistung des Naturalunterhalts nach; der andere Elternteil hat seine Unterhaltspflicht durch Zahlung des Barunterhalts des Kindes zu erfüllen. Halten sich die Einkünfte beider Elternteile im mittleren Bereich, wird der Bedarf des Kindes allein auf der **Grundlage des Einkommens des Barunterhaltspflichtigen** bestimmt.[21] Auch wenn bei beiderseitigen Einkünften der Eltern der den Naturalunterhalt leistende Elternteil mit seinem Einkommen (mittelbar) ebenfalls zum Unterhalt des minderjährigen Kindes beisteuert (durch gehobene Wohnverhältnisse, Kleidung u.a.), so bleibt es dennoch bei dem in § 1612a Abs. 1 BGB enthaltenen Grundsatz, dass der Elternteil, mit dem das Kind nicht in einem Haushalt lebt, jedenfalls den Mindestunterhalt verlangen kann, weil auch bei Einkünften des Naturalunterhalt leistenden Elternteils die pauschale Bestimmung der jeweiligen Beiträge beider Elternteile zum Unterhalt des Kindes gemäß § 1606 Abs. 3 S. 2 BGB nicht aufgehoben wird (s. auch Rz. 320 zur Leistung des Mindestunterhalts).

326 Eine Pflicht des betreuenden Elternteils, **zusätzlich den Barunterhalt** ganz oder teilweise erbringen zu müssen, ergibt sich nur in dem Fall des § 1603 Abs. 2 S. 3 BGB (erster Halbsatz). Danach reduziert sich die Pflicht zur Leistung des Barunterhalts, indem der Barunterhaltspflichtige sein Einkommen nur **bis zur Höhe des angemessenen Selbstbehalts** i.S.d. § 1603 Abs. 1 BGB einzusetzen hat, wenn ein anderer unterhaltspflichtiger Verwandter ohne Gefährdung des eigenen angemessenen Unterhalts den Barunterhalt erbringen kann. Die sich aus § 1603 Abs. 2 S. 1 BGB ergebende gesteigerte Haftung des Barunterhaltspflichtigen wird aber nur dann aufgehoben und auf den angemessenen Selbstbehalt reduziert, wenn der betreuende Elternteil, gegebenenfalls nach Abzug eines

---

19 S. BGH FamRZ 1980, 126, 128 = NJW 1980, 393, 395.
20 BGH FamRZ 1981, 543, 545 = NJW 1981, 1559.
21 BGH FamRZ 1986, 151 = NJW 1986, 426.

Betreuungsbonus, über ein deutlich höheres Einkommen als der Barunterhaltspflichtige verfügt.[22] Hieraus folgt, dass sich der Barunterhaltspflichtige bei durchschnittlichen Einkommensverhältnissen beider Elternteile nicht darauf berufen kann, ein Teil des Mindestunterhalts werde durch das Einkommen des betreuenden Elternteils erfüllt, so dass das Existenzminimum i.S.d. § 32 Abs. 6 EStG auch bei Reduzierung seiner Unterhaltsleistungen gewahrt sei. Verfügt der das minderjährige Kind betreuende Elternteil über **besonders hohe Einkünfte**, während der barunterhaltspflichtige Elternteil ein durchschnittliches Einkommen erzielt, kann die Gleichstellung von Natural- und Barunterhalt nach § 1606 Abs. 3 S. 2 BGB aufgehoben werden, da diese nur für den Regelfall gilt.[23] Eine Abweichung vom Regelfall des § 1606 Abs. 3 S. 2 BGB ist zur Vermeidung eines finanziellen Ungleichgewichts gerechtfertigt.[24] Liegen solche stark differierende Einkommensverhältnisse vor, kann die Unterhaltsleistung des Barunterhaltspflichtigen auch unterhalb des Mindestunterhalts liegen und in extremen Fällen ganz entfallen.

VI. Titulierung und Tenorierung des Unterhalts

Der Unterhalt nach § 1612a Abs. 1 S. 1 BGB als Prozentsatz des Mindestunterhalts kann im **Vereinfachten Verfahren** nach den §§ 645 ff. ZPO (höchstens das 1,2-fache des Mindestbetrages nach § 645 Abs. 1 ZPO) und im **ZPO-Erkenntnisverfahren** (Klage nach § 258 ZPO) ohne eine prozessuale Begrenzung geltend gemacht werden (s. auch Rz. 319). Nicht zulässig ist das Vereinfachte Verfahren, soweit zum Unterhalt des Kindes bereits eine gerichtliche Entscheidung vorliegt (auch in Form einer klagabweisenden Entscheidung), ein gerichtliches Verfahren anhängig oder ein zur Zwangsvollstreckung geeigneter Titel errichtet worden ist[25], dagegen bei Vorliegen einer einstweiligen Anordnung zum Unterhalt nach §§ 620 Nr. 4, 644 ZPO. Der Tenor einer Entscheidung ist wie folgt zu fassen:

327

„Der Unterhaltspflichtige ist verpflichtet, an das klagende Kind, geboren am ..., zu Händen des gesetzlichen Vertreters 110 % des Mindestunterhalts im Sinne des § 1612a Abs. 1 BGB, jedenfalls in Höhe von 110 % der in § 36 Nr. 4 EGZPO bestimmten Beträge der jeweils geltenden Altersstufe abzüglich

---

22 S. auch BGH FamRZ 1998, 286; FamRZ 1991, 182 = NJW 1991, 697.
23 S. hierzu BGH FamRZ 1984, 39, 40 = NJW 1984, 303, 304.
24 S. auch BGH FamRZ 1998, 287, 288; FamRZ 1991, 182, 183.
25 *Zöller/Philippi*, § 645 ZPO Rz. 5; *Musielak/Borth*, vor § 645 ZPO Rz. 4.

des auf das Kind entfallenden hälftigen Kindergeldanteils zu bezahlen, zahlbar jeweils im Voraus und ab ... ."

Mit der Einbeziehung der Regelung des § 36 Nr. 4 EGZPO in den Tenor wird erreicht, dass im Falle einer künftigen Erhöhung des Kindesfreibetrages nach § 32 Abs. 6 EStG über die in § 36 Nr. 4 EGZPO genannten Beträge hinaus ebenfalls ein Vollstreckungstitel besteht.

Hat das minderjährige Kind die dritte Altersstufe bereits erreicht, genügt der Hinweis im Tenor auf diese Altersstufe.

P. Neuordnung des Kindergeldausgleichs nach § 1612b BGB

I. Ausgangslage

Die in § 1612b BGB a.F. geregelte unterhaltsrechtliche Behandlung des Kindesgelds bei getrennt lebenden oder geschiedenen Elternteilen wurde durch das KindUG eingeführt. Die Bestimmung hat die wenig übersichtliche Regelung in § 1615g BGB a.F. abgelöst und zugleich die interne Verrechnung des Kindergelds verheirateter und nicht verheirateter Eltern vereinheitlicht.[1] Den in §§ 1612b, 1612c BGB a.F. enthaltenen Regelungen liegt zugrunde, dass eine Anrechnung kindbezogener Leistungen im Verhältnis der Eltern des Kindes nur dann gerechtfertigt ist, wenn beiden Elternteilen ein Anspruch auf eine kindbezogene Leistung zusteht, diese aber aus Gründen der Verwaltungsvereinfachung nur an einen Elternteil ausgezahlt wird. Bezieht ein vorrangig berechtigter Elternteil (**Vorrangprinzip**) das Kindergeld, muss dem anderen Elternteil aufgrund dessen Anspruchsberechtigung ein Ausgleich zustehen. Gleiches gilt, wenn an die Stelle eines Elternteils eine andere Person tritt (Stiefelternteil, Pflege-/Großeltern, § 64 Abs. 2 S. 1, 2 i.V.m. § 63 Abs. 1 EStG). Durch das Gesetz zur Ächtung der Gewalt in der Erziehung und zur Änderung des Kindesunterhaltsrechts vom 2.11.2000[2] wurde in dem geänderten § 1612b Abs. 5 BGB a.F. ein **teilweises Anrechnungsverbot** eingeführt, soweit der Unterhaltspflichtige nicht in der Lage war, Unterhalt in Höhe von 135 % des Regelbetrages nach der Regelbetragverordnung zu leisten.

II. Grundlagen des staatlichen Kindergeldes

1. Anspruchsberechtigte

Der Grundgedanke für die Leistung des staatlichen Kindergeldes liegt darin, allen Kindern aus familien- und sozialpolitischen Gründen eine einheitliche finanzielle Unterstützung zukommen zu lassen. Anspruchsberechtigt sind nicht die Kinder, sondern der Unterhalt Leistende, regel-

---

[1] BT-Drucks. 13/7338 S. 27 ff.
[2] BGBl. I S. 1479.

mäßig also die Eltern. Nach § 6 SGB I steht jedermann, der Kindesunterhalt zu leisten hat, ein Recht auf Minderung der dadurch entstehenden wirtschaftlichen Belastungen zu. Anspruch auf Kindergeld für eigene Kinder und die ihm nach § 2 BKGG gleichgestellten hat gemäß § 1 BKGG, wer im Geltungsbereich des Gesetzes seinen Wohnsitz oder gewöhnlichen Aufenthalt hat, in bestimmten Fällen auch Personen, die außerhalb des Geltungsbereichs des Gesetzes ansässig oder tätig sind (§ 62 Abs. 1 Nr. 1, 2 EStG, § 1 Nr. 2 a-d BKGG). § 62 Abs. 2 EStG stellt für **Ausländer** (auch Staatenlose), die im Inland einen **Wohnsitz** oder ihren **gewöhnlichen Aufenthalt** haben, zusätzliche aufenthaltsrechtliche Anspruchsvoraussetzungen auf (Ausnahme für Staatsangehörige der Europäischen Union).[3] Anerkannte Flüchtlinge sind Deutschen gleichgestellt, die im Inland ihren gewöhnlichen Aufenthalt haben. Asylberechtigte Ausländer und sonstige politisch Verfolgte im Sinne von § 3 AsylVfG können Kindergeld vom Monat der bestandskräftigen Anerkennung an erhalten. In § 63 Abs. 1, 2 EStG wird bestimmt, **für welche Kinder** ein Anspruch auf Kindergeld besteht (im Wesentlichen für leibliche Kinder, Stiefkinder, Enkelkinder). Staatliches Kindergeld wird auch regelmäßig unabhängig davon erbracht, ob der Berechtigte Einkommen hat. Für jedes Kind wird **nur einem Berechtigten** Kindergeld bezahlt, § 64 Abs. 1 EStG. Nach § 64 Abs. 2 EStG erhält vorrangig derjenige Elternteil das Kindergeld, der das Kind in seinem Haushalt aufgenommen hat (**Obhutsprinzip**). Lebt das Kind nicht im Haushalt eines der anspruchsberechtigten Elternteile, so erhält nach § 64 Abs. 3 S. 2 EStG derjenige das Kindergeld, der dem Kind betragsmäßig die **höhere Unterhaltsrente** bezahlt.[4] Ist ein Kind in dem gemeinsamen Haushalt von Eltern und dessen Ehegatte, von Pflegeeltern oder Großeltern aufgenommen, so können diese untereinander den vorrangig Berechtigten benennen, § 64 Abs. 2 S. 3 EStG. Im Streitfall entscheidet das Vormundschaftsgericht, § 64 Abs. 2 S. 3, 4 EStG; zuständig ist nach § 14 RPflG der Rechtspfleger.

Steuerrechtlich bedeutet die Kindergeldzahlung eine vorweggenommene Steuervergütung, § 31 S. 3 EStG. Bei der Veranlagung zur Einkommensteuer wird durch die sog. **Günstigerprüfung** nach § 31 S. 2, 4 EStG festgestellt, ob der Kinderfreibetrag für das sächliche Existenzminimum und der weitere Freibetrag für den Betreuungs-, Erziehungs- und Ausbildungsbedarf (1.080 €) ungünstiger ist. In diesem Fall verbleibt das Kindergeld dem steuerpflichtigen Elternteil.

---

[3] S. hierzu *Eichenhofer*, FamRZ 2005, 1869, 1871 f.; bezüglich der Schweiz gilt das deutschschweizerische Abkommen über Soziale Sicherheit.
[4] BFH FamRZ 2005, 1903.

2. Verdrängung durch andere Leistungen

Das Kindergeld wird nicht bezahlt bei Kinderzulagen (§ 583 RVO i.V.m. § 217 Abs. 3 SGB VII – Versicherungsfälle bis Inkrafttreten des SGB VII am 7.8.1996; BGBl. I S. 1254) aus der gesetzlichen Unfallversicherung oder **Kinderzuschüssen** aus der gesetzlichen Rentenversicherung (§ 270 SGB VI), bei Leistungen für Kinder, die im **Ausland** gewährt werden und mit dem Kindergeld oder einer entsprechenden Ersatzleistung vergleichbar sind und bei entsprechenden Leistungen, die von einer zwischen- oder überstaatlichen Einrichtung gewährt werden, § 65 Abs. 1 EStG, § 4 BKGG. Eine Ausnahme gilt in Bezug auf den Auslandskinderzuschlag nach § 56 BBesG und vergleichbaren tariflichen Bestimmungen des öffentlichen Dienstes, die das Kindergeld nicht verdrängen; insoweit handelt es sich um einen Bestandteil der Vergütung bzw. des Gehalts.[5]

III. Notwendigkeit einer Reform

Der RegE[6] stützt die Änderung der Regelungen zum internen Ausgleich des Kindergeldes zwischen den Eltern auf mehrere Gründe. Zunächst weist er auf die Entscheidung des BVerfG vom 9.4.2003[7] hin, das die komplexe Verrechnung des Kindergeldes sowie deren wenig transparente Wechselwirkungen mit steuer- und sozialrechtlichen Bestimmungen im Hinblick auf das aus Art. 20 Abs. 3 GG abgeleitete **Gebot der Normenklarheit** beanstandet hat. Aufgegriffen hat der RegE ferner die Kritik des 16. Deutschen Familiengerichtstages 2005 zur Behandlung des Kindergeldes in Mangelfällen[8] sowie die Abstimmung der unterhaltsrechtlichen mit den sozialrechtlichen Wertungen, wonach in den §§ 11 Abs. 1 S. 3 SGB II, 82 Abs. 1 S. 2 SGB XII das Kindergeld dem jeweiligen Kind als Einkommen zugerechnet wird, so dass sich der individuelle Hilfebedarf entsprechend mindert. Im Unterhaltsrecht ist das Kindergeld nicht als Einkommen des Kindes zu behandeln, sondern steht den Eltern zu, ohne bei diesen die unterhaltsrechtliche Leistungsfähigkeit zu verändern.

IV. Neuer Ansatz – Deckung des Barbedarfs durch Kindergeld

§ 1612b Abs. 1 BGB ordnet generell an, dass das auf das Kind entfallende Kindergeld zur Deckung seines Barbedarfs *zu verwenden* ist. Damit

---

5 Zur Regelung des § 1612c BGB s. Rz. 348.
6 BT-Drucks. 16/1830 S. 28 f.
7 BVerfGE 108, 52 ff. = FamRZ 2003, 1370, 1374 f.
8 FamRZ 2005, 1962, 1963.

entwickelt der Gesetzgeber § 1612b BGB a.F. vor allem in Bezug auf dessen Abs. 5 zur unterhaltsmäßigen Berücksichtigung des staatlichen Kindergelds weiter. Die Regelung setzt konsequent den allgemeinen Grundsatz um, dass das **Kindergeld wirtschaftlich dem Kind zusteht** und vor allem dazu bestimmt ist, dessen Existenzminimum zu sichern[9]; dies entspricht auch § 74 Abs. 1 EStG, wonach das Kindergeld an das Kind ausbezahlt werden kann, wenn der Kindergeldberechtigte seiner gesetzlichen Unterhaltspflicht nicht nachkommt. Mit der Bestimmung, das Kindergeld für den Bedarf des Kindes zu verwenden, kommt dessen Zwecksetzung deutlich zum Ausdruck. Dennoch ist § 1612b BGB auf die unterhaltsrechtliche Berücksichtigung des Kindergeldes beschränkt; der **steuerrechtliche Grundsatz**, dass es sich bei dem Kindergeld um eine staatliche Leistung für das Kind an die Eltern handelt (§ 62 EStG) und diese wirtschaftlich entlasten soll, bleibt unberührt. Dennoch ist aus dem Begriff „zu verwenden" abzuleiten, dass das Kindergeld im **Unterhaltsrecht als Einkommen** behandelt wird, weil es nach seiner Zweckbindung den Barbedarf des Kindes zur Hälfte oder in voller Höhe mindert.[10]

V. Einzelregelungen des § 1612b BGB

1. Grundprinzip des Kindergeldausgleichs nach Abs. 1

333   Abs. 1 enthält das Grundprinzip des Kindergeldausgleichs. Er legt fest, dass das auf das jeweils unterhaltsberechtigte Kind entfallende Kindergeld zweckgebunden für dessen Lebensbedarf zu verwenden ist. Durch diese Anordnung kommt dem Kindergeld dieselbe – **bedarfsmindernde – Wirkung** wie bei eigenen Einkünften des unterhaltsberechtigten Kindes i.S.d. § 1602 Abs. 1, 2 BGB zu. Der Begriff „*verwenden*" bedeutet, dass dem Kind ein Anspruch auf Zuweisung des Kindergelds zusteht. Soweit Naturalleistungen zu erbringen sind, besteht gegen den das Kindergeld Beziehenden ein Anspruch hierauf. Dies folgt aus der Verrechnungsanordnung des S. 1 Nr. 1 und Nr. 2. Solange sich der Unterhalt des Kindes in einen Bar- und Naturalunterhalt (bis zum 18. Lebensjahr) aufteilt (§ 1606 Abs. 3 S. 2 BGB) und ein Elternteil die Naturalunterhaltspflicht (durch die Betreuung) erfüllt, ist die Hälfte des Kindergelds zur Deckung des Barbedarfs zu verwenden. Wird von einem Dritten die Betreuungsleistung erbracht, also die Voraussetzungen des § 1606 Abs. 3 S. 2 BGB nicht gegeben sind, erfolgt eine Bedarfsdeckung in voller Höhe des Kindergelds.[11] Abs. 1 S. 1 Nr. 1 enthält danach den Grundsatz der Gleichwertigkeit von

---

9 BVerfGE 108, 52 ff. = FamRZ 2003, 1370, 1374; BGH FamRZ 2006, 99, 102.
10 S. auch Gesetzesbegründung, BT-Drucks. 16/1830 S. 29 f.
11 S. auch BGH FamRZ 2006, 1598.

Betreuung und Barunterhalt. Dem Barunterhaltspflichtigen kommt nur das hälftige Kindergeld zugute. Dies entspricht auch der Rechtsprechung des BGH, den Bezug von Einkünften bis zum Erreichen der Volljährigkeit nur zur Hälfte auf den Barunterhalt anzurechnen.[12] § 1612b Abs. 1 S. 1 Nr. 2 BGB betrifft die Fälle, in denen das Kind wegen **Volljährigkeit keine Betreuung** mehr benötigt oder die **Betreuung des minderjährigen Kindes durch einen Dritten** erfolgt. In diesem Fall ist das **Kindergeld voll zur Deckung des Bedarfs** zu verwenden. Ferner folgt hieraus der Anspruch des Kindes auf Auszahlung des vollen Kindergelds oder entsprechender Naturalleistungen, an den das Kindergeld ausgezahlt wird.

2. Volljähriges Kind außerhalb des Haushalts

Lebt das Kind nicht mehr im Haushalt eines Elternteils, ist das Kindergeld in gleicher Weise in vollem Umfang für dessen Bedarf zu verwenden. Der danach verbleibende ungedeckte Bedarf ist von den Eltern nach § 1606 Abs. 3 S. 1 BGB anteilig zu übernehmen (s. Beispiel Rz. 340). Wird das Kindergeld an das Kind nicht direkt ausbezahlt[13], besteht ein entsprechender Anspruch des Kindes gegen den das Kindergeld beziehenden Elternteil.[14] Gestützt wird dies durch den Begriff *„verwenden"*. Der Anspruch besteht unabhängig von der Leistungsfähigkeit des das Kindergeld beziehenden Elternteils, da es sich um eine **zweckgebundene öffentliche Leistung** handelt, über die der Bezugsberechtigte nicht frei verfügen kann; zudem ist Kindergeld kein Einkommen. § 1612b Abs. 1 S. 1 Nr. 2 BGB greift auch im Falle einer Drittbetreuung ein. Bezieht der Dritte das Kindergeld, hat dieses in gleicher Weise bedarfsdeckende Wirkung.[15]

VI. Vorteile der Rechtsanwendung durch Neuregelung

1. Verzicht auf Regelung zur Kindergeldverrechnung im Mangelfall

Unklar erscheinen auf den ersten Blick die Ausführungen in der Begründung des RegE[16], dass auf die Regelung des § 1612b Abs. 5 BGB a.F. verzichtet werden kann, die im Mangelfall vom unterhaltspflichtigen Elternteil verlangt, seinen Kindergeldanteil teilweise oder ganz zur Aufstockung des Kindesunterhalts einzusetzen. Ausgehend von der Regelung des § 1612b Abs. 5 BGB a.F. wird aus § 1612b Abs. 1 BGB zunächst

---

12 BGH FamRZ 2006, 99, 100; FamRZ 1988, 159, 162; FamRZ 1981, 541.
13 Zu den Voraussetzungen s. § 74 Abs. 1 EStG.
14 BGH FamRZ 2006, 99, 102.
15 S. auch BGH FamRZ 2006, 1598.
16 BT-Drucks. 16/1830 S. 29.

nicht ersichtlich, in welcher Weise die hierin enthaltene Anordnung zur bedarfsdeckenden Verwendung des Kindergelds umgesetzt wird, wenn der Unterhaltspflichtige nur unterhalb des Mindestunterhalts i.S.d. § 1612a Abs. 1 BGB i.V. mit § 36 Nr. 4 EGZPO leistungsfähig ist. Aus dem Zusammenwirken der § 1612a Abs. 1 BGB und § 1612b Abs. 1 BGB erschließt sich, dass es einer § 1612b Abs. 5 BGB a.F. vergleichbaren Regelung nicht bedarf. Denn mit dem Wegfall des Regelbetrages (zu dessen Zustandekommen s. Rz. 317) entfällt der Unterhaltsbereich zwischen diesem und dem unterhaltsrechtlichen Existenzminimum, das 135 % des Regelbetrags betrug, so dass eine gesonderte Bestimmung zur Verrechnung des Kindergeldes notwendig war. Dies entfällt mit Einführung des in § 1612a Abs. 1 BGB geregelten Existenzminimums. Da das Kindergeld nach § 1612b Abs. 1 BGB für den Bedarf zu verwenden ist, es also die Bedürftigkeit des Kindes i.S.d. § 1602 Abs. 1, 2 BGB entsprechend mindert, der Bedarf aber nach § 1612a Abs. 1 BGB i.V. mit § 36 Nr. 4 EGZPO stets in Höhe des dort definierten Existenzminimums als Mindestunterhalt bestimmt ist, ergibt sich bei Verrechnung des Kindergelds auf den Mindestunterhalt folgende Unterhaltslast:

Erste Altersstufe:	279 € - 77 € = 202 €
Zweite Altersstufe:	322 € - 77 € = 245 €
Dritte Altersstufe:	365 € - 77 € = 288 €

336 Ist der Unterhaltspflichtige **nur eingeschränkt leistungsfähig** und kann er im Falle einer Unterhaltspflicht gegenüber einem Kind der zweiten Altersstufe nach Abzug des notwendigen Selbstbehalts nach § 1603 Abs. 1, 2 S. 1 BGB in Höhe von 900 € lediglich den Betrag von monatlich 270 € einsetzen (Einkommen 1.170 € abzüglich 900 €), so muss aufgrund der in § 1612b Abs. 1 BGB angeordneten Verwendung des Kindergelds zur Deckung des Bedarfs (in Höhe des Mindestunterhalts nach § 1612a Abs. 1 BGB) von dem Betrag von 270 € nicht mehr derjenige Anteil am (hälftigen) Kindergeld abgezogen werden, der zur Sicherung des Mindestunterhalts der zweiten Altersstufe in Höhe von 322 € benötigt wird (also 270 € - 245 € = 25 €). Vielmehr schuldet der Unterhaltspflichtige aufgrund der bedarfsdeckenden Wirkung des Kindergelds lediglich den Betrag von 245 € (322 € - 77 €). Damit kann auf eine Verrechnungsbestimmung verzichtet werden.

Der **Tenor einer Entscheidung** ist in diesem Fall wie folgt zu fassen:

„Der Unterhaltspflichtige wird verurteilt, an das unterhaltsberechtigte Kind 100 % des Mindestunterhalts der zweiten Altersstufe abzüglich des hälftigen Kindergeldanteils zu zahlen, derzeit 245 €."

Dass der Unterhaltspflichtige 270 € erbringen kann, ist unerheblich, solange der für den Unterhalt einzusetzende Betrag von monatlich 245 € nicht unterschritten wird. Würde der Kindesunterhalt in Höhe von 105 % des Mindestunterhalts der zweiten Altersstufe festgesetzt, also monatlich 339 € (322 € x 1,05) betragen, weil nur einem Kind Unterhalt zu leisten ist, erhöht sich der Zahlbetrag auf 339 € abzüglich des hälftigen Kindergelds, so dass 262 € geschuldet werden. Auch in diesem Fall übersteigt die bedarfsdeckende Wirkung des Kindergelds die tatsächliche Leistungsfähigkeit des Unterhaltspflichtigen.

Beträgt das unterhaltsrelevante Einkommen des Unterhaltspflichtigen monatlich lediglich 1.100 €, so kann er nach Abzug des notwendigen Selbstbehalts gemäß § 1603 Abs. 1, 2 BGB lediglich 200 € für den Kindesunterhalt einsetzten. Da er aber mindestens 245 € schuldet (322 € - 77 €), **entfällt eine Verrechnung** des Kindergelds zur Deckung des (Mindest-)Bedarfs. 337

In beiden Alternativen verbleibt der Kindergeldanteil des barunterhaltspflichtigen Elternteils dem das Kind betreuenden Elternteil, der das gesamte Kindergeld bezieht; es steht also zur Deckung des Bedarfs des Kindes insgesamt zur Verfügung.

2. Erhöhung der Verteilungsmasse für die zweite Rangstufe im Mangelfall nach § 1609 Nr. 1, 2 BGB

Da der Unterhalt minderjähriger und volljähriger privilegierter Kinder nach § 1609 Nr. 1 BGB dem Unterhalt des Berechtigten der zweiten Rangstufe vorgeht, bewirkt der bedarfsmindernde Abzug des Kindergelds vom (Tabellen-)Unterhalt des Kindes eine Erhöhung des für die zweite Rangstufe einzusetzenden unterhaltsrelevanten Einkommens des Unterhaltspflichtigen, also in der Regel für den das minderjährige Kind betreuenden Elternteil. 338

Beispiel:	(auf Grundlage Düsseldorfer Tabelle v. 1.7.2007)[17]	
Einkommen des Unterhaltspflichtigen:		1.400 €
Unterhalt des Kindes (4. Lebensjahr) ohne prozentualen Zuschlag:	279 € – 77 € =	202 €
verbleibt		1.198 €
abzüglich billiger Selbstbehalt[18] nach § 1581 S. 1 BGB:		1.000 €
Unterhalt für Berechtigten der zweiten Rangstufe:		198 €
Ohne Abzug des Kindergelds ergäbe sich:	1.400 € - 279 € - 1.000 € =	121 €

---

17 Abgedruckt in FamRZ 2007, 1367 ff. Neue Düsseldorfer Tabelle lag bei Drucklegung noch nicht vor.
18 Zur Höhe des Selbstbehalts eingehend Rz. 371.

Der Sache nach zutreffend weist der RegE[19] darauf hin, dass sich durch den höheren Unterhaltsbetrag der zweiten Rangstufe auch der steuerliche Vorteil aus dem Realsplitting erhöht. Allerdings ist die hieraus erzielbare steuerliche Entlastung des Unterhaltspflichtigen bescheiden. Der Jahresbetrag beläuft sich auf 924 € (12 x 77 €), was bei durchschnittlichen Einkünften zu einem geringeren Steuerabzug in Höhe von etwa 270 € jährlich (monatlich etwa 23 €) führt.

3. Bedarfsdeckende Wirkung auch bei volljährigen Kindern

a) Grundlagen

339 Bereits aus der bisherigen Fassung des § 1612b BGB konnte abgeleitet werden, dass die Aufteilung des Kindergelds zwischen beiden Elternteilen nach den in dieser Bestimmung enthaltenen Regeln vorzunehmen war. Die Neufassung bestimmt in Abs. 1 S. 1 Nr. 2 die bedarfsdeckende Wirkung des Kindergelds in voller Höhe, wenn kein Elternteil die Betreuung des Kindes wahrnimmt und deshalb beide Elternteile oder nur einer barunterhaltsverpflichtet ist. Diese Sachlage kann sowohl im Falle der Drittbetreuung eines minderjährigen Kindes wie auch der Unterhaltspflicht gegenüber einem volljährigen Kind eintreten, für das generell keine Betreuungsleistung geschuldet wird und deshalb grundsätzlich beide Elternteile barunterhaltspflichtig sind.[20]

b) Anteilsberechnung bei Barunterhalt beider Elternteile

340 Bezieht die Mutter weiterhin das Kindergeld für das bei ihr lebende (und gemeldete) volljährige Kind, ist das Kindergeld nicht zwischen den Elternteilen hälftig aufzuteilen. Nach § 1612b Abs. 1 S. 1 BGB mindert dieses unabhängig davon, welchem Elternteil das Kindergeld ausbezahlt wird, den Bedarf des Kindes in voller Höhe. Leistet nur ein Elternteil Unterhalt, kommt ausschließlich diesem die Entlastung zugute.[21] Wird der Unterhalt überwiegend von einem Elternteil erbracht, während der andere wegen eingeschränkter Leistungsfähigkeit nur im geringen Umfang zum Barunterhalt des Kindes beitragen kann, wird durch den Vorwegabzug des Kindergelds jeder Elternteil im Umfang seiner Quote am gesamten Barunterhalt entlastet. Dies entspricht auch dem in § 64 Abs. 3 EStG enthaltenen Grundsatz, dass entsprechend der übernommenen Unterhaltslast auch die steuerliche Entlastung stattfinden soll (zur Anteilsberech-

---

19 BT-Drucks. 16/1830 S. 29.
20 BGH FamRZ 2006, 99, 100; FamRZ 1994, 694, 697.
21 So schon BGH FamRZ 2006, 99, 100 f.

nung bei Zusammentreffen minderjähriger und volljähriger privilegierter Kinder s. Rz. 342 ff.).

Beispiel: (auf Grundlage Düsseldorfer Tabelle v. 1.7.2007, s. Fn. 17)
Volljähriges privilegiertes Kind lebt bei der Mutter. Einkommen des Vater 2.000 €, Einkommen der Mutter 1.200 €.

(1) Der Bedarf des Kindes bestimmt sich ab Volljährigkeit des Kindes nach dem zusammengerechneten Einkommen beider Elternteile[22], jedoch begrenzt in Höhe des Unterhalts, der sich allein auf der Grundlage des Einkommens jedes Elternteils aus der vierten Altersstufe ergibt.

Zusammengerechnetes Einkommen:	2.000 € + 1.200 € =	3.200 €
(2) Zuschlag zum Mindestunterhalt gemäß § 1612a Abs. 1 S. 1 BGB:		
	136 % x 408 € =	555 €
(3) Verfügbares Einkommen:		
Vater:	2.000 € – 900 €[23] =	1.100 €
Mutter:	1.200 € – 900 € =	300 €
Insgesamt:		1.400 €
(4) Bestimmung der Anteile in Prozent:		
Vater:	1.100 € : 1.400 € =	78,57 %
Mutter:	300 € : 1.100 € =	21,43 %
		100 %
(5) Bedarf des Kindes:	555 € – 154 € (Kindergeld) =	401 €
(6) Zahlbeträge:		
Anteil Vater:	401 € x 78,57 % =	315 €
Anteil Mutter:	401 € x 21,43 % =	86 €
		401 €

Soweit die Mutter auch nach Vollendung des 18. Lebensjahres Naturalunterhalt erbringt, werden diese im Rahmen der Anteilsberechnung nach § 1606 Abs. 3 S. 1 BGB nicht berücksichtigt, weil ein solcher nicht mehr geschuldet ist. Der durch das volljährige Kind entstehende Mehraufwand für die Wohnung wird hinsichtlich des Kindes durch den Barunterhalt abgedeckt, da in diesem auch die Wohnkosten enthalten sind.[24]

VII. Bedarfsdeckung des Kindergeldes und Vorwegabzug des Kindesunterhalts bei Bestimmung des Unterhalts nach §§ 1361, 1578 Abs. 1 S. 1, 1615l Abs. 1, 2 BGB

Im Rahmen der Bedarfsbestimmung des Unterhalts eines getrennt lebenden oder geschiedenen Ehegatten hat der BGH entschieden, dass bei durchschnittlichen Verhältnissen der Kindesunterhalt vor Bestimmung

---

22 BGH FamRZ 2006, 99, 100; FamRZ 1994, 696, 698.
23 Nach § 1603 Abs. 2 S. 2 BGB gesteigerte Obliegenheit.
24 BGH FamRZ 2006, 99, 102.

der Quote aus dem bedarfsprägenden Einkommen abgezogen werden kann[25] (was nunmehr auch dem Rangfolgeprinzip nach § 1609 BGB entspricht). Dies gilt grundsätzlich auch für den Abzug des **Unterhalts eines volljährigen Kindes**, so lange hierdurch nicht der angemessene Unterhalt des getrennt lebenden oder geschiedenen Ehegatten gefährdet ist. Dies entspricht auch der Handhabung in intakter Ehe, wonach einem studierenden Kind dessen Bedarf im Sinne des § 1610 Abs. 1, 2 BGB vom Familieneinkommen gedeckt wird, der duch die Kosten des Studiums und die auswärtige Unterbringung entsteht.[26] Hierbei wird jeweils der **Tabellenunterhalt** eingesetzt, nicht dagegen der tatsächliche Zahlbetrag, weil ansonsten der Unterhaltsberechtigte infolge der Anrechnung des Anteils des unterhaltspflichtigen Elternteils am Kindergeld auf den Tabellenunterhalt des Kindes über den höheren für den Ehegattenunterhalt zur Verfügung stehenden Einkommensbetrag mittelbar seine Kindergeldentlastung in Höhe der Quote des Ehegattenunterhalts verlieren würde. Ob dies auch nach der Änderung der Rechtsprechung des BGH[27] zur **Anrechnung des Kindergeldes** auf den Bedarf nach § 1610 Abs. 1 BGB gilt, ist strittig. Insbesondere ist nicht geklärt, ob in Bezug auf die Regelung des § 1612b Abs. 1 BGB, wonach das Kindergeld in den in Nr. 1 und Nr. 2 genannten Fällen zur **Deckung des Barbedarfs zu verwenden** ist, das Kindergeld also als Einkommen des Kindes eingesetzt wird, bei der Bestimmung des Bedarfs des Unterhaltsberechtigten der Kindesunterhalt weiterhin in **Höhe des Tabellenbetrages** oder lediglich des Zahlbetrages abgezogen wird.[28] Geht man von der Regelung des § 1612b Abs. 1 S. 1 BGB aus, ist das Kindergeld als Einkommen des Kindes auf dessen Bedarf zu verwenden. Aufgrund dieser unterhaltsrechtlichen Zuordnung, die den steuerrechtlichen Regelungszweck der Entlastung jedes Elternteils von seinen Unterhaltspflichten abändert, ist es konsequent, bei der Bestimmung des Bedarfs nach § 1578 Abs. 1 S. 1 BGB lediglich den Zahlbetrag vom Einkommen des Unterhaltspflichtigen abzuziehen.[29] In **rechtstatsächlicher Hinsicht** wird mit dieser Methode auch das Problem der Berücksichtigung von Kinderfreibeträgen nach § 32 Abs. 6 EStG für das sächliche Existenzminimum i.H.v. 1.824 € und den Betreuungs- und Erziehungs- oder Ausbildungsfreibetrag i.H.v. 1.080 € aus unterschiedlichen Familien im Hinblick auf die Verrechnung des Kindergelds nach der

---

25 BGH FamRZ 1981, 241 = NJW 1981, 753.
26 Ständige Rechtsprechung des BGH FamRZ 1986, 783, 786; s. auch BGH FamRZ 2000, 1492.
27 BGH FamRZ 2006, 99; FamRZ 2006, 774.
28 In diesem Sinn *Gerhardt,* FamRZ 2007, 945, 948; *Dose,* FamRZ 2007, 1289, 1292 f.; *Scholz,* FamRZ 2007, 2021, 2028; s. auch BT-Drucks. 16/1830 S. 29 f.
29 S. auch Rz. 332.

sog. Günstigerprüfung gemäß § 31 S. 4 EStG gelöst, weil die einkommensteuerliche Entlastung zu einer Erhöhung des unterhaltsrelevanten Einkommens führt, dies aber ganz oder teilweise durch die Verrechnung mit dem Kindergeld nivelliert wird.[30] Damit entfällt auch die Notwendigkeit einer Korrektur aus dem Effekt der steuerlichen Freistellung des Einkommensbetrages in Höhe der zuvor genannten Freibeträge nach § 32 Abs. 6 EStG.

Folge der Verwendung des Kindergeldes für den Bedarf des Kindes ist damit, dass die steuerliche Entlastung nach § 31 S. 1 EStG unterhaltsrechtlich regelmäßig unbeachtlich ist und zu einer Erhöhung des Unterhaltsanspruchs eines nach §§ 1360, 1361 Abs. 1, 1569 ff., 1615l Abs. 1, 2 BGB Berechtigten in Höhe der Quote von 3/7 bzw. 42,5 % aus dem Anteil des barunterhaltspflichtigen Elternteils führt (aus 77 € nach § 1612b Abs. 1 S. 1 Nr. 1; aus 154 € nach § 1612b Abs. 1 S. 1 Nr. 2 BGB). Damit entfällt auch die unterschiedliche Behandlung des Kindergelds bei der Bestimmung des Bedarfs und der Leistungsfähigkeit.

Trotz der für die praktische Anwendung sinnvollen Bestimmung bleiben Zweifel, ob die steuerliche Begünstigung des barunterhaltspflichtigen Elternteils unterhaltsrechtlich übergangen werden kann, zumal der andere Elternteil, der den Naturalunterhalt erbringt, seinen Anteil am Kindergeld nach bestehender Praxis nicht einzusetzen hat. Hierin liegt eine **gleichheitswidrige Behandlung** i.S.d. Art. 3 Abs. 1 GG.

VIII. Anteilsberechnung bei Zusammentreffen von volljährigen privilegierten und minderjährigen Kindern sowie Bedarfsdeckung nach § 1612b Abs. 1 BGB

Bei der Bestimmung der Anteilsberechnung stellt sich ebenfalls die Frage, ob sich durch die Anordnung nach § 1612b Abs. 1 BGB die Berechnungsmethode geändert hat. Dies ist zu verneinen.

1. Grundlagen

Nach § 1603 Abs. 2 S. 2 BGB werden den minderjährigen unverheirateten Kindern **volljährige unverheiratete Kinder bis zur Vollendung des 21. Lebensjahres** gleichgestellt, solange sie im Haushalt der Eltern oder eines Elternteiles leben und sich in der *allgemeinen Schulausbildung* befinden. Hierzu zählen nicht Studenten, die zu Hause wohnen, oder solche volljährigen Kinder, die die Fachhochschulreife in einem Vorsemes-

---

30 S. hierzu Rz. 285; BGH FamRZ 2007, 793, 798; FamRZ 2007, 882.

ter ablegen; wohl auch nicht Internatsschüler (Abgrenzung schwierig). Nach BGH[31] ist der Begriff „allgemeine Schulausbildung" in drei Richtungen einzugrenzen, nämlich nach dem **Ausbildungsziel**, der **zeitlichen Beanspruchung** des Schülers und der **Organisationsform der Schule**. Unerheblich ist dagegen deren Rechtsform, so dass auch die privaten Ausbildungsgänge sich auf solche Bildungseinrichtungen erstrecken können (Abendschule, Privatschulen). In zeitlicher Hinsicht muss die Schulausbildung das Kind in vollem Umfang in Anspruch nehmen (mindestens zwanzig Stunden). Schließlich ist die Teilnahme an einer Kontrolle geboten. Dies bedeutet, dass die von dieser Regelung begünstigten Kinder sich einerseits auf einen **Gleichrang** nach § 1609 Nr. 1 BGB mit minderjährigen unverheirateten Kindern, aber auch auf die **verschärfte Haftung** gegenüber ihren Eltern berufen können. Die Besserstellung betrifft nur **Schüler**, die bei ihren Eltern leben, dagegen nach dem eindeutigen Wortlaut des Gesetzes nicht Studenten und Auszubildende, weil deren Lebensstellung sich von derjenigen vergleichbarer minderjähriger Kinder unterscheidet. Die Regelung ist nach ihrem eindeutigen Wortlaut nicht einer ausdehnenden Auslegung fähig. Sie gilt insbesondere auch **nicht für behinderte volljährige Kinder**.[32]

Da nicht die Regelung des § 1606 Abs. 3 S. 2 BGB geändert wurde, sondern lediglich eine geschlechterneutrale Fassung erhielt, bedeutet dies, dass ab Vollendung des 18. Lebensjahres die Betreuungsleistung des sorgeberechtigten Elternteiles entfällt, so dass z.B. die berufstätige Mutter nach § 1606 Abs. 3 S. 1 BGB sich anteilig am Barunterhalt beteiligen muss.[33]

Wichtig: Die Privilegierung nach §§ 1603 Abs. 2 S. 2, 1609 Nr. 1 BGB gilt nicht bei der Bestimmung des **Pfändungsfreibetrages** nach § 850d Abs. 2 ZPO.[34] Aus dem Titel nach § 1612a BGB kann gemäß § 798a ZPO auch über das 18. Lebensjahr hinaus vollstreckt werden.

2. Bestimmung des Bedarfs

343   Es stellt sich die Frage, ob der Bedarf gemäß § 1610 Abs. 1 BGB aus dem Einkommen beider Elternteile zu bestimmen ist. Dies ist dem Grundsatz nach zu bejahen, weil die Lebensstellung des Kindes bei einem Einkommen beider Elternteile zwangsläufig besser ist, als wenn nur ein

---

31 FamRZ 2001, 1068 – Teilnahme an einem Lehrgang der Volkshochschule zum nachträglichen Erwerb des Realabschlusses; eingehend FamRefK/*Häußermann*, § 1603 BGB Rz. 8; BGH FamRZ 2002, 815.
32 BT-Drucks. 13/7338 S. 21.
33 BGH FamRZ 1994, 698.
34 BGH FamRZ 2003, 1176 = NJW 2003, 2832.

Elternteil über Einkommen verfügt. Problematisch wird diese Ansicht aber dann, wenn ein Elternteil weniger als den notwendigen Selbstbehalt als anrechenbares Einkommen erzielt, weil sich dieser an dem Barunterhalt nach § 1603 Abs. 2 S. 1, 2 BGB nicht beteiligen muss. In diesem Fall ist die Leistungspflicht des Barunterhalt Leistenden auf den sich nach dessen Einkommen ergebenden Tabellenunterhalt zu begrenzen.

3. Bestimmung der Anteile jedes Elternteils

Schwierigkeiten entstehen, wenn ein barunterhaltspflichtiger Elternteil für ein privilegiertes volljähriges Kind und ferner für ein minderjähriges Kind Unterhalt zu leisten hat. Der BGH[35] hat sich für die folgende Lösung entschieden und ausdrücklich festgelegt, dass der Haftungsanteil eines Elternteils in der Weise berechnet, dass das sich nach Abzug des Selbstbehalts des Unterhaltspflichtigen ergebende Einkommen (**Verteilungsmasse**) entsprechend dem Anteil des privilegierten Volljährigen am Gesamtbedarf der Berechtigten ins Verhältnis zur unterhaltsrechtlichen Verteilungsmasse gesetzt wird. Danach ist bei der Bestimmung des Barunterhalts wie folgt vorzugehen:

344

(1) Der Bedarf des volljährigen privilegierten Kindes i.S.d. § 1610 Abs. 1 BGB wird auf der Grundlage des zusammengerechneten Einkommens beider Elternteile bestimmt.

(2) Verbindlichkeiten können auch bei der Bestimmung des Bedarfs berücksichtigt werden.[36]

Beispiel: (auf Grundlage Düsseldorfer Tabelle v. 1.7.2007, s. Fn. 17)

Anteilige Haftung bei Unterhaltspflicht eines barunterhaltspflichtigen Elternteils gegenüber einem volljährigen, privilegierten und einem minderjährigen Kind.

I. Daten

Einkommen Vater (bereinigt)	2.000 €
Einkommen Mutter (bereinigt)[37]	1.200 €
volljähriges privilegiertes Kind im Haushalt der Mutter	18 Jahre
minderjähriges Kind im Haushalt der Mutter	14 Jahre

---

35 BGH FamRZ 2002, 815 unter Hinweis auf *Göppinger/Wax/Strohal*, Rz. 1655; *FamRefK/ Häußermann*, § 1606 BGB Rz. 4; *Schwab/Borth*, Teil V Rz. 168 ff.
36 BGH FamRZ 1996, 160.
37 Trotz Betreuung eines minderjährigen Kindes besteht eine Barunterhaltspflicht der Mutter; BGH FamRZ 2002, 815, 817.

II. Bestimmung des Bedarfs der Kinder nach § 1610 Abs. 1 BGB

(1) minderjähriges Kind (nach Einkommen des Vaters), Anhebung um eine
Einkommensstufe der Düsseldorfer Tabelle   369 €

(2) volljähriges privilegiertes Kind; Bedarf aus Einkommen beider Elternteile
gemäß vierter Altersstufe; Einkommensgruppe 9 wegen trennungsbedingten
Mehrbedarfs beider Elternteile   563 €

III. Anteilsberechnung

(1) In die Anteilsberechnung wird vom frei verfügbaren Einkommen des Vaters nur der ratierliche Betrag aus dem Bedarf des volljährigen Kindes im Verhältnis zu allen gleichrangigen Kindern eingestellt.

Hieraus folgt:	369 € + 563 € =	932 €
Anteil des volljährigen Kindes:	563 € : 932 € =	60,41 %

In der Anteilsberechnung wird das **Kindergeld nicht als bedarfsmindernd berücksichtigt**, weil es trotz dessen Verwendung für den Bedarf nach § 1612b Abs. 1 S. 1 BGB bei dem Grundsatz verbleibt, dass das Kindergeld die Eltern entlastet und lediglich aufgrund seiner Zwecksetzung bereits auf den Bedarf des Kindes berücksichtigt wird. Würde das Kindergeld bereits bei der Anteilsberechnung berücksichtigt, müsste der Vater einen höheren Anteil seines verfügbaren Einkommens einsetzen; damit würde die Kindergeldentlastung ungleich verteilt, also nicht nach der jeweiligen Höhe des Anteils beider Elternteile.

(2) Freies, zu Unterhaltszwecken einzusetzendes Einkommen (gemäß Ziffer 5 Düsseldorfer Tabelle)

Vater:	2.000 € - 900 € (notwendiger Selbstbehalt) =	1.100 €
Mutter:	1.200 € - 900 € =	300 €

(3) Anteil des volljährigen Kindes aus frei verfügbarem Einkommen des Vaters

60,41 % aus 1.100 € =		665 €

(4) Anteilsberechnung

Anteil Vater:	665 €; Anteil Mutter: 300 €; zusammen:	965 €
Prozentualer Anteil:		
Vater:	665 € : 965 € =	68,91 %
Mutter:	300 € : 965 € =	31,09 %

(5) Zahlbeträge (zum Bedarf der Kinder)

Bedarf des Kindes		563 €
Abzüglich volles Kindergeld[38]		154 €
		409 €
Vater:	409 € x 68,91 % =	282 €
Mutter:	409 € x 31,09 % =	127 €
Zusammen:		409 €

345 **Kontrollberechnung**: Zu prüfen ist stets, ob der einzelne Unterhaltspflichtige bei Bestimmung des Tabellenunterhalts ausschließlich nach sei-

---

38 Nach BGH FamRZ 2006, 99; FamRZ 2006, 1100, 1103.

nem Einkommen nicht einen geringeren Betrag zu leisten hat. Dies ist regelmäßig dann gegeben, wenn das Einkommen des geringer verdienenden Elternteils in der Nähe des notwendigen Selbstbehalts liegt, dieser also keinen oder nur einen sehr geringen Anteil seines Einkommens für den Unterhalt des Kindes einzusetzen hat.

IX. Auswirkungen bei Zusammentreffen minderjähriger und volljähriger privilegierter Kinder im Mangelfall

Im Hinblick auf § 1612b Abs. 1 BGB stellt sich die Frage, ob das Kindergeld vor Bestimmung des Anteils abgezogen wird. Dies ist im Hinblick auf die Anweisung, das Kindergeld auf den Bedarf anzurechnen, wegen § 1602 Abs. 1 BGB zu bejahen, weil nur insoweit ein Anspruch besteht, als keine Bedürftigkeit gegeben ist. Durch den Begriff des „Verwendens" (Abs. 1 S. 1) wird deutlich, dass das Kindergeld **wie sonstige bedarfsdeckende Einkünfte** i.S.d. § 1602 Abs. 1, 2 BGB zu behandeln ist. Wirtschaftlich bedeutet dies, dass die Kindergeldentlastung im Mangelfall durch die höhere Anrechnung beim volljährigen privilegierten Kind mittelbar den anderen minderjährigen Kindern zugute kommt. Dies entspricht dem Mangelfallprinzip, das eine vollständige Verteilung des für Unterhaltszwecke zur Verfügung stehenden Einkommens vorsieht, unerheblich aus welchen Gründen die Unterhaltsentlastung besteht. Diese Berechnungsweise stellt auch den betreuenden Elternteil gleich, weil jeweils das volle Kindergeld zur Verfügung steht und die Herabsetzung bei allen Unterhaltsberechtigten in gleichem Umfang erfolgt.

346

Erstes Kind (ein Jahr):[39]	202 € (279 € – 77 €) =	20,42 %
Zweites Kind (sieben Jahre):	245 € (322 € – 77 €) =	24,78 %
Drittes Kind (zwölf Jahre):	288 € (365 € – 77 €) =	29,12 %
Viertes Kind (achtzehn Jahre):	254 € (408 € – 154 €) =	25,68 %
Gesamt:	989 € =	100 %

X. Unbeachtlichkeit des Zählkindvorteils

§ 1612b Abs. 2 BGB entspricht § 1612b Abs. 4 BGB a.F. zum sogenannten Zählkindvorteil. Dieser wird nicht in den Kindergeldausgleich einbezogen, sondern erhöht das Einkommen des Elternteils, dem dieser Vorteil zugute kommt. Der Zählkindvorteil ist jedoch kein unterhaltsre-

347

---

[39] Dieses Kind stammt aus neuer Verbindung, so dass bezüglich des vierten Kindes kein höheres Kindergeld anzusetzen ist.

levantes Einkommen; dies gilt auch dann, wenn das Kind noch vor Rechtskraft der Scheidung geboren wurde.[40]

XI. Kindergeldersatzleistungen nach § 1612c BGB

348 Diese Regelung bezieht sich auf Leistungen, die das Kindergeld ausschließen; der Katalog dieser Leistungen ist in § 65 EStG sowie § 4 Abs. 1 BKGG aufgeführt. Da sie das Kindergeld verdrängen, sind diese Leistungen auch bei **alleiniger Anspruchsberechtigung** eines Elternteils anrechenbar, weil ansonsten dem anderen Elternteil mangels anrechenbarer Leistungen keine Entlastung verbliebe. Für Kindergeldersatzleistungen gilt die bedarfsdeckende Wirkung entsprechend, wenn diese nur einem Elternteil zustehen und damit das **Vorrangprinzip** nicht eingreift, diese Leistungen aber das Kindergeld verdrängen (s. Rz. 330). Da dem anderen Elternteil hieraus kein wirtschaftlicher Nachteil entstehen soll, wird in Höhe des fiktiven Kindergeldes des jeweiligen Kindes (§ 1612b Abs. 1 BGB) eine Anrechnung des Kindergeldes vorgenommen. Die darüber hinausgehenden Leistungen sind als Einkommen zu behandeln. Bleibt das Einkommen des Unterhaltspflichtigen zusammen mit den anzurechnenden Leistungen unterhalb des notwendigen bzw. angemessenen Selbstbehalts, kann das Kind eine **Auszahlung** der Leistungen gemäß § 48 SGB I bewirken.[41]

XII. Behandlung des Kindergelds bei einem im Ausland lebenden Unterhaltspflichtigen

349 Der BGH[42] geht davon aus, dass die Verrechnungsbestimmung des § 1612b Abs. 1 BGB a.F. die Kindergeldberechtigung beider Elternteile voraussetzt. Zwar ist die Kindesentlastung nach §§ 62 ff. EStG zunächst steuerrechtlich geregelt, so dass bei einem Ausländer, der in Deutschland nicht der uneingeschränkten Steuerpflicht unterliegt, an sich auch keine Entlastung nach § 62 ff. EStG eintreten kann. Der BGH legt § 1612b Abs. 1 BGB a.F. im Sinne des Gemeinschaftsrechts aus. Er legt fest, dass das Kindergeld als eine dem **europäischen Sozialrecht unterliegende Familienleistung** anzusehen (dort auch zu den Antikumulierungsregeln). Soweit beide Elternteile nach den für sie geltenden nationalen Regelungen oder aufgrund Gemeinschaftsrechts „an sich" kindergeldberechtigt sind, das Kindergeld jedoch wegen den Antikumulierungsregeln nur an einen

---

40 BGH FamRZ 2000, 1492, 1494.
41 S. auch BGH NJW 1984, 1614.
42 BGH FamRZ 2004, 1639 m. Anm. *Heimann*; s. auch *Eichenhofer*, FamRZ 2005, 1869, 1871 f.

Elternteil ausgezahlt wird und der Kindergeldanspruch des anderen Elternteils ruht, liegt eine mit § 1612b Abs. 1 BGB a.F. vergleichbare Regelung vor. Diese Grundsätze gelten auch in Bezug auf die Neuregelung des § 1612b Abs. 1 BGB.

Q. Neuregelung des Unterhaltsanspruchs nicht verheirateter Eltern nach § 1615l BGB

I. Normzweck des § 1615l BGB bis 31.12.2007

350 Zweck der Regelung war es, die Rechtsstellung der mit dem Vater des Kindes nicht verheirateten Mutter[1] derjenigen einer mit dem Vater des Kindes verheirateten Mutter anzupassen, allerdings nicht im Sinne einer vollständigen Gleichstellung. Die Bestimmung gewährte der Mutter nicht nur unmittelbar vor und nach Geburt des Kindes einen Unterhalt sowie die Erstattung von infolge der Schwangerschaft und Entbindung entstehenden Kosten, sondern sah auch während der Betreuung des Kindes bis zu dessen dritten Lebensjahr einen Unterhaltsanspruch vor. Eingeführt wurde § 1615l BGB durch das Gesetz über die rechtliche Stellung der nichtehelichen Kinder vom 19.8.1969[2]; danach war der Unterhalt auf ein Jahr nach der Entbindung befristet. Durch das Schwangeren- und Familienhilfegesetz vom 21.8.1995[3] wurde der Anspruch auf drei Jahre ausgedehnt und insbesondere dessen unterhaltsrechtlicher Charakter stärker hervorgehoben.[4] Durch das KindRG[5] wurde schließlich die **starre Grenze des Anspruchs von drei Jahren gelockert**; danach war ein Überschreiten der Grenze von drei Jahren dann möglich, wenn die Versagung nach Ablauf dieser Frist grob unbillig wäre.

351 Bereits im Gesetzgebungsverfahren zum KindRG hat die Beibehaltung der zeitlichen Grenze von drei Jahren Kritik erfahren[6], die im Verhältnis zu ehelichen Kindern einen wesentlich kürzeren Unterhalt wegen Betreuung eines Kindes zubilligt (dort bis zum achten Lebensjahr nach bisheriger Rechtslage) und deshalb als Ungleichbehandlung angesehen wurde[7] In der Begründung zum KindRG wurde hierzu aber ausgeführt,

---

1 Entsprechendes gilt, wenn der Vater das Kind betreut.
2 BGBl. I S. 1243 – Nichtehelichengesetz.
3 BGBl. I S. 1050.
4 S. hierzu BVerwGE 82, 319 = FamRZ 1990, 618 = NJW 1990, 401; BT-Drucks. 13/7338 S. 32.
5 Gesetz vom 16.12.1997, BGBl. I S. 2942; die Vorschrift wurde sowohl durch das KindRG als auch das KindUG neu gefasst.
6 S. etwa *Peschel-Gutzeit/Jenkel*, FuR 1996, 129, 136; zur Verfassungsmäßigkeit bei Altfällen s. BVerfG FamRZ 2003, 662.
7 BT-Drucks. 13/8511 S. 79; BT-Drucks. 13/4899 S. 167.

dass der einer Mutter nach § 1615l BGB zustehende Unterhalt nicht denselben Schutz der durch die Ehegatten übernommenen gemeinsamen Verantwortung sowie der fortwirkenden nachehelichen Verantwortung in Anspruch nehmen kann, so dass von ihr auch höhere Anforderungen in Bezug auf die Doppelbelastung durch Betreuung und Erziehung sowie eine berufliche Tätigkeit verlangt werden könnten, zumal dem Kind auch ein gesetzlich garantierter Kindergartenplatz nach § 24 SGB VIII ab vollendetem dritten Lebensjahr zustehe.

II. Inhalt und Begründung der Neuregelung

1. Fassung des RegE und Änderung durch den Rechtsausschuss

Die Neuregelung des § 1615l BGB beließ es bei der bestehenden Struktur des Tatbestands und sah im Regelfall weiterhin einen auf die Vollendung des dritten Lebensjahrs des Kindes begrenzten Anspruch der Mutter vor. Die Fassung nach dem RegE senkte jedoch die Hürde herab, nach vollendetem dritten Lebensjahr des Kindes weiterhin Unterhalt verlangen zu können. Danach ermöglichten bereits **normale (einfache) Billigkeitsgründe** die Gewährung des Unterhalts nach Vollendung des dritten Lebensjahrs des Kindes. **Zweck der Herabsetzung dieser Schwelle** war eine weitere Annäherung des Unterhalts nach § 1615l BGB an den Betreuungsunterhalt nach § 1570 BGB. Die Beibehaltung der regelmäßigen Begrenzung des Betreuungsunterhalts auf das vollendete dritte Lebensjahr stützte der RegE[8] – ähnlich wie beim KindRG – auf den Gesichtspunkt, dass regelmäßig mit Vollendung des dritten Lebensjahrs des Kindes eine **Fremdbetreuung möglich** sei, ohne dass dies für das Kind nachteilig sein müsse. Hierzu verwies die Begründung auf den gesetzlichen Anspruch des Kindes auf einen Kindergartenplatz (§ 24 SGB VIII) sowie die Zumutbarkeit der Erwerbstätigkeit eines Hilfebedürftigen nach § 10 Abs. 1 Nr. 3 SGB II (Grundsicherung für Arbeitsuchende), soweit die Betreuung eines Kindes, das das dritte Lebensjahr vollendet hat, in einer Tageseinrichtung sichergestellt ist.

352

§ 1615l Abs. 2 S. 3 BGB musste jedoch aufgrund der Entscheidung des BVerfG vom 28.2.2007[9] neu gefasst werden, das die unterschiedlichen Regelungen des Betreuungsunterhalts nach § 1615l Abs. 2 S. 3 BGB und § 1570 BGB in Bezug auf ihre Dauer als Verstoß gegen Art. 6 Abs. 5 GG erklärte; diese Bestimmung enthält das Verbot, nichteheliche Kinder an-

353

---

8 BT-Drucks. 16/1830 S. 31; grundlegend auch *Menne,* FamRZ 2007, 173 ff.
9 FamRZ 2007, 965 = NJW 2007, 1735; zu den Auswirkungen auf die Unterhaltsreform s. *Wellenhofer,* FamRZ 2007, 1282.

ders zu behandeln als eheliche Kinder. Das BVerfG hat zur Beseitigung des verfassungswidrigen Zustandes dem Gesetzgeber keine Vorgaben auferlegt und eine Änderung des § 1615l BGB, eine Änderung des § 1570 BGB oder auch eine Neuregelung beider Tatbestände in Betracht gezogen. Hierauf wurden aufgrund der Beratungen im Rechtsausschuss des Deutschen Bundestages[10] beide Unterhaltstatbestände in Bezug auf die grundlegende Dauer der Betreuung minderjähriger Kinder und die Voraussetzungen zur Verlängerung der Betreuung nahezu inhaltsgleich ausgestaltet. Danach wird der Betreuungsunterhalt jeweils **für mindestens drei Jahre** geschuldet und kann sich nach Billigkeitsgründen verlängern; hierbei sind die Belange des Kindes und die bestehenden Möglichkeiten der Kindesbetreuung zu berücksichtigen, wobei § 1615l Abs. 2 S. 5 um das Wort „insbesondere" ergänzt wird, um neben kindbezogenen Umständen auch **elternbezogene Gründe** in Bezug auf die zeitliche Dauer des Betreuungsunterhalts zu erfassen. Wie beim Unterhalt nach § 1570 Abs. 1 S. 1 BGB wird dem betreuenden Elternteil in den ersten drei Jahren nach der Geburt des Kindes **generell keine Erwerbstätigkeit** zugemutet; danach richtet sich die weitere Betreuungsdauer nach Billigkeitsgesichtspunkten (Abs. 2 S. 4). Die in Satz 5 enthaltenen Begriffe „Belange des Kindes" und „bestehende Möglichkeiten der Kinderbetreuung" decken sich mit der Regelung des § 1570 Abs. 1 S. 3 BGB.[11] In Bezug auf § 1615l Abs. 2 S. 3 BGB hat damit die Gewährung des Betreuungsunterhalts über das dritte Lebensjahr hinaus seinen Ausnahmecharakter verloren.

2. Änderung der Rangstufe

354   Nach § 1615l Abs. 3 S. 3 BGB a.F. folgte die Mutter im Mangelfall erst nach der Ehefrau des Unterhaltspflichtigen sowie ihren oder den anderen minderjährigen Kindern des Unterhaltspflichtigen. Diese Regelung wurde durch die **Neufassung des Rangfolgesystems** geändert und in § 1609 Nr. 1, 2 BGB eingefügt. Die neue Rangfolge stellt generell minderjährige und volljährige privilegierte Kinder in den ersten Rang, danach folgen die Unterhaltsansprüche betreuender Elternteile sowie der Unterhalt im Falle einer Ehe von langer Dauer. Dies kann im Mangelfall zur Folge haben, dass ein Ehegatte der dritten Rangstufe für die Dauer des Anspruchs nach § 1615l Abs. 2 S. 3, 4 BGB mangels Leistungsfähigkeit des Unterhaltspflichtigen mit seinem Unterhaltsanspruch einstweilen ausfällt, dieser aber nach Auslaufen des Anspruchs nach § 1615l BGB wieder auflebt, soweit ein Einsatzzeitpunkt nach §§ 1571, 1573 Abs. 1, 3 BGB besteht.

---

10 S. BT-Drucks. 16/6980 S. 16 f.
11 Eingehend Rz. 59d, 60 ff.

III. Der Unterhalt der Mutter nach § 1615l Abs. 2 BGB

1. Anspruchsinhalt nach Abs. 2 S. 1, 2

a) Unterhalt wegen Schwangerschaft oder Erkrankung

Der in § 1615l Abs. 2 BGB geregelte Unterhalt gliedert sich in den Fall wegen Schwangerschaft oder Krankheit sowie wegen der Pflege oder Erziehung eines Kindes. Ein Anspruch wegen **Schwangerschaft** oder sich hieraus ergebender **Krankheit** besteht nach Abs. 2 S. 1, wenn durch Schwierigkeiten, die bei der Schwangerschaft oder der Entbindung auftreten und gegebenenfalls zu einer gesundheitlichen Beeinträchtigung führen, eine Erwerbstätigkeit nicht ausgeübt werden kann. Hierbei ist eine **Mitursächlichkeit** dieser Umstände an der Nichtausübung einer beruflichen Tätigkeit ausreichend. Ein Anspruch nach Abs. 2 S. 1 besteht dagegen nicht, wenn die Erwerbstätigkeit bereits aus anderen Gründen nicht aufgenommen wurde, so bei einer bereits bestehenden Erkrankung, einer bereits bestehenden Erwerbslosigkeit oder wegen der Versorgung anderer Kinder.[12] Wird im Zusammenhang mit der Schwangerschaft eine Erwerbstätigkeit aufgegeben, wird man in der Regel von einer Ursächlichkeit im Sinne des Abs. 2 S. 1 ausgehen können.[13]

355

b) Unterhalt wegen Betreuung

Ein Unterhaltsanspruch nach Abs. 2 S. 2 (**Betreuungsunterhalt**) besteht auch dann, wenn die Mutter zwar eine Erwerbstätigkeit ausüben könnte, dies aber im **Hinblick auf die Betreuung des Kindes** unterlässt. Der Wortlaut des Abs. 2 S. 2 verlangt, dass von der Mutter wegen der Pflege und Erziehung des Kindes eine Erwerbstätigkeit nicht erwartet werden kann; nach der früheren Regelung war der Nachweis erforderlich, dass eine anderweitige Möglichkeit der Kindesbetreuung nicht bestand.[14] Nach der gesetzlichen Regelung ist die **Betreuungsbedürftigkeit des Kindes** weiterhin erforderlich. Der Anspruch nach Abs. 2 S. 2 wurde aber weitgehend dem Betreuungsunterhalt nach § 1570 BGB angepasst; insbesondere soll auch ein nichteheliches Kind in den ersten drei Lebensjahren in den Genuss der persönlichen Betreuung durch die Mutter kommen; dies gilt auch, wenn die Möglichkeit einer Fremdbetreuung auch vor Erreichen des dritten Lebensjahres des Kindes besteht. Die Regelung enthält danach nur noch ein **eingeschränktes Kausalitätserfordernis**, so dass

356

---

12 BGH FamRZ 1998, 541, 543 = NJW 1998, 1309; *Göppinger/Wax/Maurer*, Rz. 1235.
13 LG Verden FamRZ 1991, 481; s. auch OLG Frankfurt/M. FamRZ 2000, 1522 – Fortsetzung des Studiums.
14 BGHZ 93, 123, 1238 = FamRZ 1985, 273.

der Anspruch schon dann besteht, wenn die Mutter schon zuvor erwerbslos war oder ein anderes Kind betreute, welches sie ebenfalls an einer Erwerbstätigkeit hinderte.[15] Allerdings war es auch nach dem (durch das Schwangeren- und Familienhilfegesetz vom 21.8.1995[16] neu gefassten) Abs. 2 S. 2 Wortlaut nicht in das Belieben der Mutter gestellt, ob sie die Betreuung des Kindes selbst wahrnimmt oder Dritten überlässt („*... soweit von der Mutter nicht erwartet werden kann.*"). Dies steht im Widerspruch zu dem erklärten Ziel des Gesetzgebers, die Betreuung ehelicher und nichtehelicher Kinder gleich zu regeln.

Aufgrund der Neuregelung des § 1615l Abs. 2 S. 3, 4 BGB sind die sich hieraus ergebenden Zweifelsfragen beseitigt. Der betreuende Elternteil kann sich bis zur Vollendung des dritten Lebensjahres des Kindes ausschließlich der Betreuung und Erziehung des Kindes zuwenden; entsprechend obliegt es ihm auch nicht, eine Erwerbstätigkeit auszuüben, unabhängig davon, ob eine solche vor Geburt des Kindes wahrgenommen wurde. Geht der betreuende Elternteil vor Vollendung des dritten Lebensjahres des Kindes einer Erwerbstätigkeit nach, gelten dieselben Grundsätze wie zu § 1570 Abs. 1 S. 1 BGB.[17] Kann der betreuende Elternteil eine – teilweise – berufliche Tätigkeit mit der Kinderbetreuung in Einklang bringen, indem das Kind von einer dritten Person teilweise betreut wird, stellt die Erwerbstätigkeit nicht ohne weiteres eine überobligationsmäßige Tätigkeit dar.[18]

Soweit die Erwerbstätigkeit unzumutbar ist, sind in Anlehnung an § 1577 Abs. 2 BGB der Mutter vorab die Beträge des erzielten Einkommens zu belassen, die ihr als Mehraufwendungen aus der beruflichen Tätigkeit entstehen (Kosten für Fremdbetreuung, zeitlicher Mehraufwand für Betreuung und beruflicher Tätigkeit).[19] Je nach den Einkommensverhältnissen des Unterhaltspflichtigen können darüber hinaus noch nach Billigkeit Teile des Einkommens unberücksichtigt bleiben (in der Regel 50 %).

2. Zeitliche Dauer des Unterhaltsanspruchs nach § 1615l Abs. 2 S. 3, 4 BGB

a) Regelung nach dem KindRG und KindUG

357   Der in Abs. 2 S. 1, 2 geregelte Unterhalt beginnt frühestens vier Monate vor der Geburt; dies gilt angesichts des eindeutigen Wortlauts auch

---

15 BGH NJW 1998, 1309 = FamRZ 1998, 541, 543; OLG Hamm FamRZ 1997, 632.
16 BGBl. I S. 1050.
17 Eingehend hierzu Rz. 59b.
18 S. hierzu Rz. 59b, 75.
19 S. auch BGH FamRZ 2005, 442, 444.

dann, wenn wegen der Schwangerschaft bereits vor diesem Zeitraum die berufliche Tätigkeit hat beendet werden müssen (Risikoschwangerschaft).[20] Der Anspruch endete mit **Vollendung des dritten Lebensjahres** des Kindes.

Die **bisherige Fassung** nach Abs. 2 S. 3 beruhte auf einer Änderung durch das KindRG. Danach konnte ein Unterhalt über die Zeit der Vollendung des dritten Lebensjahrs des betreuten Kindes verlangt werden, wenn dessen Beendigung insbesondere unter Berücksichtigung der **Belange des Kindes grob unbillig** war.

b) Neue Struktur des § 1615l Abs. 2 S. 3 BGB

Die Neuregelung des § 1615l Abs. 2 S. 3 BGB belässt es insoweit bei der bisherigen Struktur, als generell bis zum dritten Lebensjahr ein Betreuungsunterhalt besteht. Ferner enthält der neue Tatbestand – wie § 1570 Abs. 1 S. 2, 3 BGB – die Möglichkeit einer **Verlängerung des Unterhalts**, wenn **kindbezogene Gründe** vorliegen. Die „neue Billigkeitsprüfung" richtet sich nach den Belangen des Kindes und ist mit § 1570 Abs. 1 S. 3 BGB identisch; es kann deshalb auf diese Ausführungen verwiesen werden.[21] Ebenso sind bestehende Betreuungsmöglichkeiten zu berücksichtigen. Insoweit gelten ebenfalls dieselben Grundsätze wie zu § 1570 Abs. 1 S. 3 BGB.[22] Danach ist die Dauer des verlängerten Betreuungsunterhalts nach § 1615l Abs. 2 S. 3, 4 BGB in gleicher Weise wie zu § 1570 Abs. 1 S. 2, 3 BGB flexibel zu bestimmen und lässt einen gestuften Übergang von der Selbstbetreuung zur Fremdbetreuung bzw. betreuungsfreien Zeit zu. Die Verlängerung des Betreuungsunterhalts nach Abs. 2 S. 3, 4 ist aber nicht auf kindbezogene Gründe beschränkt. Durch das in Satz 5 enthaltene Wort „insbesondere" wird hervorgehoben, dass auch weitere Gründe im Einzelfall, so vor allem **elternbezogene Umstände** eine weitere Verlängerung des Anspruchs rechtfertigen können (vergleichbar mit § 1570 Abs. 2 BGB). Dies wird in der Begründung zur Neufassung besonders hervorgehoben.[23]

358

Danach können **elternbezogene Umstände** einen weitergehenden Unterhaltsanspruch nach Satz 4 begründen, wenn der Unterhaltspflichtige gegenüber dem Unterhaltsberechtigten einen **besonderen Vertrauenstatbestand** geschaffen hat.[24] Der BGH nimmt dies beispielsweise be-

359

---

20 Zu prüfen ist aber § 1615l Abs. 1 S. 2 BGB.
21 Rz. 59c, 59d.
22 S. Rz. 60 ff.
23 BT-Drucks. 16/6980 S. 22.
24 BGHZ 168, 245 = FamRZ 2006, 1363, 1367.

reits nach der alten Fassung des Abs. 2 S. 3 an, wenn die Eltern das Kind in der Erwartung eines dauerhaften gemeinsamen Zusammenlebens gezeugt haben und zwischen den Elternteilen Einigkeit bestand, dass ein Elternteil das Kind betreut, während der andere den hierfür benötigten Unterhalt zur Verfügung stellt.[25] Eine solche gemeinsame Lebensplanung ist nach BGH[26] im Lichte des Art. 6 Abs. 1 GG zu berücksichtigen; hierbei gewinnt vor allem die Dauer der eheähnlichen Lebensgemeinschaft, in der das minderjährige Kind betreut wurde, eine besondere Bedeutung, aber auch der Umstand, dass sich die Mutter auf die gemeinsam geplante Lebensführung verlassen und eine **sichere Einkommensmöglichkeit** aufgegeben hat. Entsprechendes gilt, wenn die Mutter aus einer solchen nichtehelichen Verbindung mehrere Kinder zu betreuen hat und die hierdurch anfallenden umfangreichen Betreuungsaufgaben allenfalls eine Teilzeitbeschäftigung ermöglichen (s. auch Rz. 61 f.). In einem solchen Fall kann über das dritte Lebensjahr des jüngsten Kindes hinaus ein Teilanspruch nach § 1615l Abs. 2 S. 3 BGB bestehen.

c) Weitere Gründe der Verlängerung des Anspruchs

360 Treten **Entwicklungsstörungen** und **Erziehungsschwierigkeiten** eines Kindes nach Vollendung des dritten Lebensjahres auf, die eine besondere Zuwendung der Mutter bedürfen, so kann es zum Schutz des Kindes geboten sein, dass die Mutter die Betreuung nicht ganztägig einer dritten Person überlässt, sondern diese jedenfalls teilweise selbst wahrnimmt, um den Entwicklungsstörungen und Erziehungsschwierigkeiten des Kindes durch eingehende Betreuung besser begegnen zu können. Werden solche Umstände festgestellt, was regelmäßig nur durch eine jugendpsychologische Begutachtung möglich sein wird, ist es regelmäßig wegen der Belange des Kindes geboten, der betreuenden Mutter den Unterhalt nach § 1615l Abs. 2 S. 4 BGB jedenfalls teilweise zuzubilligen.

361 Hat zwischen zwei nicht verheirateten Partnern eine **längere eheähnliche Lebensgemeinschaft** bestanden und sind aus dieser mehrere Kinder hervorgegangen, die im Alter zwischen dem dritten Lebensjahr und dem Zeitpunkt des Eintritts in die Grundschule liegen, so können aufgrund der gesteigerten Betreuungsaufgaben und insbesondere der hohen Kosten einer Fremdbetreuung, die die Mutter nicht aufbringen kann, ebenfalls Billigkeitsgesichtspunkte für einen über das dritte Lebensjahr hinausgehenden Unterhaltsanspruch sprechen, weil bei mehreren Kindern

---

25 S. auch OLG Frankfurt/M. FamRZ 2000, 1522; s. aber Rechtsprechung des BGH zur Beendigung des individuellen Betreuungsmodells bei Scheidung, Rz. 58.
26 A.a.O.

einerseits umfangreichere Betreuungsaufgaben anfallen und andererseits die wirtschaftlichen Verhältnisse es der Mutter trotz Ausübung einer beruflichen Tätigkeit nicht erlauben, die Kosten für eine Ganztagesbetreuung des Kinder aufzubringen. In einem solchen Fall ist auch nach den individuellen Umständen zu prüfen, inwieweit nur eine kostengünstige Betreuung in einer öffentlichen Betreuungseinrichtung vormittags besteht, währenddessen die Mutter einer Teilzeitbeschäftigung nachgeht und nachmittags sie die umfangreichen Betreuungsaufgaben wahrnimmt.

d) Altersphasenmodell auch zu § 1615l Abs. 2 S. 3 BGB

Der neu strukturierte und weitgehend an § 1570 Abs. 1 BGB angepasste Betreuungsunterhalt nach § 1615l Abs. 2 S. 3, 4 BGB rechtfertigt es in gleicher Weise wie zu § 1570 Abs. 1 S. 2, 3 BGB ein entsprechendes Altersphasenmodell zu entwickeln und identisch zu § 1570 Abs. 1 S. 2, 3 BGB anzuwenden, soweit sich dies aus den Belangen des Kindes ableitet.[27] Das BVerfG hat in der Entscheidung vom 28.2.2007[28] ausdrücklich hervorgehoben, dass aus kindbezogenen Gründen die Unterhaltsansprüche nach § 1570 Abs. 1 BGB und § 1615l Abs. 2 S. 2, 3 BGB in zeitlicher Hinsicht gleich bemessen werden müssen. Dies erfordert es auch, in der Praxis dieselben Grundsätze für beide Tatbestände in gleicher Weise umzusetzen. Der in Abs. 2 S. 4, 5 enthaltene stufenweise Übergang in eine Fremdbetreuung bzw. betreuungsfreie Phase stützt dies im besonderen Maße.

362

3. Wiederaufleben eines nach bisherigem Recht begrenzten Anspruchs

Wurde ein Unterhalt auf der Grundlage des bisherigen Rechtszustandes lediglich bis zum Eintritt des dritten Lebensjahres des Kindes zugesprochen, so kann nach Inkrafttreten des neuen § 1615l Abs. 2 S. 3, 4 BGB dieser Anspruch erneut geltend gemacht werden, soweit die Gewährung eines Unterhalts über das dritte Lebensjahr hinaus der Billigkeit i.S.d. § 1615l Abs. 2 S. 4 BGB entspricht. Prozessual ist dieser (neue) Anspruch im Wege der Erstklage zu verlangen, weil die Rechtskraft der Erstklage sich auf einen Unterhalt bis zum dritten Lebensjahr erstreckt. Entsprechendes gilt, wenn eine Klage für Unterhalt über das dritte Lebensjahr hinaus wegen fehlender grober Unbilligkeit abgewiesen wurde, nunmehr aber ein Unterhalt nach (allgemeinen) Billigkeitsgesichtspunkten besteht, weil nach ständiger Rechtsprechung des BGH[29] im Falle der Ab-

363

---

27 Eingehend Rz. 69 ff.
28 FamRZ 2007, 965 = NJW 2007, 1735.
29 FamRZ 2005, 101.

weisung eines Unterhalts das erneute Unterhaltsbegehren nicht im Wege der Abänderungsklage nach § 323 Abs. 1, 4 BGB, sondern der Leistungsklage (im Sinne einer Erstklage) zu verlangen ist. Materiell-rechtlich besteht nach dem Sinn und Zweck des § 1615l Abs. 2 S. 3 BGB kein bestimmter „Einsatzzeitpunkt" zur Geltendmachung des Unterhalts; dieser kann vielmehr jederzeit verlangt werden, wenn dessen Voraussetzungen in Bezug auf einen das minderjährige Kind betreuenden Elternteil eintreten.

4. Prozessuale Fragen; zeitliche Begrenzung des Anspuchs, Beweislast

364 Anders als die Fassung des § 1615l Abs. 2 S. 3 BGB nach dem RegE sieht der neu strukturierte Tatbestand keine generelle zeitliche Begrenzung bis zum Erreichen des dritten Lebensjahres vor. Demgemäß entfällt in der Regel eine zeitliche Begrenzung des Anspruchs. Wegen der Einzelheiten wird auf Rz. 81 f. verwiesen. Ergibt sich eine Verlängerung des Anspruchs nach Verkündung des Urteils erster Instanz und vor Eintritt der Rechtskraft des Unterhaltsurteils, kann diese Änderung entweder in der Berufungsinstanz oder im Wege einer sofortigen Abänderungsklage nach Eintritt der Rechtskraft des Unterhaltsurteils geltend gemacht werden.[30] Zur **Darlegungs- und Beweislast** gelten angesichts der Angleichung des § 1615l Abs. 2 S. 3, 4 BGB an § 1570 Abs. 1 BGB dieselben Grundsätze. Insoweit wird auf Rz. 72 f. Bezug genommen.

5. Wiederaufleben eines nach § 1609 Nr. 2 BGB verdrängten Unterhaltsanspruchs

365 Da der Unterhaltsanspruch nach § 1615l BGB im neuen Rangfolgesystem der zweiten Rangstufe zugeordnet ist, kann mangels Leistungsfähigkeit des Unterhaltspflichtigen ein der dritten Rangstufe zugeordneter Unterhaltsanspruch so lange verdrängt werden, bis der Anspruch nach § 1615l Abs. 2 S. 3 BGB endet. Da der der dritten Rangstufe (z.B. Unterhalt nach §§ 1571, 1572, 1573 Abs. 1 BGB) zugeordnete Unterhalt nur wegen fehlender Leistungsfähigkeit nicht erfüllt wird, fehlt es nicht am Einsatzzeitpunkt i.S.d. §§ 1571-1573 Abs. 3 BGB, wenn der Anspruch bereits bei Eintritt der mangelnden Leistungsfähigkeit bestanden hat.

---

30 Wahlrecht nach BGHZ 96, 205, 207 = NJW 1986, 383; OLG Köln FamRZ 1997, 507.

IV. Weitere Fragen zu § 1615l BGB

1. Keine kausale Verknüpfung zur Bedürftigkeit

Nach § 1615l Abs. 1 S. 1 BGB hat der Vater der Mutter für die Dauer von sechs Wochen vor und acht Wochen nach der Geburt des Kindes Unterhalt zu gewähren. Der Anspruch wird durch die Schwangerschaft bzw. Geburt ausgelöst. Für das Entstehen des Anspruchs ist keine kausale Verknüpfung zwischen der Bedürftigkeit der Mutter und der Schwangerschaft bzw. Entbindung sowie Betreuung des Kindes erforderlich, dass also die Mutter wegen der Schwangerschaft eine berufliche Tätigkeit aufgegeben hat, mit der sie ihren Bedarf decken konnte.[31] Der Anspruch besteht auch dann, wenn die Mutter aus anderen Gründen über kein Einkommen verfügt, so wenn sie bereits vor der Schwangerschaft keine berufliche Tätigkeit ausübte (mangels Ausbildung oder wegen Krankheit, Betreuung eines weiteren Kindes). Auch die Betreuung des Kindes durch eine dritte Person steht dem Anspruch grundsätzlich nicht entgegen. Dies folgt aus dem Zweck dieser Regelung, die Mutter in der Zeit der Schwangerschaft und unmittelbar nach der Entbindung im Interesse des Kindes wirtschaftlich abzusichern, sie also entsprechend den gesetzlichen Bestimmungen zum Mutterschutz von jeglicher Erwerbspflicht freizustellen und damit auch seelische Belastungen von ihr fernzuhalten.[32] Im Falle des Anspruchs nach § 1615l Abs. 1 S. 1 BGB wird die Ursächlichkeit gleichsam unwiderlegbar vermutet. Entsprechend sieht auch der Wortlaut des Abs. 1 – im Unterschied zu Abs. 2 – keine Kausalität zur Bedürftigkeit vor.

366

2. Rechtskräftige Feststellung der Vaterschaft

Soweit der Vater bestreitet, Erzeuger des Kindes zu sein, kann nach § 1615o Abs. 2 BGB bereits vor Anerkennung nach § 1592 Nr. 2 BGB bzw. rechtskräftiger Feststellung der Vaterschaft nach § 1592 Nr. 3 Unterhalt verlangt werden. Der Anspruch gemäß § 1615l BGB besteht auch gegenüber dem geschiedenen früheren Ehemann, dagegen nicht nach § 1570, 1576 BGB, wenn das Kind nach der rechtskräftigen Scheidung geboren wurde.[33] Uneinheitlich wird die Frage beantwortet, ob der Anspruch nach § 1615l Abs. 1, 2 BGB die Feststellung der nichtehelichen Vaterschaft voraussetzt, wenn das Kind nicht vom Ehemann abstammt. Das wird teilweise mit dem Argument bejaht, die den Status des Kindes

367

---

31 BGH FamRZ 1998, 541, 542 = NJW 1998, 1309; *Göppinger/Wax/Maurer*, Rz. 1214.
32 S. BT-Drucks. V/2370 S. 56.
33 BGH FamRZ 1998, 426 = NJW 1998, 1065 f.

schützende Regelung des § 1593 BGB a.F. sei aufgehoben worden, so dass ein Anspruch jedenfalls dann geltend gemacht werden könne, wenn der für die Vaterschaft in Frage kommende Mann seine Vaterschaft nicht bestreitet.[34] Dem steht entgegen, dass nach §§ 1592 Nr. 1, 1599 Abs. 1 BGB der Status als eheliches Kind weiterhin erst aufgrund einer rechtskräftigen Feststellung durch Urteil geändert wird, so dass diese Bestimmungen dieselbe Schutzwirkung wie die Regelung des § 1593 BGB a.F. entfalten.[35] Eine Durchbrechung dieses Grundsatzes ergibt sich aber aus der Regelung des § 1599 Abs. 2 BGB, der es ermöglicht, **ohne Statusprozess die Vermutung** als eheliches Kind aufzuheben. Da diese Regelung eine kausalitätslockernde Wirkung im Falle der Anerkennung der Vaterschaft durch einen Dritten vorsieht, entspricht es dem Rechtsgedanken dieser Bestimmung, auch die unterhaltsrechtlichen Wirkungen des § 1615l Abs. 1, 2 BGB vorzuverlegen, sofern ein Anerkenntnis der Vaterschaft durch einen Dritten vorliegt, weil in diesem Fall es der sicheren Stellung als eheliches Kind nicht mehr bedarf.

3. Bedürftigkeit

368   Obwohl der Anspruch keine kausale Verknüpfung zwischen Schwangerschaft bzw. Entbindung und der Bedürftigkeit verlangt, besteht ein Unterhaltsanspruch nur, soweit die Mutter bedürftig ist, § 1615l Abs. 3 S. 1 i.V.m. § 1602 BGB. § 1615l Abs. 1 BGB beinhaltet einen unterhaltsrechtlichen Anspruch, so dass auch insoweit die allgemeinen unterhaltsrechtlichen Voraussetzungen gelten.[36] Soweit die Mutter **eigene Einkünfte erzielt, mindern diese ihre Bedürftigkeit** und damit die Unterhaltspflicht des Vaters. In erster Linie handelt es sich hierbei um das Mutterschaftsgeld nach § 13 Abs. 1 MuSchG i.V.m. §§ 200, 200b RVO[37], nicht dagegen das Erziehungsgeld, da dieses nach § 9 S. 1 BErzGG unterhaltsrechtlich nicht zu berücksichtigen ist.[38] Dieses Gesetz wurde durch das BEEG[39] abgelöst, das für ab dem 1.1.2007 geborene Kinder einen Anspruch auf Elterngeld gewährt. Nach § 11 S. 1, 3 BEEG werden Unterhaltsverpflichtungen insoweit berührt, als die Zahlung monatlich 300 €

---

34 *Palandt/Diederichsen*, § 1615l BGB Rz. 6; OLG Zweibrücken FamRZ 1998, 554; OLG Düsseldorf FamRZ 1995, 690.
35 Nach § 1594 Abs. 1 BGB können entsprechend erst ab Wirksamkeit die Rechtsfolgen einer Anerkennung geltend gemacht werden.
36 S. auch BGH FamRZ 1998, 426 = NJW 1998, 1065 f.
37 Sowie §§ 22 ff. des Gesetzes über die Krankenversicherung der Landwirte vom 10.8.1972 in der Fassung vom 21.12.1992, BGBl. I S. 2266.
38 BVerfG FamRZ 2000, 1149.
39 Gesetz vom 5.12.2006; BGBl. I S. 2748; s. auch *Scholz*, FamRZ 2007, 7 ff.

übersteigt (Ausnahme § 11 S. 4 BEEG, der § 9 S. 2 BErzGG entspricht, bei §§ 1579, 1603 Abs. 2 BGB). Auch bei einer Weitergewährung des Arbeitsentgelts nach § 11 MuSchG entfällt insoweit die Bedürftigkeit. Der Mutter obliegt es auch, diese arbeits- und sozialversicherungsrechtlichen Ansprüche geltend zu machen, so dass diese Einkünfte bei einem Unterlassen zu fingieren sind. Verfügt die Mutter über Vermögen, so sind zwar die hieraus erzielten oder erzielbaren Einkünfte (Zinsen, Mieteinnahmen) auf den Bedarf anzurechnen, nicht aber der Stamm des Vermögens zu verwerten, soweit dieser für die eigene Altersversorgung benötigt wird.[40] Soweit die Mutter verheiratet ist und sie gegen ihren Ehemann einen Unterhaltsanspruch hat, beeinflusst auch dieser grundsätzlich ihre Bedürftigkeit.

Für den Fall der Betreuung eines ehelichen und nichtehelichen Kindes ist die **Konkurrenz der Ansprüche** nach §§ 1615l Abs. 1, 2 BGB und § 1570 BGB entsprechend § 1606 Abs. 3 S. 1 BGB zu lösen. Gleiches gilt im Grundsatz auch in Bezug auf die weiteren nachehelichen Unterhaltstatbestände nach §§ 1571 ff. BGB, weil auch in diesen aufgrund der nachehelichen Solidarität der Gesichtspunkt der Verantwortlichkeit für die Unterhaltsbedürftigkeit fortbesteht und deshalb auch eine **Aufteilung der beiderseitigen Verantwortlichkeiten** in Betracht kommt. Im Falle des (subsidiären) § 1573 Abs. 1 BGB greift dieser Gesichtspunkt aber nicht durch, wenn wegen der Schwangerschaft, Entbindung und Betreuung des Kindes eine gebotene Erwerbstätigkeit nicht aufgenommen werden kann. In diesem Fall verdrängt § 1615l Abs. 1, 2 BGB den Anspruch aus § 1573 Abs. 1 BGB. Auch im Rahmen des § 1361 Abs. 1 BGB ist danach abzugrenzen, inwieweit durch Betreuung eines ehelichen Kindes oder wegen Erkrankung ein Unterhaltsanspruch besteht oder eine Erwerbstätigkeit wegen der Schwangerschaft, Entbindung sowie Betreuung des Kindes nicht aufgenommen werden kann. Gleiches gilt in Bezug auf §§ 1360, 1360 a BGB. Auch hinsichtlich des **Aufstockungsunterhalts** nach § 1573 Abs. 2 BGB tritt bei Wegfall der Einkünfte der Mutter durch die Geburt des Kindes keine Veränderung ein, weil hierdurch kein nachehelicher Unterhaltstatbestand ausgelöst wird und es am Einsatzzeitpunkt nach § 1573 Abs. 3 BGB fehlt. Nicht eindeutig ist das **Konkurrenzverhältnis** zwischen § 1615l BGB und § 1573 Abs. 2 BGB. Auch insoweit besteht **kein Vorrang** eines dieser Ansprüche, weil der in der geschiedenen Ehe erlangte Lebensstandard durch den nachträglich anfallenden Anspruch nach § 1615l BGB nicht verdrängt wird, sondern vor allem im Hinblick auf die begrenzte Dauer des Anspruchs nach § 1615l BGB dauerhaft den wirtschaftlichen Status der Mutter bestimmt, soweit nicht

369

---

40 S. auch BGH FamRZ 2006, 1362 = NJW 2006, 2687, s. auch Rz. 89.

§ 1578b BGB eingreift. Kann der nicht verheiratete Vater mangels Leistungsfähigkeit den durch die Geburt des Kindes entstandenen Bedarf der Mutter in Höhe deren bisherigen Einkommens nicht erbringen, wird § 1573 Abs. 2 BGB nicht berührt. Ansonsten ist ein weitergehendes, die zu ersetzenden Einkünfte der Mutter übersteigendes Einkommen des Vaters im Verhältnis zum entsprechenden verteilunsgsfähigen Einkommen des getrennt lebenden oder geschiedenen Ehegatten[41] anteilig zur Deckung des Aufstockungsunterhalts heranzuziehen. **Lebt die Mutter mit einem anderen Partner zusammen**, muss sie sich Leistungen für dessen Haushalt ebenfalls entgegenhalten lassen. Soweit die Mutter über eigenes Vermögen verfügt, greift nach § 1615l Abs. 3 S. 1 BGB die Regelung des § 1602 Abs. 1 BGB ein, wonach innerhalb der dort genannten Voraussetzungen eine Verwertung in Betracht kommt (insbesondere keine unwirtschaftliche Verwertung von Vermögen, Billigkeitsabwägung zu den Einkünften des Vaters).

4. Bedarf der Mutter

370   Die Bestimmung des Unterhaltsbedarfs der Mutter folgt aus § 1615l Abs. 3 S. 1 i.V.m. § 1610 Abs. 1 BGB. Ihr Bedarf richtet sich nach **ihrer Lebensstellung**, die von ihren Einkünften aus beruflicher Tätigkeit bis zur Beendigung dieser Tätigkeit aufgrund der Schwangerschaft, bei einer verheirateten bzw. geschiedenen Mutter nach den ihren Lebensbedarf prägenden Verhältnissen gemäß § 1578 Abs. 1 S. 1 BGB oder auch den Einkommensverhältnissen des Vaters, wenn die Mutter mit diesem zusammengelebt hat und von diesem unterhalten wurde. Entscheidend sind insoweit die **tatsächlichen Lebensverhältnisse**. Leitet deshalb die Mutter ihre Lebensstellung im Sinne des § 1610 Abs. 1 BGB aus einer längeren, ihre Lebensstellung nicht nur vorübergehend prägenden Lebensgemeinschaft mit dem Vater ihres Kindes vor dessen Geburt ab, gilt in Bezug auf dessen Einkommensverhältnisse grundsätzlich der **Halbteilungsgrundsatz** wie bei § 1578 Abs. 1 BGB.[42] Anzunehmen ist dies vor allem, wenn aufgrund ausdrücklicher oder stillschweigender Abrede ein Partner mit seinem Einkommen für den Lebensunterhalt beider aufkommt und die Mutter gegebenenfalls neben einer Teilzeitbeschäftigung den Haushalt versorgt sowie das gemeinschaftliche Kind erzieht.[43] Der BGH[44] hat zu-

---

41 Zu dessen Selbstbehalt nach § 1581 S. 1 BGB s. BGH FamRZ 1990, 260, 262.
42 So im Ergebnis auch *Wever/Schilling*, FamRZ 2002, 581, 585.
43 S. OLG Zweibrücken FamRZ 2001, 444; a.A. wohl OLG Naumburg FamRZ 2001, 1321; OLG Hamm FF 2000, 137.
44 BGH FamRZ 2005, 442.

treffend den Bedarf dann durch den **Halbteilungsgrundsatz beschränkt**, wenn die Mutter zuvor mit dem Vater nicht zusammengelebt hat, und dies damit begründet, dass der stärker ausgestaltete Anspruch nach § 1570 BGB hierdurch begrenzt sei; erst recht müsse dies für den Bedarf in den Fällen des § 1615l Abs. 1, 2 BGB gelten. Der Anspruch bleibt dann hinter der eigenen Lebensstellung der Mutter nach § 1610 Abs. 1 BGB zurück, wenn der Unterhaltspflichtige diesen Betrag bei Berücksichtigung des Halbteilungsgrundsatzes nicht erfüllen kann. Bringt die Mutter Einkünfte in die Lebensgemeinschaft ein, erhöhen diese den Bedarf nach § 1610 Abs. 1 BGB, der sich damit aus den zusammengerechneten Einkünften bestimmt. In diesem Fall ist vom Einkommen des Unterhaltsberechtigten wie -pflichtigen nicht nur eine **Pauschale für berufsbedingte Aufwendungen** (5 %) abzuziehen, sofern die konkreten Aufwendungen nicht höher sind, sondern auch der **Erwerbstätigenbonus** (Leistungsanreiz) in Höhe von 1/7 bzw. 10 %[45], um die Mehrbelastungen aus der beruflichen Tätigkeit auszugleichen. Lebt die Mutter nicht mit dem Vater ihres Kindes zusammen, ist für die Bemessung des Bedarfs ausschließlich ihre Lebensstellung maßgebend, die geringer als das hälftige (bereinigte) Einkommen des Unterhaltspflichtigen, aber auch höher sein kann, so dass der Unterhalt nur nach dessen Leistungsfähigkeit zu bestimmen ist. Liegt die **Lebensstellung** der Mutter unterhalb des **notwendigen Selbstbehalts** (Existenzminimum), so stellt sich die Frage, ob wegen der Sicherstellung der Betreuung des Kindes Unterhalt jedenfalls in Höhe des notwendigen Selbstbehalts zu zahlen ist, um die Mutter nicht zu einer Erwerbstätigkeit zu zwingen, die zu Lasten des Kindes ginge. Dies ist zu bejahen, da die Privilegierung des Betreuungsunterhalts bei ehelichen Kindern, wie sie sich in § 1579 BGB niedergeschlagen hat[46], auch bei der Betreuung des nichtehelichen Kindes gilt. Ferner kann der Anspruch gemäß § 1615l Abs. 1, 2 BGB bei einer verheirateten Mutter, deren Anspruch gegen den getrennt lebenden oder geschiedenen Ehemann wegen des Kindes nach § 1579 Nr. 7, 8 BGB wegen grober Unbilligkeit herabgesetzt, zeitlich begrenzt oder versagt wurde, zu einem „Auffüllen" auf den Bedarf nach der Lebensstellung der Mutter führen.

5. Leistungsfähigkeit des Unterhaltspflichtigen

1615l Abs. 3 S. 1 BGB verweist auf die Vorschriften über die Unterhaltspflicht zwischen Verwandten, die entsprechend anzuwenden sind.

---

45 Je nach Leitlinien OLG Düsseldorf oder Süddeutsche Leitlinien.
46 *Büttner*, FamRZ 2000, 781, 784; *Wever/Schilling*, FamRZ 2002, 581, 585; a.A. OLG Köln FamRZ 2001, 1322; s. a. BGH FamRZ 2007, 1302, 1304 bei Ableitung aus §§ 1361, 1578 Abs. 1 BGB.

Damit gilt in Bezug auf die Leistungsfähigkeit § 1603 Abs. 1 BGB, nach dem der Unterhaltspflichtige nur Unterhalt zu leisten hat, soweit er diesen bei Berücksichtigung seiner sonstigen Verpflichtungen **ohne Gefährdung des eigenen angemessenen Unterhalts** erbringen kann. Der BGH[47] nimmt einen Betrag zwischen dem angemessenen (§ 1603 Abs. 1 BGB) und dem notwendigen Selbstbehalt (§ 1603 Abs. 2 BGB) an und begründet dies damit, dass der Gesetzgeber den Unterhalt nach § 1570 BGB sowie den Unterhalt nach § 1615l BGB immer stärker aneinander anpasse; dies führe dazu, dass eine Angleichung an die Rechtslage beim Unterhalt nach § 1570 BGB auch in der Frage des Selbstbehalts erfolgen müsse.[48] In der Regel ist deshalb von einem Selbstbehalt von 1.000 € auszugehen (Düsseldorfer Tabelle, Stand 1.7.2007[49]).

6. Einstweiliger Rechtsschutz zugunsten der Mutter

372 Nach § 1615o Abs. 2 BGB kann die Mutter gegen den Vater den Anspruch nach § 1615l Abs. 1 BGB im Wege der **einstweiligen Verfügung** geltend machen, wenn der Mann die Vaterschaft anerkannt hat oder nach § 1600d Abs. 2 BGB als Vater vermutet wird. Danach kann der Vater zur Zahlung der voraussichtlich nach § 1615l Abs. 1 BGB zu leistenden Beträge an die Mutter verpflichtet werden; ferner kann die Hinterlegung eines angemessenen Betrages angeordnet werden. Der Anspruch ist aufgrund der Verweisung auf § 1615l Abs. 1 BGB auf 14 Wochen beschränkt. Sobald ein Antrag zur Feststellung der Vaterschaft eingereicht ist, kann nach § 641d Abs. 1 S. 1 ZPO Unterhalt im Wege der **einstweiligen Anordnung** verlangt werden, der – anders als mit der einstweiligen Verfügung – sowohl nach zeitlicher Dauer als auch Höhe nicht auf den Notunterhalt begrenzt ist.[50] § 644 ZPO greift erst ein, wenn die Vaterschaft rechtskräftig festgestellt ist.

7. Steuerliche Entlastung

373 Im Falle von Unterhaltsleistungen nach § 1615l Abs. 1, 2 BGB kann der Unterhaltspflichtige nicht das Realsplitting nach § 10 Abs. 1 EStG geltend machen, da dies nach dem Gesetzeswortlaut nur für Ehegatten bzw. geschiedene Ehegatten gilt.[51] Es besteht für ihn jedoch die Möglichkeit, nach § 33a EStG die Unterhaltsleistungen als **außergewöhnliche**

---

47 BGH FamRZ 2005, 354; FamRZ 2005, 357.
48 BGH FamRZ 1990, 260, 262.
49 Abgedruckt in FamRZ 2007, 1367 ff., neuere Fassung lag bei Drucklegung noch nicht vor.
50 S. auch BT-Drucks. 13/4899 S. 90.
51 S. hierzu BFH FamRZ 2004, 1643.

Belastung in besonderen Fällen bis zu jährlich 7.680 € vom steuerpflichtigen Einkommen abzuziehen. Allerdings darf die zu unterhaltende Person kein oder nur geringes Einkommen haben (bis 624 €). Ferner darf für die Mutter kein Anspruch auf Kindergeld oder einen Kinderfreibetrag nach § 32 Abs. 6 EStG bestehen (z.B. für eine Auszubildende oder Studentin).[52] Zu den Einkünften gehören nicht die Leistungen nach dem BErzGG oder vergleichbaren landesrechtlichen Vorschriften (§ 3 Nr. 67 EStG), dem Elterngeld nach § 11 S. 1, 3 BEEG (s. Rz. 369) sowie das Mutterschaftsgeld.[53] Erwachsen einem Steuerpflichtigen Aufwendungen für den Unterhalt einer gesetzlich unterhaltsberechtigten Person, so kann diese Unterhaltslast nach § 33a Abs. 1 S. 1 EStG bis zu einer jährlichen Unterhaltslast von 7.680 € als **außergewöhnliche Belastung in besonderen Fällen** abgezogen werden. Leistet der Unterhaltspflichtige an die Mutter seines Kindes, mit der er nicht verheiratet ist, nach § 1615l Abs. 1, 2 BGB Unterhalt, ist jedenfalls bei bestehender Lebensgemeinschaft der nach § 33a Abs. 1 EStG entstehende steuerliche Vorteil entsprechend der Entscheidung des BVerfG auf diese Unterhaltslast zu beziehen, weil Art. 6 Abs. 1 GG auch die Familie schützt.[54]

8. Probleme aus der Gleichstellung des § 1615l BGB mit § 1570 BGB

a) Problemlage

Das BVerfG hat in der Entscheidung vom 28.2.2007[55] aus dem Grundsatz des Art. 6 Abs. 5 GG, nichtehelichen Kindern gleiche Lebensbedingungen wie ehelichen Kindern zu gewähren, abgeleitet, dass die Dauer der für notwendig erachteten persönlichen Betreuung bei ehelichen Kindern nicht anders zu bemessen ist wie bei nichtehelichen Kindern. Dem wurde durch die Angleichung beider Tatbestände in Bezug auf kindbezogene Gründe Rechnung getragen. Der Auftrag des BVerfG an den Gesetzgeber zur Neufassung des Betreuungsunterhalts für Kinder bezog sich ausschließlich auf dessen **zeitliche Ausgestaltung**. Nicht zu entscheiden hatte das BVerfG, ob sich aus der kindbezogenen Rechtfertigung des Unterhaltsanspruchs auch eine Gleichstellung der weiteren, zur inhaltlichen Bestimmung des Unterhaltsanspruchs maßgeblichen Regelungen ergibt.[56] Die Beantwortung dieser Frage wird dadurch erschwert, dass der Unter-

373a

---

52 BFH FamRZ 2004, 1643.
53 BFH, Urteil vom 24.11.1995, BStBl. II 1995, 527.
54 Eingehend *Borth*, FamRB 2004, 18 ff.; OLG Koblenz FamRZ 2004, 973.
55 FamRZ 2007, 965, 971 = NJW 2007, 1735 [Rz. 59, 62 f.].
56 S. hierzu *Schwab*, FamRZ 2007, 1053, 1056.

haltsanspruch nach § 1570 Abs. 1, 2 BGB in Bezug auf Bedarf, Bedürftigkeit und Leistungsfähigkeit, dem Eingreifen der Härteklausel sowie dem Bestehen von Nebenansprüchen systematisch in die Regelungen zum nachehelichen Unterhalt eingebunden ist, während der Unterhalt nach § 1615l Abs. 2 S. 2, 3 BGB dem Verwandtenunterhalt zugeordnet wurde, dessen Regelungen nicht ohne weiteres mit den Bestimmungen des nachehelichen Unterhalts harmonieren. Insbesondere zum Bedarf nach den ehelichen Lebensverhältnissen gemäß § 1578 Abs. 1 BGB gilt der Gesichtspunkt der Teilhabe an dem in der Ehe Erlangten, während zu § 1615l BGB der allgemeine Grundsatz der Sicherung der Lebensstellung eingreift. Da der Betreuungsunterhalt in beiden Bestimmungen an die Betreuungsbedürftigkeit des Kindes anknüpft, es also um den Ausgleich von Nachteilen aus der Wahrnehmung der Betreuung geht, sind die weiteren Regelungen an diesem Prinzip zu messen.

b) Angleichung des Unterhaltsanspruchs bei Bedarf, Bedürftigkeit und Leistungsfähigkeit

373b Die Bestimmung des Bedarfs richtet sich bei § 1570 BGB nach den ehelichen Lebensverhältnissen gemäß § 1578 Abs. 1 S. 1 BGB, er kann jedoch nach Billigkeitsgesichtspunkten gemäß § 1578b BGB nach den Grundsätzen des Nachteilsausgleichs auf die eigene Lebensstellung herabgesetzt werden. Der Anspruch des Unterhaltsberechtigten nach § 1615l Abs. 2 S. 2, 3 BGB leitet sich aus dessen Lebensstellung ab, §§ 1615l Abs. 2 S. 3, 1610 Abs. 1 BGB. Dass im Einzelfall die Höhe des Anspruchs aufgrund dieser Bestimmungen abweicht, stellt grundsätzlich keinen Verstoß gegen das Prinzip des Art. 6 Abs. 5 GG dar, weil auch bei unterschiedlicher Bedarfshöhe die Betreuung des Kindes in zeitlicher Hinsicht dennoch gleichartig gestaltet werden kann. Schuldet allerdings der Unterhaltspflichtige Unterhalt sowohl aus § 1570 BGB wie aus § 1615l Abs. 2 S. 2, 3 BGB, die nach § 1609 Nr. 2 BGB gleichrangig sind, nimmt der BGH[57] in Bezug auf den Unterhalt des geschiedenen Ehegatten eine Prägung der ehelichen Lebensverhältnisse an, was zu einer Nivellierung der Anspruchshöhe führt. Für den Bereich der Bedürftigkeit des Unterhaltsberechtigten hat der BGH beim Anspruch nach § 1615l Abs. 2 S. 2, 3 BGB Einkünfte aus einer überobligationsmäßigen Tätigkeit analog § 1577 Abs. 2 BGB beurteilt[58] und nicht auf §§ 1615l Abs. 3, 1602 BGB zurückgegriffen, insoweit also bereits eine Angleichung an die §§ 1569 ff. BGB vorgenommen. Gleiches gilt in Bezug auf die Begrenzung des Be-

---

57 FamRZ 2006, 683, 685.
58 FamRZ 2005, 442, 444.

darfs nach § 1615l Abs. 3 S. 1, 1610 Abs. 1 BGB durch den Halbteilungsgrundsatz, den er § 1578 Abs. 1 BGB entlehnt. Ferner hat der BGH zum Selbstbehalt, der sich nach § 1615l Abs. 3 S. 1, 1603 Abs. 1 BGB richtet, an die Rechtsprechung zu § 1581 S. 1 BGB angepasst.[59]

c) Anspruch auf Mehr- oder Sonderbedarf

Steht einem Elternteil ein Anspruch nach § 1615l Abs. 2, 3 BGB zu, so kann er neben dem Elementarunterhalt auch den Unterhalt für eine angemessene Versicherung für den Fall der **Krankheit und Pflege** verlangen, weil dieser ebenfalls zu dem existenzsichernden Bedarf zu zählen ist. Würde ein solcher Anspruch nicht gewährt, müsste dieser Aufwand aus dem Elementarunterhalt bestritten werden, so dass bei Unterschreiten des Existenzminimums eine Erwerbstätigkeit ausgeübt werden müsste; dem steht aber § 1615l Abs. 2 S. 3 BGB entgegen, wenn das Kind noch nicht das dritte Lebensjahr erreicht hat. Dieser Anspruch leitet sich aus § 1610 Abs. 1 BGB ab. Gleiches gilt in Bezug auf den Vorsorgeunterhalt, der aber regelmäßig durch die Gewährung von Kindererziehungszeiten nach §§ 56, 70 SGB VI für die Dauer von drei Jahren gedeckt ist, bei einer Verlängerung des Anspruchs nach Abs. 2 S. 4, 5 aber zuzusprechen ist. Auch dieser Anspruch folgt aus § 1610 Abs. 1 BGB, weil er zum gesamten Lebensbedarf gehört, was in § 1578 Abs. 3 BGB konkret zum nachehelichen Unterhalt ausgesprochen wird. Ein **geburtsbedingter Sonderbedarf** ergibt sich aus § 1615l Abs. 1, 2 S. 1 BGB. Ein Anspruch auf **Prozesskostenvorschuss**, der aus § 1360a Abs. 4 BGB abzuleiten wäre,[60] besteht dagegen nicht, weil in § 1615l Abs. 3 S. 1 BGB eine Verweisung auf § 1360a Abs. 4 BGB fehlt und zudem auch der geschiedene Ehegatte mangels gesetzlicher Regelung keinen Prozesskostenvorschuss verlangen kann.[61]

373c

d) Anwendung der Härteklauseln nach §§ 1579, 1611 BGB

Schwerwiegende systematische Diskrepanzen treten zwischen § 1579 BGB und § 1611 BGB auf,[62] die nur teilweise lösbar sind. Soweit ersichtlich, besteht eine konkrete Regelung zu beiden Tatbeständen nur in Bezug auf das Elterngeld nach § 11 S. 4 BEEG (bis 31.12.2006: § 9 S. 2 BErzGG), das die Frage des Einsatzes dieser Leistungen zu Unterhaltszwecken in den Fällen der § 1579 BGB und § 1611 BGB regelt. Kaum in

373d

---

59 FamRZ 2005, 354; FamRZ 2005, 357; FamRZ 1990, 260, 262.
60 BGH FamRZ 2004, 1633.
61 A.A. OLG München OLG-Report 2002, 67.
62 S. hierzu *Schwab*, FamRZ 2007, 1053, 1056.

Einklang zu bringen sind § 1579 Nr. 1 BGB und § 1611 Abs. 1 BGB, wenn eine **Ehe von kurzer Dauer** vorliegt,[63] weil auch bei Berücksichtigung der Belange des Kindes eine Begrenzung des Anspruchs vor allem in Bezug auf die zeitliche Dauer in Betracht kommt sowie vom betreuenden Elternteil nach Erreichen des dritten Lebensjahres des Kindes bei bestehendem Härtefall ab diesem Zeitpunkt grundsätzlich eine Erwerbstätigkeit verlangt werden kann und auch der Höhe nach eine Herabsetzung auf das Existenzminimum in Betracht kommt, soweit die Belange des Kindes gewahrt sind. Bei § 1615l Abs. 2 S. 2, 3 BGB ist es dagegen vollkommen unerheblich, ob eine Lebenspartnerschaft bestanden hat. Lösbar ist dieser Konflikt nur im Einzelfall, indem der Betreuungsunterhalt nach § 1570 Abs. 1 BGB bis zum dritten Lebensjahr des Kindes weder nach § 1579 BGB noch nach § 1578b BGB begrenzt wird. Eine systematische Angleichung ist wegen der den Regelungen zugrunde liegenden unterschiedlichen Prinzipien nicht möglich. Auch zu § 1579 Nr. 2 BGB ergeben sich Widersprüche, weil bei **Vorliegen einer verfestigten Lebensgemeinschaft** der Anspruch begrenzt oder versagt werden kann. Zu § 1611 BGB fehlen entsprechende Regelungen, so dass allenfalls aus dem Grundsatz der eingeschränkten Bedürftigkeit nach § 1602 Abs. 1, 2 BGB i.V.m. § 242 BGB der **Wert der Haushaltsleistungen** für den neuen Partner berücksichtigt werden kann.[64] Soweit in Bezug auf den Unterhaltsberechtigten nach § 1615l Abs. 2 S. 2, 3 BGB ein Härtegrund i.S.d. § 1579 Nr. 2-7 BGB zu bejahen wäre, können im Rahmen der besonderen Billigkeitsklausel des § 1611 Abs. 1 BGB die typisierten Härtegründe berücksichtigt werden, so etwa, wenn nach langer nichtehelicher Gemeinschaft, aus der betreuungsbedürftige Kinder hervorgegangen sind, ein Fall des § 1579 Nr. 2 BGB eintritt; Gleiches gilt hinsichtlich der Härtegründe nach § 1579 Nr. 3, 5, 7 BGB. In Bezug auf die Härteklausel des § 1578b BGB ist die Begrenzung des Anspruchs nach § 1570 BGB schon deshalb fraglich, weil die Betreuungszeit als ein Fall des Nachteilsausgleichs i.S.d Abs. 1 S. 2, 3 gesehen werden kann und im Übrigen dieser Unterhaltsanspruch zeitlich begrenzt ist; ferner spricht regelmäßig die Wahrung der Belange des Kindes gegen eine Begrenzung.[65]

e) Vereinbarungen nach § 1585c BGB und § 1614 BGB

373e Eine weitere systematische Diskrepanz folgt aus der Zulässigkeit, nach § 1585c BGB Vereinbarungen zum nachehelichen Unterhalt abzuschließen und hierbei insbesondere den Betreuungsunterhalt nach § 1570

---

63 Eingehend Rz. 190.
64 S. hierzu Rz. 209 ff.; OLG Koblenz FamRZ 2006, 440.
65 S. Rz. 155; *Schwab*, FamRZ 2007, 1053, 1056.

BGB auszuschließen,[66] während Vereinbarungen zu § 1615l Abs. 2 S. 2, 3 BGB nur unter den engen Voraussetzungen des § 1614 Abs. 1 BGB zulässig sind. Danach ist ein Verzicht auf diesen Unterhalt nicht zulässig und allenfalls eine Modifikation des gesetzlichen Unterhalts möglich, die die Grenze von etwa 25 % nicht überschreiten darf.[67] Diese Sachlage lässt sich nur durch eine gesetzliche Regelung lösen. Eine Ausdehnung des § 1614 Abs. 1 BGB mit dem Ziel, Vereinbarungen lediglich einer Wirksamkeits- oder Ausübungskontrolle zu unterwerfen, ist nach dem eindeutigen Wortlaut und dem Zweck der Regelung nicht möglich.

---

66 BVerfG FamRZ 2001, 343, 347; BGH FamRZ 2004, 601; FamRZ 2007, 974.
67 S. OLG Hamm FamRZ 2001, 1023 (20 %); OLG Celle FamRZ 1992, 94.

R. Änderungen des Lebenspartnerschaftsgesetzes

I. Überblick

374 Die in den §§ 5, 12 und 16 LPartG enthaltene unterhaltsrechtliche Rangfolge wird an das im neuen Unterhaltsrecht enthaltene Rangfolgesystem angeglichen. Damit ist die unterhaltsrechtliche Rangfolge bei Lebenspartnern derjenigen zwischen Ehegatten gleichgestellt. Ferner wird der Grundsatz der Eigenverantwortung im nachpartnerschaftlichen Unterhalt insbesondere an die Bestimmungen des § 1569 BGB angepasst.

II. Die einzelnen Bestimmungen

1. Gleichstellung der Rangordnung von eingetragenen Lebenspartnern und Ehegatten

375 Das Gesetz zur Überarbeitung des Lebenspartnerschaftsrechts vom 15.12.2004[1] hat eine Neuregelung der Rangfolge bei mangelnder Leistungsfähigkeit des Unterhaltspflichtigen bewusst ausgenommen, um der Unterhaltsreform nicht vorzugreifen und insbesondere keine weiteren Regelungen zur unterhaltsrechtlichen Rangfolge den Betroffenen zuzumuten, die dann mit drei unterschiedlichen Regelungsbereichen konfrontiert worden wären.[2] Die Änderungen des LPartG sehen nunmehr die vollständige Gleichstellung der Unterhaltsprüche von Lebenspartnern mit den Rangfolgebestimmungen bei Ehegatten vor.

2. Verpflichtung zum Lebenspartnerschaftsunterhalt nach § 5 LPartG

376 § 5 S. 1 LPartG deckt sich mit den Bestimmungen zum Familienunterhalt nach §§ 1360, 1360a BGB. S. 2 enthält ausdrückliche Verweisungen auf die §§ 1360, 1360a und 1609 BGB. Durch die Auführung des § 1609 BGB wird dieser Unterhaltsanspruch in das Rangfolgesystem des neuen § 1609 BGB eingefügt (s. Rz. 256). Liegt ein nachpartnerschaftlicher Unterhaltsanspruch vor, ist dieser der zweiten Rangstufe zuzuordnen,

---

1 BGBl. I S. 3396.
2 So Begründung in BT-Drucks. 15/3445 S. 15.

wenn eine Lebenspartnerschaft von langer Dauer bejaht wird.³ Der Anspruch tritt dann in Konkurrenz mit einem Unterhalt wegen Betreuung eines minderjährigen Kindes nach §§ 1360, 1360a, 1361 Abs. 1, 1570, 1615l BGB. Insoweit gelten bezüglich der Rangfolgefragen dieselben Grundsätze wie zu § 1609 BGB ausgeführt.⁴

3. Unterhalt bei Getrenntleben nach § 12 LPartG

Auch insoweit bezieht sich die Bestimmung des LPartG auf die entsprechenden Regelungen des Trennungsunterhalts nach § 1361 Abs. 1 BGB sowie auf das Rangfolgesystem des § 1609 BGB, auf die entsprechend verwiesen wird. Besonderheiten bestehen auch insoweit nicht. Sind unterhaltsberechtigte minderjährige Kinder vorhanden, so verdrängt deren Anspruch im Mangelfall grundsätzlich alle Unterhaltsansprüche nach dem LPartG auf die folgenden Ränge.

377

4. Nachpartnerschaftlicher Unterhalt

Der neu gefasste § 16 LPartG hebt die in § 16 Abs. 2 LPartG a.F. enthaltene Rangfolgeregelung, die auf § 1609 Abs. 2 BGB a.F. verwies, auf und schreibt die entsprechende Anwendung des neuen § 1609 BGB vor. Danach wird auch der **nachpartnerschaftliche Unterhalt unmittelbar in das neue Rangfolgesystem** eingefügt, so dass sich zur Bestimmung des Unterhaltsanspruchs keine Besonderheiten im Verhältnis zu den Unterhaltsansprüchen aus einer geschiedenen Ehe ergeben. Zugleich ist damit der Nachrang des Unterhaltsanspruchs des Lebenspartners gegenüber Kindern, Ehegatten und nicht verheirateten Müttern (Vätern) nach § 1615l BGB festgelegt. Die Unterhaltsansprüche nach § 16 LPartG sind deshalb in die Rangstufe gemäß § 1609 Nr. 2 oder 3 BGB einzuordnen. Ferner gleicht die Neuregelung § 16 S. 1 LPartG an § 1569 BGB an, der den nachehelichen Grundsatz der Eigenverantwortung hervorhebt und insoweit den dortigen **Obliegenheitsmaßstab zur Eigensicherung** des nachpartnerschaftlichen Unterhalts übernimmt.

378

---

3 S. hierzu Rz. 251.
4 S. Rz. 251.

S. Übergangsbestimmungen

I. Grundlagen

379   Art. 3 Abs. 2 des UÄndG 2007 regelt die Voraussetzungen, unter denen das neue Recht auf Unterhaltsrechtsverhältnisse anzuwenden ist, in denen vor Inkrafttreten dieses Gesetzes Unterhaltsansprüche entstanden sind. Die entsprechenden Bestimmungen wurden in § 36 EGZPO eingestellt. Leitender Grundgedanke der Übergangsbestimmungen ist, dass das **neue Unterhaltsrecht auch für „Altfälle"** gilt. Der RegE[1] führt hierzu aus, dass altes und neues Recht nicht auf Dauer nebeneinander bestehen sollen, sondern im Interesse einer einheitlichen Rechtsanwendung sowie der Rechtssicherheit eine alsbaldige und generelle Anwendung des neuen Rechts erreicht werden soll. Ferner soll hierdurch bezweckt werden, dass die nach bisherigem Recht bestehenden unbilligen und ungerechten Ergebnisse nicht dauerhaft fortbestehen.

Aus welchen Bestimmungen sich ungerechte und unbillige Ergebnisse nach dem bisherigen Rechtszustand ergeben haben sollen, wird im RegE allerdings mit keinem Wort angesprochen. Aus den Einzelbegründungen der Neuregelungen kann vermutet werden, dass damit vor allem die unterschiedliche Handhabung der Erwerbsobliegenheiten bei Betreuung eines minderjährigen Kindes im Falle des § 1570 BGB sowie des § 1615l BGB, die dauerhafte Unterhaltspflicht in Fällen, in denen keine ehebedingte bzw. ehebezogene wirtschaftliche Nachteile entstanden sind, sowie der Nachrang der zweiten Ehefrau bzw. der mit dem Vater ihres Kindes nicht verheirateten Mutter, wenn diese jeweils ein minderjähriges Kind betreuen, gemeint sein könnte.

II. Regelungsbereich der Übergangsbestimmungen

1. Grundsatz

380   Die neuen Bestimmungen gelten für alle Unterhaltsrechtsverhältnisse, aus denen ab Inkrafttreten der Neuregelung Unterhaltsansprüche entstehen. Hieraus folgt zunächst, dass in allen Verfahren ab Inkrafttreten des Gesetzes das neue Recht anzuwenden ist, auch wenn das **einen Anspruch**

---

1 BT-Drucks. 16/1830 S. 32.

begründende Familienrechtsverhältnis vor dieser Zeit begründet wurde. Damit gilt das neue Recht auch für Ehen, die vor dem 1.1.2008 geschlossen wurden, für einen Unterhaltsanspruch nach § 1615l BGB, dessen Voraussetzungen vor dem 1.1.2008 eingetreten sind (Kind ist bei Inkrafttreten zwei Jahre alt) und für Kinder, die vor dem 1.1.2008 geboren wurden. Entsprechend greift das neue Recht auch ein, wenn vor dem 1.1.2008 ein Unterhaltsverfahren auf der Grundlage des bisherigen Rechts eingeleitet wurde. Mit Wirkung ab 1.1.2008 ist das neue Recht anzuwenden, soweit in diesem Verfahren ein von dem neuen Gesetz erfasster Regelungsbereich betroffen ist. Unterhaltsansprüche, die **vor diesem Zeitpunkt fällig** geworden sind, werden von den neuen Bestimmungen nicht erfasst und richten sich nach bisherigem Recht. Dies kann zur Folge haben, dass in einem Rechtsstreit die Rechtslage eines geltend gemachten Anspruchs bis zum 31.12.2007 nach bisherigem und ab 1.1.2008 nach neuem Recht zu beurteilen ist, so z.B. bei Prüfung der Erwerbsobliegenheit nach § 1570 Abs. 1 S. 2, Abs. 2 BGB oder der Rangfolge nach § 1609 BGB. Um ein Rechtsmittelverfahren oder eine Abänderungsklage zu vermeiden, muss eine vor dem 1.1.2008 geschlossene mündliche Verhandlung sowohl beim Familiengericht als auch beim Familiensenat des Oberlandesgerichts (als Berufungsgericht) **auf Antrag wieder eröffnet** werden (§ 36 Nr. 7 EGZPO). Befindet sich ein Unterhaltsverfahren in der Revisionsinstanz, sind die neuen Regelungen ebenfalls nach Maßgabe des § 36 Nr. 1 EGZPO anzuwenden (im Einzelnen Rz. 413). Ein nach § 1612 Abs. 2 Nr. 2 BGB a.F. beim Familiengericht anhängiges Verfahren zur Unterhaltsbestimmung erledigt sich, weil die hierzu maßgeblichen Umstände im Unterhaltsverfahren incidenter zu prüfen sind (s. Rz. 310 f.). Auf Unterhaltsrechtsverhältnisse von Ehegatten, die nach dem bis zum 30.6.1977 geltenden Recht geschieden wurden, ist das neue Recht entsprechend nicht anzuwenden.

Soweit in einem Unterhaltsrechtsverhältnis **bereits ein Unterhaltsanspruch festgesetzt** wurde, so gilt auch insoweit das neue Recht grundsätzlich nach Maßgabe der in § 36 Nr. 1-3 EGZPO enthaltenen Regelungen. Nr. 1 enthält insoweit die zentrale Bestimmung, um bestehende Unterhaltsregelungen an das neue Recht anzupassen (eingehend Rz. 387 ff.).

2. Überblick zu § 36 EGZPO

a) § 36 Nr. 1 EGZPO

Nr. 1 legt die Voraussetzungen fest, unter denen eine vor dem Inkrafttreten des Gesetzes bindend **festgelegte Unterhaltsfestsetzung abgeändert** werden kann, wenn Umstände vorliegen, die durch das neue Recht erheblich geworden sind (eingehend Rz. 388 ff.). Diese Regelung bezieht

381

sich auf rechtkräftige Urteile, Unterhaltsvergleiche i.S.d. § 794 Abs. 1 Nr. 1 ZPO, Titel nach § 794 Abs. 1 Nr. 5 ZPO, Anwaltsvergleiche i.S.d. § 796a ZPO, Jugendamtsurkunden nach §§ 59, 60 SGB VIII sowie formlose Unterhaltsvereinbarungen, ohne als Vollstreckungstitel gefasst zu sein, nicht dagegen auf einstweilige Anordnungen nach §§ 620 Nr. 4-6, 644 ZPO, da diese keine bindende Unterhaltsfestsetzung beinhalten, sondern reine Verfahrensvorschriften ohne materiell-rechtlichen Gehalt darstellen.

b) § 36 Nr. 2 EGZPO

382   Nr. 2 legt in Bezug auf die in Nr. 1 genannten Umstände fest, dass diese bei der erstmaligen Abänderung eines vollstreckbaren Unterhaltstitels nach dem 1.1.2008 ohne die Beschränkungen des § 323 Abs. 2 ZPO und § 767 Abs. 2 ZPO, soweit diese Regelung eingreift, geltend gemacht werden können. Danach können also Umstände, die in der vor dem Inkrafttreten des neuen Rechts getroffenen Unterhaltsregelung bereits berücksichtigt wurden, in dem **Abänderungsverfahren erneut berücksichtigt** werden, soweit diese durch das neue Recht erheblich wurden. Sie sind damit nicht präkludiert (eingehend Rz. 391 ff., 396).

c) § 36 Nr. 3 EGZPO

383   Nr. 3 bestimmt den Rechengang, in welcher Weise bestehende Unterhaltstitel sowie Vereinbarungen, in denen die Unterhaltspflicht in Form eines Prozentsatzes des jeweiligen Regelbetrages nach der Regelbetragverordnung festgelegt wurde, an die **neue (höhere) Bemessungsgröße des Mindestunterhalts** gemäß § 1612a Abs. 1 BGB angepasst werden. Zweck der Regelung ist lediglich der Austausch der Bemessungsgröße, nicht aber die Veränderung des bisherigen Zahlbetrages. Die Buchstaben a) bis d) regeln hierzu die verschiedenen Arten der Berücksichtigung bzw. Verrechnung des Kindergeldes nach § 1612b BGB a.F. (eingehend Rz. 404 ff.).

d) § 36 Nr. 4 EGZPO

383a   Die aufgrund der Beratungen des Rechtsausschusses des Deutschen Bundestags eingefügte weitere Nummer gleicht die Herabsetzung der Zahlbeträge zum Kindesunterhalt aus, die sich aus der Einführung der neuen Bemessungsgrundlage gemäß § 32 Abs. 6 EStG ergibt. Hierzu werden die bis 31.12.2007 geltenden Regelbeträge um das hälftige Kindergeld erhöht; der sich daraus ergebende Betrag stellt den Mindestunterhalt i.S.d. § 1612a Abs. 1 BGB dar und ist gültig, bis der Freibetrag nach § 32 Abs. 6 EStG (derzeit 2 x 1.824 €) diese Werte übersteigt. Hinsichtlich der Einzelheiten wird auf Rz. 321a verwiesen.

e) § 36 Nr. 5 EGZPO

Nr. 5 regelt das Verfahren der Revisionsinstanz beim BGH, wenn in Unterhaltsverfahren nach § 621 Abs. 1 Nr. 4, 5 oder Nr. 11 ZPO (Kindesunterhalt, Unterhalt getrennt lebender oder geschiedener Ehegatten, Unterhalt der Mutter, die mit dem Vater des Kindes nicht verheiratet ist), einer der Nr. 1 bezeichneten und durch das neue Recht erheblich gewordenen Umstände dort geltend gemacht wird (eingehend Rz. 413).

384

f) § 36 Nr. 6 EGZPO

Nr. 6 bestimmt in den Verfahren nach § 621 Abs. 1 Nr. 4, 5 und 11 ZPO, dass in Verfahren der ersten oder zweiten Instanz auf Antrag eine **bereits geschlossene mündliche Verhandlung wieder eröffnet** werden muss, wenn nach dem neuen Recht erheblich gewordene Umstände geltend gemacht werden. Entsprechendes gilt im schriftlichen Verfahren nach § 128 Abs. 2 ZPO, wenn diese Sachlage nach Ablauf der in § 128 Abs. 2 S. 2 ZPO gesetzten Frist zur Einreichung von Schriftsätzen eintritt (eingehend Rz. 414 f.).

385

g) § 36 Nr. 7 EGZPO

Nr. 7 betrifft zwei gänzlich verschiedene Sachlagen. Soweit Unterhaltsleistungen für einen Zeitraum vor Inkrafttreten des neuen Rechts am 1.1.2008 auf der Grundlage des 1. EheRG geltend gemacht werden, ist bis zum 31.12.2007 das **bis dahin geltende Recht** anzuwenden. Betreffen die Unterhaltsleistungen Ehegatten (§§ 58 ff. EheG), die nach dem bis zum 30.6.1977 geltenden Recht geschieden wurden, greift das neue Recht nicht ein (eingehend Rz. 416).

386

III. Anwendung des neuen Rechts auf bestehende Unterhaltsregelungen

1. Voraussetzungen

Das neue Unterhaltsrecht ist unter zwei Voraussetzungen – einer prozessualen und einer materiell-rechtlichen – anwendbar:

387

(1) Es muss eine wesentliche Änderung der Unterhaltsverpflichtung im Sinne des § 323 Abs. 1, 4 ZPO durch Umstände eingetreten sein, die vor Inkrafttreten des Gesetzes zur Änderung des Unterhaltsrechts entstanden und durch dieses erheblich geworden ist, und

(2) die Änderung muss für den anderen Teil (Unterhaltsberechtigten und -verpflichteten) unter Berücksichtigung seines Vertrauens in die getroffene Regelung zumutbar sein.

2. Begriff der wesentlichen Änderung nach Nr. 1

388 § 36 Nr. 1 EGZPO übernimmt als prozessuale Voraussetzung der Abänderung einer bestehenden Unterhaltsverpflichtung den in § 323 Abs. 1 ZPO enthaltenen Begriff einer wesentlichen Änderung. Nach § 323 Abs. 1 ZPO ist eine Abänderungsklage nur dann begründet, wenn eine wesentliche Änderung derjenigen Verhältnisse eingetreten ist, die für die Verurteilung zur Entrichtung der Unterhaltsleistungen, für die Bestimmung ihrer Höhe oder für die Dauer ihrer Entrichtung maßgebend waren. Die Änderung muss sich auf die tatsächlichen Grundlagen der Entscheidung beziehen und nicht lediglich auf die insoweit vom Erstrichter vorgenommene Beurteilung. Beruht die in der abzuändernden Entscheidung zugrunde gelegte Prognose (hinsichtlich der Verurteilung zu einer künftigen Leistung) auf einer unrichtigen Bewertung der maßgeblichen Umstände, kann dieser Fehler nur mit einem Rechtsmittel korrigiert werden[2], weil die Abänderungsklage **nur der Korrektur einer fehlgeschlagenen Prognose** dient, nicht aber wie ein Rechtsmittel der Beseitigung von Fehlern.[3]

389 Eine **berechtigte Ausnahme** von dem Grundsatz, dass nur eine Veränderung der tatsächlichen Verhältnisse beachtlich ist, wird von der herrschenden Meinung für den **Fall einer Gesetzesänderung** zugelassen.[4] Hierauf bezieht sich § 36 Nr. 1 EGZPO, so dass die Abänderung einer Unterhaltsverpflichtung nach dieser Bestimmung keine Abänderung der tatsächlichen Verhältnisse voraussetzt. § 36 Nr. 1 EGZPO berücksichtigt vielmehr, dass Umstände, die der Erstentscheidung zugrunde lagen, durch das neue Recht eine andere Bewertung in Bezug auf Voraussetzungen und Höhe eines Unterhaltsanspruchs erfahren und zu einer anderen Unterhaltsverpflichtung oder deren Wegfall führen können. Der RegE[5] benennt hierzu beispielhaft die Dauer der Ehe oder eine frühere Erwerbstätigkeit.

3. Anwendungsfälle

390 • Im Falle der Betreuung eines minderjährigen Kindes vor dem achten Lebensjahr, die zu einem (vollen) Unterhaltsanspruch nach § 1570 BGB geführt hat, die **Vorverlegung der Erwerbsobliegenheit** in Hinblick auf § 1570 Abs. 1 S. 2, 3 BGB, weil eine zumutbare Betreuungsmöglichkeit vorliegt.

---

[2] BGH NJW-RR 2001, 937 f.
[3] BGH FamRZ 2001, 1687, 1690 (m. Anm. *Gottwald*) = NJW 2001, 3618, 3620.
[4] BGH FamRZ 1991, 542 = NJW 1991, 514; *Zöller/Vollkommer*, 26. Aufl., § 323 ZPO Rz. 32; *Musielak/Borth*, § 323 ZPO Rz. 28.
[5] BT-Drucks. 16/1830 S. 33.

- Bei Vorliegen einer **Ehe von kurzer Dauer** im Sinne des § 1579 Nr. 1 BGB wird nach dem bisherigen Altersphasenmodell der Anspruch nach § 1570 BGB bis zum Erreichen des achten Lebensjahres des Kindes zeitlich befristet.[6] Mit Auflösung des Altersphasenmodells aufgrund der Regelung des § 1570 Abs. 1 S. 2, 3 BGB ist grundsätzlich zu prüfen, inwieweit eine Erwerbsobliegenheit ab Vollendung des dritten Lebensjahres in Betracht kommt. Entsprechendes gilt bei Vorliegen eines Härtefalles gemäß § 1579 Nr. 2-8 BGB.

- **Begrenzung eines Unterhaltsanspruchs** nach den §§ 1571, 1572 BGB, wenn keine Ehe von kurzer Dauer vorlag und deshalb eine zeitliche Begrenzung oder Herabsetzung des Anspruchs nach § 1579 Nr. 1 BGB verneint wurde; die Dauer der Ehe kann nach dem neuen Recht aber im Rahmen der Prüfung einer Begrenzung nach § 1578b BGB erneut Bedeutung haben.

- Wurde im Falle eines Anspruchs nach § 1573 Abs. 1 BGB oder § 1573 Abs. 2 BGB eine nach §§ 1573 Abs. 5, 1578 Abs. 1 S. 2 BGB a.F. mögliche Begrenzung bereits vorgenommen, ist grundsätzlich eine **erneute Prüfung der Begrenzung** nach § 1578b BGB möglich, weil sich die einzelnen Tatbestandselemente mit denjenigen in § 1578b Abs. 1 S. 2, 3 BGB nicht in allen Bereichen decken. Allerdings ist in der neuen Rechtsprechung des BGH[7] der in § 1578b Abs. 1 S. 2, 3 BGB enthaltene ehebedingte Nachteil in Bezug auf die Sicherung des eigenen Unterhalts bereits im Rahmen des § 1573 Abs. 5 BGB a.F. berücksichtigt. In solchen Fällen scheidet eine erneute Prüfung aus.

- Wurden in der Erstentscheidung die **Voraussetzungen der Begrenzung nach §§ 1573 Abs. 5, 1578 Abs. 1 S. 2 BGB a.F.** nicht geprüft, so steht in Bezug auf diejenigen Tatbestandselemente, die auch in § 1578b BGB enthalten sind, einer Abänderung der Erstentscheidung entgegen, dass durch die Neuregelung eine erneute Bewertung solcher Umstände nicht stattfindet.[8]

- Wurde in der Erstentscheidung bei **Konkurrenz des Unterhalts** einer geschiedenen Ehefrau mit dem Unterhaltsanspruch der zweiten Ehefrau, die im Falle der Scheidung einen Betreuungsanspruch nach § 1570 BGB hätte, der Anspruch der zweiten Ehefrau wegen langer Dauer der Ehe i.S.d. § 1582 Abs. 1 S. 1, 2 BGB a.F. verdrängt, so sind wegen des in § 1609 Nr. 2 BGB geregelten Gleichrangs beider Ansprüche die der Erstentscheidung zugrunde liegenden Umstände erneut zu beurteilen.

---

6 BGH FamRZ 1997, 671, 672; FamRZ 1997, 873, 876.
7 BGH FamRZ 2006, 1006, 1007; FamRZ 2007, 200 m. Anm. *Büttner.*
8 Zur Lockerung der Präklusion nach § 323 Abs. 1 ZPO s. BGH FamRZ 2007, 793, 798.

- Entsprechendes gilt im Verhältnis zwischen minderjährigen und volljährigen Kindern einerseits und einem (geschiedenen) Ehegatten andererseits, die nach § 1609 Abs. 2 S. 1 BGB a.F. gleichrangig, nach § 1609 Nr. 1, 2 BGB nunmehr aber die minderjährigen und volljährigen privilegierten Kinder vor dem (geschiedenen) Ehegatten vorrangig sind.

- Schuldet der getrennt lebende Unterhaltspflichtige seiner Ehefrau nach § 1361 Abs. 1 BGB Trennungsunterhalt, so war dieser nach § 1615l Abs. 3 S. 3 BGB a.F. vor dem Anspruch nach § 1615l Abs. 1, 2 BGB vorrangig. Nunmehr kann nach § 1609 Nr. 2 BGB zwischen **beiden Unterhaltsansprüchen Gleichrang** bestehen, ferner bezüglich des Trennungsunterhalts nach § 1361 Abs. 1 BGB ein Nachrang, wenn diesem keine Betreuung eines gemeinsamen minderjährigen Kindes zugrunde liegt oder keine Ehe von langer Dauer vorliegt.

- Wenn nach der neuen Düsseldorfer Tabelle eine **Abweichung des Bedarfs des minderjährigen Kindes** nach § 1610 Abs. 1 BGB eintritt, weil sich aufgrund der Neuregelung des Mindestunterhalts ein geänderter Barunterhaltsbedarf ergibt.

- Wenn sich aufgrund der Erhöhung des Kinderfreibetrages nach § 32 Abs. 6 EStG der Kindesunterhalt i.S.d. § 1612a Abs. 1 BGB i.V.m. § 36 Nr. 4 EGZPO erhöht.

4. Weitere prozessuale Voraussetzungen

a) Wesentliche Änderung

391   Eine wesentliche Änderung wird in der Rechtsprechung[9] regelmäßig angenommen, wenn eine Abweichung von der Erstentscheidung in Höhe von zehn Prozent erreicht wird; die Abänderungsvoraussetzungen werden aber auch im Falle geringerer Prozentsätze angenommen.[10] Liegen die Voraussetzungen einer Abänderung vor, so sind sonstige Umstände, die für sich gesehen die Voraussetzungen einer Abänderung nicht erfüllen, ebenso zu berücksichtigen, sofern eine Änderung der Verhältnisse nach dem Wirksamwerden der abzuändernden Unterhaltsregelung eingetreten ist.

---

9 S. hierzu *Musielak/Borth*, § 323 ZPO Rz. 31.
10 BGH FamRZ 2005, 608 – Anpassung an die Regelbetragssätze des § 1612a BGB a.F.

b) Umfang der fortbestehenden Bindung an das abzuändernde Urteil

Zweck der Abänderungsklage ist es, eine Anpassung des Urteils an veränderte Umstände zu erreichen, weil die in der vorangehenden Entscheidung getroffene Prognose zur künftigen Entwicklung der dieser zugrunde liegenden Verhältnisse nicht eingetreten ist. Entsprechend lässt die herrschende Meinung[11] eine Korrektur des Urteils nur insoweit zu, wie dies zur Anpassung des Titels geboten ist; ansonsten bleibt die Bindung an das abzuändernde Urteil bestehen. In der Abänderungsentscheidung kann deshalb keine freie Festsetzung der Unterhaltsleistung erfolgen; eine Korrektur ist nur insoweit zulässig, als dies durch die veränderten Umstände geboten ist.[12] In Bezug auf § 36 Nr. 1 EGZPO bedeutet dies, dass in der Abänderungsentscheidung nur **solche Umstände einer Neubeurteilung** unterliegen, die durch das UÄndG 2007 erheblich geworden sind.[13] Andere Umstände sind dagegen in die Abänderungsentscheidung unverändert zu übernehmen, auch wenn dieser eine fehlerhafte Tatsachenfeststellung oder rechtliche Bewertung zugrunde liegt. Dies gilt zum Beispiel für eine fehlerhafte Feststellung der Einkommensverhältnisse, wenn diese sich nicht ebenfalls wesentlich geändert haben (die ehelichen Lebensverhältnisse prägende Nutzungsvorteile aus der ehelichen Wohnung bzw. deren Surrogate werden nicht berücksichtigt[14]; der Einkommensfeststellung liegt eine unzutreffende Steuerklasse oder Grund- bzw. Splittingtabelle nach dem EStG zugrunde[15]), ferner im Falle der Nichtberücksichtigung von Einkommensteilen (Zinserträge) oder Konsumentenkrediten.[16] Die **Präklusion von sogenannten „Alttatsachen"** nach § 323 Abs. 2 ZPO, also solchen Umständen, die bereits im Zeitpunkt des vorangehenden Verfahrens bestanden haben und hätten vorgebracht werden können, bezieht sich jedoch nur auf den Abänderungskläger, weil § 323 Abs. 2 ZPO lediglich die klagebegründenden Tatsachen erfasst. Dagegen lässt sich aus dieser Bestimmung eine Einschränkung der Rechtsverteidigung nicht entnehmen.[17] In Bezug auf einen unterhaltsberechtigten Ehegatten, der nach § 1582 Abs. 1 BGB a.F. im Rang der zweiten Ehefrau des Un-

392

---

11 BGH FamRZ 2001, 905 = NJW-RR 2001, 937; FamRZ 1986, 790 = NJW 1986, 2054.
12 Zur Kritik an dieser Rechtsprechung s. *Gottwald* in Münchener Kommentar, § 323 ZPO Rz. 91; *Musielak/Borth*, § 323 ZPO Rz. 37 f.
13 Zu den Anwendungsfällen s. Rz. 390.
14 BGH FamRZ 2006, 387, 391; FamRZ 2001, 986, 991; FamRZ 2001, 1140, 1143.
15 S. BVerfG FamRZ 2003, 1821 = NJW 2003, 3466; BGH FamRZ 2005, 1817.
16 BGH FamRZ 1998, 1501; FamRZ 1988, 703.
17 BGH FamRZ 2001, 1364; BGHZ 98, 353, 357 f. = FamRZ 1987, 259 = NJW 1987, 1201; kritisch *Gottwald*, FamRZ 1992, 1374, 1377.

terhaltspflichtigen vorging, nunmehr aber nach § 1609 Nr. 2, 3 BGB gleich- oder nachrangig ist, bedeutet dies, dass in dem gegen ihn gerichteten Abänderungsprozess zum Beispiel unberücksichtigt gebliebene Einkommensteile des Unterhaltspflichtigen in die Unterhaltsberechnung einbezogen werden können.[18]

393 Liegt in Bezug auf Umstände im Sinne des § 36 Nr. 1 EGZPO, die durch das Gesetz zur Änderung des Unterhaltsrechts erheblich geworden sind, in der vorangehenden Entscheidung eine **fehlerhafte rechtliche Beurteilung** vor, so bleiben diese in der Abänderungsentscheidung unberücksichtigt, soweit aufgrund der Bestimmungen des neuen Rechts eine vollständige Neubeurteilung dieser Umstände notwendig ist. Dies gilt vor allem in Bezug auf eine fehlerhafte Bestimmung der Rangfolge nach §§ 1582, 1609 Abs. 1, 2 BGB a.F., ferner in Bezug auf die Bestimmung einer angemessenen Erwerbstätigkeit nach § 1574 Abs. 1, 2 BGB, wenn es um die Aufnahme einer früher ausgeübten beruflichen Tätigkeit geht. Ausnahmen können sich in Bezug auf das Verhältnis des § 1573 Abs. 5 BGB a.F. zu § 1578b BGB a.F. ergeben; insoweit wird auf Rz. 390 verwiesen.

c) Umfang der fortbestehenden Bindung bei Prozessvergleichen

394 Da bei Prozessvergleichen i.S.d. § 794 Abs. 1 Nr. 1 ZPO und Vereinbarungen, soweit eine solche einer vollstreckbaren Urkunde zugrunde liegt (vor allem im Falle des § 794 Abs. 1 Nr. 5 ZPO)[19], allein der Parteiwille maßgebender Geltungsgrund ist, greifen die **Einschränkungen des Prozessrechts** nach § 323 Abs. 2, 3 ZPO nicht ein. Voraussetzungen und Umfang einer Abänderung solcher Titel richten sich ausschließlich nach dem materiellen Recht.[20] Für die Abänderung einer Vereinbarung ist deshalb maßgebend, welche Verhältnisse ihr zugrunde lagen und wie die Parteien diese Verhältnisse bewerteten. Soweit eine Vereinbarung zum Unterhalt eine Modifizierung eines gesetzlich geregelten Unterhaltsanspruchs darstellt, liegt eine **Störung der vertraglichen Vereinbarung** im Sinne des § 313 BGB vor, wenn diese rechtliche Grundlage durch das UÄndG 2007 verändert wird. Das neue Recht kann auf eine Vereinbarung erst ab dessen Inkrafttreten herangezogen werden. Ansonsten gelten die zuvor genannten Grundsätze entsprechend (Rz. 388 ff.).

---

18 Zu weiteren Korrekturen nach BGH aus Billigkeitsgründen s. *Musielak/Borth*, § 323 ZPO Rz. 38.
19 S. BGHZ 98, 235, 238 = FamRZ 1987, 1021 = NJW 1987, 2999.
20 BGHZ 148, 368, 374 = FamRZ 2001, 1687, 1690 = NJW 2001, 3618, 3620.

d) Umfang der betroffenen Unterhaltsfestsetzung

Die Regelung der Nr. 1 betrifft titulierte und nicht titulierte Unterhaltsfestsetzungen; deren Anpassung erfolgt nach § 323 Abs. 1, 4 ZPO bzw. nach den Grundsätzen zum Wegfall der Geschäftsgrundlage gemäß § 313 BGB.[21] Hinsichtlich der erfassten Unterhaltsregelungen wird auf Rz. 381 verwiesen.

5. Keine Präklusion nach §§ 323 Abs. 2, 767 Abs. 2 ZPO

§ 36 Nr. 2 EGZPO bezieht sich auf die in Nr. 1 bezeichneten Umstände, die vor dem Inkrafttreten des UÄndG 2007 entstanden und durch dieses Gesetz erheblich geworden sind. Soweit diese Umstände durch das neue Recht eine andere rechtliche Bewertung erfahren, stellt Nr. 2 sicher, dass diese im Abänderungsverfahren im Sinne der Nr. 1 nicht nach § 323 Abs. 2 ZPO bzw. § 767 Abs. 2 ZPO, soweit diese überhaupt eingreifen, präkludiert sind und damit in das Abänderungsverfahren eingeführt werden können. Betroffen sind hiervon vor allem die unter Rz. 390 aufgeführten Sachverhalte. Soweit eine nicht titulierte Scheidungsfolgenvereinbarung vorliegt, greift in Bezug auf die veränderte rechtliche Bewertung der der Vereinbarung zugrunde liegenden Umstände eine Vertragsanpassung nach den Grundsätzen des Wegfalls der Geschäftsgrundlage gemäß § 313 BGB ein. Die Änderung der rechtlichen Bewertung der der Vereinbarung zugrunde liegenden Tatsachen führt zu einer Störung der Geschäftsgrundlage, die eine Abänderung der Vereinbarung erlaubt.[22] Entsprechendes gilt bei einem Prozessvergleich nach § 794 Abs. 1 Nr. 1 ZPO sowie einem Titel nach § 794 Abs. 1 Nr. 5 ZPO, soweit diesem eine vertragliche Regelung zugrunde liegt.

Hiervon zu trennen ist die Sachlage, dass nach Inkrafttreten des neuen Rechts auf dessen Grundlage eine Unterhaltsfestsetzung erfolgt. In diesem Fall greift die Präklusion nach den §§ 323 Abs. 2, 767 Abs. 2 ZPO ein.

6. Berücksichtigung des Vertrauens nach Zumutbarkeitsgesichtspunkten

a) Unklarer Prüfungsmaßstab

Neben der Wesentlichkeit einer Änderung der Unterhaltsverpflichtung verlangt das neue Recht die *„Berücksichtigung des Vertrauens"* in den

---

21 BGH FamRZ 2001, 1687, 1690 = NJW 2001, 3618, 3620.
22 Zum vergleichbaren Fall der geänderten höchstrichterlichen Rechtsprechung mit Normsetzungscharakter s. BGH FamRZ 2001, 1687, 1690.

Fortbestand einer Unterhaltsregelung. Hierdurch soll eine flexible, an der **Einzelfallgerechtigkeit orientierte Überleitung** bestehender Unterhaltsregelungen auf die neue Rechtslage erreicht werden.[23] Das Vertrauen eines Unterhaltsberechtigten oder -verpflichteten ist nach der Begründung des RegE insbesondere dann schutzwürdig, wenn die Unterhaltsvereinbarung Bestandteil einer größeren, umfassenderen Regelung ist, so vor allem, wenn eine Einigung über die Scheidungsfolgen zum Unterhalt, Güterrecht, Versorgungsausgleich und Hausrat vorliegt. Insoweit soll geprüft werden, welche Rückwirkungen sich auf die verbleibenden Bereiche ergeben und inwieweit durch eine Änderung die Geschäftsgrundlage der Gesamtvereinbarung berührt wird. Ferner muss die Erstreckung des neuen Rechts auf **bestehende Unterhaltsregelungen dem anderen Teil zumutbar** sein; das kann sowohl der Unterhaltsberechtigte wie auch der Unterhaltspflichtige sein. Da beispielsweise durch den Vorrang des Unterhalts minderjähriger und volljähriger privilegierter Kinder der Unterhalt des getrennt lebenden oder geschiedenen Ehegatten ganz oder teilweise entfallen kann, soll der Übergang vom alten zum neuen Recht möglichst schonend sein.[24]

398   Nach welchen **Maßstäben die Vertrauensschutzprüfung** erfolgen soll, ergibt sich aus dem RegE nicht; er beschreibt lediglich Sachverhalte, bei deren Vorliegen der Wegfall oder eine Kürzung des Unterhalts dem Betroffenen unzumutbar sein kann. Soweit zwischen Ehegatten ein Ehevertrag oder eine Scheidungsfolgenvereinbarung vorliegt, hat der BGH[25] im Falle einer geänderten Rechtsprechung, die **eine andere Rechtslage** schafft und in ihren Auswirkungen einer Gesetzesänderung gleichkommt, eine Anpassung nach den Grundsätzen des Wegfalls der Geschäftsgrundlage gemäß § 313 BGB vorgenommen, also auf allgemeine Billigkeitsregelungen im Sinne des § 242 BGB zurückgegriffen. Ob diese (allgemeinen) Grundsätze die Vertrauensschutzregelung des § 36 Nr. 1 EGZPO umfassend abdeckt, erscheint zweifelhaft, weil es in Bezug auf die angesprochene Rechtsprechung des BGH nicht um die Änderung eines Gesetzes, sondern der (höchstrichterlichen) Rechtsprechung geht, die nicht denselben Schutzbereich wie eine gesetzliche Regelung aufweist, sondern von vornherein einer Änderung nach den Grundsätzen zum Wegfall der Geschäftsgrundlage ausgesetzt ist. Sie greift insbesondere nicht in den (häufigeren) Fällen ein, in denen ein Urteil vorliegt.[26] Der sich aus dem allge-

---

23 S. Begründung des RegE, BT-Drucks. 16/1830 S. 33.
24 S. Begründung, BT-Drucks. 16/1830 S. 33 f.
25 FamRZ 2004, 1357, 1358; FamRZ 2001, 1687, 1690 f.
26 Die Änderung der Rechtsprechung führt auch zu Abänderungsverfahren bei Urteilen, BGH FamRZ 2003, 848, 852.

meinen Billigkeitsmaßstab abgeleitete Grundsatz ist deshalb nicht ausreichend. Offenkundig wird dies beispielsweise, wenn der titulierte Unterhalt eines geschiedenen Ehegatten aufgrund der Veränderung der Rangstufen in § 1609 Nr. 1-3 BGB wegen fehlender Leistungsfähigkeit des Unterhaltspflichtigen vollständig entfällt; die unscharfe Zumutbarkeitsprüfung nach Nr. 1 bietet keinen gesicherten Schutz zum Erhalt der bestehenden Unterhaltsregelung. Letztlich ist deshalb die **Vertrauensschutzprüfung** auf der Grundlage der zu Art. 6 Abs. 1, 2 GG entwickelten **Grundsätze zum Schutz von Ehe und Familie sowie minderjähriger Kinder** vorzunehmen. Der Prüfungsmaßstab des § 36 Nr. 1 EGZPO mag noch dem verfassungsrechtlichen Bestimmtheitsgebot in Bezug auf den Eingriff in eine verfestigte Rechtsposition entsprechen. Bemerkenswert ist dennoch, dass Art. 6 UÄndG 1986[27] die *„besondere Berücksichtigung"* des Vertrauens verlangt hat, während § 36 Nr. 1 EGZPO nur von *„Berücksichtigung"* spricht.

b) Verstoß gegen das verfassungsrechtlich unzulässige Rückwirkungsverbot?

Das UÄndG 2007 belässt es in Bezug auf die Unterhaltstatbestände bei Scheidung einer Ehe bei dem bestehenden Rechtszustand, schränkt aber durch die §§ 1570 S. 2 BGB, 1574 Abs. 1, 2, 1578b BGB die Dauer der Unterhaltsleistung ein und versagt im Ergebnis einen nachehelichen Unterhalt in den Fällen der Änderung der Rangstufe (s. Rz. 248 ff.). Es stellt sich deshalb die Frage, ob der **Eingriff in bestehende Unterhaltsregelungen** durch das neue Recht eine „echte" Rückwirkung darstellt. Das BVerfG[28] hat in der Entscheidung vom 14.7.1981 zur Anwendung des durch das 1. EheRG zum 1.7.1977 eingeführten neuen Rechts auch auf sogenannte „Altehen" keine rückwirkende gesetzliche Regelung gesehen. Eine echte Rückwirkung nimmt das BVerfG nur an, wenn ein Gesetz nachträglich ändernd in abgewickelte, der Vergangenheit angehörende Tatbestände eingreift. Diese Voraussetzungen hat das BVerfG jedoch mit dem Hinweis verneint, dass das Unterhaltsrecht des 1. EheRG erst dann eingreife, wenn die Ehe nach dem Inkrafttreten dieses Gesetzes geschieden worden sei. Wäre auf Ehen, die vor dem 1.7.1977 geschieden wurden, das Unterhaltsrecht des 1. EheRG anzuwenden gewesen, was aber durch Art. 12 Nr. 3 Abs. 2 des 1. EheRG ausdrücklich ausgenommen war, so läge eine echte Rückwirkung vor. § 36 Nr. 7 EGZPO regelt insoweit nur, dass bis zum Inkrafttreten des Gesetzes zur Änderung des Unterhaltsrechts das bisherige Recht anzuwenden ist. Angesichts der Möglichkeit

---

27 Gesetz vom 20.2.1986, BGBl. I S. 301.
28 BVerfGE 57, 361 = FamRZ 1981, 745 = NJW 1981, 1771.

des (künftigen) Wegfalls eines Unterhaltsanspruchs – vor allem aufgrund der Rangfolgeregelung des § 1609 Nr. 1-3 BGB – stellt sich deshalb durchaus die Frage einer echten Rückwirkung.[29] Selbst wenn in der Anwendung des neuen Rechts auf Unterhaltsregelungen eine **unechte Rückwirkung** gesehen wird, ist auf das **Gebot des Vertrauensschutzes** zu achten, worauf das BVerfG (a.a.O.) hingewiesen hat. Die Regelung des § 36 Nr. 1 EGZPO ist im Hinblick darauf verfassungskonform in der Weise auszulegen, dass der Schutz des Vertrauens auf das bisher geltende Unterhaltsrecht besonders berücksichtigt wird.

c) Fehlende Vertrauensschutzregelung bei Unterhaltsfestsetzung nach Inkrafttreten des neuen Rechts

400   Die Regelungen des § 36 Nr. 1-7 EGZPO lassen offen, ob die in Nr. 1 enthaltene Vertrauensschutzregelung auch dann gilt, wenn nach Inkrafttreten des neuen Rechts erstmals eine Unterhaltsfestsetzung erfolgt[30], so etwa wenn bei bestehender langjähriger Ehe nach dem 31.12.2007 die Trennung oder Scheidung der Ehegatten erfolgt. § 36 Nr. 1 EGZPO bezieht des Vertrauensschutz ausdrücklich auf bestehende Unterhaltsregelungen. § 36 Nr. 7 EGZPO bestimmt lediglich, dass sich Unterhaltsleistungen, die vor Inkrafttreten des UÄndG 2007 fällig geworden sind, nach dem bis 31.12.2007 geltenden Recht richten. Die Frage des Vertrauensschutzes im zuvor beschriebenen Sinn richtet sich im Hinblick auf den sich aus Art. 6 GG ergebenden Schutz von Ehe und Familie nicht ausschließlich auf die Fälle, in denen vor Inkrafttreten des UÄndG 2007 eine Unterhaltsregelung getroffen wurde, sondern nach dem in der bestehenden Ehe erlangten unterhaltsrechtlichen Status. Diesem muss zudem eine wesentlich höhere Bestandskraft zukommen als einem getrennt lebenden oder geschiedenen Ehegatten, der aufgrund des (bevorstehenden) Scheiterns der Ehe wegen des Grundsatzes der Eigenverantwortung i.S.d. § 1569 BGB sich in geringerem Umfang auf eine dauerhafte Unterhaltsregelung verlassen kann. Der beispielsweise in langjähriger Ehe erlangte Vertrauensschutz auf deren Bestand und der damit zusammenhängenden wirtschaftlichen Absicherung, der zudem durch das Element des gegenseitigen füreinander Einstehens in wirtschaftlicher und persönlicher Hin-

---

29 S. auch *Schwab*, Stellungnahme zum Unterhaltsrechtssänderungsgesetz (RegE, BT-Drucks. 16/1830) am 16.10.2006 im Rechtsausschuss des Deutschen Bundestags, abrufbar unter http://www.bundestag.de/ausschuesse/06/a/anhoerungen/archiv/05_Unterhaltsrecht/04_St N/index.html; *Schwab*, FamRZ 2007, 1053, 1057.

30 Dies kritisiert *Schwab* auch in seiner Stellungnahme zum Unterhaltsrechtsänderungsgesetz (RegE, BT-Drucks. 16/1830) am 16.10.2006 im Rechtsausschuss des Deutschen Bundestages, a.a.O; *Schwab*, FamRZ 2007, 1053, 1057.

sicht gestärkt wird, ist deshalb jedenfalls im selben Umfang zu berücksichtigen wie derjenige, der sich auf eine Trennungs- oder Scheidungsfolgenvereinbarung i.S.d. § 36 Nr. 1 EGZPO stützt.

7. Einzelne Abwägungskriterien des Vertrauensschutzes

a) Kriterien zugunsten des Unterhaltsberechtigten

- Einer der wesentlichen Gesichtspunkte ist die **zeitliche Dauer einer bestehenden Unterhaltsregelung**, die ein gewichtiges Indiz dafür sein kann, dass sich der Unterhaltsberechtigte auf eine dauerhafte Unterhaltsleistung eingestellt hat. Dies ist zum Beispiel dann anzunehmen, wenn der unterhaltsbedürftige geschiedene Ehegatte über keine eigenen Einkünfte verfügt, sondern aufgrund des Verlaufes der ehelichen Lebensgemeinschaft und der in gemeinsamer Entscheidung getroffenen Abstimmung zu deren Gestaltung wirtschaftlich ausschließlich auf die Unterhaltsleistungen angewiesen ist. Insoweit ist die vom BGH zur Inhaltskontrolle von Eheverträgen entwickelte Lehre zum Kernbereich der Scheidungsfolgen[31], nach der vor allem der Unterhalt nach den §§ 1570-1572 BGB einem besonderen Schutz unterliegt und die sich auf die grundlegende Rechtsprechung des BVerfG[32] zur Inhaltskontrolle von Eheverträgen stützt, einzubeziehen. Diese Grundsätze gelten entsprechend, wenn eine Unterhaltsfestsetzung erst nach Inkrafttreten des UÄndG 2007 erfolgt (s. Rz. 400).

401

- Beachtlich ist ferner die Möglichkeit des Unterhaltsberechtigten, durch **eigene Einkünfte aus Vermögen oder Erwerbstätigkeit** für den eigenen Unterhalt selbst oder jedenfalls teilweise aufkommen zu können, da diese nach dem Grundsatz der Eigenverantwortung vorrangig für den eigenen Unterhalt einzusetzen sind. Allerdings ist zu berücksichtigen, dass nach § 1577 Abs. 1 BGB die Bedürftigkeit des Unterhaltsberechtigten bereits bei der erstmaligen Festsetzung oder einem späteren Abänderungsverfahren zu prüfen ist. Wurden Einkommensteile nicht erfasst, wird dies im Rahmen der Zumutbarkeitsprüfung zu einer Berücksichtigung bei der Abänderungsentscheidung führen, wenn beim Unterhaltspflichtigen bisher nicht berücksichtigte Einkommensteile vorliegen, so dass insoweit § 323 Abs. 2 ZPO nicht eingreift. Liegen beim Unterhaltsberechtigten bisher nicht berücksichtigte Einkünfte vor, die an sich der Präklusion nach § 323 Abs. 2

---

31 S. BGH FamRZ 2004, 601 (m. Anm. *Borth*) = NJW 2004, 930.
32 BVerfGE 103, 89, 101 = FamRZ 2001, 343 (m. Anm. *Schwab*) = NJW 2001, 957; FamRZ 2001, 985.

ZPO unterliegen, ist dessen Schutz des Vertrauens in die bestehende Regelung einerseits hierdurch gestärkt. Andererseits besteht der Regelungszweck des § 36 Nr. 1 EGZPO in einem angemessenen Ausgleich der beiderseitigen Unterhaltsbedürfnisse. Dies kann im Rahmen der Abwägung im Einzelfall dazu führen, dass § 323 Abs. 2 ZPO durch diese Übergangsbestimmung verdrängt wird. Liegen die Voraussetzungen eines Mangelfalles i.S.d. §§ 1581 S. 1, 1603 Abs. 1, 2 BGB i.V.m. § 1609 Nr. 1-3 BGB vor, wird dies in der Regel zur Einbeziehung solcher Einkünfte im Rahmen des Vertrauens auf den Bestand der Unterhaltsverpflichtung führen (zur Präklusion s. Rz. 396).

- Der **Vertrauensschutz in eine bestehende Unterhaltsregelung** leitet sich in erster Linie aus Umständen ab, die zu der bestehenden Unterhaltsabhängigkeit geführt haben. Eine solche kann sich ergeben aus der Betreuung gemeinsamer Kinder, der Gestaltung der Haushaltsführung in der Ehe, dem Eintritt erheblicher ehebedingter Nachteile in der Ehe in Bezug auf das eigene berufliche Fortkommen, die – insbesondere im Hinblick auf das Alter oder eine Erkrankung im Zeitpunkt der Scheidung – nicht mehr ausgeglichen werden können (§ 1578b Abs. 1 S. 2, 3 BGB), dem Einsatz des Unterhaltsberechtigten für die berufliche sowie gewerbliche Tätigkeit des Unterhaltspflichtigen in der Ehe unter Aufgabe der eigenen beruflichen Tätigkeit, der unterlassenen Vorsorge des Unterhaltspflichtigen für den in dessen Betrieb bzw. gewerblicher Tätigkeit mitarbeitenden unterhaltsbedürftigen Ehegatten, dem Einsatz eigenen Vermögens und Einkommens des Unterhaltsberechtigten für die berufliche bzw. gewerbliche Tätigkeit des Unterhaltspflichtigen während der Ehe sowie einer schicksalhaften Erkrankung in langjähriger Ehe.

- **Minderjährige sowie volljährige privilegierte Kinder** können im Einzelfall **schutzwürdiger sein als ein (geschiedener) Ehegatte**, soweit dieser für seinen Unterhalt selbst aufkommen kann. Gegebenenfalls ist in Bezug auf das Rangstufenverhältnis des § 1609 Nr. 1-3 BGB eine Gleichstellung beider Unterhaltsberechtigter i.S.d. § 1609 Abs. 2 S. 1 BGB a.F. vorzunehmen. Dies gilt insbesondere bei ehebedingt eingetretenen Nachteilen, die nicht mehr ausgeglichen werden können.

- Treffen aufgrund der Neuregelung des Unterhaltsrechts die schützenswerten Interessen eines **geschiedenen Ehegatten und eines neuen Unterhaltsberechtigten** nach §§ 1360, 1361 Abs. 1, 1570, 1615l BGB aufeinander, kann die gebotene Zumutbarkeitsprüfung auch in der Weise erfolgen, dass der festgelegte volle Unterhaltsanspruch des geschiedenen Ehegatten i.S.d. § 1578 Abs. 1 S. 1 BGB auf den Ersatzmaßstab des § 1578b Abs. 1 S. 1 BGB herabgesetzt wird. Insoweit gewinnt der **Gesichtspunkt des Nachteilsausgleichs** i.S.d. § 1578b Abs. 1 S. 2, 3 BGB eine besondere Bedeutung für das Schutzbedürfnis eines geschiedenen Ehegatten.

b) Eingeschränkter Vertrauensschutz des Unterhaltsberechtigten

Ein geringerer Vertrauensschutz besteht dann, wenn die Umstände, die nach neuem Recht zur Abänderung der Unterhaltsregelung führen, bereits nach bisherigem Rechtszustand einen begrenzten Unterhaltsanspruch gerechtfertigt haben. Dies gilt vor allem in den Fällen der §§ 1573 Abs. 5, 1578 Abs. 1 S. 2 BGB a.F. Ferner kann bei einer bereits verfestigten Lebensgemeinschaft i.S.d. § 1579 Nr. 2 BGB (§ 1579 Nr. 7 BGB a.F.), die noch nicht die zeitliche Voraussetzung von mindestens zwei Jahren erfüllt, kein gesicherter Vertrauensschutz entstehen. Gleiches gilt, soweit nachehelich eingetretene Veränderungen als bedarfsprägend anerkannt werden.[33] Nach dieser Rechtsprechung hat der Unterhaltsberechtigte eine negative Entwicklung, die auch bei Fortsetzung der ehelichen Lebensgemeinschaft eingetreten wäre, mitzutragen. Der BGH bezieht dies nicht nur auf sinkende Einkommensverhältnisse wie zum Beispiel im Falle des Übergangs vom aktiven beruflichen Leben zum Rentenbezug, sondern auch auf den Fall, dass nachehelich vorrangige oder gleichrangige weitere Unterhaltsberechtigte hinzutreten (vor allem minderjährige Kinder).[34] Soweit solche Entwicklungen bereits nach bisherigem Recht zu einer Minderung des Unterhalts führen, kann auch kein schützenswerter Vertrauenstatbestand entstehen.

402

c) Gesamtabwägung aller Zumutbarkeitsgesichtspunkte

§ 36 Nr. 1 EGZPO verlangt, dass die Änderung dem anderen Teil unter Berücksichtigung *„seines Vertrauens"* zumutbar ist. Der Begriff des *„anderen Teils"* bezieht sich in erster Linie auf den Unterhaltsberechtigten einer Unterhaltsregelung im Sinne der Nr. 1, kann sich aber auch auf den Unterhaltspflichtigen beziehen, so wenn die bisher nach § 1615l Abs. 3 S. 3 BGB a.F. nachrangig unterhaltsberechtigte Mutter vom unterhaltspflichtigen Vater, der ferner gegenüber einer getrennt lebenden oder geschiedenen Ehefrau unterhaltspflichtig ist, aufgrund der Rangverbesserung nach § 1609 Nr. 2 BGB einen höheren Unterhalt verlangt. In diesem Fall müssen sämtliche Umstände, wie zuvor in Rz. 401 f. beschrieben,

403

---

33 S. hierzu BGH FamRZ 2006, 683, 685; ferner BGHZ 153, 358, 364 = FamRZ 2003, 590; FamRZ 2003, 848, 849; s. auch Rz. 300.
34 Zur Kritik an dieser Rechtsprechung s. *Borth,* FamRZ 2006, 852.

bei der Neugestaltung des Unterhalts im Rahmen der zu treffenden Zumutbarkeitsprüfung einbezogen werden. Gleiches gilt, wenn der Ehemann gegen seine geschiedene Ehefrau im Wege der Abänderungsklage i.S.d. § 36 Nr. 1 EGZPO mit der Begründung vorgeht, er sei gegenüber seiner neuen Ehefrau nach §§ 1360, 1360a BGB unterhaltspflichtig.

IV. Anpassung dynamischer Unterhaltstitel und Vereinbarungen

1. Zweck der Regelung des § 36 Nr. 3 EGZPO

404   Diese Bestimmung enthält eine Sonderregelung für bestehende dynamische Unterhaltstitel und Vereinbarungen nach § 1612a Abs. 1 BGB a.F. Nach dieser Vorschrift kann der Unterhalt als Prozentsatz des jeweiligen Regelbetrages nach der Regelbetragverordnung festgelegt werden. Die Neufassung des § 1612a Abs. 1 S. 1 BGB behält diesen Grundsatz bei, ersetzt aber die Regelbetragverordnung durch die **neue Bemessungsgrundlage des doppelten Freibetrages** für das sächliche Existenzminimum eines Kindes (Kinderfreibetrag) nach § 32 Abs. 6 S. 1 EStG als Mindestunterhalt. Da diese Beträge hinter den bisherigen Zahlbeträgen zurückbleiben, wurde in § 36 Nr. 4 EGZPO der Mindestunterhalt gemäß den dort bestimmten Beträgen angehoben.[35] Damit ein auf der Grundlage der bisherigen Bemessungsgrundlage geschaffener Titel nach der Änderung des § 1612a Abs. 1 S. 1 BGB i.V.m. § 36 Nr. 4 EGZPO fortgelten kann, ordnet Nr. 3 S. 2, 3 an, dass an die Stelle des Regelbetrags der Mindestunterhalt tritt. Da die Regelbeträge nach der Regelbetragverordnung und der Mindestunterhalt i.S.d. § 1612a Abs. 1 S. 2 BGB i.V.m. § 36 Nr. 4 EGZPO nicht deckungsgleich sind und der tatsächliche Zahlbetrag des Titels ohne ein Abänderungsverfahren gemäß § 323 Abs. 1, 4 ZPO nicht verändert werden kann, muss zugleich der bisherige Prozentsatz durch einen **neuen Prozentsatz** ausgetauscht werden. Damit nehmen die dynamisierten Titel und Vereinbarungen auf der Grundlage der Regelbetragverordnung in der Zukunft auch an den Steigerungen des Mindestunterhalts teil. Für diese Umstellung bedarf es keiner inhaltlichen Entscheidung (richterlicher Erkenntnisakt oder Festsetzung durch den Rechtspfleger), weil durch den Austausch der Bemessungsgrundlage – ohne Änderung des geschuldeten Unterhalts der Höhe nach – weder der Titel oder die Vereinbarung zu ändern sind noch eine auf dem Titel angebrachte Vollstreckungsklausel abgeändert oder umgeschrieben werden muss. Die auf der Grundlage des Mindestunterhalts erforderliche Berechnung kann

---

35 S. Rz. 383a.

danach durch das Vollstreckungsorgan (Gerichtsvollzieher, Vollstreckungsgericht) vorgenommen werden.

2. Methode der Berechnung des neuen Prozentsatzes

a) Vier Fallgruppen

Die Berechnung des neuen Prozentsatzes wird in Nr. 3 S. 4 und 5 geregelt. Da in diese Berechnung auch das Kindergeld einzubeziehen ist, erfasst S. 4 Buchstabe a-d in vier Fallgruppen die verschiedenen Formen der Kindergeldanrechnung nach § 1612b Abs. 5 BGB a.F.; Satz 5 bestimmt, dass der sich ergebende Prozentsatz auf eine Dezimalstelle zu begrenzen ist.

405

b) Vergleich der Regelbeträge mit dem Mindestunterhalt

§ 1612a Abs. 1 S. 3 BGB führt die drei Altersstufen der Regelbetragverordnung fort. Die als doppelter Freibetrag für das sächliche Existenzminimum eines Kindes nach § 32 Abs. 6 S. 1 EStG bestimmte Bezugsgröße beträgt derzeit jährlich 3.648 €, monatlich also 304 €. Dieser Betrag wird in die **drei bekannten Altersstufen aufgespreizt**; Bezugspunkt ist hierbei die zweite Altersstufe. Die erste Altersstufe beträgt 87 % der Bemessungsgröße, die zweite Altersstufe 100 % und die dritte Altersstufe 117 %. Diese Beträge werden nach § 36 Nr. 4 EGZPO wie folgt angehoben:

406

Erste Altersstufe:
- Regelbetrag 100 %   202 €
- Regelbetrag 135 %   273 €
- Mindestunterhalt   279 €

Zweite Altersstufe:
- Regelbetrag 100 %   245 €
- Regelbetrag 135 %   331 €
- Mindestunterhalt   322 €

Dritte Altersstufe:
- Regelbetrag 100 %   288 €
- Regelbetrag 135 %   389 €
- Mindestunterhalt   365 €

c) Gesetzlicher Regelfall nach Satz 4 Buchstabe a

Diese Bestimmung enthält den Regelfall, in dem die Unterhaltsfestsetzung die Anrechnung des hälftigen oder eines Teils des hälftigen Kinder-

407

geldes (§ 1612b Abs. 5 BGB a.F.) anordnet. Durch die Umstellung auf den Mindestunterhalt kann künftig das gesamte hälftige Kindergeld berücksichtigt werden, soweit der bisherige Zahlbetrag jedenfalls die zuvor dargelegten Mindestunterhaltsbeträge der jeweiligen Altersstufen erreicht, weil vom jeweiligen Bedarfsbetrag, der als Prozentsatz des Mindestunterhalts definiert wird, künftig das gesamte hälftige Kindergeld abzuziehen ist. Zur **Berechnung des neuen Prozentsatzes** ist zunächst dem bisher zu zahlenden Betrag (nicht Tabellenbetrag) das hälftige Kindergeld hinzuzurechnen. Hierdurch soll sichergestellt werden, dass der sich an das Kind zu zahlende Betrag durch die Umrechnung nicht verändert. Sodann ist der daraus folgende Betrag ins Verhältnis zu dem Mindestunterhalt i.S.d. § 1612a Abs. 1 BGB i.V.m. § 36 Nr. 4 EGZPO zu setzen.

Beispiel: (auf Grundlage Düsseldorfer Tabelle v. 1.7.2007)[36]

Unterhalt nach bisheriger Regelung

(1) Geschuldet werden 135 % der 2. Altersstufe, das sind:
135 % x 245 € (Regelbetrag) =   331 €

(2) Zahlbetrag: 331 € – 77 € =   254 €

Das Kindergeld ist voll anzurechnen, weil nach § 1612b Abs. 5 BGB a.F. 135 % des Regelbetrags geleistet werden können.

Anpassung an die neue Bemessungsgrundlage

(1) 254 € (Zahlbetrag) + 77 € (hälftiges Kindergeld) =   331 €

(2) Bildung des Verhältniswertes aus dem um das hälftige Kindergeld erhöhten Betrages und dem neuen Mindestunterhalt 331 € : 322 € =   102,7 %

Nach Nr. 3 S. 5 ist der sich ergebende Prozentsatz auf **eine Dezimalstelle** zu begrenzen.

(3) Kontrolle, dass der Zahlbetrag unverändert bleibt (gerundet nach
§ 1612a Abs. 2 S. 2 BGB) 322 € x 102,7 % =   331 €
331 € – 77 € =   254 €

408   Derselbe Rechengang ist auch im Falle einer **Teilanrechnung des Kindergeldes** nach § 1612b Abs. 5 BGB a.F. anzuwenden, weil dieser den Zweck verfolgt, dem unterhaltsberechtigten Kind in jedem Fall 135 % des Regelbetrags der jeweiligen Altersstufe monetär aus dem Barunterhalt des Unterhaltspflichtigen und dessen hälftigen Kindergeldanteil zuzuweisen. Bemessungsgröße des Umfangs des Abzugs sind danach stets 135 % des Regelbetrags der jeweiligen Altersstufe (273 €, 331 €, 389 €). Beträgt die Differenz des Tabellenunterhalts zu 135 % des Regelbetrages weniger als 77 €, ist in Höhe dieses Differenzbetrages eine Kindergeldverrechnung vorzunehmen. Übersteigt die Differenz den Betrag von 77 €, unterbleibt eine Anrechnung des Kindergelds. Dem minderjährigen Kind verbleiben deshalb, wenn der Unterhaltspflichtige zumindest in Höhe des

---

36 Abgedruckt in FamRZ 2007, 1367 ff. Neue Fassung der Düsseldorfer Tabelle lag bei Drucklegung noch nicht vor.

Regelbetrages leistungsfähig ist, monetär jedenfalls 135 % des jeweiligen Regelbetrages.

Beispiel: (auf Grundlage Düsseldorfer Tabelle v. 1.7.2007, s. Fn. 36)

(1) Geschuldet wird ein Unterhalt aus der zweiten Einkommensstufe der ersten Altersgruppe, das sind 107 % des Regelbetrages, also 217 €.

(2) Nach der Kindergeldverrechnung gemäß § 1612b Abs. 5 BGB a.F. sind vom Kindergeld 6 € anzurechnen, da von 135 % des Regelbetrages der ersten Altersstufe (202 €), das sind 273 €, das hälftige Kindergeld von 77 € abzuziehen ist, so dass 196 € verbleiben. Da der Unterhaltspflichtige aber 217 € leisten kann, sind 21 € anzurechnen.

Anpassung an die neue Bemessungsgrundlage

(1) Der nach Nr. 3 S. 4 Buchstabe a zu bestimmende Zahlbetrag beträgt 196 € (Tabellenunterhalt 217 €, anteiliges Kindergeld in Höhe von 21 €).

(2) Zu 196 € sind 77 € zuzurechnen: 196 € + 77 € =   273 €

(3) Bildung des Verhältniswertes

273 € : 279 € (Mindestunterhalt der ersten Altersstufe) =   97,8 %

(4) Kontrollberechnung

279 € x 97,8 % =   273 €

273 € – 77 € =   196 €

Damit verändert sich der Zahlbetrag nicht.

d) Berechnung bei Hinzurechnen des Kindergelds nach § 1612b Abs. 2 BGB a.F.

§ 1612b Abs. 2 BGB a.F. ist dann anzuwenden, wenn beide Elternteile barunterhaltspflichtig sind, so vor allem bei volljährigen privilegierten Kindern i.S.d. § 1603 Abs. 2 S. 2 BGB, sowie, wenn ein minderjähriges Kind von keinem Elternteil betreut wird, also § 1606 Abs. 3 S. 2 BGB nicht eingreift. Diese Fälle werden im neuen Recht in § 1612b Abs. 1 S. 1 Nr. 2 BGB erfasst. Wegen der **bedarfsdeckenden Verrechnung** des Kindergeldes (s. Rz. 328 ff.) wird das Kindergeld beiden barunterhaltspflichtigen Elternteilen nicht (mehr) hälftig zugeordnet, sondern kommt jedem Elternteil entsprechend dessen Haftungsanteil i.S.d. § 1606 Abs. 3 S. 1 BGB zugute. Diese Veränderung der Anrechnung kann aber im Rahmen der vorliegenden Regelung, die lediglich den Austausch der Bemessungsgrundlage bezweckt, nicht erfasst werden, sondern bedarf eines Abänderungsverfahrens nach § 323 Abs. 1, 4 ZPO. Hierauf weist auch Nr. 3 S. 6 i.V.m. Nr. 1 und 2 hin.

Ansonsten wird der Prozentsatz wie folgt bestimmt:

(1) Sieht die Unterhaltsfestsetzung die Hinzurechnung des hälftigen Kindergeldes vor, wird vom bisher zu zahlenden Unterhaltsbetrag das hälftige Kindergeld abgezogen.

> **Beispiel:** (auf Grundlage Düsseldorfer Tabelle v. 1.7.2007, s. Fn. 36)
> - Tabellenunterhalt in Höhe von 331 € (zweite Altersstufe, Einkommensgruppe 6)
> - Zahlbetrag 331 € + 77 € =   408 €

(2) Der neue Prozentsatz wird ermittelt, indem vom bisherigen Zahlbetrag das hälftige Kindergeld abgezogen wird. Der um das Kindergeld bereinigte Betrag wird im Verhältnis zum neuen Mindestunterhalt der jeweiligen Altersstufe gesetzt.

    408 € (Zahlbetrag) − 77 € (hälftiges Kindergeld) =   331 €
    331 € : 322 € =   102,7 %

(3) Bestimmung des künftigen Zahlbetrags auf der Grundlage der neuen Bemessungsgrundlage.

    102,7 % x 322 € =   331 €
    331 € + 77 € =   408 €

e) Berechnung bei Anrechnung des vollen Kindergeldes

410   Nr. 3 Buchstabe c behandelt die Fälle der Anrechnung des vollen Kindergeldes nach § 1612b Abs. 3 BGB a.F., der dann eingreift, wenn der andere Elternteil verstorben oder nicht kindergeldberechtigt war. Die Bestimmung des Prozentsatzes erfolgt entsprechend dem Modus des Buchstaben a (Rz. 407); jedoch ist das volle Kindergeld hinzuzurechnen.

> **Beispiel:** (auf Grundlage Düsseldorfer Tabelle v. 1.7.2007, s. Fn. 36)
> (1) Geschuldet werden 135 % der dritten Altersstufe, das sind:
>   135 % x 288 € (Regelbetrag) =   389 €
> (2) Zahlbetrag: 389 € − 154 € =   235 €
> (3) Anpassung an die neue Bemessungsgrundlage
> - 235 € (Zahlbetrag) + 154 € =   389 €
> - 389 € : 365 € =   106,5 %
> - 106,5 % x 365 € =   389 €
> - 389 € − 154 € = (künftiger Zahlbetrag) =   235 €

Auch wenn nur ein Elternteil kindergeldberechtigt ist, muss das Kindergeld nach § 1612b Abs. 1 S. 1 Nr. 2 BGB bedarfsmindernd angerechnet werden. Die hierdurch eintretende Änderung durch das neue Recht kann deshalb nur durch Abänderungsklage nach § 323 Abs. 1, 4 ZPO erfasst werden, nicht aber durch den reinen Austausch der Bemessungsgrundlage.

f) Berechnung ohne Anrechnung des Kindergelds

Nr. 3 Buchstabe d regelt zwei Fallvarianten, in denen eine Kindergeldverrechnung nicht erfolgt, nämlich wenn nach § 1612b Abs. 5 BGB a.F. eine Anrechnung vollkommen unterbleibt oder das Kindergeld nicht ausbezahlt wird und die Kindesentlastung ausschließlich steuerrechtlich (in Form der Entlastung durch des Kinderfreibetrag nach § 32 Abs. 6 S. 1 EStG) erfolgt. Die Übergangsregelung verweist in diesem Fall auf den in Buchstabe a geregelten Modus, da auch bei einer Umstellung auf den Mindestunterhalt gemäß § 1612a Abs. 1 BGB i.V.m. § 36 Nr. 4 EGZPO künftig das hälftige Kindergeld zu berücksichtigen ist.

Beispiel: (auf Grundlage Düsseldorfer Tabelle v. 1.7.2007, s. Fn. 36)

(1) Keine Kindergeldverrechnung nach § 1612b Abs. 5 BGB a.F., da der Unterhaltspflichtige bei einem Kind der zweiten Altersstufe lediglich 200 € leisten kann.

(2) Bestimmung des neuen Prozentsatzes

200 € + 77 € (hälftiges Kindergeld) =   277 €
277 € : 365 € =   75,8 %

(3) Kontrollberechnung

75,8 % x 365 € =   277 €
277 € − 77 € =   200 €

Anmerkung:

In den Fällen des § 1612b Abs. 5 BGB a.F. bedarf es nicht des nach Buchstabe a geregelten Berechnungsmodus. Vielmehr ist der Zahlbetrag im Verhältnis zum jeweiligen Mindestunterhalt zu setzen. Daraus ergibt sich der neue Prozentsatz.

Beispiel: (bei Zahlbetrag in Höhe von 200 €)

200 € : 322 € =   62,1 %
322 € x 62,1 % =   200 €

g) Verbleibende Abänderungsverfahren

Nr. 3 S. 6 stellt klar, dass das dargelegte Verfahren zum **Austausch der Bemessungsgrundlage** nichts dazu besagt, ob die bisherigen Zahlbeträge, die durch das Umstellungsverfahren nicht verändert werden, dem nach den neuen Bestimmungen geregelten Unterhalt entsprechen. Verändert sich der Rang eines minderjährigen Kindes nach § 1609 Nr. 1 BGB, kann diese Änderung nur durch eine Abänderungsklage erfasst werden. Gleiches gilt, wenn sich aufgrund eines neuen Zuschnitts der Bedarfssätze nach der Düsseldorfer Tabelle eine wesentliche Abweichung ergibt.

V. Erhöhung des Mindestunterhalts nach Nr. 4

412a Der aufgrund der Beratungen des Rechtsausschusses des Deutschen Bundestages eingeführte Nr. 4 hebt die durch die Bemessung des Mindestunterhalts nach § 32 Abs. 6 EStG eingetretene Minderung der Zahlbeträge unter das Niveau der Düsseldorfer Tabelle zum Stand 31.12.2007 auf. Wegen der Einzelheiten wird auf Rz. 321a und 383a verwiesen.

VI. Berücksichtigung des neuen Rechts im Revisionsverfahren

413 Zweck der Regelung in § 36 Nr. 5 EGZPO ist es, dass Verfahren, die vor dem BGH am 1.1.2008 anhängig sind, ab diesem Zeitpunkt auf der Grundlage des neuen Rechts entschieden werden können. Entsprechend bestimmt S. 1 dieser Regelung, dass in Unterhaltsverfahren nach § 621 Abs. 1 Nr. 4, 5 oder 11 ZPO die in Nr. 1 genannten Umstände auch in der Revisionsinstanz vorgebracht werden können. Abweichend von dem in den §§ 546, 559 ZPO geregelten Grundsatz, dass das Revisionsgericht die Entscheidung des Berufungsgerichts nur auf Rechtsfehler überprüft und neue Tatsachen nicht vorgebracht werden können, lässt Nr. 5 S. 1 hiervon eine Ausnahme zu. Sind Umstände im Sinne der Nr. 1 durch das neue Recht erheblich geworden, können diese nach Nr. 5 auch in der Revisionsinstanz vorgebracht werden. Sind die zugrunde liegenden Tatsachen unstreitig, kann der BGH auf deren Grundlage unter Beachtung des **neuen Rechts eine eigene Sachentscheidung** treffen (§ 563 Abs. 3 ZPO). Wird eine Beweisaufnahme notwendig, ist das Verfahren im Falle der Aufhebung des Urteils an das Berufungsgericht zur Durchführung der Beweisaufnahme zurückzuverweisen. Es liegt jedoch im Ermessen des Revisionsgerichts, eine gebotene Beweisaufnahme selbst durchzuführen, so vor allem, wenn diese ohne größeren Aufwand durchgeführt werden kann.

VII. Wiedereröffnung einer mündlichen Verhandlung nach § 36 Nr. 6 EGZPO

414 Zweck dieser Bestimmung ist es, das am 1.1.2008 in Kraft tretende Recht in den Unterhaltsverfahren nach § 621 Abs. 1 Nr. 4, 5 und 11 ZPO auch in solchen am 1.1.2008 noch nicht abgeschlossenen Verfahren anwenden zu können, in denen die mündliche Verhandlung bereits vor Inkrafttreten des UÄndG 2007 geschlossen wurde und Termin zur Verkündung einer Entscheidung bestimmt ist. Dies gilt entsprechend in den Fällen des § 128 Abs. 2 ZPO, wenn aufgrund der Zustimmung der Parteien im schriftlichen Verfahren entschieden wird. Dem Schluss der mündlichen Verhandlung entspricht der im Beschluss gemäß § 128 Abs. 2 S. 2 ZPO bestimmte Zeitpunkt, bis zu dem Schriftsätze eingereicht werden können.

Danach können noch **im selben Verfahren die neuen Tatsachen**, die durch das UÄndG 2007 i.S.d. § 36 Nr. 1 EGZPO erheblich geworden sind, vorgetragen werden, so dass die durch das neue Recht begünstigte Partei nicht ein Rechtsmittelverfahren einleiten oder die Abänderungsklage nach § 323 Abs. 1 ZPO erheben muss. Nr. 6 gilt in erster und zweiter Instanz.[37] Soweit die Wiedereröffnung der mündlichen Verhandlung gemäß § 156 ZPO im Ermessen des Familiengerichts liegt[38], wird dieses durch die zwingende Regelung der Nr. 6 eingeschränkt. Voraussetzung ist allerdings ein entsprechender **Antrag einer Partei**. Der Antrag kann bis zum Termin zur Verkündung des Urteils gestellt werden.

Unterlässt es eine Partei, den nach Nr. 6 **erforderlichen Antrag** zu stellen, so kann sie, wenn das Verfahren in erster Instanz rechtshängig ist, die für sie günstigen Änderungen des neuen Rechts im Wege der Abänderungsklage nach § 323 Abs. 1 ZPO geltend machen. Eine Präklusion tritt nach § 323 Abs. 2 ZPO nicht ein, weil die durch das UÄndG 2007 erheblich gewordenen Tatsachen in diesen Fällen erst nach Schluss der mündlichen Verhandlung entstehen und deshalb nach § 323 Abs. 2 ZPO nicht ausgeschlossen werden. Ferner kann die Partei den Weg des Berufungsverfahrens zum OLG wählen und in der zweiten Tatsacheninstanz die erheblichen Änderungen geltend machen. Ist das Verfahren in der Berufungsinstanz rechtshängig, bleibt bei unterlassenem Antrag lediglich die Möglichkeit einer Abänderungsklage, falls das OLG – aus anderen Gründen – nicht die Revision zum BGH gemäß § 26 Nr. 9 EGZPO[39] zugelassen hat, so dass, wenn das Verfahren in der zweiten Instanz rechtshängig ist, der Antrag zur Wiedereröffnung der mündlichen Verhandlung anzuraten ist.

VIII. Beschränkung der Rückwirkung des neuen Rechts nach § 36 Nr. 7 EGZPO

Diese Übergangsregelung bezieht sich auf zwei vollkommen unterschiedliche Sachlagen. Soweit es um Unterhaltsansprüche nach dem 1. EheRG geht, wird der auch Nr. 1 zugrunde liegende Grundsatz ausdrücklich angesprochen, dass Unterhaltsleistungen, die **vor dem 1.1.2008 fällig geworden sind**, nach dem bis dahin geltenden Recht zu bestimmen sind. Wurde ein Unterhaltsverfahren vor dem 1.1.2008 einge-

---

37 Zum Vorgehen in der Revisionsinstanz s. Rz. 413.
38 BGH NJW 2000, 142; kein Ermessen z.B. bei Verletzung des rechtlichen Gehörs, BGH NJW 1988, 2302.
39 Diese Regelung wurde durch Art. 9 Nr. 1a des Zweiten Justizmodernisierungsgesetzes vom 22.12.2006 (BGBl. I S. 3416) bis 31.12.2011 verlängert.

leitet oder wird im Falle einer nach dem 31.12.2007 eingereichten Klage rückständiger Unterhalt für die Zeit vor dem 1.1.2008 geltend gemacht, so ist das UÄndG 2007 für das jeweils zu beurteilende Unterhaltsrechtsverhältnis nicht anzuwenden. Dies bedeutet, dass zum Beispiel im Rahmen der Rangfolgeregelungen in einem Urteil sowohl die §§ 1582, 1609 Abs. 1, 2 BGB a.F. als auch ab dem 1.1.2008 die Neuordnung der Rangfolgeregelungen nach § 1609 Nr. 1-7 BGB anzuwenden sind. Entsprechendes gilt in Bezug auf eine nach §§ 1573 Abs. 5, 1578 Abs. 1, 2 BGB a.F. bzw. nach § 1578b BGB vorzunehmende Begrenzung des Unterhalts.

Geht es um den (inzwischen) seltenen Fall einer Unterhaltspflicht für eine Ehe, die nach dem **bis zum 30.6.1977 geltenden Recht** geschieden wurde (gemäß §§ 58 ff. EheG), greifen die Bestimmungen des UÄndG 2007 nicht ein. Art. 12 Nr. 3 Abs. 3 des 1. EheRG bestimmt hierzu ausdrücklich, dass es insoweit bei dem bis zum 30.6.1977 geltenden Recht verbleibt.

T. Änderung der Zivilprozessordnung und anderer Bestimmungen

I. Überblick

Aufgrund des neu gefassten § 1612a Abs. 1 BGB, der eine gesetzliche Definition des Mindestunterhalts minderjähriger Kinder enthält und gleichzeitig die Aufhebung der Regelbetragverordnung zur Folge hat, sind mehrere Gesetze und weitere, untergesetzliche Bestimmungen an diese Rechtsänderung anzupassen. Hierbei handelt es sich weitgehend um redaktionelle Änderungen und Anpassungen des Gesetzeswortlautes, die im Folgenden in der Reihenfolge ihrer Bedeutung für die Praxis dargestellt werden und keiner besonderen Begründung bedürfen.

417

II. Änderung des Vereinfachten Verfahrens nach §§ 645 ff. ZPO

1. Grundlagen

Art. 3 Abs. 3 des UÄndG 2007 enthält in den Nr. 1 bis 6 redaktionelle Folgeänderungen, die aufgrund des neu definierten Mindestunterhalts minderjähriger Kinder nach § 1612a Abs. 1 BGB i.V.m. § 36 Nr. 4 EGZPO sowie wegen der veränderten Verrechnung des staatlichen Kindergelds nach § 1612b BGB notwendig wurden.

418

2. Neufassung des § 645 Abs. 1 ZPO

In Nr. 1 wird § 645 Abs. 1 ZPO neu gefasst. Mit der Aufhebung der Regelbetragverordnung und der neuen Definition des Mindestunterhalts minderjähriger Kinder in § 1612a Abs. 1 BGB i.V.m. § 36 Nr. 4 EGZPO wurde die Bemessungsgrundlage zur Dynamisierung des Unterhalts verändert (s. Rz. 404, 406). Da die Regelbeträge der jeweiligen Altersstufen niedriger sind als die neuen Mindestunterhaltssätze, wurde der **Vervielfacher der Bemessungsgrundlage** herabgesetzt, um im Vereinfachten Verfahren künftig etwa im gleichen Umfang wie bisher einen Unterhaltstitel zu erlangen. Anstelle des 1,5-fachen Regelbetrags wird der 1,2-fache Mindestunterhalt gemäß § 1612a Abs. 1 BGB zugelassen. Eine weitere Anpassung des § 645 Abs. 1 ZPO ergibt sich aus der veränderten Verrechnung des staatlichen Kindergeldes nach § 1612b Abs. 1 BGB. Da bisher das staatliche Kindergeld auf den Prozentsatz des Regelbetrages „*anzurechnen*" war, wurde in § 645 Abs. 1 ZPO a.F. der Höchstsatz **vor An-**

419

rechnung des **Kindergeldes** ermittelt und im Beschlusstenor gemäß § 649 Abs. 1 ZPO der Unterhalt nach Abzug des anrechenbaren Kindergeldes bestimmt.

420 Die Neufassung des § 645 Abs. 1 ZPO berücksichtigt, dass das Kindergeld nach § 1612b Abs. 1 S. 1 BGB zur Deckung des Barbedarfs zu verwenden ist und bestimmt deshalb, dass das **1,2-fache vor Berücksichtigung** der Leistungen nach den §§ 1612b oder 1612c BGB zu bestimmen ist. Bemessungsgrundlage zur Bestimmung des Höchstsatzes soll wegen des in § 1612b Abs. 1 BGB geregelten Vorwegabzugs der tatsächlich geschuldete Unterhalt sein. Damit ergeben sich folgende Höchstgrenzen (im Vergleich):

Bisherige Regelung des § 645 Abs. 1 ZPO a.F.:

Erste Altersstufe: 202 € x 1,5 = 303 € - 77 € = 226 €

Zweite Altersstufe: 245 € x 1,5 = 368 € - 77 € = 291 €

Dritte Altersstufe: 288 € x 1,5 = 432 € - 77 € = 355 €

Neue Regelung des § 645 Abs. 1 ZPO:

Erste Altersstufe: 279 € x 1,2 = 355 € - 77 € = 258 €

Zweite Altersstufe: 322 € x 1,2 = 387 € - 77 € = 310 €

Dritte Altersstufe: 365 € x 1,2 = 438 € - 77 € = 361 €

421 Bei der Tenorierung ist zu berücksichtigen, dass der Mindestunterhalt nach § 1612a Abs. 1 BGB einstweilen durch § 36 Nr. 4 EGZPO überlagert ist. Um künftige Änderungen nach § 1612a Abs. 1 BGB zu erfassen, muss der dynamische Titel § 36 Nr. 4 EGZPO erwähnen (s. Rz. 327).

3. Weitere Änderungen des Vereinfachten Verfahrens

422 Von den Änderungen der §§ 1612a Abs. 1, 1612b BGB werden ferner § 646 Abs. 1 Nr. 7 ZPO, § 647 Abs. 1 S. 2 Nr. 1 ZPO, § 648 Abs. 1 S. 1 Nr. 3 ZPO, § 653 Abs. 1 S. 1 EGZPO und § 655 ZPO betroffen. In diesen Bestimmungen werden entsprechend die Begriffe *„Unterhalt nach den Regelbeträgen"* durch *„Unterhalt nach dem Mindestunterhalt"* bzw. *„Prozentsatz des jeweiligen Mindestunterhalts"* sowie *„Kindergeld und andere anzurechnende Leistungen"* durch *„Kindergeld und andere zu berücksichtigende Leistungen"* ersetzt. Insoweit ergibt sich keine sachliche Änderung.

4. Weitere Problembereiche zum Übergang auf das neue Recht

a) Veränderung des materiellen Rechts

423 Die in § 36 Nr. 1 EGZPO enthaltene Regelung greift in den Fällen der Unterhaltsfestsetzung im Vereinfachten Verfahren nicht ein. Der Festset-

zungsbeschluss nach §§ 649 Abs. 1, 650 S. 2 ZPO erwächst nicht in materieller Rechtskraft und kann deshalb im Wege der **Korrekturklage nach § 654 Abs. 1 ZPO** jederzeit abgeändert werden; in diesem Verfahren können insbesondere solche Einwendungen vorgebracht werden, die im Vereinfachten Verfahren nicht zulässig sind (§ 648 ZPO). Die Regelung des § 323 Abs. 2 ZPO greift deshalb in den Festsetzungsbeschlüssen nach § 649 ZPO nicht ein.[1] Soweit mit Inkrafttreten des neuen Rechts sich eine materiell-rechtliche Veränderung der Leistungspflicht ergibt, so etwa durch die Veränderung der Rangstufe nach § 1609 Nr. 1, 2 BGB oder durch den Übergang von den Regelbeträgen zum Mindestunterhalt nach § 1612a Abs. 1 BGB (s. Rz. 320 f.), kann der jeweils hieraus Begünstigte die Korrekturklage nach § 654 ZPO erheben.

Liegt im Vereinfachten Verfahren ein dynamischer Titel i.S.d. § 1612a Abs. 1 BGB vor, so kann die Umstellung auf die neuen Prozentsätze, die durch den Austausch der Bemessungsgrundlagen notwendig wird (eingehend Rz. 404), nach § 36 Nr. 3 Buchstabe a-d EGZPO erfolgen (s. Rz. 405 ff.).

b) Prozessuale Fragen

Sind am Tag des Inkrafttretens Vereinfachte Verfahren zur Festsetzung des Unterhalts nach §§ 645 ff. ZPO anhängig, kann in diesem Verfahren mit Wirkung ab 1.1.2008 das neue Recht angewandt werden. Entsprechend § 36 Nr. 7 EGZPO ist das bis zum 31.12.2007 geltende Recht anzuwenden, soweit dieses zur Festsetzung im Vereinfachten Verfahren maßgebend ist. Ist das Festsetzungsverfahren bereits abgeschlossen, der Beschluss nach den §§ 649, 650 S. 2 ZPO aber noch nicht ergangen, kann analog § 36 Nr. 6 EGZPO der Antrag gestellt werden, neue, ab 1.1.2008 erheblich gewordene Umstände vorzubringen. Hat der Unterhaltspflichtige vorgebracht, er schulde neben dem Unterhalt für minderjährige Kinder auch gleichrangigen Ehegatten Unterhalt und sei deshalb nicht leistungsfähig, kann ab 1.1.2008 die neue Rangfolgeregelung nach § 1609 Nr. 1, 2 BGB geltend gemacht werden, die dem minderjährigen Kind einen absoluten Vorrang einräumt (s. Rz. 248). Allerdings muss dies bereits im Festsetzungsverfahren von Rechts wegen durch den zuständigen Rechtspfleger beachtet werden.

424

Statische Alttitel aus der Zeit vor dem 1.7.1998 können nicht mehr in einen dynamischen Titel umgewandelt werden, weil Art. 5 Nr. 2 KindUG am 1.7.2003 außer Kraft getreten ist.

---

1 Eingehend *Thomas/Putzo/Hüßtege*, § 654 ZPO Rz. 1; *Musielak/Borth*, § 654 ZPO Rz. 1.

5. Fortgeltung der Bestimmungen zum Vereinfachen Verfahren

Das Vereinfachte Verfahren nach §§ 645 ff. ZPO kann für minderjährige Kinder gegen einen Elternteil angewandt werden, in dessen Haushalt das Kind nicht lebt, unabhängig davon, ob es sich um eheliche oder Kinder nicht verheirateter Eltern handelt. Mit Erreichen des 18. Lebensjahres scheidet eine Anordnung hinsichtlich künftiger Ansprüche aus; dies gilt auch in den Fällen einer Unterhaltspflicht bei den in § 1603 Abs. 2 S. 2 BGB genannten volljährigen Kindern, die mit minderjährigen Kindern rangmäßig gleichgestellt sind, weil es insoweit um eine rein materiellrechtliche Regelung zu einem Teilbereich des **Unterhalts volljähriger Kinder** geht und kein allgemeiner Grundsatz hieraus folgt, der auch auf die verfahrensrechtlichen Bestimmungen anzuwenden wäre. Auch hat der Gesetzgeber beide Regelungen gleichzeitig eingeführt, so dass nicht von einer Regelungslücke auszugehen ist. Tritt **Volljährigkeit während des laufenden Verfahrens** ein, ist die Festsetzung im vereinfachten Verfahren nicht mehr zulässig, wenn am Tag der Beschlussfassung das 18. Lebensjahr vollendet ist; dies folgt aus dem eindeutigen Wortlaut des § 645 Abs. 1 ZPO, entspricht aber auch dem allgemeinen Grundsatz, dass prozessuale Voraussetzungen im Zeitpunkt der Entscheidung gegeben sein müssen. Basis der Festsetzung ist die in § 1612a Abs. 1 BGB geregelte Form zur Geltendmachung eines Unterhaltsanspruchs.

426

Das **Vereinfachte Verfahren ist nicht zulässig**, soweit über den Unterhaltsanspruch des Kindes bereits eine **gerichtliche Entscheidung** vorliegt, ein gerichtliches Verfahren anhängig oder ein zur Zwangsvollstreckung geeigneter Schuldtitel errichtet worden ist. Ferner kann nach § 654 ZPO eine **Abänderungsklage** (im Sinne einer Korrekturklage) gegen eine rechtskräftige Festsetzung nach §§ 649 Abs. 1, 653 Abs. 1 ZPO mit dem Ziel erhoben werden, dass auf höheren Unterhalt oder auf Herabsetzung des Unterhalts erkannt wird. Entsprechendes gilt in den Fällen des § 656 ZPO, wenn ein im Vereinfachten Verfahren nach § 655 ZPO angepasster Unterhaltstitel wegen einer wesentlichen Änderung der Grundlagen abzuändern ist. Die Abänderungsklage nach § 323 ZPO ist immer dann zulässig, wenn die im Vereinfachten Verfahren angepasste Unterhaltsrente wesentlich von der Unterhaltsrente abweicht, die sich aus den individuellen Verhältnissen ergibt.[2] Liegt eine wesentliche Abweichung nicht vor, ist die Klage als unbegründet abzuweisen.[3] Der Unterhalt kann **wahlweise im Vereinfachten Verfahren** oder im Wege einer

---

2 BGH FamRZ 1984, 997 zum bis 30.6.1998 geltenden Rechtszustand; FamRZ 1982, 912.
3 S. auch *Künkel*, DAVorm 1984, 943, 955; OLG Hamm FamRZ 1987, 91 (50% mehr); OLG Hamburg FamRZ 1985, 729 (monatlich 20 DM).

Klage geltend gemacht werden.[4] Regelmäßig ist einer Klage das Rechtsschutzbedürfnis nicht abzusprechen, weil die Art der Einwendungen des Unterhaltspflichtigen i.d.R. nicht vorhersehbar sind und das Vereinfachte Verfahren in ein streitiges Verfahren nach § 651 ZPO übergehen kann. Insoweit wird die Parallele zum Mahnverfahren deutlich.

III. Änderung weiterer Bestimmungen

1. Bezifferung dynamischer Unterhaltstitel zur Zwangsvollstreckung im Ausland gemäß § 790 ZPO

Art. 4 Nr. 2 der EG-Vollstreckungstitel-Verordnung[5] verlangt zur **Qualifikation als europäischer Vollstreckungstitel** eine Forderung auf Zahlung einer bestimmten Geldsumme. Zur Vermeidung eventueller Vollstreckungsprobleme im Ausland bei dynamisierten Unterhaltstiteln gemäß § 1612a Abs. 1 BGB wurde § 790 ZPO, der nach dem dort beschriebenen Verfahren eine Bezifferung ermöglicht, durch das EG-Vollstreckungstitel-Durchführungsgesetz vom 18.8.2005[6] neu eingefügt. In Art. 3 Abs. 3 Nr. 7 UÄndG 2007 werden die bisher dort enthaltenen Wörter „*Vomhundertsatz des jeweiligen Regelbetrags nach der Regelbetrag-Verordnung*" durch die Wörter „*Prozentsatz des Mindestunterhalts*" ersetzt.

427

2. Rangfolge zwischen pfändenden Unterhaltsgläubigern

Die in § 850d Abs. 2 ZPO enthaltene Rangfolge zwischen pfändenden Unterhaltsgläubigern wird (in Art. 3 Abs. 3 Nr. 8 UÄndG 2007) zur Angleichung der Regelungen des Zwangsvollstreckungsrechts an das materielle Recht an die in § 1609 BGB sowie § 16 LPartG enthaltenen neuen Rangfolgeregelungen in Einklang gebracht. Dies erfolgt durch eine unmittelbare Verweisung auf die Rangfolgeregelungen der §§ 1609 BGB, 16 LPartG. Dagegen hat der Gesetzgeber die Auswirkungen des geänderten Rangfolgesystems auf § 850c ZPO nicht aufgegriffen; dies soll einer weiteren gesetzlichen Regelung vorbehalten bleiben.

428

3. Änderung des Gerichtskostengesetzes und der Kostenordnung

In Art. 3 Abs. 4, 5 UÄndG 2007 wird die dort enthaltene Bestimmung des Streit- bzw. Gegenstandswertes an die Neuregelung des

429

---

4 S. auch BT-Drucks. 13/7338 S. 37.
5 Verordnung (EG) Nr. 805/2004 vom 21.4.2004 zur Einführung eines europäischen Vollstreckungstitels für unbestrittene Forderungen.
6 BGBl. I S. 2477.

§ 1612a Abs. 1 BGB angepasst. Danach werden § 42 Abs. 1 S. 2 GKG sowie § 24 Abs. 2 KostO entsprechend geändert.

4. Auslandskostenverordnung

430   Art. 3 Abs. 1 UÄndG 2007 passt Nr. 7 Abs. 4 S. 2 der Anlage 2 (zu § 2 Abs. 1) der Auslandskostenverordnung an § 1612a Abs. 1 BGB an; danach werden das Wort *„Regelbetrag"* durch die Wörter *„Mindestunterhalt nach § 1612a BGB"* ersetzt.

5. Änderung von Art. 229 § 2 EGBGB

431   Der bisherige Art. 229 § 2 Abs. 2 EGBGB bezog sich auf die Umstellung der Regelbetragverordnung auf den Euro zum 1.1.2002. Diese Regelung ist durch die inzwischen erfolgte Umstellung sowie die Einführung des Mindestunterhalts entbehrlich geworden.

IV. Inkrafttreten des UÄndG 2007

432   Art. 4 UÄndG 2007 bestimmt den Zeitpunkt des Inkrafttretens dieses Gesetzes sowie die Aufhebung des KindUG und der Regelbetragverordnung. Das KindUG ist, soweit es in Teilen nicht bereits außer Kraft getreten war (Art. 8 Abs. 2 KindUG mit Wirkung ab 2.7.2003), entbehrlich geworden, weil einerseits die dort angeordneten Änderungen in andere Gesetze eingefügt wurden (vor allem in das BGB und die ZPO) und andererseits mit der Einführung eines **einheitlichen Mindestunterhalts** nach § 1612a Abs. 1 BGB in den **neuen und alten Bundesländern** die bisher erforderliche Unterscheidung danach, ob das Kind in den neuen oder alten Bundesländern (sowie in Ost- oder West-Berlin) lebt, nicht mehr notwendig ist. Ebenso ist die Regelbetragverordnung nach § 1612a Abs. 1 BGB überflüssig geworden. Entsprechend treten das KindUG und die Regelbetragverordnung am 1.1.2008 außer Kraft.

Anhang: Synopse und Übergangsvorschrift*

Nachfolgend werden die **relevanten Vorschriften** von **BGB, LPartG** und **ZPO** in der bisherigen und in der Fassung des UÄndG 2007 wiedergegeben, außerdem die Übergangsvorschrift. Grau unterlegt sind Paragrafen, Absätze usw., in denen Änderungen gegenüber dem bisherigen Recht vorgenommen wurden.

Bisherige Fassung	Neue Fassung
Bürgerliches Gesetzbuch (BGB)	
§ 1361 Unterhalt bei Getrenntleben.	**§ 1361 Unterhalt bei Getrenntleben.**
(1) Leben die Ehegatten getrennt, so kann ein Ehegatte von dem anderen den nach den Lebensverhältnissen und den Erwerbs- und Vermögensverhältnissen der Ehegatten angemessenen Unterhalt verlangen; für Aufwendungen infolge eines Körper- oder Gesundheitsschadens gilt § 1610a. Ist zwischen den getrennt lebenden Ehegatten ein Scheidungsverfahren rechtshängig, so gehören zum Unterhalt vom Eintritt der Rechtshängigkeit an auch die Kosten einer angemessenen Versicherung für den Fall des Alters sowie der verminderten Erwerbsfähigkeit.	(1) Leben die Ehegatten getrennt, so kann ein Ehegatte von dem anderen den nach den Lebensverhältnissen und den Erwerbs- und Vermögensverhältnissen der Ehegatten angemessenen Unterhalt verlangen; für Aufwendungen infolge eines Körper- oder Gesundheitsschadens gilt § 1610a. Ist zwischen den getrennt lebenden Ehegatten ein Scheidungsverfahren rechtshängig, so gehören zum Unterhalt vom Eintritt der Rechtshängigkeit an auch die Kosten einer angemessenen Versicherung für den Fall des Alters sowie der verminderten Erwerbsfähigkeit.
(2) Der nicht erwerbstätige Ehegatte kann nur dann darauf verwiesen werden, seinen Unterhalt durch eine Erwerbstätigkeit selbst zu verdienen, wenn dies von ihm nach seinen persönlichen Verhältnissen, insbesondere wegen einer früheren Erwerbstätigkeit unter Berücksichtigung der Dauer der Ehe, und nach den wirtschaftlichen Verhältnissen beider Ehegatten erwartet werden kann.	(2) Der nicht erwerbstätige Ehegatte kann nur dann darauf verwiesen werden, seinen Unterhalt durch eine Erwerbstätigkeit selbst zu verdienen, wenn dies von ihm nach seinen persönlichen Verhältnissen, insbesondere wegen einer früheren Erwerbstätigkeit unter Berücksichtigung der Dauer der Ehe, und nach den wirtschaftlichen Verhältnissen beider Ehegatten erwartet werden kann.
(3) Die Vorschrift des § 1579 Nr. 2 bis 7 über die Herabsetzung des Unterhaltsanspruchs aus Billigkeitsgründen ist entsprechend anzuwenden.	(3) Die Vorschrift des § 1579 Nr. 2 bis 8 über die Beschränkung oder Versagung des Unterhalts wegen grober Unbilligkeit ist entsprechend anzuwenden.

---

* Angelehnt an FamRZ 2007, 1940 ff.

Bisherige Fassung (BGB)	Neue Fassung (BGB)
(4) Der laufende Unterhalt ist durch Zahlung einer Geldrente zu gewähren. Die Rente ist monatlich im Voraus zu zahlen. Der Verpflichtete schuldet den vollen Monatsbetrag auch dann, wenn der Berechtigte im Laufe des Monats stirbt. § 1360a Abs. 3, 4 und die §§ 1360b, 1605 sind entsprechend anzuwenden.	(4) Der laufende Unterhalt ist durch Zahlung einer Geldrente zu gewähren. Die Rente ist monatlich im Voraus zu zahlen. Der Verpflichtete schuldet den vollen Monatsbetrag auch dann, wenn der Berechtigte im Laufe des Monats stirbt. § 1360a Abs. 3, 4 und die §§ 1360b, 1605 sind entsprechend anzuwenden.
§ 1569 Abschließende Regelung. Kann ein Ehegatte nach der Scheidung nicht selbst für seinen Unterhalt sorgen, so hat er gegen den anderen Ehegatten einen Anspruch auf Unterhalt nach den folgenden Vorschriften.	§ 1569 Grundsatz der Eigenverantwortung. Nach der Scheidung obliegt es jedem Ehegatten, selbst für seinen Unterhalt zu sorgen. Ist er dazu außerstande, so hat er gegen den anderen Ehegatten einen Anspruch auf Unterhalt nur nach den folgenden Vorschriften.
§ 1570 Unterhalt wegen Betreuung eines Kindes. Ein geschiedener Ehegatte kann von dem anderen Unterhalt verlangen, solange und soweit von ihm wegen der Pflege oder Erziehung eines gemeinschaftlichen Kindes eine Erwerbstätigkeit nicht erwartet werden kann.	§ 1570 Unterhalt wegen Betreuung eines Kindes. (1) Ein geschiedener Ehegatte kann von dem anderen wegen der Pflege oder Erziehung eines gemeinschaftlichen Kindes für mindestens drei Jahre nach der Geburt Unterhalt verlangen. Die Dauer des Unterhaltsanspruchs verlängert sich, solange und soweit dies der Billigkeit entspricht. Dabei sind die Belange des Kindes und die bestehenden Möglichkeiten der Kinderbetreuung zu berücksichtigen. (2) Die Dauer des Unterhaltsanspruchs verlängert sich darüber hinaus, wenn dies unter Berücksichtigung der Gestaltung von Kinderbetreuung und Erwerbstätigkeit in der Ehe sowie der Dauer der Ehe der Billigkeit entspricht.
§ 1573 Unterhalt wegen Erwerbslosigkeit und Aufstockungsunterhalt. (1) Soweit ein geschiedener Ehegatte keinen Unterhaltsanspruch nach den §§ 1570 bis 1572 hat, kann er gleichwohl Unterhalt verlangen, solange und soweit er nach der Scheidung keine angemessene Erwerbstätigkeit zu finden vermag. (2) Reichen die Einkünfte aus einer angemessenen Erwerbstätigkeit zum vollen Unterhalt (§ 1578) nicht aus, kann er, soweit er nicht bereits einen Unterhaltsanspruch nach den	§ 1573 Unterhalt wegen Erwerbslosigkeit und Aufstockungsunterhalt. (1) Soweit ein geschiedener Ehegatte keinen Unterhaltsanspruch nach den §§ 1570 bis 1572 hat, kann er gleichwohl Unterhalt verlangen, solange und soweit er nach der Scheidung keine angemessene Erwerbstätigkeit zu finden vermag. (2) Reichen die Einkünfte aus einer angemessenen Erwerbstätigkeit zum vollen Unterhalt (§ 1578) nicht aus, kann er, soweit er nicht bereits einen Unterhaltsanspruch nach den

Bisherige Fassung (BGB)	Neue Fassung (BGB)
§§ 1570 bis 1572 hat, den Unterschiedsbetrag zwischen den Einkünften und dem vollen Unterhalt verlangen. (3) Absätze 1 und 2 gelten entsprechend, wenn Unterhalt nach den §§ 1570 bis 1572, 1575 zu gewähren war, die Voraussetzungen dieser Vorschriften aber entfallen sind. (4) Der geschiedene Ehegatte kann auch dann Unterhalt verlangen, wenn die Einkünfte aus einer angemessenen Erwerbstätigkeit wegfallen, weil es ihm trotz seiner Bemühungen nicht gelungen war, den Unterhalt durch die Erwerbstätigkeit nach der Scheidung nachhaltig zu sichern. War es ihm gelungen, den Unterhalt teilweise nachhaltig zu sichern, so kann er den Unterschiedsbetrag zwischen dem nachhaltig gesicherten und dem vollen Unterhalt verlangen. (5) Die Unterhaltsansprüche nach Absatz 1 bis 4 können zeitlich begrenzt werden, soweit insbesondere unter Berücksichtigung der Dauer der Ehe sowie der Gestaltung der Haushaltsführung und Erwerbstätigkeit ein zeitlich unbegrenzter Unterhaltsanspruch unbillig wäre; dies gilt in der Regel nicht, wenn der Unterhaltsberechtigte nicht nur vorübergehend ein gemeinschaftliches Kind allein oder überwiegend betreut hat oder betreut. Die Zeit der Kindesbetreuung steht der Ehedauer gleich.	§§ 1570 bis 1572 hat, den Unterschiedsbetrag zwischen den Einkünften und dem vollen Unterhalt verlangen. (3) Absätze 1 und 2 gelten entsprechend, wenn Unterhalt nach den §§ 1570 bis 1572, 1575 zu gewähren war, die Voraussetzungen dieser Vorschriften aber entfallen sind. (4) Der geschiedene Ehegatte kann auch dann Unterhalt verlangen, wenn die Einkünfte aus einer angemessenen Erwerbstätigkeit wegfallen, weil es ihm trotz seiner Bemühungen nicht gelungen war, den Unterhalt durch die Erwerbstätigkeit nach der Scheidung nachhaltig zu sichern. War es ihm gelungen, den Unterhalt teilweise nachhaltig zu sichern, so kann er den Unterschiedsbetrag zwischen dem nachhaltig gesicherten und dem vollen Unterhalt verlangen.
§ 1574 Angemessene Erwerbstätigkeit. (1) Der geschiedene Ehegatte braucht nur eine ihm angemessene Erwerbstätigkeit auszuüben. (2) Angemessen ist eine Erwerbstätigkeit, die der Ausbildung, den Fähigkeiten, dem Lebensalter und dem Gesundheitszustand des geschiedenen Ehegatten sowie den ehelichen Lebensverhältnissen entspricht; bei den ehelichen Lebensverhältnissen sind die Dauer der Ehe und die Dauer der Pflege oder Erziehung eines gemeinschaftlichen Kindes zu berücksichtigen.	**§ 1574 Angemessene Erwerbstätigkeit.** (1) Dem geschiedenen Ehegatten obliegt es, eine angemessene Erwerbstätigkeit auszuüben. (2) Angemessen ist eine Erwerbstätigkeit, die der Ausbildung, den Fähigkeiten, einer früheren Erwerbstätigkeit, dem Lebensalter und dem Gesundheitszustand des geschiedenen Ehegatten entspricht, soweit eine solche Tätigkeit nicht nach den ehelichen Lebensverhältnissen unbillig wäre. Bei den ehelichen Lebensverhältnissen sind insbesondere die Dauer der Ehe sowie die Dauer der Pflege oder Erziehung eines gemeinschaftlichen Kindes zu berücksichtigen.

Bisherige Fassung (BGB)	Neue Fassung (BGB)
(3) Soweit es zur Aufnahme einer angemessenen Erwerbstätigkeit erforderlich ist, obliegt es dem geschiedenen Ehegatten, sich ausbilden, fortbilden oder umschulen zu lassen, wenn ein erfolgreicher Abschluss der Ausbildung zu erwarten ist.	(3) Soweit es zur Aufnahme einer angemessenen Erwerbstätigkeit erforderlich ist, obliegt es dem geschiedenen Ehegatten, sich ausbilden, fortbilden oder umschulen zu lassen, wenn ein erfolgreicher Abschluss der Ausbildung zu erwarten ist.
§ 1577 Bedürftigkeit. (1) Der geschiedene Ehegatte kann den Unterhalt nach den §§ 1570 bis 1573, 1575 und 1576 nicht verlangen, solange und soweit er sich aus seinen Einkünften und seinem Vermögen selbst unterhalten kann. (2) Einkünfte sind nicht anzurechnen, soweit der Verpflichtete nicht den vollen Unterhalt (§ 1578) leistet. Einkünfte, die den vollen Unterhalt übersteigen, sind insoweit anzurechnen, als dies unter Berücksichtigung der beiderseitigen wirtschaftlichen Verhältnisse der Billigkeit entspricht. (3) Den Stamm des Vermögens braucht der Berechtigte nicht zu verwerten, soweit die Verwertung unwirtschaftlich oder unter Berücksichtigung der beiderseitigen wirtschaftlichen Verhältnisse unbillig wäre. (4) War zum Zeitpunkt der Ehescheidung zu erwarten, dass der Unterhalt des Berechtigten aus seinem Vermögen nachhaltig gesichert sein würde, fällt das Vermögen aber später weg, so besteht kein Anspruch auf Unterhalt. Dies gilt nicht, wenn im Zeitpunkt des Vermögenswegfalls von dem Ehegatten wegen der Pflege oder Erziehung eines gemeinschaftlichen Kindes eine Erwerbstätigkeit nicht erwartet werden kann.	§ 1577 Bedürftigkeit. (1) Der geschiedene Ehegatte kann den Unterhalt nach den §§ 1570 bis 1573, 1575 und 1576 nicht verlangen, solange und soweit er sich aus seinen Einkünften und seinem Vermögen selbst unterhalten kann. (2) Einkünfte sind nicht anzurechnen, soweit der Verpflichtete nicht den vollen Unterhalt (§§ 1578 und 1578 b) leistet. Einkünfte, die den vollen Unterhalt übersteigen, sind insoweit anzurechnen, als dies unter Berücksichtigung der beiderseitigen wirtschaftlichen Verhältnisse der Billigkeit entspricht. (3) Den Stamm des Vermögens braucht der Berechtigte nicht zu verwerten, soweit die Verwertung unwirtschaftlich oder unter Berücksichtigung der beiderseitigen wirtschaftlichen Verhältnisse unbillig wäre. (4) War zum Zeitpunkt der Ehescheidung zu erwarten, dass der Unterhalt des Berechtigten aus seinem Vermögen nachhaltig gesichert sein würde, fällt das Vermögen aber später weg, so besteht kein Anspruch auf Unterhalt. Dies gilt nicht, wenn im Zeitpunkt des Vermögenswegfalls von dem Ehegatten wegen der Pflege oder Erziehung eines gemeinschaftlichen Kindes eine Erwerbstätigkeit nicht erwartet werden kann.
§ 1578 Maß des Unterhalts. (1) Das Maß des Unterhalts bestimmt sich nach den ehelichen Lebensverhältnissen. Die Bemessung des Unterhaltsanspruchs nach den ehelichen Lebensverhältnissen kann zeitlich begrenzt und danach auf den angemessenen Lebensbedarf abgestellt werden, soweit insbesondere unter Berücksichtigung der Dauer der Ehe sowie der Gestaltung von Haushaltsführung und Erwerbstätigkeit eine zeitlich unbegrenzte Bemessung nach Satz 1 unbillig wäre; dies gilt in der Regel nicht, wenn der	§ 1578 Maß des Unterhalts. (1) Das Maß des Unterhalts bestimmt sich nach den ehelichen Lebensverhältnissen. Der Unterhalt umfasst den gesamten Lebensbedarf.

Bisherige Fassung (BGB)	Neue Fassung (BGB)
Unterhaltsberechtigte nicht nur vorübergehend ein gemeinschaftliches Kind allein oder überwiegend betreut hat oder betreut. Die Zeit der Kindesbetreuung steht der Ehedauer gleich. Der Unterhalt umfasst den gesamten Lebensbedarf.	
(2) Zum Lebensbedarf gehören auch die Kosten einer angemessenen Versicherung für den Fall der Krankheit und der Pflegebedürftigkeit sowie die Kosten einer Schul- oder Berufsausbildung, einer Fortbildung oder einer Umschulung nach den §§ 1574, 1575.	(2) Zum Lebensbedarf gehören auch die Kosten einer angemessenen Versicherung für den Fall der Krankheit und der Pflegebedürftigkeit sowie die Kosten einer Schul- oder Berufsausbildung, einer Fortbildung oder einer Umschulung nach den §§ 1574, 1575.
(3) Hat der geschiedene Ehegatte einen Unterhaltsanspruch nach den §§ 1570 bis 1573 oder § 1576, so gehören zum Lebensbedarf auch die Kosten einer angemessenen Versicherung für den Fall des Alters sowie der verminderten Erwerbsfähigkeit.	(3) Hat der geschiedene Ehegatte einen Unterhaltsanspruch nach den §§ 1570 bis 1573 oder § 1576, so gehören zum Lebensbedarf auch die Kosten einer angemessenen Versicherung für den Fall des Alters sowie der verminderten Erwerbsfähigkeit.
	§ 1578b Herabsetzung und zeitliche Begrenzung des Unterhalts wegen Unbilligkeit. (1) Der Unterhaltsanspruch des geschiedenen Ehegatten ist auf den angemessenen Lebensbedarf herabzusetzen, wenn eine an den ehelichen Lebensverhältnissen orientierte Bemessung des Unterhaltsanspruchs auch unter Wahrung der Belange eines dem Berechtigten zur Pflege oder Erziehung anvertrauten gemeinschaftlichen Kindes unbillig wäre. Dabei ist insbesondere zu berücksichtigen, inwieweit durch die Ehe Nachteile im Hinblick auf die Möglichkeit eingetreten sind, für den eigenen Unterhalt zu sorgen. Solche Nachteile können sich vor allem aus der Dauer der Pflege oder Erziehung eines gemeinschaftlichen Kindes, aus der Gestaltung von Haushaltsführung und Erwerbstätigkeit während der Ehe sowie aus der Dauer der Ehe ergeben.
	(2) Der Unterhaltsanspruch des geschiedenen Ehegatten ist zeitlich zu begrenzen, wenn ein zeitlich unbegrenzter Unterhaltsanspruch auch unter Wahrung der Belange eines dem Berechtigten zur Pflege oder Erziehung anvertrauten gemeinschaftlichen Kindes unbillig wäre. Absatz 1 Satz 2 und 3 gilt entsprechend.

Bisherige Fassung (BGB)	Neue Fassung (BGB)
	(3) Herabsetzung und zeitliche Begrenzung des Unterhaltsanspruchs können miteinander verbunden werden.
§ 1579 Beschränkung oder Wegfall der Verpflichtung. Ein Unterhaltsanspruch ist zu versagen, herabzusetzen oder zeitlich zu begrenzen, soweit die Inanspruchnahme des Verpflichteten auch unter Wahrung der Belange eines dem Berechtigten zur Pflege oder Erziehung anvertrauten gemeinschaftlichen Kindes grob unbillig wäre, weil	§ 1579 Beschränkung oder Versagung des Unterhalts wegen grober Unbilligkeit. Ein Unterhaltsanspruch ist zu versagen, herabzusetzen oder zeitlich zu begrenzen, soweit die Inanspruchnahme des Verpflichteten auch unter Wahrung der Belange eines dem Berechtigten zur Pflege oder Erziehung anvertrauten gemeinschaftlichen Kindes grob unbillig wäre, weil
1. die Ehe von kurzer Dauer war; der Ehedauer steht die Zeit gleich, in welcher der Berechtigte wegen der Pflege oder Erziehung eines gemeinschaftlichen Kindes nach § 1570 Unterhalt verlangen konnte,	1. die Ehe von kurzer Dauer war; dabei ist die Zeit zu berücksichtigen, in welcher der Berechtigte wegen der Pflege oder Erziehung eines gemeinschaftlichen Kindes nach § 1570 Unterhalt verlangen kann,
	2. der Berechtigte in einer verfestigten Lebensgemeinschaft lebt,
2. der Berechtigte sich eines Verbrechens oder eines schweren vorsätzlichen Vergehens gegen den Verpflichteten oder einen nahen Angehörigen des Verpflichteten schuldig gemacht hat,	3. der Berechtigte sich eines Verbrechens oder eines schweren vorsätzlichen Vergehens gegen den Verpflichteten oder einen nahen Angehörigen des Verpflichteten schuldig gemacht hat,
3. der Berechtigte seine Bedürftigkeit mutwillig herbeigeführt hat,	4. der Berechtigte seine Bedürftigkeit mutwillig herbeigeführt hat,
4. der Berechtigte sich über schwerwiegende Vermögensinteressen des Verpflichteten mutwillig hinweggesetzt hat,	5. der Berechtigte sich über schwerwiegende Vermögensinteressen des Verpflichteten mutwillig hinweggesetzt hat,
5. der Berechtigte vor der Trennung längere Zeit hindurch seine Pflicht, zum Familienunterhalt beizutragen, gröblich verletzt hat,	6. der Berechtigte vor der Trennung längere Zeit hindurch seine Pflicht, zum Familienunterhalt beizutragen, gröblich verletzt hat,
6. dem Berechtigten ein offensichtlich schwerwiegendes, eindeutig bei ihm liegendes Fehlverhalten gegen den Verpflichteten zur Last fällt oder	7. dem Berechtigten ein offensichtlich schwerwiegendes, eindeutig bei ihm liegendes Fehlverhalten gegen den Verpflichteten zur Last fällt oder
7. ein anderer Grund vorliegt, der ebenso schwer wiegt wie die in den Nummern 1 bis 6 aufgeführten Gründe.	8. ein anderer Grund vorliegt, der ebenso schwer wiegt wie die in den Nummern 1 bis 7 aufgeführten Gründe.
§ 1582 Rangverhältnisse mehrerer Unterhaltsbedürftiger. (1) Bei Ermittlung des Unterhalts des geschiedenen Ehegatten geht im Falle des § 1581 der geschiedene Ehegat-	§ 1582 Rang des geschiedenen Ehegatten bei mehreren Unterhaltsberechtigten. Sind mehrere Unterhaltsberechtigte vorhanden, richtet sich der Rang des geschiedenen Ehegatten nach § 1609.

Bisherige Fassung (BGB)	Neue Fassung (BGB)
te einem neuen Ehegatten vor, wenn dieser nicht bei entsprechender Anwendung der §§ 1569 bis 1574, § 1576 und des § 1577 Abs. 1 unterhaltsberechtigt wäre. Hätte der neue Ehegatte nach diesen Vorschriften einen Unterhaltsanspruch, geht ihm der geschiedene Ehegatte gleichwohl vor, wenn er nach § 1570 oder nach § 1576 unterhaltsberechtigt ist oder die Ehe mit dem geschiedenen Ehegatten von langer Dauer war. Der Ehedauer steht die Zeit gleich, in der ein Ehegatte wegen der Pflege oder Erziehung eines gemeinschaftlichen Kindes nach § 1570 unterhaltsberechtigt war. (2) § 1609 bleibt im Übrigen unberührt.	
§ 1585b Unterhalt für die Vergangenheit. (1) Wegen eines Sonderbedarfs (§ 1613 Abs. 2) kann der Berechtigte Unterhalt für die Vergangenheit verlangen. (2) Im Übrigen kann der Berechtigte für die Vergangenheit Erfüllung oder Schadensersatz wegen Nichterfüllung erst von der Zeit an fordern, in der der Unterhaltspflichtige in Verzug gekommen oder der Unterhaltsanspruch rechtshängig geworden ist. (3) Für eine mehr als Jahr vor der Rechtshängigkeit liegende Zeit kann Erfüllung oder Schadensersatz wegen Nichterfüllung nur verlangt werden, wenn anzunehmen ist, dass der Verpflichtete sich der Leistung absichtlich entzogen hat.	§ 1585b Unterhalt für die Vergangenheit. (1) Wegen eines Sonderbedarfs (§ 1613 Abs. 2) kann der Berechtigte Unterhalt für die Vergangenheit verlangen. (2) Im Übrigen kann der Berechtigte für die Vergangenheit Erfüllung oder Schadensersatz wegen Nichterfüllung nur entsprechend § 1613 Abs. 1 fordern. (3) Für eine mehr als Jahr vor der Rechtshängigkeit liegende Zeit kann Erfüllung oder Schadensersatz wegen Nichterfüllung nur verlangt werden, wenn anzunehmen ist, dass der Verpflichtete sich der Leistung absichtlich entzogen hat.
§ 1585c Vereinbarungen über den Unterhalt. Die Ehegatten können über die Unterhaltspflicht für die Zeit nach der Scheidung Vereinbarungen treffen.	§ 1585c Vereinbarungen über den Unterhalt. Die Ehegatten können über die Unterhaltspflicht für die Zeit nach der Scheidung Vereinbarungen treffen. Eine Vereinbarung, die vor der Rechtskraft der Scheidung getroffen wird, bedarf der notariellen Beurkundung. § 127a findet auch auf eine Vereinbarung Anwendung, die in einem Verfahren in Ehesachen vor dem Prozessgericht protokolliert wird.
§ 1586a Wiederaufleben des Unterhaltsanspruchs. (1) Geht ein geschiedener Ehe-	§ 1586a Wiederaufleben des Unterhaltsanspruchs. (1) Geht ein geschiedener Ehe-

Bisherige Fassung (BGB)	Neue Fassung (BGB)
gatte eine neue Ehe oder Lebenspartnerschaft ein und wird die Ehe oder Lebenspartnerschaft wieder aufgelöst, so kann er von dem früheren Ehegatten Unterhalt nach § 1570 verlangen, wenn er ein Kind aus der früheren Ehe zu pflegen oder zu erziehen hat. Ist die Pflege oder Erziehung beendet, so kann er Unterhalt nach den §§ 1571 bis 1573, 1575 verlangen. (2) Der Ehegatte der später aufgelösten Ehe haftet vor dem Ehegatten der früher aufgelösten Ehe. Satz 1 findet auf Lebenspartnerschaften entsprechende Anwendung.	gatte eine neue Ehe oder Lebenspartnerschaft ein und wird die Ehe oder Lebenspartnerschaft wieder aufgelöst, so kann er von dem früheren Ehegatten Unterhalt nach § 1570 verlangen, wenn er ein Kind aus der früheren Ehe zu pflegen oder zu erziehen hat. (2) Der Ehegatte der später aufgelösten Ehe haftet vor dem Ehegatten der früher aufgelösten Ehe. Satz 1 findet auf Lebenspartnerschaften entsprechende Anwendung.
§ 1604 Einfluss des Güterstands. Besteht zwischen Ehegatten Gütergemeinschaft, so bestimmt sich die Unterhaltspflicht des Mannes oder der Frau Verwandten gegenüber so, wie wenn das Gesamtgut dem unterhaltspflichtigen Ehegatten gehörte. Sind bedürftige Verwandte beider Ehegatten vorhanden, so ist der Unterhalt aus dem Gesamtgut so zu gewähren, wie wenn die Bedürftigen zu beiden Ehegatten in dem Verwandtschaftsverhältnis ständen, auf dem die Unterhaltspflicht des verpflichteten Ehegatten beruht.	§ 1604 Einfluss des Güterstands. Lebt der Unterhaltspflichtige in Gütergemeinschaft, bestimmt sich seine Unterhaltspflicht Verwandten gegenüber so, als ob das Gesamtgut ihm gehörte. Haben beide in Gütergemeinschaft lebende Personen bedürftige Verwandte, ist der Unterhalt aus dem Gesamtgut so zu gewähren, als ob die Bedürftigen zu beiden Unterhaltspflichtigen in dem Verwandtschaftsverhältnis stünden, auf dem die Unterhaltspflicht des Verpflichteten beruht.
§ 1609 Rangverhältnisse mehrerer Bedürftiger. (1) Sind mehrere Bedürftige vorhanden und ist der Unterhaltspflichtige außerstande, allen Unterhalt zu gewähren, so gehen die Kinder im Sinne des § 1603 Abs. 2 den anderen Kindern, die Kinder den übrigen Abkömmlingen, die Abkömmlinge den Verwandten der aufsteigenden Linie und unter den Verwandten der aufsteigen Linie die näheren den entfernteren vor. (2) Der Ehegatte steht den Kindern im Sinne des § 1603 Abs. 2 gleich; er geht anderen Kindern und den übrigen Verwandten vor. Ist die Ehe geschieden oder aufgehoben, so geht der unterhaltsberechtigte Ehegatte den anderen Kindern im Sinne des Satzes 1 sowie den übrigen Verwandten des Unterhaltspflichtigen vor.	§ 1609 Rangfolge mehrerer Unterhaltsberechtigter. Sind mehrere Unterhaltsberechtigte vorhanden und ist der Unterhaltspflichtige außerstande, allen Unterhalt zu gewähren, so gilt folgende Rangfolge: 1. minderjährige unverheiratete Kinder und Kinder im Sinne des § 1603 Abs. 2 Satz 2 2. Elternteile, die wegen der Betreuung eines Kindes unterhaltsberechtigt sind oder im Fall einer Scheidung wären, sowie Ehegatten und geschiedene Ehegatten bei einer Ehe von langer Dauer; bei der Feststellung einer Ehe von langer Dauer sind auch Nachteile im Sinne des § 1578b Abs. 1 Satz 2 und 3 zu berücksichtigen, 3. Ehegatten und geschiedene Ehegatten, die nicht unter Nummer 2 fallen, 4. Kinder, die nicht unter Nummer 1 fallen, 5. Enkelkinder und weiter Abkömmlinge,

Bisherige Fassung (BGB)	Neue Fassung (BGB)
	6. Eltern,
	7. weitere Verwandte der aufsteigenden Linie; unter ihnen gehen die Näheren den Entfernteren vor.
§ 1612 Art der Unterhaltsgewährung. (1) Der Unterhalt ist durch Entrichtung einer Geldrente zu gewähren. Der Verpflichtete kann verlangen, dass ihm die Gewährung des Unterhalts in anderer Art gestattet wird, wenn besondere Gründe es rechtfertigen. (2) Haben Eltern einem unverheirateten Kind Unterhalt zu gewähren, so können sie bestimmen, in welcher Art und für welche Zeit im Voraus der Unterhalt gewährt werden soll, wobei auf die Belange des Kindes die gebotene Rücksicht zu nehmen ist. Aus besonderen Gründen kann das Familiengericht auf Antrag des Kindes die Bestimmung der Eltern ändern. Ist das Kind minderjährig, so kann ein Elternteil, dem die Sorge für die Person des Kindes nicht zusteht, eine Bestimmung nur für die Zeit treffen, in der das Kind in seinen Haushalt aufgenommen ist. (3) Eine Geldrente ist monatlich im Voraus zu zahlen. Der Verpflichtete schuldet den vollen Monatsbetrag auch dann, wenn der Berechtigte im Laufe des Monats stirbt.	**§ 1612 Art der Unterhaltsgewährung.** (1) Der Unterhalt ist durch Entrichtung einer Geldrente zu gewähren. Der Verpflichtete kann verlangen, dass ihm die Gewährung des Unterhalts in anderer Art gestattet wird, wenn besondere Gründe es rechtfertigen. (2) Haben Eltern einem unverheirateten Kind Unterhalt zu gewähren, können sie bestimmen, in welcher Art und für welche Zeit im Voraus der Unterhalt gewährt werden soll, sofern auf die Belange des Kindes die gebotene Rücksicht genommen wird. Ist das Kind minderjährig, so kann ein Elternteil, dem die Sorge für die Person des Kindes nicht zusteht, eine Bestimmung nur für die Zeit treffen, in der das Kind in seinen Haushalt aufgenommen ist. (3) Eine Geldrente ist monatlich im Voraus zu zahlen. Der Verpflichtete schuldet den vollen Monatsbetrag auch dann, wenn der Berechtigte im Laufe des Monats stirbt.
§ 1612a Art der Unterhaltsgewährung bei minderjährigen Kindern. (1) Ein minderjähriges Kind kann von einem Elternteil, mit dem es nicht in einem Haushalt lebt, den Unterhalt als Vomhundertsatz des jeweiligen Regelbetrages nach der Regelbetrag-Verordnung verlangen.	**§ 1612a Mindestunterhalt minderjähriger Kinder.** (1) Ein minderjähriges Kind kann von einem Elternteil, mit dem es nicht in einem Haushalt lebt, den Unterhalt als Prozentsatz des jeweiligen Mindestunterhalts verlangen. Der Mindestunterhalt richtet sich nach dem doppelten Freibetrag für das sächliche Existenzminimum eines Kindes (Kinderfreibetrag) nach § 32 Abs. 6 Satz 1 des Einkommensteuergesetzes. Er beträgt monatlich entsprechend dem Alter des Kindes 1. für die Zeit bis zur Vollendung des sechsten Lebensjahrs (erste Altersstufe) 87 Prozent, 2. für die Zeit vom siebten bis zur Vollendung des zwölften Lebensjahrs (zweite Altersstufe) 100 Prozent, und

Bisherige Fassung (BGB)	Neue Fassung (BGB)
	3. für die Zeit vom 13. Lebensjahr an (dritte Altersstufe) 117 Prozent eines Zwölftels des doppelten Kinderfreibetrags.
(2) Der Vomhundertsatz ist auf eine Dezimalstelle zu begrenzen; jede weitere sich ergebende Dezimalstelle wird nicht berücksichtigt. Der sich bei der Berechnung des Unterhalts ergebende Betrag ist auf volle Euro aufzurunden.	(2) Der Prozentsatz ist auf eine Dezimalstelle zu begrenzen; jede weitere sich ergebende Dezimalstelle wird nicht berücksichtigt. Der sich bei der Berechnung des Unterhalts ergebende Betrag ist auf volle Euro aufzurunden.
(3) Die Regelbeträge werden in der Regelbetrag-Verordnung nach dem Alter des Kindes für die Zeit bis zur Vollendung des sechsten Lebensjahres (erste Altersstufe), die Zeit vom siebten bis zur Vollendung des zwölften Lebensjahres (zweite Altersstufe) und für die Zeit vom dreizehnten Lebensjahr an (dritte Altersstufe) festgesetzt. Der Regelbetrag einer höheren Altersstufe ist ab dem Beginn des Monats maßgebend, in dem das Kind das betreffende Lebensjahr vollendet.	(3) Der Unterhalt einer höheren Altersstufe ist ab dem Beginn des Monats maßgebend, in dem das Kind das betreffende Lebensjahr vollendet.
(4) Die Regelbeträge ändern sich entsprechend der Entwicklung des durchschnittlich verfügbaren Arbeitsentgelts erstmals zum 1. Juli 1999 und danach zum 1. Juli jeden zweiten Jahres. Die neuen Regelbeträge ergeben sich, indem die zuletzt geltenden Regelbeträge mit den Faktoren aus den jeweils zwei der Veränderung vorausgegangenen Kalenderjahren für die Entwicklung	
1. der Bruttolohn- und gehaltssumme je durchschnittlich beschäftigen Arbeitnehmer und	
2. der Belastung bei Arbeitsentgelten	
vervielfältigt werden; das Ergebnis ist auf volle Euro aufzurunden. Das Bundesministerium der Justiz hat die Regelbetrag-Verordnung durch Rechtsverordnung, die nicht der Zustimmung des Bundesrates bedarf, rechtzeitig anzupassen.	
(5) Die Faktoren im Sinne von Absatz 4 Satz 2 werden ermittelt, indem jeweils der für das Kalenderjahr, für das die Entwicklung festzustellen ist, maßgebende Wert durch den entsprechenden Wert für das diesem vorausgegangene Kalenderjahr geteilt wird. Der	

Bisherige Fassung (BGB)	Neue Fassung (BGB)
Berechnung sind 1. für das der Veränderung vorausgegangene Kalenderjahr die dem Statistischen Bundesamt zu Beginn des folgenden Kalenderjahrs vorliegenden Daten der Volkswirtschaftlichen Gesamtrechnung, 2. für das Kalenderjahr, in dem die jeweils letzte Veränderung vorgenommen wurde, die vom Statistischen Bundesamt endgültig festgestellten Daten der Volkswirtschaftlichen Gesamtrechnung, sowie 3. im Übrigen die der Bestimmung der bisherigen Regelbeträge zugrunde gelegten Daten der Volkswirtschaftlichen Gesamtrechnung zugrunde zu legen; sie ist auf zwei Dezimalstellen durchzuführen.	
§ 1612b Anrechnung von Kindergeld. (1) Das auf das Kind entfallende Kindergeld ist zur Hälfte anzurechnen, wenn an den barunterhaltspflichtigen Elternteil Kindergeld nicht ausgezahlt wird, weil ein anderer vorrangig berechtigt ist. (2) Sind beide Elternteile zum Barunterhalt verpflichtet, so erhöht sich der Unterhaltsanspruch gegen den das Kindergeld beziehenden Elternteil um die Hälfte des auf das Kind entfallenden Kindergelds. (3) Hat nur der barunterhaltspflichtige Elternteil Anspruch auf Kindergeld, wird es aber nicht an ihn ausgezahlt, ist es in voller Höhe anzurechnen. (4) Ist das Kindergeld wegen Berücksichtigung eines nicht gemeinschaftlichen Kindes erhöht, ist es im Umfang der Erhöhung nicht anzurechnen. (5) Eine Anrechnung des Kindergeldes unterbleibt, soweit der Unterhaltspflichtige außerstande ist, Unterhalt in Höhe von 135 Prozent des Regelbetrages nach der Regelbetrag-Verordnung zu leisten.	§ 1612b Deckung des Barbedarfs durch Kindergeld. (1) Das auf das Kind entfallende Kindergeld ist zur Deckung seines Barbedarfs zu verwenden: 1. zur Hälfte, wenn ein Elternteil seine Unterhaltspflicht durch Betreuung des Kindes erfüllt (§ 1606 Abs. 3 Satz 2); 2. in allen anderen Fällen in voller Höhe. In diesem Umfang mindert es den Barbedarf des Kindes. (2) Ist das Kindergeld wegen der Berücksichtigung eines nicht gemeinschaftlichen Kindes erhöht, ist es im Umfang der Erhöhung nicht bedarfsmindernd zu berücksichtigen.
§ 1615l Unterhaltsanspruch von Mutter und Vater aus Anlass der Geburt. (1) Der Vater hat der Mutter für die Dauer von sechs Wochen vor und acht Wochen nach der Ge-	§ 1615l Unterhaltsanspruch von Mutter und Vater aus Anlass der Geburt. (1) Der Vater hat der Mutter für die Dauer von sechs Wochen vor und acht Wochen nach der Ge-

Bisherige Fassung (BGB)	Neue Fassung (BGB)
burt des Kindes Unterhalt zu gewähren. Dies gilt auch hinsichtlich der Kosten, die infolge der Schwangerschaft oder der Entbindung außerhalb dieses Zeitraums entstehen. (2) Soweit die Mutter einer Erwerbstätigkeit nicht nachgeht, weil sie infolge der Schwangerschaft oder einer durch die Schwangerschaft oder die Entbindung verursachten Krankheit dazu außerstande ist, ist der Vater verpflichtet, ihr über die in Absatz 1 Satz 1 bezeichnete Zeit hinaus Unterhalt zu gewähren. Das Gleiche gilt, soweit von der Mutter wegen der Pflege oder Erziehung des Kindes eine Erwerbstätigkeit nicht erwartet werden kann. Die Unterhaltpflicht beginnt frühestens vier Monate vor der Geburt; sie endet drei Jahre nach der Geburt, sofern es nicht insbesondere unter Berücksichtigung der Belange des Kindes grob unbillig wäre, einen Unterhaltsanspruch nach Ablauf dieser Frist zu versagen. (3) Die Vorschriften über die Unterhaltspflicht zwischen Verwandten sind entsprechend anzuwenden. Die Verpflichtung des Vaters geht der Verpflichtung der Verwandten der Mutter vor. Die Ehefrau und minderjährige unverheiratete Kinder des Vaters gehen bei Anwendung des § 1609 der Mutter vor; die Mutter geht den übrigen Verwandten des Vaters vor. § 1613 Abs. 2 gilt entsprechend. Der Anspruch erlischt nicht mit dem Tode des Vaters. (4) Wenn der Vater das Kind betreut, steht ihm der Anspruch nach Absatz 2 Satz 2 gegen die Mutter zu. In diesem Falle gilt Absatz 3 entsprechend.	burt des Kindes Unterhalt zu gewähren. Dies gilt auch hinsichtlich der Kosten, die infolge der Schwangerschaft oder der Entbindung außerhalb dieses Zeitraums entstehen. (2) Soweit die Mutter einer Erwerbstätigkeit nicht nachgeht, weil sie infolge der Schwangerschaft oder einer durch die Schwangerschaft oder die Entbindung verursachten Krankheit dazu außerstande ist, ist der Vater verpflichtet, ihr über die in Absatz 1 Satz 1 bezeichnete Zeit hinaus Unterhalt zu gewähren. Das Gleiche gilt, soweit von der Mutter wegen der Pflege oder Erziehung des Kindes eine Erwerbstätigkeit nicht erwartet werden kann. Die Unterhaltspflicht beginnt frühestens vier Monate vor der Geburt und besteht für mindestens drei Jahre nach der Geburt. Sie verlängert sich, solange und soweit dies der Billigkeit entspricht. Dabei sind insbesondere die Belange des Kindes und die bestehenden Möglichkeiten der Kinderbetreuung zu berücksichtigen. (3) Die Vorschriften über die Unterhaltspflicht zwischen Verwandten sind entsprechend anzuwenden. Die Verpflichtung des Vaters geht der Verpflichtung der Verwandten der Mutter vor. § 1613 Abs. 2 gilt entsprechend. Der Anspruch erlischt nicht mit dem Tode des Vaters. (4) Wenn der Vater das Kind betreut, steht ihm der Anspruch nach Absatz 2 Satz 2 gegen die Mutter zu. In diesem Falle gilt Absatz 3 entsprechend.
Lebenspartnerschaftsgesetz (LPartG)	
§ 5 Verpflichtung zum Lebenspartnerschaftsunterhalt. Die Lebenspartner sind einander verpflichtet, durch ihre Arbeit und mit ihrem Vermögen die partnerschaftliche Lebensgemeinschaft angemessen zu unterhalten. § 1360 Satz 2 und die §§ 1360a und 1360b des Bürgerlichen Gesetzbuchs sowie § 16 Abs. 2 gelten entsprechend.	§ 5 Verpflichtung zum Lebenspartnerschaftsunterhalt. Die Lebenspartner sind einander verpflichtet, durch ihre Arbeit und mit ihrem Vermögen die partnerschaftliche Lebensgemeinschaft angemessen zu unterhalten. § 1360 Satz 2, die §§ 1360a, 1360b und 1609 des Bürgerlichen Gesetzbuchs gelten entsprechend.

Anhang (Synopse)

Bisherige Fassung (BGB)	Neue Fassung (BGB)
	6. Eltern,
	7. weitere Verwandte der aufsteigenden Linie; unter ihnen gehen die Näheren den Entfernteren vor.
§ 1612 Art der Unterhaltsgewährung. (1) Der Unterhalt ist durch Entrichtung einer Geldrente zu gewähren. Der Verpflichtete kann verlangen, dass ihm die Gewährung des Unterhalts in anderer Art gestattet wird, wenn besondere Gründe es rechtfertigen. (2) Haben Eltern einem unverheirateten Kind Unterhalt zu gewähren, so können sie bestimmen, in welcher Art und für welche Zeit im Voraus der Unterhalt gewährt werden soll, wobei auf die Belange des Kindes die gebotene Rücksicht zu nehmen ist. Aus besonderen Gründen kann das Familiengericht auf Antrag des Kindes die Bestimmung der Eltern ändern. Ist das Kind minderjährig, so kann ein Elternteil, dem die Sorge für die Person des Kindes nicht zusteht, eine Bestimmung nur für die Zeit treffen, in der das Kind in seinen Haushalt aufgenommen ist. (3) Eine Geldrente ist monatlich im Voraus zu zahlen. Der Verpflichtete schuldet den vollen Monatsbetrag auch dann, wenn der Berechtigte im Laufe des Monats stirbt.	§ 1612 Art der Unterhaltsgewährung. (1) Der Unterhalt ist durch Entrichtung einer Geldrente zu gewähren. Der Verpflichtete kann verlangen, dass ihm die Gewährung des Unterhalts in anderer Art gestattet wird, wenn besondere Gründe es rechtfertigen. (2) Haben Eltern einem unverheirateten Kind Unterhalt zu gewähren, können sie bestimmen, in welcher Art und für welche Zeit im Voraus der Unterhalt gewährt werden soll, sofern auf die Belange des Kindes die gebotene Rücksicht genommen wird. Ist das Kind minderjährig, so kann ein Elternteil, dem die Sorge für die Person des Kindes nicht zusteht, eine Bestimmung nur für die Zeit treffen, in der das Kind in seinen Haushalt aufgenommen ist. (3) Eine Geldrente ist monatlich im Voraus zu zahlen. Der Verpflichtete schuldet den vollen Monatsbetrag auch dann, wenn der Berechtigte im Laufe des Monats stirbt.
§ 1612a Art der Unterhaltsgewährung bei minderjährigen Kindern. (1) Ein minderjähriges Kind kann von einem Elternteil, mit dem es nicht in einem Haushalt lebt, den Unterhalt als Vomhundertsatz des jeweiligen Regelbetrages nach der Regelbetrag-Verordnung verlangen.	§ 1612a Mindestunterhalt minderjähriger Kinder. (1) Ein minderjähriges Kind kann von einem Elternteil, mit dem es nicht in einem Haushalt lebt, den Unterhalt als Prozentsatz des jeweiligen Mindestunterhalts verlangen. Der Mindestunterhalt richtet sich nach dem doppelten Freibetrag für das sächliche Existenzminimum eines Kindes (Kinderfreibetrag) nach § 32 Abs. 6 Satz 1 des Einkommensteuergesetzes. Er beträgt monatlich entsprechend dem Alter des Kindes 1. für die Zeit bis zur Vollendung des sechsten Lebensjahrs (erste Altersstufe) 87 Prozent, 2. für die Zeit vom siebten bis zur Vollendung des zwölften Lebensjahrs (zweite Altersstufe) 100 Prozent, und

Bisherige Fassung (BGB)	Neue Fassung (BGB)
	3. für die Zeit vom 13. Lebensjahr an (dritte Altersstufe) 117 Prozent eines Zwölftels des doppelten Kinderfreibetrags.
(2) Der Vomhundertsatz ist auf eine Dezimalstelle zu begrenzen; jede weitere sich ergebende Dezimalstelle wird nicht berücksichtigt. Der sich bei der Berechnung des Unterhalts ergebende Betrag ist auf volle Euro aufzurunden.	(2) Der Prozentsatz ist auf eine Dezimalstelle zu begrenzen; jede weitere sich ergebende Dezimalstelle wird nicht berücksichtigt. Der sich bei der Berechnung des Unterhalts ergebende Betrag ist auf volle Euro aufzurunden.
(3) Die Regelbeträge werden in der Regelbetrag-Verordnung nach dem Alter des Kindes für die Zeit bis zur Vollendung des sechsten Lebensjahres (erste Altersstufe), die Zeit vom siebten bis zur Vollendung des zwölften Lebensjahres (zweite Altersstufe) und für die Zeit vom dreizehnten Lebensjahr an (dritte Altersstufe) festgesetzt. Der Regelbetrag einer höheren Altersstufe ist ab dem Beginn des Monats maßgebend, in dem das Kind das betreffende Lebensjahr vollendet.	(3) Der Unterhalt einer höheren Altersstufe ist ab dem Beginn des Monats maßgebend, in dem das Kind das betreffende Lebensjahr vollendet.
(4) Die Regelbeträge ändern sich entsprechend der Entwicklung des durchschnittlich verfügbaren Arbeitsentgelts erstmals zum 1. Juli 1999 und danach zum 1. Juli jeden zweiten Jahres. Die neuen Regelbeträge ergeben sich, indem die zuletzt geltenden Regelbeträge mit den Faktoren aus den jeweils zwei der Veränderung vorausgegangenen Kalenderjahren für die Entwicklung	
1. der Bruttolohn- und gehaltssumme je durchschnittlich beschäftigen Arbeitnehmer und	
2. der Belastung bei Arbeitsentgelten	
vervielfältigt werden; das Ergebnis ist auf volle Euro aufzurunden. Das Bundesministerium der Justiz hat die Regelbetrag-Verordnung durch Rechtsverordnung, die nicht der Zustimmung des Bundesrates bedarf, rechtzeitig anzupassen.	
(5) Die Faktoren im Sinne von Absatz 4 Satz 2 werden ermittelt, indem jeweils der für das Kalenderjahr, für das die Entwicklung festzustellen ist, maßgebende Wert durch den entsprechenden Wert für das diesem vorausgegangene Kalenderjahr geteilt wird. Der	

Bisherige Fassung (BGB)	Neue Fassung (BGB)
Berechnung sind 1. für das der Veränderung vorausgegangene Kalenderjahr die dem Statistischen Bundesamt zu Beginn des folgenden Kalenderjahrs vorliegenden Daten der Volkswirtschaftlichen Gesamtrechnung, 2. für das Kalenderjahr, in dem die jeweils letzte Veränderung vorgenommen wurde, die vom Statistischen Bundesamt endgültig festgestellten Daten der Volkswirtschaftlichen Gesamtrechnung, sowie 3. im Übrigen die der Bestimmung der bisherigen Regelbeträge zugrunde gelegten Daten der Volkswirtschaftlichen Gesamtrechnung zugrunde zu legen; sie ist auf zwei Dezimalstellen durchzuführen.	
§ 1612b Anrechnung von Kindergeld. (1) Das auf das Kind entfallende Kindergeld ist zur Hälfte anzurechnen, wenn an den barunterhaltspflichtigen Elternteil Kindergeld nicht ausgezahlt wird, weil ein anderer vorrangig berechtigt ist. (2) Sind beide Elternteile zum Barunterhalt verpflichtet, so erhöht sich der Unterhaltsanspruch gegen den das Kindergeld beziehenden Elternteil um die Hälfte des auf das Kind entfallenden Kindergelds. (3) Hat nur der barunterhaltspflichtige Elternteil Anspruch auf Kindergeld, wird es aber nicht an ihn ausgezahlt, ist es in voller Höhe anzurechnen. (4) Ist das Kindergeld wegen Berücksichtigung eines nicht gemeinschaftlichen Kindes erhöht, ist es im Umfang der Erhöhung nicht anzurechnen. (5) Eine Anrechnung des Kindergeldes unterbleibt, soweit der Unterhaltspflichtige außerstande ist, Unterhalt in Höhe von 135 Prozent des Regelbetrages nach der Regelbetrag-Verordnung zu leisten.	§ 1612b Deckung des Barbedarfs durch Kindergeld. (1) Das auf das Kind entfallende Kindergeld ist zur Deckung seines Barbedarfs zu verwenden: 1. zur Hälfte, wenn ein Elternteil seine Unterhaltspflicht durch Betreuung des Kindes erfüllt (§ 1606 Abs. 3 Satz 2); 2. in allen anderen Fällen in voller Höhe. In diesem Umfang mindert es den Barbedarf des Kindes. (2) Ist das Kindergeld wegen der Berücksichtigung eines nicht gemeinschaftlichen Kindes erhöht, ist es im Umfang der Erhöhung nicht bedarfsmindernd zu berücksichtigen.
§ 1615l Unterhaltsanspruch von Mutter und Vater aus Anlass der Geburt. (1) Der Vater hat der Mutter für die Dauer von sechs Wochen vor und acht Wochen nach der Ge-	§ 1615l Unterhaltsanspruch von Mutter und Vater aus Anlass der Geburt. (1) Der Vater hat der Mutter für die Dauer von sechs Wochen vor und acht Wochen nach der Ge-

Bisherige Fassung (BGB)	Neue Fassung (BGB)
burt des Kindes Unterhalt zu gewähren. Dies gilt auch hinsichtlich der Kosten, die infolge der Schwangerschaft oder der Entbindung außerhalb dieses Zeitraums entstehen.	burt des Kindes Unterhalt zu gewähren. Dies gilt auch hinsichtlich der Kosten, die infolge der Schwangerschaft oder der Entbindung außerhalb dieses Zeitraums entstehen.
(2) Soweit die Mutter einer Erwerbstätigkeit nicht nachgeht, weil sie infolge der Schwangerschaft oder einer durch die Schwangerschaft oder die Entbindung verursachten Krankheit dazu außerstande ist, ist der Vater verpflichtet, ihr über die in Absatz 1 Satz 1 bezeichnete Zeit hinaus Unterhalt zu gewähren. Das Gleiche gilt, soweit von der Mutter wegen der Pflege oder Erziehung des Kindes eine Erwerbstätigkeit nicht erwartet werden kann. Die Unterhaltspflicht beginnt frühestens vier Monate vor der Geburt; sie endet drei Jahre nach der Geburt, sofern es nicht insbesondere unter Berücksichtigung der Belange des Kindes grob unbillig wäre, einen Unterhaltsanspruch nach Ablauf dieser Frist zu versagen.	(2) Soweit die Mutter einer Erwerbstätigkeit nicht nachgeht, weil sie infolge der Schwangerschaft oder einer durch die Schwangerschaft oder die Entbindung verursachten Krankheit dazu außerstande ist, ist der Vater verpflichtet, ihr über die in Absatz 1 Satz 1 bezeichnete Zeit hinaus Unterhalt zu gewähren. Das Gleiche gilt, soweit von der Mutter wegen der Pflege oder Erziehung des Kindes eine Erwerbstätigkeit nicht erwartet werden kann. Die Unterhaltspflicht beginnt frühestens vier Monate vor der Geburt und besteht für mindestens drei Jahre nach der Geburt. Sie verlängert sich, solange und soweit dies der Billigkeit entspricht. Dabei sind insbesondere die Belange des Kindes und die bestehenden Möglichkeiten der Kinderbetreuung zu berücksichtigen.
(3) Die Vorschriften über die Unterhaltspflicht zwischen Verwandten sind entsprechend anzuwenden. Die Verpflichtung des Vaters geht der Verpflichtung der Verwandten der Mutter vor. Die Ehefrau und minderjährige unverheiratete Kinder des Vaters gehen bei Anwendung des § 1609 der Mutter vor; die Mutter geht den übrigen Verwandten des Vaters vor. § 1613 Abs. 2 gilt entsprechend. Der Anspruch erlischt nicht mit dem Tode des Vaters.	(3) Die Vorschriften über die Unterhaltspflicht zwischen Verwandten sind entsprechend anzuwenden. Die Verpflichtung des Vaters geht der Verpflichtung der Verwandten der Mutter vor. § 1613 Abs. 2 gilt entsprechend. Der Anspruch erlischt nicht mit dem Tode des Vaters.
(4) Wenn der Vater das Kind betreut, steht ihm der Anspruch nach Absatz 2 Satz 2 gegen die Mutter zu. In diesem Falle gilt Absatz 3 entsprechend.	(4) Wenn der Vater das Kind betreut, steht ihm der Anspruch nach Absatz 2 Satz 2 gegen die Mutter zu. In diesem Falle gilt Absatz 3 entsprechend.
Lebenspartnerschaftsgesetz (LPartG)	
§ 5 Verpflichtung zum Lebenspartnerschaftsunterhalt. Die Lebenspartner sind einander verpflichtet, durch ihre Arbeit und mit ihrem Vermögen die partnerschaftliche Lebensgemeinschaft angemessen zu unterhalten. § 1360 Satz 2 und die §§ 1360a und 1360b des Bürgerlichen Gesetzbuchs sowie § 16 Abs. 2 gelten entsprechend.	§ 5 Verpflichtung zum Lebenspartnerschaftsunterhalt. Die Lebenspartner sind einander verpflichtet, durch ihre Arbeit und mit ihrem Vermögen die partnerschaftliche Lebensgemeinschaft angemessen zu unterhalten. § 1360 Satz 2, die §§ 1360a, 1360b und 1609 des Bürgerlichen Gesetzbuchs gelten entsprechend.

Bisherige Fassung (LPartG)	Neue Fassung (LPartG)
§ 12 Unterhalt bei Getrenntleben. Leben die Lebenspartner getrennt, so kann ein Lebenspartner von dem anderen den nach den Lebensverhältnissen und den Erwerbs- und Vermögensverhältnissen der Lebenspartner angemessenen Unterhalt verlangen. Die §§ 1361 und 1609 des Bürgerlichen Gesetzbuchs gelten entsprechend.	§ 12 Unterhalt bei Getrenntleben. Leben die Lebenspartner getrennt, so kann ein Lebenspartner von dem anderen den nach den Lebensverhältnissen und den Erwerbs- und Vermögensverhältnissen der Lebenspartner angemessenen Unterhalt verlangen. § 1361 des Bürgerlichen Gesetzbuchs und § 16 Abs. 2 gelten entsprechend.
§ 16 Nachpartnerschaftlicher Unterhalt. (1) Kann ein Lebenspartner nach der Aufhebung der Lebenspartnerschaft nicht selbst für seinen Unterhalt sorgen, so hat er gegen den anderen Lebenspartner einen Anspruch auf Unterhalt entsprechend den §§ 1570 bis 1581 und 1583 bis 1586b des Bürgerlichen Gesetzbuchs. (2) Bei der Ermittlung des Unterhalts des früheren Lebenspartners geht dieser im Falle des § 1581 des Bürgerlichen Gesetzbuchs einem neuen Lebenspartner und den übrigen Verwandten im Sinne des § 1609 Abs. 2 des Bürgerlichen Gesetzbuchs vor; alle anderen gesetzlich Unterhaltsberechtigten gehen dem früheren Lebenspartner vor.	§ 16 Nachbarpartnerschaftlicher Unterhalt. Nach der Aufhebung der Lebenspartnerschaft obliegt es jedem Lebenspartner, selbst für seinen Unterhalt zu sorgen. Ist er dazu außerstande, hat er gegen den anderen Lebenspartner einen Anspruch auf Unterhalt nur entsprechend den §§ 1570 bis 1586b und 1609 des Bürgerlichen Gesetzbuchs.
Zivilprozessordnung (ZPO)	
§ 645 Statthaftigkeit des vereinfachten Verfahrens. (1) Auf Antrag wird der Unterhalt eines minderjährigen Kindes, das mit dem in Anspruch genommenen Elternteil nicht in einem Haushalt lebt, im vereinfachten Verfahren festgesetzt, soweit der Unterhalt vor Anrechnung der nach §§ 1612b, 1612c des Bürgerlichen Gesetzbuchs zu berücksichtigenden Leistungen das Eineinhalbfache des Regelbetrages nach der Regelbetrag-Verordnung nicht übersteigt. (2) Das vereinfachte Verfahren findet nicht statt, wenn zum Zeitpunkt der Zustellung des Antrags oder einer Mitteilung über seinen Inhalt an den Antragsgegner ein Gericht über den Unterhaltsanspruch des Kindes entschieden hat, ein gerichtliches Verfahren anhängig ist oder ein zur Zwangsvollstreckung geeigneter Schuldtitel errichtet worden ist.	§ 645 Statthaftigkeit des vereinfachten Verfahrens. (1) Auf Antrag wird der Unterhalt eines minderjährigen Kindes, das mit dem in Anspruch genommenen Elternteil nicht in einem Haushalt lebt, im vereinfachten Verfahren festgesetzt, soweit der Unterhalt vor Berücksichtigung der Leistungen nach §§ 1612b oder 1612c des Bürgerlichen Gesetzbuchs das 1,2-fache des Mindestunterhalts nach § 1612a Abs. 1 des Bürgerlichen Gesetzbuchs nicht übersteigt. (2) Das vereinfachte Verfahren findet nicht statt, wenn zum Zeitpunkt der Zustellung des Antrags oder einer Mitteilung über seinen Inhalt an den Antragsgegner ein Gericht über den Unterhaltsanspruch des Kindes entschieden hat, ein gerichtliches Verfahren anhängig ist oder ein zur Zwangsvollstreckung geeigneter Schuldtitel errichtet worden ist.

Anhang (Übergangsvorschrift)

Übergangsvorschrift gemäß Art. 3 Abs. 2 des UÄndG 2007:

§ 36 EGZPO

Für das Gesetz zur Änderung des Unterhaltsrechts vom *{Ausfertigungsdatum dieses Gesetzes und Fundstelle im Bundesgesetzblatt}* gelten folgende Übergangsvorschriften:

1. Ist über den Unterhaltsanspruch vor dem 1. Januar 2008 rechtskräftig entschieden, ein vollstreckbarer Titel errichtet oder eine Unterhaltsvereinbarung getroffen worden, sind Umstände, die vor diesem Tag entstanden und durch das Gesetz zur Änderung des Unterhaltsrechts erheblich geworden sind, nur zu berücksichtigen, soweit eine wesentliche Änderung der Unterhaltsverpflichtung eintritt und die Änderung dem anderen Teil unter Berücksichtigung seines Vertrauens in die getroffene Regelung zumutbar ist.

2. Die in Nummer 1 genannten Umstände können bei der erstmaligen Änderung eines vollstreckbaren Unterhaltstitels nach dem 1. Januar 2008 ohne die Beschränkungen des § 323 Abs. 2 und des § 767 Abs. 2 der Zivilprozessordnung geltend gemacht werden.

3. Ist einem Kind der Unterhalt aufgrund eines vollstreckbaren Titels oder einer Unterhaltsvereinbarung als Prozentsatz des jeweiligen Regelbetrags nach der Regelbetrag-Verordnung zu leisten, gilt der Titel oder die Unterhaltsvereinbarung fort. An die Stelle des Regelbetrags tritt der Mindestunterhalt. An die Stelle des bisherigen Prozentsatzes tritt ein neuer Prozentsatz. Hierbei gilt:

    a) Sieht der Titel oder die Vereinbarung die Anrechnung des hälftigen oder eines Teils des hälftigen Kindergelds vor, ergibt sich der neue Prozentsatz, indem dem bisher zu zahlenden Unterhaltsbetrag das hälftige Kindergeld hinzugerechnet wird und der sich so ergebende Betrag ins Verhältnis zu dem bei Inkrafttreten des Gesetzes zur Änderung des Unterhaltsrechts geltenden Mindestunterhalt gesetzt wird; der zukünftig zu zahlende Unterhaltsbetrag ergibt sich, indem der neue Prozentsatz mit dem Mindestunterhalt vervielfältigt und von dem Ergebnis das hälftige Kindergeld abgezogen wird.

    b) Sieht der Titel oder die Vereinbarung die Hinzurechnung des hälftigen Kindergelds vor, ergibt sich der neue Prozentsatz, indem vom bisher zu zahlenden Unterhaltsbetrag das hälftige Kindergeld abgezogen wird und der sich so ergebende Betrag ins Verhältnis zu dem bei Inkrafttreten des Gesetzes zur Änderung des Unterhaltsrechts geltenden Mindestunterhalt gesetzt wird; der zukünftig zu zahlende Unterhaltsbetrag ergibt sich, indem der neue Prozentsatz mit dem Mindestunterhalt vervielfältigt und dem Ergebnis das hälftige Kindergeld hinzugerechnet wird.

    c) Sieht der Titel oder die Vereinbarung die Anrechnung des vollen Kindergelds vor, ist Buchstabe a anzuwenden, wobei an die Stelle des hälftigen Kindergelds das volle Kindergeld tritt.

    d) Sieht der Titel oder die Vereinbarung weder eine Anrechnung noch eine Hinzurechnung des Kindergelds oder eines Teils des Kindergelds vor, ist Buchstabe a anzuwenden.

    Der sich ergebende Prozentsatz ist auf eine Dezimalstelle zu begrenzen. Die Nummern 1 und 2 bleiben unberührt.

4. Der Mindestunterhalt minderjähriger Kinder im Sinne des § 1612a Abs. 1 des Bürgerlichen Gesetzbuchs beträgt

    a) für die Zeit bis zur Vollendung des sechsten Lebensjahrs (erste Altersstufe) 279 Euro,

    b) für die Zeit vom siebten bis zur Vollendung des zwölften Lebensjahrs (zweite Altersstufe) 322 Euro,

    c) für die Zeit vom 13. Lebensjahr an (dritte Altersstufe) 365 Euro jeweils bis zu dem Zeitpunkt, in dem der Mindestunterhalt nach Maßgabe des § 1612a Abs. 1 des Bürgerlichen Gesetzbuchs den hier festgelegten Betrag übersteigt.

5. In einem Verfahren nach § 621 Abs. 1 Nr. 4, 5 oder Nr. 11 der Zivilprozessordnung können die in Nummer 1 genannten Umstände noch in der Revisionsinstanz vorgebracht werden. Das Revisionsgericht kann die Sache an das Berufungsgericht zurückverweisen, wenn bezüglich der neuen Tatsachen eine Beweisaufnahme erforderlich wird.
6. In den in Nummer 5 genannten Verfahren ist eine vor dem 1. Januar 2008 geschlossene mündliche Verhandlung auf Antrag wieder zu eröffnen.
7. Unterhaltsleistungen, die vor dem 1. Januar 2008 fällig geworden sind oder den Unterhalt für Ehegatten betreffen, die nach dem bis zum 30. Juni 1977 geltenden Recht geschieden worden sind, bleiben unberührt.

Stichwortverzeichnis
(Die Zahlen verweisen auf Randziffern.)

A
Abänderungsklage 73
- Rückschlagsperre 229

Abänderungsverfahren 73
Additionsmethode 26
Adoption minderjähriger Kinder 41
Alter 55
Altersphasenmodell 10, 36
- Auflösung 56, 67 ff.
- konkrete Betreuungssituation 68
- Richtlinien 47
- Teilzeitbeschäftigung 49

Altersstufe beim Kindesunterhalt 322
Altersunterhalt
- Begrenzung nach § 1578b BGB 156

Annexunterhalt
- Betreuung 47c

Angemessener Lebensbedarf 135 ff.
Anrechnungsmethode 26
Anschlussunterhalt
- Ehe von langer Dauer 251
- Wiederaufleben nach § 1586a BGB 241

Anvertrautes Kind 208
Anwaltsvergleich 235
Anwaltszwang 235
Arbeitsmarktrisiko 24, 28
Aufenthaltsbestimmungsrecht 43
- Betreuungsunterhalt 95

Aufstockungsunterhalt 23
- Abgrenzung zu § 1570 BGB 165
- Begrenzung 28
- Begrenzung nach § 1578b BGB 163

Ausbildung
- angemessene Erwerbstätigkeit 106
- Obliegenheit 119

Ausbildungsunterhalt
- Begrenzung nach § 1578b BGB 166

Aushilfsbeschäftigung – sozialversicherungsfrei 50
Ausland
- Auslandskostenverordnung 430
- Unterhaltspflichtiger im Ausland und Kindergeld 349
- Vollstreckung 427

Außergewöhnliche Belastung nach § 33a EStG (steuerlich)
- bei § 1615l BGB 373
- Zuordnung im Mangelfall 286

B
Barunterhalt
- beider Elternteile 340 ff.
- Naturalunterhalt 79

Bedarfsdeckung durch Kindergeld 339, 341 ff.
Bedarfsgemeinschaft 8
Bedarfskontrollbetrag 272, 274 f.
Bedürftigkeit
- Ausgleich ehebedingter Bedürftigkeit 35
- schicksalsbedingte Bedürftigkeit 18

Begrenzung des Unterhalts
- Abänderungsklage 177
- Altersunterhalt 156
- angemessener Lebensbedarf 135
- Aufstockungsunterhalt 165
- Ausbildungsunterhalt 166
- Betreuungsunterhalt 81, 155
- Beweislast 170
- Billigkeitsgründe 144
- der Höhe nach 130
- ehebezogene Nachteile 141
- Erwerbslosigkeit 161
- Grundlagen 25, 28
- Grundlagen des § 1578b BGB 130 ff.
- Härteklausel nach § 1579 BGB 173
- Kostenfragen 180
- Krankenversicherung 168
- Krankheitsunterhalt 156
- Nachteilsausgleich 150
- Präklusion 176
- prozessuale Fragen 176
- Tatbestand des § 1578b BGB 135
- Tenorierung 154
- Vorsorgeunterhalt 168
Begründung der Reform 2
Belange eines minderjährigen Kindes *siehe* Wahrung der Belange
Berufliche Tätigkeit 55
Berufsausbildung 55
Betreuungsaufwand – konkreter 77
Betreuungsbonus 77, 79 f.
Betreuungsfreibetrag 285
Betreuungsmodell 44
- Richtlinien der Praxis 47, 54, 58
Betreuungsunterhalt
- adoptierte Kinder 41
- Altersphasenmodell 68 ff.
- Abgrenzung zum Aufstockungsunterhalt 165

- Annexunterhalt 47c
- Begrenzung des Unterhalts 155
- besonderes Betreuungsbedürfnis 46
- Betreuungsbonus 77
- Betreuungsfreibetag 285
- Betreuungsmodell 44
- Beweislast 46, 52, 72, 92, 364
- Darlegungslast 46, 52, 72, 92
- Eigenverantwortung 56
- Einsatzzeitpunkt 85
- Erziehungskonzept 58, 59
- Erwerbsobliegenheit 45
- gemeinsame elterliche Sorge 44
- Konkurrenz zu § 1615l BGB 89
- künstliche Befruchtung 42
- Neufassung nach 1. EheRG 39
- nicht verheirateter Elternteile 356 ff.
- Pflege und Erziehung 43
- Pflegekind 41
- Privilegierte Stellung 84
- Problemkind 75
- Richtlinien 47, 54, 58
- scheineheliches Kind 39
- überobligationsmäßige Tätigkeit 75
- voreheliches Kind 39
- Vaterschaftsvermutung 40
- volljährige Kinder 43
- Wechselmodell 86
- Wiederaufleben des Unterhalts 86
- zeitliche Begrenzung 81, 155
Beitrittsgebiet – Unterhalt 30
Beweislast
- Abänderungsverfahren 73
- angemessene Erwerbstätigkeit 117
- Begrenzung des Unterhalts 170
- Betreuungsunterhalt 46, 72, 364
Beweislastregel – Mindestunterhalt 323

Billigkeitsgründe – bei Begrenzung des Unterhalts 144
Billigkeitsunterhalt nach § 1576 BGB – Begrenzung 166

D
Darlegungslast
- angemessene Erwerbstätigkeit 117
- Betreuungsunterhalt 45, 52, 72
- Begrenzung des Unterhalts 171
Dauer der Ehe 8, 9
- Bestimmung der Dauer 198
- kurze Dauer nach § 1579 Nr. 1 BGB 185, 190, 198
Differenzmethode 26
Dynamischer Unterhaltstitel 404
- Vollstreckung im Ausland 427

E
Ehe von langer Dauer
- Begriff 263
- Gleichstellung und Betreuungsunterhalt 251
- Grundlagen der Reform 8
Ehegattensplitting 283, 300
Eheliche Lebensverhältnisse
- angemessene Erwerbstätigkeit 114
- Begriff 115
- Prägung bei nachehelich entstandenen Unterhaltsansprüchen 298
1. EheRG
- angemessene Erwerbstätigkeit 97
- Grundlagen 17
Eheschließungsrecht 32
Eheverträge
- Formvoraussetzungen 233
- Inhaltskontrolle 87
Eigenbedarf
- bei Härteklausel nach § 1579 BGB 206
Eigenverantwortung

- Betreuungsunterhalt 56, 65
- Grundsatz 4, 17, 34, 65
- Stärkung 12, 34
- Verschärfung der Anforderungen 38
Einkünfte aus unzumutbarer Tätigkeit
- Voraussetzungen 128
- Zweck des § 1577 Abs. 2 BGB 125
Einsatzbeträge – bei Rangfolgesystem 260, 272
Einsatzzeitpunkt 19, 43, 85
Einstweiliger Rechtsschutz
- Unterhalt nach § 1615l BGB 372
- einstweilige Verfügung 372
Elementarunterhalt 371c
Elterngeld 369, 371d
- einstweilige Anordung 381
Elternteile – nicht verheiratet *siehe* Unterhalt nicht verheirateter Eltern
Ersatzleistung – für Kindergeld 348
Ersatzmaßstab 135, 137
Erwerbsobliegenheit
- ehebedingte 29
- Kinderbetreuung 45, 47
Erwerbslosigkeit – Unterhalt, Begrenzung nach § 1578b BGB 161 f.
Erwerbsobliegenheit
- Mangelfall 66
- objektive Voraussetzungen 122
- subjektive Voraussetzungen 121
Erwerbstätigkeit
- Ausbildung 106
- angemessene 97
- Begriff 105
- Beweislast 117
- Billigkeitsprüfung 116
- eheliche Lebensverhältnisse 114

- Fähigkeiten 109
- frühere Erwerbstätigkeit 112
- Gesundheitszustand 111
- Lebensalter 110
- Mangelfall 118
- Nebentätigkeit 290, 291
- Neufassung des § 1574 BGB 101 ff.
- Tatbestandselemente des § 1574 BGB 106
- wirtschaftliche Verhältnisse 113
Erziehungsaufgaben 62
Erziehungsgeld 369
Erziehungskonzept 58, 59
Europäischer Vollstreckungstitel 427
Existenzminimum 77, 285, 318
Existenzminimumsbericht 317

F
Fähigkeiten – zur Prüfung angemessener Erwerbstätigkeit 109
Familienrechtlicher Anspruch 18
Formbedürftigkeit von Vereinbarungen 14
Formzwang von Unterhaltsvereinbarungen 238
Freiwillige Leistungen Dritter
- bei Betreuung 78
- Härteklausel nach § 1579 BGB 205
Fremdbetreuung
- Bemühungen 64
- Obliegenheit 64
Frühere Erwerbstätigkeit 112

G
Generalklausel – nacheheliche Unterhaltstatbestände 19
Gerichtskostengesetz 429
Gesetz zur Ächtung von Gewalt in der Erziehung und Änderung des KindUG 33

Gleichwertigkeit von Bar- und Naturalunterhalt 79
Günstigerprüfung 285
Gütergemeinschaft 242

H
Härteklausel nach § 1579 BGB
- anvertrautes Kind 108
- Billigkeitsabwägung 199
- Dauer des Zusammenschlusses 215
- Ehe von kurzer Dauer 175
- Erscheinungsbild in der Öffentlichkeit 118
- gesteigerte Erwerbsobliegenheit 204
- Grundstruktur 182
- homosexuelle Partnerschaft 221, 225
- Konkurrenzen 197, 22
- kurze Dauer der Ehe 185, 190, 196
- lange Trennungszeit 217
- notwendiger Eigenbedarf 206
- Partnerschaft 213
- sozialer Zusammenschluss 211
- Unterhalt nach § 1615l BGB und Härteklausel 207, 371d
- Unterhaltsgemeinschaft 220
- verfestigte Lebensgemeinschaft 187, 209
- Verhältnis zu § 1578b BGB 173 f.
- Versorgungsgemeinschaft 225
- Verwirkungstatbestand 184
- Wahrung der Belange eines Kindes 200
Halbteilungsgrundsatz bei Unterhalt nach § 1615l BGB 370
Hausmannfälle
- Mangelfall 289
- Nebentätigkeit 293
- Taschengeld 293

I
Inhaltskontrolle von Eheverträgen 87
Individualunterhalt 319

K
Karrieresprung 284
Kinder
- Einkommen 271
- Mangelfallberechnung bei minderjährigen und volljährigen Kindern 282
- minderjährige Kinder und Rangfolge 26
- Vermögen 271
- Volljährige privilegierte Kinder und Rangfolge 267 f.
Kinderbetreuung – Besserstellung 10, 27, 29
Kinderfreibetrag
- Grundlagen 285, 318 f., 333
- Übergangsbestimmungen 404
Kindergeld
- Andere Leistungen 330
- Ausland 349
- Bedarfsdeckung 339
- Ersatzleistungen 347
- Grundlagen 329
- Mangelfall 280, 335
- Teilauszahlung 408
- Verrechnung 9
Kindergartenplatz – Anspruch 59
Kindergeld
- Vorrangprinzip 348
Kindergeldausgleich
- Anteilsberechnung für beide Elternteile 340
- Deckung Barbedarf 332, 339, 341 f.
- Ersatzleistung 348
- Grundlagen 333
- Mangelfall 335
- minderjährige Kinder 346 ff.

- Reform 331
- Verteilungsmasse zweite Rangstufe 338
- volljährige Kinder 334, 346 ff.
Kindesunterhalt
- Hohes Einkommen des betreuenden Elternteils 325
- Individualunterhalt 319
- Mindestunterhalt – Neukonzeption 316 ff.
- Privilegierung 8
Kindesunterhaltsgesetz 32
Kindeswohl 4, 5
Kindschaftsrechtsreformgesetz
- Änderung des § 1615l BGB 360
- Grundlagen 3, 32, 358
Konkubinatsklausel 223
Konkurrenz zur Härteklausel 222
Kostenfragen – Begrenzung nach § 1578b BGB 180
Kostenrechnung 429
Krankenversicherung – Begrenzung nach § 1578b BGB 168
Krankheitsunterhalt – Begrenzung 159 f.
Künstliche Befruchtung 42
Kurze Dauer der Ehe 185, 190, 196

L
Lebensalter – Erwerbstätigkeit 110
Lebensgemeinschaft
- verfestigte 14, 187
Lebenspartner
- Änderung des LPartG 374 ff.
- Leistungsfähigkeit im Härtefall 226
- nachpartnerschaftlicher Unterhalt 378
- Rangfolge 256, 375
- Unterhalt 376 ff.

M

Mangelfall
- angemessene Erwerbstätigkeit 118

Mindestunterhalt
- Begriff 320
- Bestimmung 321
- Beweislastregel 323
- Dynamisierung 319
- Elternteil – nicht barunterhaltspflichtig 325
- Individualunterhalt 319
- Kinderfreibetrag 319
- Mangelfall 273
- Neukonzeption 316
- Steuerliches Existenzminimum 318
- Titulierung 327
- Vierte Altersstufe 322

N

Nachehelicher Unterhalt – Grundlagen 18 ff.
Nacheheliche Solidarität 40
Nachteilsausgleich
- Begrenzung des Unterhalts 150, 164

Naturalunterhalt 79
- Betreuungsunterhalt 79
- Grundlagen 35, 38, 141

Nebentätigkeit 293
Notarielle Form von Unterhaltsvereinbarungen 230 ff.
- Anwaltszwang 235

O

Obliegenheit
- Ausbildung – Aufnahme 119
- Eigenverantwortung 36
- Erwerbstätigkeit 66
- Folgen der Verletzung 123
- Mangelfall 66
- Teilerwerbsobliegenheit 53

P

Partnerschaft 213, 221
Persönliche Verhältnisse zu § 1574 BGB
- Alter 55
- Berufliche Ausbildung 55
- Gesundheitszustand 55

Pfändung durch Unterhaltsgläubiger 428
Pflegefall 75
Pflegekinder 41
Pflege und Erziehung 43
Positives Billigkeitsmoment 149, 167
Präklusionsbestimmungen 176, 396
Privilegierte Stellung Betreuungsunterhalt 84
Problemkind – überobligationsmäßige Tätigkeit 75
Prozesskostenvorschuss 371c

R

Rang von Unterhaltsgläubigern 428
Rangfolge – Reform 6
Rangfolgensystem
- Anschlussunterhalt 251
- Außergewöhnliche Belastung nach § 33a EStG – Zuordnung 286
- Bedarfskontrollbetrag 274 f.
- Berechnungsmethode 278
- Betreuung Pflegekind 297
- Betreuungsunterhalt 249 f., 297, 354
- Billigkeitskorrektur 296
- Ehe von langer Dauer 251 ff., 263
- Einsatzbeträge 260, 272
- Erfüllung des Unterhalts 259
- Grundlagen 4, 243
- Kindergeld 280

- Kritik an Neuregelung 257 f.
- Lebenspartnerschaft 256
- Mindestunterhalt 273
- minderjährige Kinder 266
- nachehelich geborenes Kind 298
- Pflegekind – Betreuung 297
- positive Billigkeitsklausel 297
- Rangverzicht 288
- Realsplitting 258
- rechtspolitische Begründung der Reform 247
- Selbstbehalt 303
- Splittingvorteil – Zuordnung 282, 285
- Verteilungsmasse zweite Rangstufe 338
- vertraglicher Unterhaltsanspruch 305
- Verwandte aufsteigender Linie 255
- volljährige privilegierte Kinder 267, 282
- Vorrang Kindesunterhalt 248, 266
- Wiederaufleben eines Unterhalts nach §§ 1571 ff. BGB 304, 366

Rangverzicht 288
Realsplitting 258
Regelbetrag 6
Regelbetragverordnung 6
Revisionsverfahren – Übergangsregelungen 428
Richtlinien zur Betreuung 47, 54, 58
Rollentausch 290, 292
Rollenwahl 290, 292
Rückwirkungsverbot
- Übergangsregelungen 399

S

Scheidungsfolgenvereinbarung
 siehe Vereinbarung
Schulausbildung – privilegiertes volljähriges Kind 269
Selbstbehalt
- Mangelfall 303
- Unterhalt der Mutter 371b
Solidarität
- nacheheliche 17, 40
- Überspannung der nachehelichen Solidarität 35
Sonderbedarf 371c
Sorgerecht – gemeinsame Sorge 44
Sozialhilfebedürftigkeit 227
Sozialleistungen – Bedarfserfüllung 31
Splittingvorteil – Zuordnung im Mangelfall 283, 285
Stiefkind 41, 285

T

Taschengeld – Mangelfall 293
Tatbestände
- Generalklausel 19
- nacheheliche Unterhaltstatbestände 19
Teilerwerbsobliegenheit *siehe* Obliegenheit
Teilzeitbeschäftigung 49
- Aushilfsbeschäftigung 50
Titel
- Vollstreckung dynamischer Titel im Ausland 427
Titulierung
- Kindergeld 336
- Mindestunterhalt 327
Trennungsunterhalt
- Verhältnis zum Betreuungsunterhalt 74
- verstärkte Eigenverantwortung 74
Trennungsverschulden 147
Trennungszeit – lang andauernde 217

U

Übergangsregelungen

- Abänderungsverfahren 412
- Anpassung an neue Bemessungsgrundlage 405
- Anwendung neuen Rechts auf Altfälle 387 ff.
- dynamischer Unterhaltstitel – Anpassung 404
- Gesamtabwägung 403
- Grundlagen 16, 379
- Hinzurechnen des Kindergeldes 409
- Kindergeldanrechnung 408
- neuer Prozentsatz 407
- Präklusion 396
- prozessuale Voraussetzungen 391 f.
- Prozessvergleich 394
- Regelungsbereich 380
- Revisionsverfahren und neues Recht 413
- Rückwirkung des neuen Rechts 416
- Rückwirkungsverbot 399
- Überblick 381 ff.
- Vereinfachtes Verfahren 418 ff.
- Vertrauensschutzregelung 400 ff.
- wesentliche Änderung 388, 391
- Wiedereröffnung mündlicher Verhandlung 414
- Zumutbarkeitsgesichtspunkte – allgemein 397

Überobligationsmäßige Tätigkeit
- Betreuungsunterhalt 75
- Problemkind 45

Umgangsrecht
- Verweigerung und Härteklausel 227

Unterhaltsänderungsgesetz 1986 22, 24
- Grundlagen 25
- zeitliche Begrenzung 25

Unterhaltsbestimmung 306 ff.
- Form der Unterhaltsleistung 306
- minderjährige Kinder 307
- Restanspruch 315
- Unwirksamkeitsgründe 313
- Verfahren 309, 311
- volljährige Kinder 308
- Wirksamkeitsprüfung 310

Unterhaltsgemeinschaft 220

Unterhalt der Mutter nach § 1615 l BGB
- anteilige Haftung 90
- Verhältnis zu § 1570 BGB 89

Unterhalt nicht verheirateter Eltern
- Bedarf der Mutter 370
- Betreuungsunterhalt 356
- Billigkeitsumstände 360
- einstweiliger Rechtsschutz 372
- Entwicklungsstörung 361
- Erkrankung 355
- Erziehungsschwierigkeiten 361
- Halbteilungsgrundsatz 370
- kausale Verknüpfung zur Bedürftigkeit 367
- KindRG 358, 360
- Leistungsfähigkeit des Unterhaltspflichtigen 371
- Neuregelung 352
- Normzweck des § 1615 l BGB 350
- Rangstufe 354
- Schwangerschaft 355
- steuerliche Entlastung 373
- Vaterschaft 368
- Wiederaufleben 364, 366
- zeitliche Dauer 357

Unterhaltsrecht
- Arbeitsmarktrisiko 24
- Aufstockungsunterhalt 22
- Begrenzung 25
- verschuldensunabhängig 22

Unterhaltstatbestände 297

Unterhalt für Vergangenheit 228

Unterhaltsvorschuss 322a

Unzumutbare Tätigkeit
- Zweck des § 1577 Abs. 2 BGB 125

V
Verantwortung, fortwirkende 17
Vereinfachung des Unterhaltsrechts 4, 13
Verfestigte Lebensgemeinschaft
- Dauer des Zusammenlebens 215
- Grundlagen 14, 187, 209
Verletzung einer Erwerbsobliegenheit 123
Vermögen des Unterhaltsbedürftigen 148
Verwirkung des Unterhalts *siehe* Härteklausel
Vereinfachtes Verfahren
- Abänderungsklage 426
- Änderungen 418 ff.
- prozessuale Fragen 424
- Regelungszweck 421
Vereinbarungen
- Altvereinbarungen 240
- Anwaltszwang 235
- Eheverträge 233
- Formbedürftigkeit 14
- Formfreiheit 230, 237
- Formzwang 238
- notarielle Form 230
- Privatautonomie 231
- Scheidungsfolgenvereinbarung 233
Vermögensverwertung bei § 1615l BGB 369
Versorgungsgemeinschaft bei Härteklausel 225
Vertragliche Unterhaltsansprüche 305
Vertrauensschutzregelung bei Übergangsbestimmungen 400 ff.

Verwandte aufsteigende Linie 255
Volljähriges Kind
- Begriff des privilegierten Kindes 267
- privilegiertes volljähriges Kind und Rangfolge 268 f.
Vollstreckung
- dynamischer Titel im Ausland 427
Vorrangprinzip
- Kindergeld 348
Vorsorgeunterhalt – Begrenzung 168

W
Wahrung der Belange eines minderjährigen Kindes
- bei Begrenzung des Unterhalts nach § 1578b BGB 139
- bei Härteklausel nach § 1579 BGB 200
Wechselmodell bei Betreuung 88
Wertewandel der Gesellschaft 3
Wiederaufleben des Unterhalts
- Anschlussunterhalt 241
- Betreuungsunterhalt nach § 1570 BGB 86
- Betreuungsunterhalt nach § 1615l BGB 364
- Rangfolgesystem 304
- bei Wiederheirat (§ 1586a BGB) 241
Wiedereröffnung der mündlichen Verhandlung bei Anwendung des neuen Rechts 414
Wohl des Kindes *siehe* Kindeswohl

Z
Zählkindvorteil 347
Ziele der Reform 4